Allgemeines

Reisepraktisches

Der Osten um Sámos-Stadt

Der Südosten um Pythagório

Der Südwesten

Die Nordküste

Abstecher rund um Sámos

Text und Recherche: Thomas Schröder
Text und Recherche: *Athen*: Eberhard Fohrer;
Türkei: Gabriele Tröger und Michael Bussmann;
Pátmos: Frank Naundorf
Lektorat: Anja Keul
Redaktion und Layout: Sven Talaron
Fotos: Thomas Schröder
(außer S. 235: Michael Bussmann; S. 55, 61, 63, 64, 66: Andreas Neumeier)
Covergestaltung: Karl Serwotka
Coverfoto: Hafen von Kokkári (Thomas Schröder)
Karten: Susanne Handtmann, Judit Ladik

Herzlichen Dank den vielen Leserinnen und Lesern, die mit Tipps und Beiträgen bei der Aktualisierung dieser Auflage des Sámos-Reisehandbuchs geholfen haben: Dr. Hans Dieter Reeker, Doris Krummenacher, Sabine Beck, Prof. Dr. Heiko Schneitler, Reinhard Helfert, Susanne Kaszinski, Martina Teiml, Jörg Baumhauer, Susanne Lödige, Werner Stettmeier, Sabine Marquardt, Marianne Lück, Roland Lohwasser, Christian Owsinski, Gabi Tiek, Reinhard Müller, Angelika Woska & Andreas Kreibich, Georg Kochinke, Irina Schäfer, Dr. Dieter Wohlenberg, Michael Kunze, Eva Maria Frommeyer, Peter Filzwieser, Kerstin Arbter, Rüdiger K. Herma, Maria Eckert, Michael Rudnigger, Karla Ludwig, Christian & Bianca Wolf, Waltraud Stoffels, P. Mitschke, Martin Fahrnbauer, Ulrich Beidatsch, Bettina Körfer, Ilse Knopp, Margarete Frei, Evelyn Köder & Rolf Kilchert, Thomas Schütze, Andree Nykamp, Kerstin Köhler, Manfred Bartnick, Christoph Grundel, Christian Koch, Lenka Bartels, Reinhard Lüke, Wolfgang Schmidt-Pasedag, Petra Mitschke, Marion Rokitta, Hugo Kofler, Christiane Schuller, Dr. Herbert Stockhammer, Marianne Merath, Kerstin Abel.

Die in diesem Reisebuch enthaltenen Informationen wurden vom Autor nach bestem Wissen erstellt und von ihm und dem Verlag mit größtmöglicher Sorgfalt überprüft. Dennoch sind, wie wir im Sinne des Produkthaftungsrechts betonen müssen, inhaltliche Fehler nicht mit letzter Gewissheit auszuschließen. Daher erfolgen die Angaben ohne jegliche Verpflichtung oder Garantie des Autors bzw. des Verlags. Beide übernehmen keinerlei Verantwortung bzw. Haftung für mögliche Unstimmigkeiten. Wir bitten um Verständnis und sind jederzeit für Anregungen und Verbesserungsvorschläge dankbar.

ISBN 3-89953-148-5

© Copyright Michael Müller Verlag GmbH, Erlangen 1998, 2000, 2004. Alle Rechte vorbehalten. Alle Angaben ohne Gewähr. Printed in Italy.

Aktuelle online-Infos im Internet unter: www.michael-mueller-verlag.de

3. aktualisierte und überarbeitete Auflage 2004

SAMOS
Thomas Schröder

INHALT

Gesichter einer Insel 10

Sámos in Kürze 12
Wohin auf Sámos?
  Ein erster Überblick 13
Sámos-Highlights 17
Geographie und Landschaft 19
Natur und Umwelt 21
Wirtschaft 29
Traditionen im Umbruch 31

Geschichte 35

Auf einen Blick 35
Namensgebung und Mythologie 38
Vor- und Frühgeschichte 39
Sámos in der Antike 39
Große Samier der Antike 40
Die Tyrannis des Polykrates 42
Römer, Genuesen und Türken 44
Freiheitskampf und Freiheit 45
Aktuelle Konflikte und Probleme 46

Anreise 48

Pauschalurlaub
  oder Individualreise? 48
Anreise mit dem Flugzeug 49
Ankunft auf Sámos 51
Mit dem eigenen Fahrzeug 52
Mit der Bahn 53
Fährverbindungen
  Italien – Griechenland 53

Stop-over Athen 55

Antikes Athen 64
Akrópolis 65
Piräus 68
Von Piräus nach Sámos 68
Fährtipps und -tricks 69

Unterwegs auf Sámos 70

Busse und Taxis 70
Mit Auto oder Zweirad 72
Mietfahrzeuge 73
Mit dem Fahrrad auf Sámos 77
Ausflüge 77
Wandern auf Sámos 78

Übernachten 81

Hotels und Pensionen 81
Pensionen, Privatzimmer und
  Apartments 82
Jugendherbergen/Camping 84

Essen und Trinken 85

Besonderheiten der griechischen
  Küche 85
Wein auf Sámos: (K)ein süßes
  Tröpfchen 90
Andere Getränke 91

Wissenswertes von A bis Z 93

Antiquitäten 93	Kleidung 102
Ärztliche Versorgung 93	Klima und Reisezeit 102
Baden 94	Landkarten 103
Botschaften und Konsulate .. 95	Öffnungszeiten 104
Drogen 96	Papiere 104
Einkaufen 96	Post 104
Ermäßigungen 96	Sport 105
Feste und Feiertage 97	Sprache 106
Foto und Video 97	Strom 106
Geld 98	Telefonieren 106
Haustiere 99	Toiletten 107
Information 99	Zeit 108
Internet 100	Zeitungen 108
Kioske 101	Zoll 108
Kirchen und Klöster 101	

Der Osten um Sámos-Stadt 109

Sámos-Stadt (Vathí) 110	Vlamári und die Klöster Agía Zóni und Zoodóchos Pigí ... 127
Die Umgebung von Sámos-Stadt 124	Kérveli und Posidónio 131
Nach Norden bis Agía Paraskeví 124	Psilí Ámmos 133

Der Südosten um Pythagório 136

Pythagório 137	**Westwärts nach Pírgos** 164
Umgebung von Pythagório ... 151	Über Pagóndas nach Pírgos .. 164
Chóra 151	Über Koumaradéi nach Pírgos 165
Mytiliní 152	Pírgos 169
Das Heraíon 157	
Iraíon 161	
Míli 163	

Der Südwesten 171

Marathókampos 173	**Die Dörfer im Osten der Bucht** ... 176
Órmos Marathokámpou 175	Kouméika und Ballós 176
	Küstenweiler bei Skouréika .. 177
	Plátanos 178

Westlich von Órmos Marathokámpou ... 179	Westlich von Limniónas ... 188
Votsalákia (Kámpos) ... 179	Kallithéa ... 189
Psilí Ámmos ... 186	Válsamo-Bucht und Ágios Isídoros ... 189
Limniónas ... 186	Drakéi ... 190

Die Nordküste ... 191

Von Sámos-Stadt bis Kokkári ... 192	Manolátes ... 210
Kokkári ... 193	Ágios Konstantínos ... 211
Zwischen Kokkári und Karlóvassi ... 201	Ámpelos und Stavrinídes ... 212
	Ágios Dimítrios und Umgebung ... 213
Vourliótes ... 204	**Karlóvassi** ... 215
Moní Vrontá ... 205	Potámi-Strand ... 224
Platanákia und das Tal der Nachtigallen ... 208	

Abstecher rund um Sámos ... 229

Türkeiausflüge ... 229

Kuşadası ... 229	Selçuk ... 237
Ephesus ... 230	

Pátmos ... 239

Skála ("Hafen") ... 240	Der Inselnorden ... 242
Chóra ("Stadt") ... 242	Der Inselsüden ... 242

Foúrni ... 243

Foúrni-Ort ... 244	Ausflüge vom Hauptort aus ... 244

Ikaría ... 246

Ágios Kírikos ... 246	Armenistís ... 248
Von Ágios Kírikos nach Armenistís ... 247	Umgebung von Armenistís ... 249

Glossar ... 250

Sach- und Personenregister ... 254

Geographisches Register ... 255

Kartenverzeichnis

Sámos-Stadt (Vathí) .... vordere Umschlagklappe
Sámos .... hintere Umschlagklappe

Abstecher rund um Sámos	230/231	Wanderung 1	127
Akropolis (Athen)	66	Wanderung 2	130
Athen	58/59	Wanderung 3	135
Ephesus	233	Wanderung 4	155
Foúrni	245	Wanderung 5	183
Heraíon	159	Wanderung 6	199
Ikaría	247	Wanderung 7	203
Nordküste	192/193	Wanderung 8	207
Pátmos	241	Wanderung 9	222
Der Osten um Sámos-Stadt	111	Wanderung 10	226
Pythagório	145		
Der Südosten	137		
Der Südwesten	172/173		

Zur Umschrift griechischer Ortsnamen und Begriffe

Die Umschrift griechischer Ausdrücke ist nicht ohne Schwierigkeiten möglich: Hielte man sich an die offiziellen Richtlinien, so wäre eine völlig falsche Aussprache die Folge. In diesem praktisch orientierten Reisehandbuch wurde deshalb ein Kompromiss zwischen guter Verständlichkeit einerseits und möglichst buchstabengetreuer Transkription andererseits angestrebt. Akzente verdeutlichen die Betonung der Silben.

Verzeichnis der Wanderungen

Wanderung 1
Zur Aussichtskapelle des Propheten Elias 125–127

Wanderung 2
Klosterrundtour ab Sámos-Stadt 129–131

Wanderung 3
Von Psilí Ámmos nach Sámos-Stadt 134/135

Wanderung 4
Von Mytiliní nach Vourliótes 154–157

Wanderung 5
Zum Moní Evangelístrias (und auf den Kérkis) 182–186

Wanderung 6
Von Kokkári nach Vourliótes 199/200

Wanderung 7
Über die Pnakas-Quelle nach Vourliótes 202–204

Wanderung 8
Von Vourliótes nach Manolátes und Platanákia 206–208

Wanderung 9
Zur Höhlenkirche Ágios Antónios und zum Potámi-Strand 222/223

Wanderung 10
Zu den Seitáni-Stränden und nach Drakéi 225–228

Alles im Kasten

Der große Waldbrand des Jahres 2000 .... 22/23
Über den Ölbaum 26
Die Ziege des Nachbarn 29
Dunkle Prophezeiungen 39
Der Ring des Polykrates – Kurzfassung 43
Die Deutschen – zu sparsam für samischen Wein? 90
Der kolossale Kouros von Sámos 122
Wie das Kaplani in die Vitrine kam 153
Abgestürzt 248

Was haben Sie entdeckt?

Haben Sie eine versteckte Bucht entdeckt, eine gemütliche Taverne fernab vom Trubel, ein empfehlenswertes Privatquartier? Wo hat es Ihnen besonders gut gefallen? Und welcher Tipp war nicht mehr so toll?

Wenn Sie Ergänzungen, Aktualisierungen oder neue Informationen zu diesem Buch haben, lassen Sie es mich bitte wissen.

Ich freue mich über jeden Brief und jeden Hinweis! Bitte schreiben Sie an:

Thomas Schröder
Stichwort "Sámos"
c/o Michael Müller Verlag
Gerberei 19
91054 Erlangen
thomas.schroeder@michael-mueller-verlag.de

Míkro Seitáni: Traumbucht im Nordwesten der Insel

Gesichter einer Insel

+++ Die fruchtbarste Insel der Ägäis +++ Wandern zwischen Weinbergen und Weltwundern +++ Strände, Städte und Gebirge

Landschaftlich und kulturell bietet Sámos große Vielfalt. Und obwohl der Tourismus hier erst relativ spät einsetzte, bildet die Insel heute das bestbesuchte Ziel in der Ostägäis. Von den negativen Begleiterscheinungen des Fremdenverkehrs blieb Sámos dennoch weitgehend verschont.

Ein Delphin, so finden zumindest manche Dichter, könnte Pate gestanden haben für die Form der Insel: Im Westen der Kopf, im Süden die Bauchflosse und im Osten die gegabelte Schwanzflosse. Prosaische Naturen sehen in den Umrissen eher eine plumpe Seekuh. Doch um welches Wesen es sich auch handeln mag: Vom Nachbarn Türkei wendet es sich eindeutig ab, scheint geradezu verzweifelt von ihm weg schwimmen zu wollen ...

Schon rein landschaftlich ist die Insel ein Traum. Sámos gilt als fruchtbarstes Eiland der Ägäis. In den Wintermonaten fangen die hohen Bergzüge so manches Regengebiet ein, das von der kleinasiatischen Küste herüberzieht. Entsprechend üppig sprießt vielerorts die Vegetation. Ganz besonders trifft dies auf den wasserreichen Norden zu, dem Platanenwälder, Zypressen, Pappeln, Obstbäume, vor allem aber Weingärten ein fast paradiesisches Flair geben. Die Südseite, abgeschirmt durch hohe Bergzüge, ist wärmer, windstiller und auch etwas trockener. Ähnlich zeigt sich der Osten, der dank der Nähe zur Türkei

Beliebtes Motiv: Kirchlein in Áno Ágios Konstantínos

mit ungewöhnlichen Panoramen glänzt: Gerade mal 1,2 Kilometer trennen Sámos an der engsten Stelle vom kleinasiatischen Festland – keine griechische Insel liegt der Türkei näher, an vielen Stellen scheinen die Berge von Mykale nur einen Katzensprung entfernt.

Die Kultur kommt auf Sámos nicht zu kurz, auch wenn manch andere griechische Insel zahlreichere Relikte des Altertums aufzuweisen hat. Die Bauten von Sámos jedoch wurden schon vom antiken Geschichtsschreiber Herodot zu den Weltwundern gezählt. Zu Recht, denn technische Meisterleistungen wie den quer durch einen Berg führenden Wassertunnel des Eupalinos sieht man nicht alle Tage. Als er im 6. Jh. v. Chr. entstand, gehörte Sámos zu den reichsten Inseln der Ägäis. Dass bereits damals die Handelsbeziehungen bis nach Ägypten und Persien reichten, beweisen die zahlreichen schönen Fundstücke des hervorragend ausgestatteten Archäologischen Museums der Hauptstadt.

Für Entdeckungen bietet Sámos, immerhin die achtgrößte Insel Griechenlands, breiten Raum. Dabei mag das Eiland, verglichen mit den anderen großen Inseln der Ostägäis, zunächst sogar relativ klein erscheinen: Die Nachbarinsel Chíos misst fast die doppelte, Lésbos sogar knapp die vierfache Fläche. Dennoch besitzt Sámos mit seinen 476 Quadratkilometern eine respektable Ausdehnung. Auch ein Blick auf eine Entfernungstabelle zeigt, wie weit der mögliche Aktionsradius reicht: Von der Hauptstadt im Osten bis in das Bergdorf Drakéi im Westen sind immerhin rund 75 Kilometer zurückzulegen. Abwechslungsreichtum und landschaftliche Vielfalt lassen die Insel sogar noch größer wirken.

12 Sámos – die Insel

Farbenfroh: Bildstock am Straßenrand im Südosten

Es hat also durchaus seine Gründe, dass Sámos unter den ostägäischen Inseln das meistbesuchte Eiland darstellt. Doch obwohl der Fremdenverkehr einen wichtigen Posten in der Bilanz bildet, hat er das Gesicht der Insel nicht zerstört. Wuchtige Hotelkomplexe, wie sie andernorts so manches Touristenziel prägen, fehlen erfreulicherweise fast völlig. Selbst die drei wichtigsten Fremdenverkehrsorte haben ihr Ortsbild nahezu unverändert bewahren können, und abseits dieser kleinen Zentren zeigt sich das Eiland ohnehin noch von der sehr ländlichen Seite. Wer Ferienrummel und Animation sucht, ist auf Sámos nicht unbedingt an der richtigen Adresse, auch wenn sich mancherorts entsprechende Möglichkeiten finden. Liebhaber schöner Strände kommen dagegen ebenso auf ihre Kosten wie Wanderer und Mountainbiker. Und für diejenigen, die Wert auf Natur und grandiose Landschaftsbilder legen, erweist sich Sámos als Reiseziel par excellence.

Sámos in Kürze

Größe: 476 Quadratkilometer, achtgrößte Insel Griechenlands. Länge 45 Kilometer, maximale Breite 20 Kilometer, 159 Kilometer Küstenlänge.

Bevölkerung: Gut 30.000 Einwohner, davon insgesamt etwa 8.000 in der Hauptstadt Sámos (Vathí) und der angrenzenden, selbstständigen Gemeinde Áno Vathí.

Wichtige Orte: Sámos-Stadt – die lebendige Hauptstadt; Pythagório – die antike Kapitale, Yachthafen und Hochburg des Tourismus; Marathókampos – bescheidenes lokales Zentrum des Westens; Kokkári – ehemaliges Fischerdörfchen mit boomendem Fremdenverkehr; Karlóvassi, zweitgrößte Siedlung und zweiter Hauptfährhafen.

Hauptfeste: Ágios Panteleimon, 26./27. Juli in Kokkári; Fest des 6. August, Freiheitsfest vor allem in Pythagório; Weinfest, um Mitte August in Sámos-Stadt, "Fisherman's Party", wechselnde Sommertermine in Pythagório; Marienfest, 14./15. August in Karlóvassi und anderen Orten; außerdem zahlreiche Klosterfeste.

Straßen: Sehr gut ausgebautes Straßennetz, alle Hauptrouten asphaltiert. Im Inselwesten existiert keine durchgehende Straßenverbindung: Die auf vielen Karten eingezeichnete Piste Drakéi–Potámi (bei Karlóvassi) gibt es nicht!

Entfernungen ab Sámos-Stadt: Pythagório 14 km, Pírgos 31 km, Marathókampos 46 km, Votsalákia 54 km, Kokkári 10 km, Karlóvassi 33 km.

Tankstellen: Prinzipiell flächendeckend vertreten. Im Südwesten allerdings liegt die letzte Spritstation kurz vor Votsalákia. Samstagnachmittag und Sonntag sind viele Tankstellen geschlossen.

Hügelwärts gestaffelt: die Häuser der Inselhauptstadt Sámos

Wohin auf Sámos? Ein erster Überblick

Viele Besucher der Insel buchen ihr Quartier bereits in der Heimat. Für Individualreisende wiederum kann es schon allein wegen der so unterschiedlichen Landschaftsräume reizvoll sein, bei einem längeren Aufenthalt einmal oder sogar mehrfach den Standort zu wechseln. Die folgende Kurzübersicht will Anregungen zur Auswahl geben und gleichzeitig ein erstes Bild der Insel vermitteln. Die Reihenfolge der einzelnen Regionen entspricht dabei dem Aufbau dieses Handbuchs. Soviel vorweg: Die Favoriten der Reiseveranstalter liegen ganz eindeutig in der östlichen Hälfte der Insel. Denn obwohl der Westen mit Votsalákia und Karlóvassi allmählich aufholt, dürften die drei Fremdenverkehrszentren Sámos-Stadt, Pythagório und Kokkári zusammen immer noch weit über zwei Drittel der Gästezahlen für sich verbuchen können.

Der Osten um Sámos-Stadt

Für Freunde griechischen Alltags vielleicht die beste Urlaubsadresse. Eher hügelig als bergig, zeigt sich die Region um die Hauptstadt vielleicht nicht ganz so spektakulär wie die Gebiete weiter westlich, erfreut aber dennoch mit reizvollen Panoramen. Sámos-Stadt, vielfach noch besser bekannt unter dem früheren Namen Vathí, besitzt als größte Siedlung der Insel ein recht ausgeprägtes Eigenleben. Reizvolle Strände allerdings sind im Bereich der Hauptstadt rar, weshalb zum Baden in die Umgebung ausgewichen werden muss.

14 Sámos – die Insel

• *Wichtige Ferienorte* **Sámos-Stadt** (Vathí): Mit einer breiten Hotelauswahl und guten Verkehrsverbindungen ist Sámos-Stadt trotz seiner geographischen Randlage ein empfehlenswerter Ausgangspunkt für Exkursionen. Die Atmosphäre ist angenehm, das Archäologische Museum eine der bedeutendsten Sehenswürdigkeiten der Insel. Wer ausgiebiges Strandleben sucht, ist hier allerdings wohl falsch.
Die restlichen Siedlungen in diesem Gebiet (wie Kérveli, Posidónio und Psilí Ámmos) fallen mit ihrer geringen Bettenzahl zwar unter die Kategorie "ferner liefen", müssen aber für Freunde ruhigerer Gangart keine schlechte Wahl sein.

Der Südosten

Mit die beliebteste Ferienregion der Insel. Großen Anteil daran hat zum einen das schöne Städtchen Pythagório, zum anderen die vielfältige Umgebung, die eine ganze Reihe hochrangiger Sehenswürdigkeiten und reizvoller Ausflugsziele bietet. Der Hausstrand von Pythagório ist zwar nicht der beste der Insel, bietet aber immerhin mehr als genug Platz – selbst zur Hochsaison, wenn das Städtchen selbst fast aus allen Nähten platzt. Wanderer allerdings finden anderswo auf Sámos schönere Reviere.

• *Wichtige Ferienorte* **Pythagório**: Gemessen an der Zahl der Hotels die Tourismuskapitale der Insel, gleichzeitig zusammen mit Kokkári heißer Anwärter auf den Titel "Schönster Ferienort von Sámos". Ein charmantes Städtchen mit guter touristischer Infrastruktur und passabler Busanbindung; von landestypischem Alltagsleben ist freilich nichts mehr zu spüren. Für Badelustige ist Pythagório eine brauchbare Adresse, auch wenn sich diesbezüglich auf Sámos noch Besseres findet.

Iraíon: eine Art Ableger von Pythagório, am anderen Ende der gut sechs Kilometer weiten Bucht gelegen. Im Lauf weniger Jahre von einer winzigen Fischersiedlung zum Ferienort mutiert, geht es in Iraíon trotzdem immer noch sehr entspannt zu. Die hübschen Uferrestaurants locken auch Ausflügler an, es gibt einige versteckte kleine Strände – und die Preise liegen etwas niedriger als in Pythagório.

Einer der reizvollsten Ferienorte der Insel: Pythagório

Der Südwesten 15

Kein Gedränge: der Strand von Votsalákia

Der Südwesten

Hier liegen die Strandparadiese von Sámos, und das Meer ist meist deutlich ruhiger als an der Nordküste. Trotzdem treten sich die Urlauber im Südwesten bislang sogar zur Hochsaison nicht auf die Füße: Das landschaftlich grandiose Gebiet an den Hängen des mächtigen Kérkis-Massivs ist touristisch noch weniger stark entwickelt als die anderen Regionen, holt allerdings allmählich auf. Klassische Sehenswürdigkeiten und größere Siedlungen fehlen, bedeutendste Ortschaft ist das kaum zweitausend Einwohner zählende Bergdorf Marathókampos. Nachtleben findet nur in bescheidenem Umfang statt. Die Busanbindung ist mäßig, weshalb hier ein Leihwagen besonders gute Dienste leistet.

• *Wichtige Ferienorte* **Votsalákia**: Der bedeutendste Fremdenverkehrsort des Gebiets wird in den Katalogen gelegentlich auch unter dem offiziellen, aber weniger gebräuchlichen Namen "Kámpos" geführt. Aus einigen Sommerhäusern entstanden, ist die Siedlung parallel zum schönen Strand in die Länge gewachsen. Assoziationen an Massentourismus kommen durch eingestreute Felder und die niedrige Bauweise der meisten Gebäude dennoch nicht auf. Als reiner Ferienort besitzt Votsalákia im Sommer eine ausreichende Infrastruktur, ist aber außerhalb der Saison völlig verwaist.

Órmos Marathokámpou: Die ganzjährig bewohnte Hafensiedlung von Marathókampos wirkt gegen Votsalákia wie ein Hort griechischen Alltags. Das Angebot an Hotels und Apartments ist hier allerdings wesentlich dünner, der Strand aus groben Kieseln nicht so hübsch wie der von Votsalákia. Für aktive Urlauber gibt Órmos dennoch ein gutes Standquartier ab.

Weitere Quartiere finden sich in den kleineren Siedlungen der Bucht von Marathókampos, z. B. im winzigen Dörfchen Ballós und in den beiden Strandsiedlungen Psilí Ámmos und Limniónas.

Die Nordküste

Das Dorado der passionierten Wanderer. Die üppig grünen, oft sehr steil zur Küste abfallenden Nordhänge mit ihren Weingärten, Terrassenfeldern und Wäldern bilden die beliebteste Wanderregion der Insel. Hoch oben kleben kleine Bergdörfer, miteinander verbunden durch uralte Fußwege, die überwiegend noch recht gut erhalten und oft sogar markiert sind. Auch einige sehr reizvolle Strände hat der Norden vorzuweisen; allerdings können die kühlen Meltémia-Winde und der Wellengang hier zeitweilig die Badefreuden trüben.

• *Wichtige Ferienorte* **Kokkári**: ein ausgesprochen hübsches Ferienstädtchen etwa zehn Kilometer westlich der Hauptstadt. Zur Saison ist alles Nötige vorhanden, in der Nähe locken mehrere gute Kiesstrände, die Umgebung bietet viel Abwechslung und reichlich Wandermöglichkeiten. Die Atmosphäre ist lebendig und angenehm, die Busverbindungen sind, wie überall entlang der Nordküste, recht gut. Insgesamt vielleicht der empfehlenswerteste Urlaubsort in diesem Bereich.

Ágios Konstantínos: etwa in der Mitte der Nordküste gelegen. Mangels schöner Strände hält sich der Fremdenverkehr hier in recht engen Grenzen. Vielleicht deshalb wirkt der lang gestreckte Küstenort noch deutlich ruhiger und ursprünglicher als Kokkári. Auch das Preisniveau liegt niedriger. Als Standquartier für Wanderer ist Ágios Konstantínos eine Überlegung wert.

Karlóvassi: Die zweitgrößte Stadt der Insel erstreckt sich weitflächig über mehrere Siedlungszentren. Wer hier Urlaub macht, sollte sich auf lange Wege einstellen und auch über ein Mietfahrzeug nachdenken. Positive Aspekte sind ein weitgehend unverfälschtes Alltagsleben und die günstige Lage, die Ausflüge sowohl im Norden als auch im Südwesten ermöglicht.

Lädt ein zum Baden, Wandern, Wohlfühlen: Kokkári

Aus der Glanzzeit der Insel im 6. Jh. v. Chr.: Geneleos-Gruppe im Heraíon

Sámos-Highlights ...

... für Kunst- und Kulturinteressierte

Mag das Angebot insgesamt auch nicht allzu umfangreich sein, so besitzen die einzelnen Sehenswürdigkeiten doch hohe Klasse. Der Schwerpunkt liegt auf Relikten aus der Glanzzeit der Insel im 6. Jh. v. Chr., als Sámos unter dem Tyrannen Polykrates das östliche Mittelmeer fast nach Belieben beherrschte.

Tunnel des Eupalinos: Oberhalb des Städtchens Pythagório ließ der Baumeister Eupalinos vor zweieinhalb Jahrtausenden diesen über einen Kilometer langen Tunnel quer durch einen Berg treiben. Das Meisterwerk der Ingenieurkunst sicherte über mehr als tausend Jahre hinweg die Wasserversorgung der Stadt. Ein Teilstück des Tunnels kann besichtigt werden. Ebenfalls sehenswert sind die Reste der antiken Stadtmauer im Umfeld.

Heraíon: Am südwestlichen Ende der Bucht von Pythagório liegt die wichtigste antike Stätte der Insel. Auf dem ausgedehnten Tempelbezirk, noch zur Römerzeit durch eine sechs Kilometer lange "Heilige Straße" mit der Stadt verbunden, stand einst der größte Tempel Griechenlands, von Herodot unter die Weltwunder eingereiht. Heute erinnert nur mehr eine einzige, auf kaum halbe Höhe aufragende Säule an den Monumentalbau. Dennoch lohnt sich ein Besuch des weitläufigen Geländes.

Archäologisches Museum: Die reichen Funde vor allem aus dem Gebiet des Heraíons und der Heiligen Straße sind im hervorragenden Archäologischen Museum der Hauptstadt bestens dokumentiert. Zu den besonderen Prunkstücken zählen die Figurengruppe einer wohlhabenden Familie sowie eine fast fünf Meter hohe, rund vier Tonnen schwere Jünglingsstatue (Kouros), die einst an der Heiligen Straße aufgestellt war.

Weitere Museen: In Sámos-Stadt zeigt das Byzantinische Museum sakrale Kunst verschiedener Epochen. Im nahen Mytilini sind im Paläontologischen Museum nicht nur Fossilien urweltlicher Tiere zu sehen, sondern auch diverse andere Ausstellungen. Das Volkskundemuseum Nikoláos Di-

18   Sámos – die Insel

mitriou, untergebracht in einer Hotelanlage nahe Pythagório, dokumentiert die Lebensbedingungen, die vor den Weltkriegen auf Sámos herrschten. Ähnliche Stücke zeigt das kleinere, sympathisch altmodische Volkskundemuseum von Karlóvassi.

Kirchen und Klöster liegen über die gesamte Insel verstreut. In aller Regel besteht ihr Reiz eher in ihrer schönen Lage als in herausragenden Kunstschätzen. Am bedeutendsten sind in dieser Hinsicht noch die beiden Klöster Moní Timíou Stavroú und Moní Megális Panagías bei Koumaradéi sowie die Kirche Agía Matróna bei Vourliótes (vgl. Wanderung 7) mit ihren originellen Fresken. Wohl das ungewöhnlichste Inselkloster ist Moní Spilianís, das an eine tiefe Höhle gebaut wurde; vielleicht die schönste Lage besitzt das kleine Moní Evangelístrias, das hoch über Votsalákia an den Hängen des Kérkis thront und nur zu Fuß zu erreichen ist (siehe Wanderung 5).

... für Liebhaber schöner Strände

Weit geschwungene Sandstrände, felsgerahmte Kiesbuchten, versteckte kleine Badeplätze – Sámos hat für Strandfans einiges zu bieten. Hier nur eine kleine und natürlich subjektive Auswahl unter den Favoriten des Autors.

Psilí Ámmos (Ost): Zehn Straßenkilometer südlich der Hauptstadt trifft man auf den viel besuchten "feinen Sand", so die Übersetzung, der mit einem herrlichen Ausblick auf die nahe türkische Küste glänzt. Von der Hauptstadt besteht Busverbindung, ab Pythagório fahren Ausflugsboote. Unsere Wanderung 3 verbindet Psilí Ámmos, der nicht mit seinem Namensvetter im Westen zu verwechseln ist, mit Sámos-Stadt.

Tsópela, Samiopoúla: Abgeschieden an bzw. vor der Südküste von Sámos liegen der Strand von Tsópela und das Inselchen Samiopoúla, das ebenfalls über einen feinen Strand verfügt. Beide werden vornehmlich von Ausflugsbooten aus Pythagório angefahren.

Psilí Ámmos (West): Der westliche der beiden Sandstrände dieses Namens erstreckt sich in der weiten Bucht von Marathókampos noch hinter Votsalákia. So hübsch diese 800 Meter lange, flach abfallende Sandbucht auch ist, hat sie in der Umgebung doch durchaus Konkurrenten: der wenig besuchte, schöne Kiesstrand von Ballós am anderen Ende der Bucht, die nahen Strände von Votsalákia und Limniónas, ein Stück weiter die versteckte Válsamo-Bucht ...

Tsamadoú: Der herrlich gelegene Paradestrand von Kokkári an der Nordküste, etwa 2 km außerhalb des Städtchens (häufige Busverbindung) gelegen, ziert fast jeden Reiseprospekt von Sámos. In der Nähe finden sich mit Lemonákia und Tsámbou weitere schöne Strände, die ebenfalls aus hellen kleinen Kieseln bestehen.

Potámi: 2 km südwestlich des Hafenviertels von Karlóvassi trifft man auf diesen Strand, der seinen Namen ("Fluss") einem hier mündenden Bach verdankt. Etwa einen Kilometer lang und schön geschwungen, zählt er zu den beliebtesten Stränden der Nordküste.

Míkro Seitáni und Megálo Seitáni: Inmitten herrlicher Natur, im fast unzugänglichen, durch keine Straße erschlossenen Nordwesten der Insel verstecken sich zwischen dem Potámi-Strand und dem Bergdorf Drakéi die Strände des "kleinen Teufels" und des "großen Teufels". Da nur zu Fuß (siehe Wanderung 10) oder per Boot zu erreichen, bieten sie auch im Hochsommer viel Platz.

Zwischen Kokkári und Karlóvassi: Tsámbou-Strand

... für Landschafts- und Naturgenießer

Sámos besitzt einen solchen Schatz an Naturschönheiten und faszinierenden Landschaftsräumen, dass es nicht leicht fällt, einzelne Gebiete herauszuheben. Hier deshalb nur eine kurze, subjektive und sicher auch unvollständige Auswahl.

Ost-Sámos: Das Hügelland am "Schwanz des Delphins" bietet herrliche Ausblicke auf die stark gegliederte, buchtenreiche Küste und hinüber in die Türkei. Sehr schöne Panoramen genießt man z. B. vom Profítis Ilías, dem Hausberg der Hauptstadt, vom Kloster Zoodóchos Pigí und von der Straße oberhalb der Bucht von Posidónio.

Bucht von Marathókampos: Das trockenste Gebiet von Sámos. Vielleicht sogar genau wegen des Kontrasts zum fruchtbaren Rest der Insel üben die sonnendurchglühten Hänge, die hitzeflirrenden Olivenhaine und die langen, schattenlosen Strände eine gewisse Faszination aus – nirgendwo auf Sámos wird deutlicher, dass man sich im Süden befindet.

Kérkis-Massiv: Auch die kahlen, schroffen Felsstürze des höchsten Bergs der Insel tragen ihren Teil zur besonderen Atmosphäre der Bucht von Marathókampos bei. Wer den 1433 m hohen Hauptgipfel Vígla besteigt (siehe Wanderung 5), wird mit herrlichen Ausblicken über ganz Sámos und die Nachbarinseln im Süden und Westen belohnt.

Ámpelos-Massiv: Etwa in der Inselmitte erhebt sich das zweite große Gebirgsmassiv von Sámos. Seinem Namen (Ámpelos = Weinberg) macht es besonders an den grünen Nordhängen alle Ehre. Dort liegt die bevorzugte Wanderregion der Insel, locken kleine Bergdörfer wie Vourliótes zur Rast. Leider wurden Teile des Gebiets beim großen Waldbrand von 2000 besonders stark in Mitleidenschaft gezogen.

Tal der Nachtigallen: Unweit der nördlichen Küste, ganz in der Nähe von Ágios Konstantínos, schmiegt sich das wasserreiche Nachtigallental in die Nordhänge des Massivs. Mit seinen dichten Platanenwäldern und murmelnden Bachläufen bildet es eine wahre Oase.

Der wilde Inselwesten: Das Gebiet an den Westhängen des Kérkis ist von grandioser Schönheit. Von Karlóvassi kommend, ist am Potámi-Strand für Fahrzeuge Endstation: weiter zu den Seitáni-Stränden und ins Bergdorf Drakéi geht es hier nur noch zu Fuß. Details siehe unter Wanderung 10 – eine der reizvollsten Touren, die auf Sámos möglich sind.

Geographie und Landschaft

Wie die anderen Inseln der Ägäis besteht auch Sámos aus den Gipfeln eines ertrunkenen, uralten Faltengebirges, das einst Kleinasien mit dem Balkan verband.

Im Jungtertiär zertrümmerten tektonische Vorgänge diese Gebirgskette, die später vom Meer verschluckt, dann erneut angehoben und dabei ein weiteres Mal in sich gebrochen wurde. Im Diluvium sank das von Rissen und Brüchen gezeichnete Gebirge wieder ab; von Süden her überschwemmte das Meer die tiefer liegenden Bereiche und ließ nur noch die Gipfel aus dem Wasser ragen. Erst diese letzte Überflutung schuf in etwa die heutige Form des Ägäischen Meeres, das von den Griechen *Aigaíon Pélagos* genannt wird.

Geographisch genau genommen, zählt Sámos zu Kleinasien, auf dessen Festlandsschelf die Insel als Fortsetzung des Mykale-Gebirges aufsitzt. Im Osten von Sámos bleibt die türkische Küste deshalb immer in Blickweite. Historisch allerdings waren Sámos und die gesamte Region der Ostägäis einschließlich der kleinasiatischen Küste seit Jahrtausenden griechisches Siedlungsgebiet. Erst 1922 zerstörte die "Kleinasiatische Katastrophe" des griechisch-türkischen Krieges die uralten Bindungen.

Von der Erosion geformt: Felsen an der Nordwestküste

Ihre erdgeschichtliche Vergangenheit als Gipfel eines zerrissenen und ertrunkenen Gebirges ist der Insel anzumerken. Bergzüge prägen das Gesamtbild. Sámos teilt sich in drei Massive, die sich vorwiegend aus Kalken über Urgesteinen (Marmor, kristalliner Schiefer) mit Einlagerungen von Eruptivgestein zusammensetzen. Getrennt werden sie von jungtertiärem Hügelland. Die Höhen nehmen von West nach Ost ab: Höchste Erhebung ist der mächtige Stock des *Kérkis* im Westen, der im Vígla-Gipfel 1433 Meter erreicht; seine steil zum Meer abfallenden Hänge sind von Schluchten und Höhlen durchzogen, die über die Jahrtausende immer wieder zur letzten Zuflucht Verfolgter wurden. Das Massiv des in der Inselmitte bis auf 1153 Meter aufragenden *Ámpelos* ("Weinberg"), gelegentlich auch *Karvoúnis* ("Köhlerberg") genannt, ist weitflächiger und reicht in seinen Ausläufern bis weit nach Süden und Osten. Das dritte, ältere und flachere Massiv im äußersten Osten der Insel erreicht mit dem Gipfel des Oros Theiós nur etwas über 400 Meter.

Ebenen sind auf der bergigen Insel selten. Die beiden größten liegen im Südosten um das Städtchen Pythagório: der *Kámpos Chóras* im Westen, der *Mésokampos* im Osten. Kleinere Ebenen erstrecken sich noch um Karlóvassi und Kokkári im Norden sowie östlich oberhalb von Sámos-Stadt.

> *Das Besondere aber von Sámos waren die Täler, die sich zwischen die hohen Berge einfalteten und steil nach dem Meere zu senkten. Es waren nicht viele und sie waren nicht groß. Aber sie schütteten sich wie die Füllhörner hin. Es waren kleine Paradiese in fruchtender Pracht. Wein, Wein bis an die weißen Säume des Meeres, Feigenbäume, Oliven und schwarze, vollkommen schöne Zypressen.*
>
> Erhart Kästner, Griechische Inseln

Natur und Umwelt

Auf den ersten Blick scheint die Welt noch in Ordnung: Industrie spielt kaum eine Rolle, qualmende Schornsteine sind eine Seltenheit. Aber auch Sámos hat seine Probleme.

Die **Müllbeseitigung** ist eines davon. Plastiktaschen und ähnlicher Einweg-Müll landen im günstigsten Fall auf der abseits gelegenen Deponie, häufig genug leider auch in der Landschaft. Werden sie verbrannt, setzen sie dabei Dioxine frei. Die beste Lösung wäre sicher die Müllvermeidung, doch werden entsprechende Gesetze oft raffiniert unterlaufen.

Die **Energiegewinnung** ist eine weitere Problemzone. Bislang verdankt die Insel ihren Strom hauptsächlich einem Dieselkraftwerk östlich von Kokkári, das enorme Mengen Kraftstoff verfeuert und so natürlich die Luft belastet. Erfreulich deshalb, dass in zwei Anlagen bei Pythagório und Marathókampos mit Windenergie experimentiert wird.

Waldbrände vermeiden

Viele Brände entstehen schlicht durch Fahrlässigkeit und Leichtsinn, auch von Urlaubern. Sie wären leicht zu vermeiden:

- Offene Feuer sind in Waldgebieten oder ihrer Umgebung nicht umsonst verboten und mit hohen Strafen bedroht.
- Werfen Sie keine glimmenden Zigarettenkippen weg; verzichten Sie in Waldgebieten gänzlich aufs Rauchen.
- Weggeworfene Glasflaschen und andere Behälter können unter griechischer Sonne als regelrechte Brenngläser wirken und so Waldbrände auslösen.

Der **Straßenbau** bildet auf Sámos ein Kapitel für sich. Gerade in den letzten Jahren haben mit Bulldozern geschobene Fahrwege viele der alten Fußpfade verdrängt und teilweise zerstört. Ein guter Teil dieser Pisten wurde für die Brandbekämpfung angelegt und ist dafür sicher notwendig; dennoch ist es natürlich schade um jeden der oft viele Jahrhunderte alten und von vielen Generationen begangenen Pfade. Andernorts wurde durch die Asphaltierung vormals unbefestigter Pisten wieder ein Stück Natur mehr versiegelt. Traurig genug, dass solch fragwürdige "Erschließungsmaßnahmen" auch noch durch EU-Subventionen unterstützt werden. Schließlich haben sich viele entlegene Gebiet ihren Reiz ja nur dadurch bewahrt, dass sie eben nicht von jedem Reisebus problemlos angefahren werden können ...

Der große Waldbrand des Jahres 2000

Waldbrände sind ein Umweltproblem, das jedem Besucher der Insel leider allzu schnell augenfällig wird. Oft ist Fahrlässigkeit die Ursache solcher Brände, manche Feuer tragen aber auch die Zeichen von Brandstiftung. In der ersten Hälfte der 90er-Jahre verwandelten zahlreiche Brände insbesondere im Süden und Südwesten weite Waldflächen in rauchschwarze Wüsten. Noch verheerender war der Großbrand im Sommer 2000. Das riesige Feuer begann am 6. Juli bei Mytilini, breitete sich – angefacht durch extreme Hitze und starken Wind – rasant aus und konnte erst eine Woche später weitgehend unter Kontrolle gebracht werden. Betroffen war fast ein Drittel der Fläche von Sámos, insbesondere das Inselzentrum etwa zwischen der Linie Flughafen-Mytilini-Kokkári im Osten und der Linie Spatharéi-Pírgos-Vourliótes im Westen. Eine 92-jährige Frau, die sich geweigert hatte, ihr Haus zu verlassen, kam in den Flammen ums Leben. Acht Dörfer mussten evakuiert werden, Touristen wurden jedoch nicht verletzt. Schon Tage nach dem Ende des Feuers entwickelte sich unter den Freunden der Insel, gerade auch unter den deutschen Sámos-Fans, eine Welle der Hilfsbereitschaft. Spenden wurden gesammelt, Studien zur Wiederaufforstung erstellt, gebrauchte Feuerwehrautos erworben und auf die Insel gebracht. Ein neu gegründeter Verein, die Samoshilfe e.V. (www.samoshilfe.net), setzt sich seitdem nachhaltig für Natur und Umwelt der Insel ein.

Auch heute, mehrere Jahre nach der Katastrophe, sind die Spuren der Flammen vielerorts noch deutlich erkennbar. Zwar haben da und dort Aufforstungsarbeiten (wichtig auch, um die Erosion zu stoppen) begonnen, doch bleibt noch viel zu tun. Allerdings sind die betroffenen Gebiete längst keine kahlen, schwarzen Wüsten mehr – die Natur erobert sich ihr Terrain zurück. Auf den einst verbrannten Flächen sprießt der Unterwuchs, wachsen Büsche und Sträucher. Wären nicht die verkohlten Baumstämme, würden Erstbesucher der Insel die Schäden vielleicht überhaupt nicht wahrnehmen. Wegen des Waldbrands heute noch auf eine Reise nach Sámos zu verzichten, wäre deshalb (anders als unmittelbar nach dem Feuer vielleicht) eine übertriebene Reaktion. Die Küsten und Strände blieben vom Brand ohnehin fast völlig verschont, ebenso das beliebte Wandergebiet zwischen Vourliótes und Ágios Konstantínos. Und immer noch ist der Waldbestand von Sámos größer als der aller Kykladeninseln zusammen ...

Der **Tourismus** bringt, auch wenn mancher es nicht gerne hören wird, ebenfalls massive Umweltschädigungen mit sich. Allein die startenden und landenden Urlauberjets blasen große Mengen Schadstoffe in die Luft. Hinzu kommt der verstärkte Verkehr auf der Insel selbst, die Zerstörung natürlicher Lebensräume unter anderem durch den Bau neuer Hotels und natürlich auch ein erhöhtes Müllaufkommen. Zumindest ein wenig kann jeder einzelne Reisende dazu beitragen, die Belastung durch seine Anwesenheit so gering wie möglich zu halten: Kaufen Sie möglichst Mehrwegbehältnisse und verzichten Sie auf Getränkedosen und Plastikflaschen, auch auf die Tragetaschen aus Plastik, die zu jedem noch so kleinen Einkauf automatisch ausgehändigt werden; belasten Sie ihre Urlaubsinsel nicht mit Sondermüll, z. B. ausrangierten Batterien – nehmen Sie diese wieder mit nach Hause. Verzichten Sie auf dubiose Wassersportarten, insbesondere auf die hoch umweltbelastenden Jet-Skis ("Wassermotorräder"), die zudem eine enorme Lärmbelästigung darstellen. Schonen Sie bitte auch ökologisch sensible Zonen, indem Sie dort die Wege nicht verlassen.

Die Pflanzenwelt der Inseln

Die äußerst reiche, mediterran geprägte Flora der Insel profitiert von den kräftigen Winterregen: Im Frühjahr grünt und blüht es allerorten. Selbst die ärmsten Böden bringen dann wahre Blumenmeere hervor.

Allein an Orchideen zählt Sámos fast fünfzig Arten, die etwa im Zeitraum zwischen März und Mai blühen. Im Sommer, wenn viele Blumen schon vertrocknet sind, zeigen manche Regionen ein ganz anderes Gesicht. Vor allem der Südwesten gibt sich dann eher karg. Die gesamte Nordküste und weite Teile der Inselmitte präsentieren sich jedoch auch im Sommer schön grün. Etwa ab Ende September folgt eine weitere Blütephase, die viele Böden mit wahren Teppichen von Herbstzeitlosen und Herbstkrokussen überzieht.

Sanfte Hänge, Weingärten, Zypressen: der grüne Norden

Vegetationstypen

Etwas vereinfacht (und von den landwirtschaftlich genutzten Flächen abgesehen) finden sich auf Sámos drei verschiedene Vegetationstypen: Wälder, Macchia und die karge Phrygana.

Bäume und Wälder: Trotz der vielen Waldbrände bilden verschiedene Kiefernarten, Pinien und Zypressen, aber auch Laubbäume wie Eiche, Kastanie und Buche immer noch dichte Wälder. An feuchten Stellen stehen oft mächtige Platanen, die auch so manches Kafeníon in ein schattiges Idyll verwandeln.

Häufige Baumarten

Aleppokiefern: hochstämmige Nadelbäume, die mit den Pinien verwandt sind. Ihr Harz ist es, das dem Retsina seinen typischen Geschmack verleiht. Weitere auf Sámos heimische Kiefernarten sind die **Kalabrische Kiefer** und die hochstämmige **Schwarzkiefer**, die beim Bootsbau Verwendung findet.

Platanen: Sie dienen oft als Sonnenschutz für Kafenía. Die ahornähnlichen, zur Blütezeit im Frühjahr herrlich duftenden Laubbäume erreichen Höhen bis zu 30 Meter; sie benötigen viel Wasser, wachsen deshalb vor allem in Bachtälern. Berühmt für seinen ausgedehnten Platanenwald ist das "Nachtigallental" im Norden der Insel.

Kastanien: In vielen Mischwäldern zu finden. Eine Gattung für sich ist die Edelkastanie mit ihren essbaren Früchten.

Maulbeerbäume: Nicht hoch, aber breit – mit dichtem, großflächigem Blattbewuchs beschatten sie oft Dorfplätze und Kafenía.

Eukalyptusbäume: Kenntlich an der abblätternden Rinde, stammen sie eigentlich von der südlichen Halbkugel. Als schnell- und hochwüchsige Laubbäume, die mit hohem Wasserverbrauch Sumpfgebiete trockenlegen können, werden sie heute aber in vielen Mittelmeerländern gepflanzt. Gefährlich dabei: Die stark ölhaltigen Bäume brennen besonders leicht.

Olivenbäume: Wie in ganz Griechenland wird auch auf Sámos seit Tausenden von Jahren der Ölbaum kultiviert, der neben Öl auch Essoliven, Olivenseife und das harte, widerstandsfähige Olivenholz liefert. Schwerpunkt des Anbaus ist der Südwesten. Näheres unter dem Stichwort "Kulturpflanzen".

Tamarisken: Kleine Bäumchen mit nadelartigen, weichen Blättern. Da sie Salzausscheidungsdrüsen besitzen, können sie direkt am Meer wachsen und werden an Stränden auch oft als Sonnenschutz angepflanzt.

Zypressen: Spitzkegelig aufragende Nadelbäume, die gutes Holz und ätherisches Öl liefern; besonders ins Auge fallen sie an der Nordküste.

Macchia ist der Oberbegriff für immergrüne Krüppelbäume, Büsche und Sträucher, die häufig Rodungsgebiete oder Waldbrandflächen besetzen. Etwa zwei bis vier Meter hoch, dornig und stachelig, bildet die für das Mittelmeergebiet charakteristische Vegetationsform der Macchia ein oft undurchdringliches Hindernis.

Phrygana nennt man eine typische Erscheinung überweideter Gebiete, in denen Schafe und Ziegen alles abgefressen haben, was halbwegs verdaulich scheint – die Phrygana zählt nicht dazu, wehren sich die kugeligen, höchstens kniehohen Sträucher doch durch spitze Stacheln und Dornen. Im Umfeld, durch die Waffen der Phrygana mitgeschützt, wachsen oft duftende Kräuter wie Oregano, Thymian, Rosmarin und Salbei, die vor allem im Dorf Koumaradéi, aber auch in anderen Orten zum Verkauf angeboten werden.

Häufige Arten in Macchia und Phrygana

Agaven: Eine Sukkulentenart, die ursprünglich vom amerikanischen Kontinent stammt. Ihre auffälligen, meterhohen Blütenstände blühen im Juni; nach der Blüte stirbt die Pflanze ab.

Feigenkakteen: Große, fleischige Kakteen, deren herrlich süße Früchte von winzigen, aber sehr lästigen Stacheln effektiv geschützt werden. Wer ans Fruchtfleisch möchte, bearbeitet sie am besten unter fließendem Wasser mit einer Wurzelbürste (Fingerschutz durch Handschuhe, Gabel o. Ä.).

Erdbeerbaum: Ein immergrüner Strauch mit rötlichem Stamm, der zu den Heidekrautgewächsen zählt; die Früchte ähneln Erdbeeren nur optisch.

Keuschlammstrauch: Mythologische, auf Sámos der Göttin Hera zugeordnete Pflanze, die im Sommer rosa, weiß oder hellblau blüht. Sie wird auch Mönchspfeffer genannt, da ihre Früchte sexuelles Interesse dämpfen sollen und deshalb den Mönchen ins Essen gemischt wurden. Der Strauch wächst vorwiegend an feuchten Standorten.

Ginster: Im Frühjahr und Frühsommer leuchtend gelb blühende Sträucher, die an Stelle von Blättern grüne Zweige und Dornen ausbilden.

Oleander: In sommertrockenen Flussbetten bildet der an den lanzettförmigen Blättern kenntliche Strauch manchmal wahre Dschungel; im Frühsommer blüht er rosa oder weiß.

Meerzwiebel: Bis zu mehr als einem Meter Höhe treibt die halb aus dem Boden ragende Knolle im Frühherbst ihren weißen Blütenstand.

Wacholder: Strauchartige, knorrige kleine Bäume mit nadelartigen Blättern, die gegenüber salzhaltiger Luft relativ unempfindlich und deshalb gelegentlich auch an Stränden zu finden sind.

Kulturpflanzen

Wichtigste Nutzpflanze der Insel ist der berühmte **Wein**, der immer noch einen guten Teil der Exporteinnahmen sichert. Heute wird er nicht mehr ausschließlich als Süßwein hergestellt – es gibt jetzt auch trockene Tröpfchen aus Sámos. Näheres zum samischen Wein finden Sie im Kapitel "Essen und Trinken".

Über den Ölbaum

Zur Olacea-Familie der Olivenbaumgewächse gehören auch Jasmin, Liguster und Flieder. Die kultivierten Arten des Olivenbaums, Sativa genannt im Unterschied zum wilden Oleasterbaum, zählen etwa 50 Unterarten, die sehr unterschiedliche Früchte hervorbringen. Olivenbäume, die mehrere hundert Jahre alt werden können, vertragen nur wenige Frosttage bis maximal fünf Grad unter Null. Die Sommer müssen warm und trocken sein, im Herbst und Winter jedoch brauchen die Kulturen einige kräftige Regengüsse. Im Mai und Juni zeigen sich die kleinen, gelb-weißen Blüten, Reifezeit ist zwischen September und November. Der Anbau verlangt Geduld: Je nachdem, ob aus Stecklingen oder Samen gezogen, trägt ein Baum erst nach fünf bis zehn Jahren die ersten Früchte; den höchsten Ertrag erzielt er, mit durchschnittlich 20 kg Oliven, aber erst nach 20 Jahren – dann jedoch bei guter Pflege mehrere Jahrhunderte lang.

Ernte und Verarbeitung: Die Ernte gestaltet sich arbeitsintensiv, da sorgfältig vorgegangen werden muss: Wenn die zarte Haut der Früchte verletzt wird, sinkt die Qualität des Öls drastisch. Und schnell muss es auch gehen – zwischen Ernte und Pressung dürfen nicht mehr als zwei oder drei Tage liegen. In Griechenland werden üblicherweise große Fangnetze unter den Bäumen ausgelegt; reife Früchte schüttelt der Wind herunter, störrischere Oliven werden mit Stangen und Kämmen vom Baum geholt. Nach der Ernte wandern die von Ästen und Blättern gereinigten Oliven in eine der vielen Ölmühlen, die entweder in privater Hand oder kollektiv über den Bauernverband finanziert sind. Dort wird die gesäuberte und gewaschene Ernte gemahlen und anschließend gepresst: die sog. Kaltpressung, die das beste Öl (nach EU-Verordnung: "Natives Olivenöl extra") liefert. Chemische Extraktion und Raffinierung ergeben nur minderwertiges Öl.

Weitere Kulturpflanzen

Natürlich werden auf Sámos Obstbäume (Äpfel, Birnen, Kirschen, Pfirsiche) und Gemüse wie Tomaten, Gurken, Auberginen und Paprika angebaut. Im Folgenden eine Zusammenstellung der für uns etwas ungewöhnlicheren Kulturpflanzen.

Feigenbäume: Wie der Ölbaum eine uralte Kulturpflanze. Meist stehen die weit ausladenden Bäume allein oder in kleinen Gruppen; Reifezeit ist mehrmals jährlich.

Granatapfelbäume: Krummästige, manchmal dornige Bäume, die rot, gelb oder weiß blühen. Im Inneren der gelb-roten Früchte umgibt geleeartiges, süßes Fruchtfleisch die Samenkerne.

Johannisbrotbäume: Immergrüne Bäume mit ledrigen Blättern, die an ihren länglichen, erst grünen, im Reifezustand dann schwarzen Schoten erkennbar sind. Meist wachsen sie wild, werden aber auch kultiviert; die Schoten sind essbar, werden normalerweise jedoch nur als Tierfutter verwendet.

Mandel- und Nussbäume: In höheren Lagen stehen sie, meist vereinzelt, im Umkreis der Dörfer.

Okra: Eine etwa fingerlange, grüne Frucht, die als Gemüse gegessen wird; die Zubereitung ist recht aufwändig.

Zitrusfrüchte: Sie gedeihen vor allem in der fruchtbaren Ebene westlich von Pythagório, in der Umgebung des Dorfes Míli.

Nicht wasserscheu: Auch Ziegen schätzen ein Bad im Meer

Die Tierwelt der Inseln

Wie Fossilienfunde gezeigt haben, stolzierten einst Gazellen, Giraffen und Antilopen über die Insel, ließen die Tritte von Nashörnern und Elefanten dort die Erde erzittern. Heute ist die Fauna ärmer.

Im Herbst nämlich sind sie unterwegs, die Jäger in ihren japanischen Pickups: auf der Ladefläche ein Rudel rassiger Spürhunde, im Visier die letzten jagdfähigen Vertreter der Tierwelt. Jagd ist in Griechenland ein Volkssport, auch wenn es eben deswegen kaum noch etwas zu erlegen gibt. Großwild (Reh, Hirsch, Wildschwein) ist völlig ausgestorben, auch Hasen, Kaninchen, Marder, Wiesel und Rebhühner machen sich bereits rar, erst recht der seltene Schakal – in ihrer Not ballern die Waidmänner da auch schon mal auf verwilderte Ziegen oder gar auf Spatzen. An Säugetieren findet man deshalb vorwiegend domestizierte, mehr oder minder freiwillige "Freunde des Menschen": Hunde, zahllose Katzen, Hühner, Ziegen und Schafe. Als Lasttiere sieht man noch Esel und Maulesel, seltener auch Pferde. Zahlreicher sind die Vertreter der Insekten, Reptilien und Vögel.

Insekten: Aufgrund des relativ geringen Einsatzes von Pestiziden sind Schmetterlinge noch erfreulich häufig und in großer Artenvielfalt zu sehen. Zahlreich auch die Stechmücken – ein mückenabweisendes Mittel sollte deshalb im Gepäck sein. Zikaden sind kaum zu überhören, denn die unscheinbaren, nur wenige Zentimeter großen Pflanzensauger machen mit gewaltigem Getöne auf sich aufmerksam. Das Geräusch entsteht, indem die männlichen (nur die!) Tiere eine Chitinplatte bis zu 8000-mal pro Sekunde schwingen lassen. Bei genauem Hinsehen lassen sich manchmal Gottesanbeterinnen beobachten: Die kurios geformten, räuberischen Fangheuschrecken sind etwa 4–7,5 Zentimeter lang, grasgrün, beige oder braun. Sie bewegen sich meist nur ganz langsam, fast unsichtbar, können mit ihren gefalteten, dornenbe-

Gut getarnt: kleine Echse im Felsgestein

wehrten Raubbeinen (etwa in Gebetsstellung gehalten, daher der Name) aber blitzschnell zupacken und kleinere Tiere greifen. Ein schlechtes Los haben die Männchen dieser Art gezogen: Sie werden nach der Paarung gefressen. Bienen sind reichlich vertreten. Gelegentlich trifft man, häufig etwas abseits der Wege, auf bunt bemalte Bienenkästen, denen man sich natürlich mit gebührender Vorsicht nähern sollte. Samische Bienen können aus dem Vollen schöpfen – entsprechend gut schmeckt ihr vor allem im Gebiet um Pírgos zum Verkauf angebotener Honig.

Reptilien: Mit Schlangen haben Wanderer zu rechnen. Die meisten sind ungiftig, es gibt jedoch auch dünne, graubraune Vipern mit Zickzackmuster auf dem Rücken, deren Biss (zwei Einstichpunkte im Gegensatz zum halbmondförmigen Abdruck ungiftiger Schlangen) lebensgefährlich sein kann: dann die Bisswunde mit einem Druckverband abbinden und sofort zum Arzt. Beste Vermeidungsstrategie ist in unübersichtlichem Gelände aber ein fester Schritt – Schlangen flüchten, wenn man ihnen die Chance lässt –, dazu knöchelhohes Schuhwerk und lange, feste Hosen; Vorsicht bei Steinhaufen und Ruinen. Dort leben auch Skorpione, deren Stich schmerzhaft, jedoch nicht lebensbedrohlich ist. An freundlicheren Reptilien finden sich die possierlichen Geckos, seltener sogar Chamäleons und Wasser- und Landschildkröten; Achtung, alle Schildkröten sind Salmonellenträger – nicht anfassen! Unter den verschiedenen anderen Eidechsenarten lässt sich vor allem im Osten der Insel gelegentlich eine grün bis graubraun gefärbte Spezies (Agama?) beobachten, die eine Größe von mindestens 30 cm erreicht und, vielleicht wegen ihres ansehnlichen Körperumfangs, bei aller Schnelligkeit auf gewisse Weise plump wirkt.

Vögel: Zwar kreisen über den Gipfeln keine Adler oder Geier mehr, doch immerhin gelegentlich noch Falken, Bussarde und Habichte. In der Saline hinter dem Mykáli-Strand lassen sich, etwa von Januar bis April, bis zu zweihundert Flamingos sehen. Groß ist die Artenzahl der Singvögel, insbesondere an der Nordküste.

Meerestiere: Traurig – die Ägäis ist weitgehend leer gefischt. So mancher Speisefisch auf dem Touristenteller wird bereits aus Übersee eingeflogen (vgl. auch Kapitel "Wirtschaft"). An Meeressäugern sieht man gelegentlich noch Delphine; sehr rar geworden sind die Mönchsrobben, von denen es nur noch im schwer zugänglichen Westen kleinere Populationen geben soll.

Wirtschaft

Die griechische Wirtschaft ist in den letzten Jahren kräftig gewachsen, manch drängendes Problem jedoch ungelöst geblieben. Vor diesem Hintergrund steht Sámos steht relativ gut da.

Sorgen bereitet den Griechen insbesondere die hohe Staatsverschuldung, die praktisch auf dem Niveau des Bruttoinlandsprodukts liegt, das marode Rentensystem und eine Arbeitslosenquote, die zuletzt um die zehn Prozent pendelte. Die Ursachen der Misere sind vielfältig. So gilt Steuerhinterziehung nicht einmal als Kavaliersdelikt, sondern eher als selbstverständlich. Und der Beamtenapparat ist zum Bersten aufgebläht, da lukrative Posten zumeist nach dem Prinzip "Wählst du mich, so helfe ich dir" vergeben werden. Angesichts der Lage nimmt es nicht wunder, dass das Land am Finanz-Tropf der EU hängt und die Zuwendungen der Europäischen Gemeinschaft einen wichtigen Posten in der Bilanz bilden.

> ### Die Ziege des Nachbarn
>
> Neid und Missgunst sind auch in Griechenland nicht unbekannt, doch können die Griechen immerhin darüber scherzen. Auf Sámos erzählte man mir folgenden Witz: Eines Tages kommt Gott auf die Erde, um zu sehen, wie es seinen Menschen geht. Er trifft einen Franzosen und fragt ihn, ob alles in Ordnung sei. Im Prinzip schon, sagt der, nur habe der Nachbar ein viel schöneres Haus. "Alles klar, du sollst auch ein schöneres Haus haben", antwortet Gott, und so geschieht es. Ähnliche Sorgen plagen den Deutschen, der ein ebenso großes Auto kriegt, wie es der Nachbar besitzt. Dann kommt Gott nach Griechenland. Er fragt den erstbesten Griechen, ob er mit seinem Leben zufrieden sei. "Eigentlich ja, aber da ist die Ziege meines Nachbarn. Sie gibt viel mehr Milch als meine." "Ich verstehe", sagt Gott, und nun möchtest du, dass auch deine Ziege soviel Milch gibt." "Aber nein", antwortet der Grieche, "mach seine Ziege tot!"

Wirtschaftszweige auf Sámos

Sámos zählt zu den wohlhabenderen Inseln des Landes. Zu verdanken ist dies besonders einem Sektor, dem Dienstleistungsgewerbe. Gestützt vor allem vom Tourismus, hat es als wichtigste Einkommensquelle die Landwirtschaft überrundet.

▶ **Landwirtschaft**: Nach wie vor ein wichtiger Wirtschaftsfaktor auf Sámos. Bedeutendstes Produkt ist mit einem jährlichen Ausstoß von rund 80.000 Hektolitern der Wein; Näheres auch zur wirtschaftlichen Bedeutung des samischen Weins finden Sie im Kapitel "Essen und Trinken". Aber auch die samischen Winzer, schon seit den Dreißigern in der Genossenschaft E.O.S. zusammengeschlossen, haben mit einem grundsätzlichen Problem der griechischen Landwirtschaft zu kämpfen: Das System der Erbteilung ließ im Laufe der Jahre die Größe der einzelnen Betriebe beträchtlich schrumpfen. Zudem gestattet das bergige Profil der Insel nur kleine Anbauflächen. So stellt die Landwirtschaft für die meisten Bauern heute nur eine von mehreren Einkommensquellen dar: Einer zweiten Beschäftigung nachzugehen, häufig im Fremdenverkehr, ist für viele fast unabdinglich geworden.

- **Viehzucht**: Massentierhaltung ist auf der Insel kein Thema. Ein paar Hühner und Schweine haben viele Bauern im Stall, Rinder gibt es kaum. Von relativ großer Bedeutung ist noch die extensiv betriebene Weidewirtschaft. In den steilen Bergregionen von Sámos weiden meist die "geländegängigen" Ziegen, seltener auch Schafe.
- **Fischerei**: Die Ägäis, ohnehin ein nährstoffarmes Meer, ist mittlerweile fast leer gefischt. Dynamitfischerei und engmaschige Netze, beide Fangarten verhängnisvoll für die Fischbrut, taten ein Übriges. Eine bescheidene Rolle spielt der Fischfang aber immer noch, insbesondere in der Zeit von Oktober bis Mai, wenn der – ebenfalls zerstörerische – Fang mit Schleppnetzen erlaubt ist. Ins Netz gehen vor allem Makrelenfische (Thun, Schwertfisch, Makrele) und Heringsfische (Sardinen, Sardellen), außerdem Weichtiere wie Oktopus und Tintenfisch. Edelfische sind relativ selten geworden.
- **Schiffsbau**: Auf Sámos traditionsreich – die Insel besaß große Bestände an Schwarzkiefern, die sehr gutes Schiffsholz liefern. Heute arbeiten jedoch nur mehr einige kleinere Werften in Karlóvassi und Ágios Isídoros unterhalb von Kallithéa; die Werft in Órmos Marathokámpou repariert nur noch.
- **Köhlerei**: Die Touristentavernen haben großen Bedarf an Holzkohle. Vor allem im Westen der Insel sieht man deshalb noch einige Meiler, in denen Zypressen- und anderes Holz in einem langen Prozess verkohlt wird.
- **Industrie**: Bodenschätze sind rar, die eigentlich so nahe kleinasiatische Küste ist als möglicher Absatzmarkt heute Welten entfernt. Anders als noch zu Anfang des 20. Jh., als in Sámos-Stadt und Karlóvassi viele Tabakfabriken und Gerbereien arbeiteten, spielt die Industrie deshalb wirtschaftlich kaum eine Rolle.
- **Bauwirtschaft**: Gebaut wird nicht zu knapp, Tendenz steigend. Das hat Gründe: Zum einen sorgt der Tourismus für wachsenden Bedarf, zum anderen legen die Griechen ihre sauer verdienten Ersparnisse schon aus Tradition lieber in einem Haus an, als das Geld der früher so horrenden Inflation auszusetzen. Nicht zuletzt fühlt sich auch heute noch mancher Vater verpflichtet, seiner Tochter als Mitgift ein Haus oder eine Wohnung zur Verfügung zu stellen.
- **Tourismus**: Der wichtigste Wirtschaftsfaktor auf Sámos. Dabei ist es noch nicht einmal so lange her, dass der internationale Fremdenverkehr auf der Insel Einzug hielt, denn erst 1976 landete das erste Charterflugzeug auf Sámos. Der große Aufschwung kam gar erst im Laufe der 90er-Jahre: In der ersten Hälfte des letzten Jahrzehnts verdoppelte sich die Zahl der Übernachtungen ausländischer Gäste nahezu. Längst ist Sámos das bestbesuchte Ziel der Ostägäis, zählte zuletzt mehr als 150.000 Ankünfte von Chartergästen pro Jahr. Die weitaus wichtigste ausländische Besuchergruppe stellen übrigens die Deutschen, in weitem Abstand gefolgt von den Briten.

Schwitzen für die Grills der Restaurants: Köhler im Inselwesten

Traditionen im Umbruch

Natürlich ist auch Sámos von Internationalisierung und Amerikanisierung nicht frei geblieben: Satellitenschüsseln, Videospiele und Ähnliches finden sich mittlerweile auch in manch entlegenerem Dorf. Uns steht es nicht an, darüber die Nase zu rümpfen – zumindest die örtliche Jugend ist ganz dankbar dafür.

Die Mitgliedschaft in der EU, der zunehmende Tourismus, sicher auch das Fernsehen haben zwar uralte Werte ins Wanken gebracht. Dennoch bewegt man sich immer noch in einer Kultur, die durchaus beträchtliche Unterschiede zu unserer aufweist.

Die orthodoxe Kirche

In Griechenland besitzt die Kirche zumindest in der älteren Bevölkerung noch großen Rückhalt. Nicht vergessen ist nämlich bis heute die bedeutende Rolle, die die orthodoxe Kirche in türkischer Zeit als Hüterin und Bewahrerin griechischer Kultur spielte. Mutige Äbte und Mönche lehrten damals im Verborgenen die griechische Sprache und unterstützten, wie später auch im Zweiten Weltkrieg, tatkräftig den Widerstand gegen die Besatzer. Traditionell sind deshalb Staat und Kirche in Griechenland eng verbunden.

Die orthodoxe ("rechtgläubige") Kirche trägt ihren Namen nach dem Anspruch, einzig rechtmäßige Nachfolgerin der ursprünglichen römischen Kirche zu sein, sieht sich deshalb als vollkommen und immerwährend. Folgerichtig hat sie ihre Lehre und ihren Kultus, in dessen Mittelpunkt die Vergegenwärtigung

Wer in kurzen Hosen kommt, kriegt oft einen Leihrock verpasst

der Heilsgeschichte und der Empfang des Heiligen Abendmahls steht, seit dem Siebten Ökumenischen Konzil von 787 nicht mehr grundlegend verändert.

Eine solche Grundhaltung, verbunden mit traditionell starker Position im Staat, sorgt naturgemäß für eine extrem konservative Einstellung gegenüber Reformen. Die sozialistische PASOK-Partei hat in den 80er-Jahren deshalb versucht, die Macht der Kirche zu beschneiden, was ihr teilweise auch gelungen ist: So steht seit 1982 (!) die standesamtliche Trauung der kirchlichen gleichberechtigt gegenüber, 1987 wurde gar überlegt, die immensen Reichtümer der Kirche zu verstaatlichen. Interessant ist in diesem Zusammenhang, dass die orthodoxe Kirche keinerlei soziale Ambitionen hegt, karitative Arbeit nicht stattfindet.

Die Priester (*Papádes*) sind fester Bestandteil des Dorflebens. Bekleidet mit langen, dunklen Gewändern, das lange Haar unter der charakteristischen Kopfbedeckung im Nacken verknotet, die Bärte üppig, sieht man sie auf der Platía sitzen, aber auch auf den Feldern arbeiten: Ihr Gehalt ist gering (eine Kirchensteuer gibt es nicht), weshalb sie zum Nebenerwerb praktisch gezwungen sind. Das Zölibat betrifft in der orthodoxen Kirche nur obere Ränge: Ein einfacher *Papás* darf verheiratet sein und Kinder haben, der Aufstieg zum Bischof bleibt ihm aber verwehrt.

> **Ikonostassia**: Die Bildstöcke, die an vielen Straßenrändern stehen, sind auf jeder griechischen Insel ein vertrauter Anblick. Im Inneren brennt vor einer kleinen Ikone oft ein Öllämpchen und erinnert an einen tragischen Unfall oder ein anderes denkwürdiges Geschehnis, das sich an dieser Stelle ereignet hat.

Familie und Gesellschaft

Traditionell ist es in Griechenland seit jeher die *Großfamilie*, die an Stelle des Staates für sozialen Schutz sorgt. Sie springt ein, wenn ein Mitglied, und sei es nur ein entfernter Vetter, seine Arbeit verliert oder auf andere Weise in wirtschaftliche Nöte gerät. Unumstrittenes Oberhaupt, oft sogar über bereits verheiratete Söhne, ist der Vater.

Die modernen Zeiten gingen jedoch auch an den griechischen Inseln nicht vorüber – langsam, aber wohl unumstößlich, naht das Ende der Großfamilie, eingeleitet meist durch den Umzug der Kinder aufs Festland oder die Emigration ins Ausland. Im Sommer jedoch, wenn alle zum Besuch in die Heimat zurückgekehrt sind, ist die griechische Familienwelt wieder in Ordnung.

▸ **Stellung der Frau:** In den Städten hat sich die Situation in den letzten Jahren verbessert, im ländlichen Bereich sieht es dagegen oft nicht so gut aus. Dem griechischen Patriarchat war es lange gelungen, sich erfolgreich gegen Emanzipationsbestrebungen zu wehren: 1952 erst wurde das volle Wahlrecht für Frauen eingeführt, die Gleichberechtigung sogar erst 1975 in der Verfassung verankert. Doch hat in vielen Dörfern, allen Gesetzen zum Trotz, immer noch traditionsgemäß das Familienoberhaupt das Sagen – und das ist eben nach wie vor der Mann.

▸ **Heirat:** Die standesgemäße Heirat der Söhne und Töchter hat hohe Bedeutung und wird z. T. immer noch von den Vätern arrangiert. Eine schwere Belastung für die Familien war und ist das System der Mitgift (*Príka*), das die Aussteuer der Tochter regelt: Je höher der soziale Status des Heiratskandidaten, desto höher auch die von den Brauteltern aufzubringende Aussteuer, die in Geld, Wohnraum oder einem Stück Land bestehen kann. Offiziell ist dieses Mitgiftsystem seit 1983 zwar abgeschafft, doch besteht es unter der Hand teilweise weiter. Auch heute noch gilt es als wichtig, dass die Braut jungfräulich in die Ehe geht; zumindest der Anschein muss gewahrt bleiben.

▸ **Kriminalität:** Vielleicht ist es wirklich auf die regulierende Wirkung der Großfamilie zurückzuführen – trotz eines gewissen Anstiegs in den letzten Jahren liegt die Kriminalitätsrate in Griechenland im europäischen Vergleich immer noch äußerst niedrig. In Touristenzentren und an viel besuchten Stränden ist zwar trotzdem etwas Vorsicht angebracht, doch muss man sich im Regelfall um sein Hab und Gut kaum sorgen. Wenn geklaut wird, ist es nicht unwahrscheinlich, dass ein anderer Tourist der Missetäter war.

▸ **Vólta:** Eine griechische Tradition, die in vielen anderen Mittelmeerländern ihre Entsprechung findet und besonders in größeren Dörfern und den Städten zu beobachten ist: Die Promenade am Abend, die immer auf bestimmten Straßen stattfindet, in Küstenorten meist entlang des Hafenboulevards. Ganze Familien, Teenagergrüppchen und Soldaten auf Ausgang schlendern gemächlich auf und ab, an den Wochenenden aufs Feinste herausgeputzt. Zweck der Übung: Sehen und Gesehen werden; für die Jugend natürlich auch Gelegenheit zum Anbahnen erster zarter Kontakte – klar, dass die

Eltern da ein besonders wachsames Auge auf ihre Töchter haben. Am lebendigsten zeigt sich die Vólta in der Hauptstadt und dort besonders zur griechischen Urlaubszeit.

▸ **Filoxenía**: Die viel gerühmte griechische *Gastfreundschaft* gibt es in ihrer ursprünglichen Form kaum mehr. Wie sie früher beschaffen war, verdeutlicht die Tatsache, dass es im Griechischen für die Begriffe "Fremder" und "Gast" nur ein Wort gibt: *Xénos*. Entsprechend wurden Fremde empfangen, man bot ihnen Essen, Quartier und den Schutz der Großfamilie. Der Massentourismus hat diese uralte Art der Gastfreundschaft praktisch unmöglich gemacht, nicht zu reden von den Schnorrern früherer Jahre, die ihre Gastgeber für ihre Uneigennützigkeit oft genug noch verspotteten. Freundlich geblieben sind die meisten Griechen jedoch noch immer; und wer eingeladen wird, sollte dieser Einladung auch Folge leisten, Speis und Trank nicht unhöflich ablehnen. Anders ist es um die an Touristinnen gerichtete Einladung durch junge Männer bestellt, siehe unten.

▸ **Urlaubsflirts**: Im Gegensatz zu den Frauen sind griechische Männer keinesfalls zur vorehelichen Keuschheit verdammt. Da nun die einheimischen Mädchen zwangsweise zurückhaltend sind, die mittel- und nordeuropäischen Touristinnen dagegen nicht unbedingt in diesem Ruf stehen, versucht so mancher eben bei diesen sein Glück. Wer nicht auf solche Bekanntschaften aus ist und dies deutlich zu verstehen gibt, hat jedoch keine Probleme.

Emigration

Auswanderung ist trotz des relativen Wohlstands der größeren ostägäischen Inseln immer noch ein Thema. Das hat durchaus Tradition, gründeten doch schon die Griechen der Antike Kolonien im gesamten Mittelmeerraum. Die Emigration im heutigen Sinne begann im 19. Jh., als viele ihr Glück in Amerika suchten. Weitere Auswanderungswellen folgten der "Kleinasiatischen Katastrophe" von 1922 und dem Zweiten Weltkrieg. Heute leben allein in den USA etwa 2,3 Millionen Griechen, in Deutschland sind es knapp 350.000.

Vor allem die Jungen wollen weg von ihrer Insel, nicht nur aus beruflichen und finanziellen Gründen. Oft ist es schlicht Langeweile, die sie treibt. "Im Sommer, wenn die Touristen da sind, ist ja einiges los. Die Winter aber sind entsetzlich öde": So oder so ähnlich klingt es oft, wenn man sich mit der Inseljugend unterhält. Athen und Thessaloníki sind in Griechenland, Amerika und Kanada im Ausland die Traumziele.

Viele der Emigranten, die sonst in den USA, Australien, Kanada oder dem europäischen Ausland leben, kehren während der Sommersaison auf die Inseln zurück, wo sie zum Nebenerwerb oft ein kleines Hotel oder eine Pension eingerichtet haben. Und auch in Übersee bleiben sie ihrer Heimat treu: So gibt es in zahlreichen Großstädten der USA Vereine der emigrierten Samier, die sich regelmäßig treffen und auf ihrer Insel und in ihrem Dorf häufig genug auch bei der Finanzierung von Schulen, Kindergärten und anderen sozialen Einrichtungen helfen.

Zeugen vergangenen Wohlstands: Ruinen einer Gerberei in Karlóvassi

Geschichte

... auf einen Blick

6. Jahrtausend v. Chr.	Jungsteinzeit; erste nachweisbare Spuren menschlicher Existenz.
3. Jahrtausend v. Chr.	Übergang zur Bronzezeit; antike Berichte nennen Pelasger, Leleger und Karer als Siedler.
Ab 2000 v. Chr.	Hochblüte der minoischen Kultur Kretas; ab etwa 1500 v. Chr. Gründung einer Kolonie auf Sámos.
Ab 1400 v. Chr.	Mykenische Siedler auf Sámos.
Ab 1100 v. Chr.	Ionische Einwanderung.
Ab 800 v. Chr.	Aufkommen der Stadtstaaten, erste Koloniegründungen an der Schwarzmeerküste und im Mittelmeerraum. Kultureller Aufschwung.
Ab 700 v. Chr.	Sámos erlebt eine kulturelle und wirtschaftliche Blüte, zählt zu den mächtigsten Inseln der Ägäis. Weit reichende Handelsbeziehungen. Das Königstum wird durch die Herrschaft der Aristokratie abgelöst.
Ab 538 v. Chr.	Unter dem Tyrannen Polykrates erlangt Sámos den Höhepunkt seines Glanzes und Reichtums. Grandiose Bauten entstehen. Der Philosoph und Mathematiker Pythágoras muss vor dem Tyrannen fliehen.

36   Geschichte

522 v. Chr.	Sámos und die Ionierstädte Kleinasiens fallen unter persische Herrschaft.
499 v. Chr.	Erfolgloser Aufstand gegen die Perser.
480/479 v. Chr.	Sámos wird von den Persern zum Kampf gegen Griechenland gezwungen. Die Perser unterliegen jedoch, unter anderem 479 in einer großen Seeschlacht in der Meerenge zwischen Sámos und Mykale. In der Folge tritt Sámos dem Attischen Seebund bei.
440/439 v. Chr.	Sámos schert aus dem Attischen Seebund aus und wird deshalb von Athen eingenommen. Die Adelsherrschaft wird durch die zwangsweise Einführung der Demokratie abgelöst.
Ab 404 v. Chr.	Wechselnde Zugehörigkeit zu Sparta und Athen, zum Bund der "Knidischen Liga", zeitweise auch zu Persien.
336–323 v. Chr.	Herrschaft Alexanders des Großen.
323–146 v. Chr.	Diadochenkämpfe um die Nachfolge Alexanders; wechselnde Herrschaftsverhältnisse. Dennoch bringt die hellenistische Zeit eine neue kulturelle Blüte.
133 v. Chr.	Sámos wird Teil der römischen Provinz Asia; 88 v. Chr. erobert Rom als Folge des mithridatischen Aufstands die Insel.
Ab 40 v. Chr.	Sámos entwickelt sich zum Winterziel römischer Herrscher. Kaiser Augustus verleiht der Insel die Autonomie, die ihr 70 n. Chr. von Vespasian wieder genommen wird.
395	Teilung des römischen Reiches. Sámos gelangt mit ganz Griechenland zum Oströmischen Reich, dem späteren Reich von Byzanz.
Ab 395	Jahrhunderte voller Überfälle durch Piraten, Germanenstämme, Araber und Türken.
Ab 1204	In der Folge des 4. Kreuzzuges gelangt Sámos unter venezianische Herrschaft; ab der Mitte des 13. Jh. gelingt Byzanz die teilweise Rückeroberung.
1414	Die auf der Nachbarinsel Chíos herrschenden Genuesen übernehmen Sámos.
1453	Türkische Eroberung von Konstantinopel – Untergang des Byzantinischen Reichs.
1475	Sámos fällt unter türkische Herrschaft und wird deshalb von der Bevölkerung nahezu völlig verlassen. Knapp ein Jahrhundert lang bleibt die Insel fast menschenleer.
1562	Sámos wird unter türkischer Oberhoheit von Griechen wiederbesiedelt.
1821–1829	Griechischer Freiheitskampf gegen die Türken. 1834 erreicht Sámos als einzige der ostägäischen Inseln eine Teilautonomie.
1912	Sámos wird dem Königreich Griechenland angeschlossen.

... auf einen Blick 37

1922	Vernichtende Niederlage Griechenlands im Kampf gegen die Türkei beim Versuch, Istanbul und Kleinasien zu erobern und ein Großgriechenland zu schaffen – die "Kleinasiatische Katastrophe".
1923	Der Vertrag von Lausanne bringt die Zwangsumsiedlung von Millionen Menschen; 1,2 Millionen Griechen müssen Kleinasien verlassen, im Gegenzug 500.000 griechische Türken in die Türkei zurückkehren. Als Folge großes Flüchtlingselend auf Sámos, die kulturellen und wirtschaftlichen Beziehungen zur nahen Küste brechen ab, die Insel gerät in eine Randlage.
1941–1945	Zweiter Weltkrieg; zunächst italienische, dann deutsche Besetzung der Insel. Die Besatzer verüben grausame Geiselmorde, an die bis heute ein Gedenktag im Dorf Kastanéa erinnert.
1946–1949	Griechischer Bürgerkrieg zwischen Kommunisten und Royalisten, den letztere schließlich gewinnen. 1947 gelangen Rhodos und die Inseln des Dodekanes zum griechischen Staatsgebiet.
1952	NATO-Beitritt Griechenlands.
1967–1974	Militärdiktatur. 1974 stürzt die Dikatur über den Zypernkonflikt.
1975	Nach einer Volksabstimmung wird Griechenland parlamentarische Republik; bis 1981 regiert die konservative "Neue Demokratie", die Néa Demokratía (ND).
1981	Griechenland wird Vollmitglied in der EG. Wahlsieg der "Panhellenischen Sozialistischen Bewegung" PASOK unter dem eigenwilligen Andreas Papandreou.
1990	Die ND gewinnt die Parlamentswahlen. Mit rigidem Sparkurs versuchen die Konservativen die miserable Wirtschaftslage zu bessern, doch bleiben die Ergebnisse aus.
1993	Trotz zahlreicher Skandale der Vergangenheit erneuter Wahlsieg von Papandreous PASOK.
1996	Im Januar tritt Ministerpräsident Andreas Papandreou aus Krankheitsgründen zurück. Am 23. Juni stirbt der populärste griechische Politiker des 20. Jh. im Alter von 77 Jahren. Das ganze Land trägt Trauer. Mit Sonderzügen und -flügen reisen eine Million Griechen zur Beerdigung an. Kostas Simitis, Papandreous Nachfolger als Ministerpräsident und Parteivorsitzender, lässt vorgezogene Neuwahlen ausschreiben und gewinnt sie mit absoluter Mehrheit.
1998	Griechenland verfehlt als einziges Land der EU die Teilnahme an der ersten Phase der europäischen Wirtschafts- und Währungsunion. Am 23. April stirbt im Alter von 91 Jahren Konstantínos Karamánlis. Der konservative Staatsmann, neben Papandréou der bedeutendste Politiker des modernen Griechenlands, war sechsmaliger Premier und zweifacher Staatspräsident. Unter seiner Regie erfolgten der unblutige Übergang von der Militärdiktatur zur Demokratie 1974 und der Beitritt Griechenlands zur EG.

2000	Bei den Parlamentswahlen im April erreicht die Pasok unter Simítis mit 43,7 Prozent der Stimmen nur noch einen hauchdünnen Vorsprung vor der Néa Demokratía des Herausforderers Konstantínos Karamánlis (ein Neffe des verstorbenen Staatsmanns), die 42,7 Prozent einfährt. Dank des rigiden Sparkurses der letzten Jahre schafft Griechenland doch noch den Sprung in die Wirtschafts- und Währungsunion und wird ab dem 1. Januar 2001 offizielles Mitglied.
2002	Auch in Griechenland wird der Euro alleiniges Zahlungsmittel. Mit ihm, so empfindet es zumindest die Mehrheit der Griechen, kommt ein kräftiger Preisschub vor allem bei Artikeln des täglichen Bedarfs. Tatsächlich beträgt die Inflationsrate im Jahresverlauf immerhin 3,6 Prozent. Gleichzeitig werden die neuen Münzen von den Griechen gering geschätzt. Der Gegenwert der früher wertvollsten Münze, des 100-Drachmen-Stücks, betrug nicht einmal 30 Cent. Entsprechend achtlos werden insbesondere die kleinen Cent-Münzen behandelt. Mit PR-Kampagnen versucht die Regierung ihrem Volk deshalb klarzumachen, dass nicht nur Papiergeld wertvoll sein kann.
2004	Im April finden die Parlamentswahlen statt. Vier Monate später, vom 13. bis 29. August, folgt dann das Großereignis, auf das ganz Griechenland schon seit Jahren hinfiebert: die Olympischen Spiele.

Inselgeschichte

Namensgebung und Mythologie

Die Zahl der Namen, die Sámos im Altertum führte, ist Legion. Vielfach bezogen sie sich auf landschaftliche Schönheiten, vor allem auf die üppig sprießende Vegetation: *Anthemis*, die "Blühende", *Pitioussa*, die "Pinieninsel", *Drioussa*, die "Eicheninsel", *Kyparissia*, die "Zypresseninsel" und *Phillas*, die "Laubreiche". Die ebenfalls gebräuchlichen Namen *Parthenia* ("Die Jungfräuliche") und *Parthenoaroussa* verwiesen dagegen auf den Kult der auf Sámos hoch verehrten Göttin Hera, die der lokalen Legende zufolge hier geboren und mit Zeus verheiratet wurde.

> *"Die Menschen waren von dem Grün und der Fülle so hingerissen, dass zum Beispiel der Dichter Menander verkündete, das Federvieh in diesem Garten Eden gebe nicht nur Eier, sondern auch Milch. Aber vielleicht machte er sich auch nur über die Übertreibungen der Samioten lustig."*
>
> Lawrence Durrell, "Griechische Inseln"

Der heutige Name leitet sich wahrscheinlich von den phönizischen und ionischen Wortstämmen "Sama" bzw. "Samo" ab, die für alles "Hohe" verwendet wurden. Eine andere Meinung sieht das vorgeschichtliche Volk der Säen als Namenspatron, wieder eine andere den Ort Sami auf Kefalloniá, den der mythische König Ankaios vor seiner Ankunft auf Sámos gegründet hatte.

Dunkle Prophezeiungen

Ankaios, einer der Argonauten, soll der erste Herrscher von Sámos gewesen sein. Mit ihm tritt die Insel in die fassbare Geschichte ein, gilt Ankaios nach verschiedenen Theorien doch entweder als König der Leleger oder aber als Führer der mykenischen Siedler. Eine Überlieferung weist ihm auch das Verdienst zu, den Wein nach Sámos gebracht zu haben: Noch vor der Ausfahrt zur Suche nach dem Goldenen Vlies habe er die ersten Weingärten angelegt. Damals schon, so die Legende weiter, habe ihm einer seiner Sklaven düster prophezeit, dass er den eigenen Trunk nicht mehr werde kosten können. Ankaios glaubte ihm nicht und hatte nach seiner Rückkehr schon den Becher angesetzt, als der Sklave immer noch bei seiner Meinung blieb: "Zwischen Mund und Kelchesrand schwebt der dunklen Mächte Hand!" Und wirklich musste der König den Becher noch einmal absetzen, weil ein wilder Eber in den Weinberg eindrang. Im folgenden Kampf wurde Ankaios getötet. Über das weitere Schicksal des seherischen Sklaven schweigt sich die Legende aus.

Vor- und Frühgeschichte

Die ersten Bewohner der Insel waren tierischer Natur: Nijaden, Naiaden oder Miniaden nannten sie antike Schreiber. So laut hätten die vorgeschichtlichen Bestien gebrüllt, dass ein Riss durch die Erde ging. Erstaunlich die Übereinstimmungen mit wissenschaftlichen Erkenntnissen: Tatsächlich nämlich fanden sich auf Sámos Millionen Jahre alte Fossilien, und tatsächlich wurde die Insel einst durch einen "Riss in der Erde", wohl ein Erdbeben und eine anschließende Flutkatastrophe, vom kleinasiatischen Festland getrennt.

Menschliches Leben gilt auf Sámos bereits für die Jungsteinzeit des 6. Jahrtausends v. Chr. als gesichert. Ab etwa 3000 v. Chr. siedelten nach antiken Berichten die Völker der Pelasger, Karer und Leleger auf der Insel. Gegen 1500 v. Chr. ließen sich kretische Minoer auf Sámos nieder und verdrängten diese Kulturen weitgehend.

Mit dem Untergang des minoischen Reiches um 1400 v. Chr. kamen mykenische Siedler auf die Insel. Sie waren es wohl, die die bereits bestehende Kultstätte einer Fruchtbarkeitsgöttin der Göttin Hera weihten und damit den Grundstock für die Jahrtausende währende Sonderstellung der Göttin auf Sámos legten.

• *Sehenswertes* Die fossilen Knochen der "brüllenden Bestien" sind im Paläontologischen Museum von Mytiliní bei Pythagório ausgestellt. Grabfunde aus der mykenischen Periode beherbergt das Archäologische Museum von Sámos-Stadt.

Sámos in der Antike

Als Folge der Dorischen Wanderung gelangten zu Beginn des 1. Jahrtausends v. Chr. Ionier nach Sámos. Für die nächsten Jahrhunderte verschwindet die Insel nun aus der Geschichte – und taucht Anfang des 7. Jh. v. Chr. umso strahlender wieder auf. Damals war Sámos durch Seehandel zu Wohlstand gelangt und eine der reichsten und mächtigsten Inseln der Ägäis geworden. Gestützt auf eine starke, stetig ausgebaute Flotte, gründeten die Samier zahlreiche Kolonien und unterhielten weit reichende Handelsbeziehungen bis nach Ägypten und Spanien. Mitte des 7. Jh. soll der Samier *Kolaios* sogar durch die "Säulen des Herkules", nämlich die Meerenge von Gibraltar, bis ins sagenumwobene Tartessos an der Mündung des Guadalquivir gesegelt und mit märchenhaften Schätzen aus der andalusischen Bronzestadt zurückgekehrt sein.

Freilich sind die Annalen der damaligen Zeit auch voller Berichte über blutige Feldzüge und Seeschlachten. Und im Inneren brodelte es gleichfalls: Lange andauernde bürgerkriegsähnliche Auseinandersetzungen zwischen Adelskaste, Königshaus und erfolgreichen Militärs führten 590 v. Chr. zur Errichtung der ersten Tyrannis (Alleinherrschaft) durch den Feldherren *Sylosontas*. In jene Zeit, als Sámos dem Zenit seines Glanzes entgegenstrebte, fällt auch der Baubeginn des ersten großen Hera-Tempels durch den Architekten *Rhoikos* und dessen Sohn *Theodoros*, letzterer auch Schöpfer des berühmten Smaragdrings von Polykrates.

Große Samier der Antike

Während ihrer antiken Blüte, aber auch noch nach der Hoch-Zeit des 6. Jh. v. Chr., brachte die Insel eine ganze Reihe großer Geister hervor. Hier die drei bedeutendsten von ihnen.

▸ **Pythágoras** (um 580–496 v. Chr.), berühmt geworden durch den Pythagoreischen Lehrsatz $a^2 + b^2 = c^2$, kehrte nach langen, nicht immer freiwilligen Wanderjahren nach Sámos zurück, wurde jedoch wegen seiner adelsfreundlichen politischen Einstellung vom Tyrannen Polykrates nach Kroton in Süditalien verbannt. Dort gründete er eine ordensähnliche Schule, deren Anhängern es verboten war, Erkenntnisse des Meisters an Außenstehende weiterzugeben. Pythágoras trat nicht nur als Mathematiker, sondern auch als Philosoph in Erscheinung; seine Erkenntnistheorie sah Aristoteles zufolge die Dinge selbst als Zahlen. Gleichzeitig war Pythágoras einer der ersten Griechen, der die Unsterblichkeit der Seele und die Seelenwanderung lehrte; Empedokles berichtet, Pythágoras hätte sich an alle seine vergangenen Leben erinnern können. Als Konsequenz der Möglichkeit, auch als Tier wiedergeboren zu werden, war den Schülern das Schlachten und Essen von Tieren verboten.

▸ **Epikur** (341–271 v. Chr.), als Philosoph Begründer einer nach ihm benannten Ethik, zählt ebenfalls zu den großen Söhnen der Insel. Entgegen gängiger, aber erst in römischer Zeit aufgekommener Meinung lässt sich seine Philosophie nicht auf blanken Hedonismus reduzieren, sie sieht vielmehr die Tugend als notwendige Bedingung des lustvollen Lebens. Epikur, der mehr geschrieben haben soll als jeder andere Philosoph vor ihm, erklärte die Wahrnehmung zum Fundament der Erkenntnis. Zu den höchsten Gütern seiner Ethik zählt die Freundschaft.

▸ **Aristarchos** (etwa 310–230 v. Chr.), Mathematiker und Astronom, war auf seine Art ein Revolutionär: Er formulierte als erster ein heliozentrisches Weltbild

Richtungsweisender Philosoph: Pythágoras in Pythagório

mit der Theorie, die Erde drehe sich um die Sonne und gleichzeitig um sich selbst. Aristarchos' Zeitgenossen reagierten mit Anfeindungen und Häme auf diese These, die erst 1800 Jahre später durch die Lehren des Kopernikus ihre Anerkennung fand.

Die Tyrannis des Polykrates

Im Jahr 538 v. Chr. übernahm der uns wohl vor allem durch Schiller bekannte Polykrates die Macht und führte Sámos auf den Höhepunkt seiner Geschichte. Zunächst regierte er noch zusammen mit seinen Brüdern Pantagnostos und Sylosontas, ab 532 v. Chr. dann als Alleinherrscher: Den einen Bruder hatte er ermorden lassen, den anderen in die Verbannung geschickt, gefolgt von aufmüpfigen Adligen. So wenig zimperlich Polykrates seine Karriere verfolgte, so blutig mehrte er auch seinen Reichtum: "Wohin er auch in den Kampf ziehen mochte, ihm gelang alles. Er hatte hundert Fünfzigruderer und tausend Bogenschützen, und da plünderte und beraubte er alle ohne Unterschied", berichtet fast ehrfürchtig der Historiker Herodot.

Knabe mit lockigem Haar: Relief im Archäologischen Museum

Schnelle Schiffe: Vor allem dank seiner schnellen, wendigen Schiffe war Polykrates im östlichen Mittelmeer unumschränkter Herrscher. Mit bronzenen Rammspornen versehen, verbreiteten die Zweireiher vom Typ *Samaina* (abgebildet auf den Flaschen mit dem gleichnamigen Wein) und die noch schnelleren *Trieren* mit ihren drei versetzt angeordneten Ruderreihen Angst und Schrecken. Als die griechische Marine eine dieser Trieren rekonstruiert hatte, erstaunte die Beweglichkeit jener Dreireiher, die als die schnellsten Ruderschiffe aller Zeiten gelten, selbst die Experten: Wie Tests ergaben, benötigte ein Wendevorgang nicht mehr als 60 Sekunden, der Bremsweg aus voller Geschwindigkeit lag, schier unglaublich, bei einer einzigen Schiffslänge.

Den räuberisch erworbenen Reichtum nutzte Polykrates nicht nur zu luxuriösem, ausschweifendem Lebensstil. Er gründete auch eine große Bibliothek und holte sich die bedeutendsten Künstler und Wissenschaftler der damaligen Zeit an den Hof, darunter den ebenfalls von Schiller erwähnten Dichter *Ibykos*. Polykrates' besondere Liebe aber gehörte der Technik und der Architektur. Die unter ihm geschaffenen Bauten in der Umgebung der damaligen Hauptstadt Sámos, dem heutigen Pythagório, zählte Herodot zu den Weltwundern der

Sámos in der Antike

Antike: den Tunnel des Eupalinos, die Hafenmole und den von Rhoikos errichteten Tempel. Fast zu viel des Erfolges also. Das meinte auch ein mit Polykrates befreundeter Pharao, dessen Entsetzen über das geradezu unmäßige Glück des Herrschers ebenfalls durch Herodot überliefert ist. Friedrich Schiller schuf daraus die Ballade "Der Ring des Polykrates", die manchem vom Schulunterricht her vielleicht noch in Erinnerung ist. Wer damals verschont blieb, freut sich heute vielleicht über die folgende Kurzfassung des Inhalts.

Der Ring des Polykrates – Kurzfassung

Er stand auf seines Daches Zinnen,
Er schaute mit vergnügten Sinnen
Auf das beherrschte Samos hin
"Dies alles ist mir untertänig",
Begann er zu Ägyptens König,
"Gestehe, dass ich glücklich bin!"

Der aber bleibt zunächst skeptisch und verweist auf einen Feind des Polykrates, der dem Glück ein rasches Ende machen könnte – kaum ausgesprochen, naht schon ein Bote mit dem abgeschlagenen Kopf des Unglücklichen. Auch die ausgelaufene Flotte, von den Gefahren des Meeres bedrängt, kehrt reich beladen zurück und bringt gleich die frohe Botschaft mit, die feindlichen Kreter hätte der Sturm zerstreut. Dem ägyptischen Pharao wird so viel Glück langsam unheimlich, er befürchtet den Zorn der Götter und rät zur Selbsthilfe:

"Und wenn's die Götter nicht gewähren
So acht auf eines Freundes Lehren
Und rufe selbst das Unglück her,
Und was von allen deinen Schätzen
Dein Herz am höchsten mag ergötzen
Das nimm und wirf's in dieses Meer."

Polykrates, selbst seltsam bewegt, tut wie ihm geraten und wirft seinen Lieblingsring ins Meer, um die Götter gnädig zu stimmen. Am nächsten Tag erhält der Tyrann einen großen Fisch zum Geschenk. Als der Koch diesen zerteilt, blitzt ihm aus dem Bauch ein wohlbekannter Ring entgegen – der Ring des Polykrates. Jetzt hat der Pharao genug:

Hier wendet sich der Gast mit Grausen:
"So kann ich hier nicht ferner hausen,
Mein Freund kannst du nicht weiter sein.
Die Götter wollen dein Verderben -
Fort eil ich, nicht mit Dir zu sterben."
Und sprach's und schiffte schnell sich ein.

Wohl getan. Denn das Ende des Tyrannen war in der Tat fürchterlich. Die Perser, die Polykrates' Reichtum und Macht schon länger gierig beäugt hatten, lockten den Herrscher 522 v. Chr. aufs kleinasiatische Festland und kreuzigten ihn auf dem Berg Mykale, in Sichtweite seiner geschockten Untertanen.

Nach dem Tod des Polykrates sank der Stern der Insel. Sámos gelangte unter den Einfluss der Perser, konnte sich aber nach dem griechischen Sieg in der Seeschlacht von Mykale 479 v. Chr. wieder befreien. Bis 440 v. Chr. war die Insel Mitglied des Attischen Seebundes, geriet in Zwist mit den dominierenden Athenern und wurde von diesen schließlich erobert. Die folgenden Jahrhunderte sahen, unterbrochen von Phasen der Selbstständigkeit, eine ganze Reihe wechselnder Völker als Herren von Sámos: Spartaner, Athener, Perser, ägyptische Ptolemäer und schließlich Pergamon, das die Insel 133 v. Chr. den Römern überließ.

● *Sehenswertes* In und um Pythagório sind die Reste der gigantischen Projekte des Polykrates noch sichtbar: Die Ruinen des großen Heratempels auf dem uralten Kultgelände Heraíon, die zyklopischen Stadtmauern und, als wohl beeindruckendste Attraktion, der über einen Kilometer lange, mitten durch einen Berg gehauene Wassertunnel des Architekten Eupalinos. Kunstschätze aus dem Heraíon, darunter die Kolossalstatue eines Jünglings sowie eine gleichfalls berühmte hölzerne Hera-Statuette, präsentiert das Archäologische Museum in Sámos-Stadt; hier finden sich auch vielfältige Zeugnisse des regen Handels der Samier mit Persien, Ägypten und dem Orient.

Römer, Genuesen und Türken

Die römische Herrschaft auf Sámos begann mit gewaltsamer Besetzung, gegen die sich die Samier 88 v. Chr. mit einem Aufstand wehrten, der schließlich an der Übermacht der Truppen des Pompeius scheiterte. In der Folge plünderten die Römer die Insel, verschleppten zahlreiche Kunstwerke.

Etwa gegen 40 v. Chr. trafen die ersten historisch belegten Touristen auf Sámos ein: *Antonius* und *Kleopatra* feierten hier rauschende Feste. Bald etablierte sich die Insel wegen ihres milden Klimas als Winterziel der römischen Herrscher. Kaiser *Augustus*, der hier mehrere Winter verbrachte, verlieh ihr sogar die Autonomie, die später von Tiberius und Caligula bestätigt, von Vespasian dann wieder genommen wurde. Früh kam das Christentum nach Sámos. Ab 390 war die Insel Bischofssitz.

Die Teilung des Römischen Reiches im 4. Jh. n. Chr. und die Zugehörigkeit zu Byzanz brachten einen stetigen Niedergang, der von häufigen Plünderungen begleitet wurde. Mal waren es Piraten, später die Goten, Hunnen, Araber und auch die Türken, die brandschatzten und mordeten. Bereits damals ging die Bevölkerungszahl stark zurück.

In der Folge des Vierten Kreuzzuges gelangte Sámos 1204 unter venezianische Herrschaft, ab 1414 unter die Genuesen der *Giustiniani* von Chíos. Venezianer wie Genueser zeigten jedoch wenig Interesse an der Insel. Anders die Türken, die nach dem Niedergang Konstantinopels Ansprüche auf Sámos erhoben – 1475 waren die Genuesen deshalb gezwungen, fast die gesamte Bevölkerung nach Chíos umzusiedeln. Nur wenige Familien blieben auf der fast entvölkerten Insel zurück.

● *Sehenswertes* Aus der Römerzeit sind Grundrisse von Tempeln im Heraíon erhalten, deren bescheidene Ausmaße die geschwundene Bedeutung der Insel sichtbar machen; Kunstgegenstände jener Zeit sind in den Archäologischen Museen von Sámos-Stadt und Pythagório ausgestellt.
Das folgende Jahrhundert war eine dunkle Periode für Sámos, weshalb Sehenswürdigkeiten aus jener Zeit praktisch völlig fehlen.

▶ **Türkische Herrschaft**: Fast ein Jahrhundert war Sámos nahezu menschenleer gewesen, als der türkische Admiral Kiliz Ali Pascha 1562 die Insel "wiederentdeckte". Gemäß lokaler Überlieferung hier zum Schutz vor einem Sturm vor Anker gegangen, begeisterte ihn die Schönheit von Sámos derart, dass er eine Wiederbesiedelung ins Auge fasste, mit deren Durchführung er seinen griechischen Steuermann Sarakínis beauftragte. Den neuen Siedlern wurden reichlich Land und weit reichende Steuerprivilegien versprochen, was auch wirklich viele Inselgriechen bewog, sich auf Sámos niederzulassen, das in der Folgezeit eine neue Blüte erlebte. Jahrhundertelang stand die Insel nun offiziell unter türkischer Herrschaft, wurde aber fast ausschließlich von Griechen bewohnt und fast autonom verwaltet. Nie gab es eine Moschee auf Sámos.

• *Sehenswertes* Bei Iraíon in der Nähe von Pythagório steht noch der wehrhafte Wohnturm, den sich Sarakínis erbauen ließ. Auch die Mehrzahl der (kunsthistorisch eher unbedeutenden) samischen Klöster stammt aus den türkischen Jahrhunderten.

Freiheitskampf und Freiheit

Im Laufe der Zeit nahm der türkische Hof die Privilegien zurück, die er den Samiern gewährt hatte – mit ein Grund für die Begeisterung, mit der die Inselbewohner sich 1821 dem griechischen Freiheitskampf anschlossen. Ihre damaligen Anführer werden heute in zahlreichen Straßennamen geehrt, insbesondere *Likoúrgos Logothétis*, der auch das Kastell von Pythagório errichten ließ. Nach zahlreichen Kämpfen und der siegreichen Seeschlacht vom 6. August 1824 errangen die Samier die Überhand. Das Londoner Protokoll von 1830 verweigerte Sámos dennoch den Anschluss an das neu gegründete Griechische Königreich.

Eine bescheidenere, relative Unabhängigkeit gestatteten die Großmächte Frankreich, England und Russland der Insel dann doch: Von 1834 bis 1912 regierten griechisch-orthodoxe, jedoch vom Sultan eingesetzte *Hegemonen* das teilautonome Fürstentum Sámos. Obwohl politisch weiterhin unruhig, entfaltete die Insel nun ein reges Wirtschaftsleben. Sámos war berühmt für seinen Tabak, seinen Wein und sein Leder. Als Folge entwickelte sich Sámos (Vathí) zur Hauptstadt, entstanden neue Straßen und der Hafen von Karlóvassi.

1912 war es dann endlich soweit: Unter Führung des Archäologieprofessors und späteren Ministerpräsidenten *Themistoklís Sofoúlis* gelang es, die Türken von der Insel zu vertreiben. Am 11. November 1912 schließlich proklamierte das Samische Parlament den Anschluss an das Königreich Griechenland.

Zehn Jahre später versuchte Griechenland wahnwitzigerweise, Istanbul und Kleinasien zu erobern – und verlor. Die "Kleinasiatische Katastrophe" von 1922 nahm ihren Lauf, und der riesige Bevölkerungsaustausch zwischen der Türkei und Griechenland zwang Sámos, Zehntausende von Flüchtlingen aufzunehmen. Die Insel brauchte lange Jahrzehnte, um sich von den Folgen zu erholen, zumal sie mit einem Mal in eine geographische Randlage gerückt war: Die eigentlich so nahe kleinasiatische Küste, einst ein wichtiger Absatzmarkt, lag plötzlich Welten entfernt.

Im Zweiten Weltkrieg besetzten italienische Truppen die Insel, hart bedrängt von samischen Partisanen, den *Andartes*. Noch am 30. August 1943 erschossen die Italiener in Kastanéa siebzehn dieser Widerstandskämpfer. Nur wenige Tage später war der italienische Faschismus am Ende, nicht aber der Wahnsinn des Krieges: Im November 1943 bombardierten deutsche Fliegerstaffeln die Städte Sámos (Vathí) und Pythagório – allein in Vathí starben dabei über hundert Menschen.

Auch die Jahre nach dem Weltkrieg brachten noch keine Erholung. Wirtschaftlich war Sámos längst schwer gezeichnet: Durch den Krieg war der Absatz an Wein, vor allem aber an Tabak und Leder, völlig zum Erliegen gekommen. Die Gerbereien und die berühmten Zigarettenfabriken, die bis nach Japan exportiert hatten, mussten aufgeben und verfielen. Dann stürzte auch noch der blutige Bürgerkrieg von 1946–1949 die Insel ins Chaos.

Langsam nur ging es mit Sámos wieder bergauf. Jahrzehntelang war die wirtschaftliche Situation so schlecht, dass sich viele Samier zur Emigration gezwungen sahen. Ein neuer Aufschwung setzte erst wieder 1974 mit dem Ende der Diktatur ein. Wenige Jahre später begann dann auch der internationale Fremdenverkehr, die Einkommensverhältnisse zu bessern. Heute zählt Sámos wieder zu den reicheren Regionen Griechenlands.

Aktuelle Konflikte und Probleme

▸ **Das Verhältnis zur Türkei**: Die Geschichte lässt verstehen, warum es um die Beziehungen beider Völker nicht besonders gut steht. Bis heute sind manche der Konflikte zwischen den beiden Nato-Mitgliedern nicht gelöst. 1974 brachten Auseinandersetzungen um die Insel Zypern die Staaten an den Rand eines Krieges: Damals hatte die griechische Militärjunta durch ein Attentat auf den zypriotischen Präsidenten versucht, die überwiegend von Griechen bewohnte Insel für sich zu vereinnahmen; Ankara antwortete mit einer Invasion und der gewaltsamen, bis heute nicht beendeten Teilung der Insel. Andere Zwistigkeiten, die ebenso schnell in eine bewaffnete Auseinandersetzung hätten münden können, entzündeten sich in den Siebziger- und Achtzigerjahren an Fragen der Schürfrechte nach Erdöl und der Kontrolle des Luftraums; strittig waren in beiden Fällen die jeweiligen Grenzen in der Ägäis. Und noch 1996 entsandten Griechenland und die Türkei in einem absurden Streit um die winzige, unbewohnte Insel Imia Kriegsschiffe in die Region vor Bodrum – nur die massive Intervention der Amerikaner verhinderte Schlimmeres. Dabei wäre eine Annäherung beider Seiten von immenser Bedeutung für die Stabilität der Region.

In den letzten Jahren ist auch deutlich Bewegung in das schwierige Verhältnis gekommen. Ein Auslöser waren die schweren Erdbeben, die im Sommer 1999 nacheinander beide Länder erschütterten und in der Bevölkerung ein Gefühl der Solidarität und Hilfsbereitschaft weckten: Waren nach dem Beben vom 17. August in der Türkei auch viele Griechen unter den Einsatzkräften, so suchten drei Wochen später in Athen türkische Helfer nach Überlebenden. Bald darauf erklärte Griechenland zur weltweiten Verblüffung, man unterstütze ab sofort den Beitritt der Türkei zur EU. In der Folge kam es Anfang 2000 zu gegenseitigen Besuchen der jeweiligen Außenminister, die durchaus eine historische Dimension hatten, waren es doch die ersten seit rund vier Jahrzehnten. Eine

Aktuelle Konflikte und Probleme 47

Nostalgischer Blick zurück: im Ethnologischen Museum von Karlóvassi

ganze Reihe von bilateralen Verträgen wurden unterzeichnet, die wirklich schwierigen Probleme – vor allem die Zypernfrage und die territorialen Konflikte – blieben freilich außen vor und sind bis heute nicht gelöst. Und so stockt denn der Annäherungsprozess auch immer wieder.

Angesichts der Nähe zur türkischen Küste, der in der Vergangenheit so häufig gespannten politischen Lage zwischen den beiden Staaten und auch wegen der markigen Sprüche, die lange Zeit aus Ankara zu hören waren, verwundert es nicht, dass die Griechen starke Militärverbände auf Sámos stationiert haben. Den Reisenden braucht dies nicht zu kümmern, da die jungen Soldaten höchstens durch ihr zurückhaltendes Wesen auffallen. Fotografierverbote in der Umgebung militärischer Anlagen sollte man freilich grundsätzlich ernst nehmen.

Fluchtziel Griechenland: Die Nähe zur kleinasiatischen Küste konfrontiert Sámos mit einem weiteren Problem, das viele grenznahe Inseln Griechenlands betrifft: Immer wieder versuchen Flüchtlinge verschiedener Herkunft, sich aus Armut oder vor politischer Verfolgung auf griechisches Territorium und damit in das Gebiet der EU zu retten. Aufgrund der hohen Flüchtlingszahlen hat Griechenland im November 2001 ein Rücknahmeabkommen mit der Türkei geschlossen. Wer sich in den Häfen im Osten der Insel die etwas abseits lagernden Boote genauer ansieht, wird vielleicht dennoch einige Kähne mit türkischem Namenszug entdecken, die nach der Ankunft beschlagnahmt wurden. Doch erreichen längst nicht alle der maroden Boote auch ihr Ziel. Aus Angst vor der griechischen Küstenwache findet die Passage nachts und bevorzugt bei schlechtem Wetter statt. Viele der kleinen Schiffe kippen bei der Überfahrt um – keine Statistik zählt die Ertrunkenen.

Verbindung zu anderen Inseln und nach Athen: Fähren im Hafen von Karlóvassi

Anreise

Zunächst stellt sich die Frage, ob es ein Pauschalurlaub oder eine Individualreise sein soll. Nur wer auf eigene Faust loszieht, muss sich weitere Gedanken machen – konkurrenzlos schnell und bequem ist natürlich der Flug.

Alle anderen Verkehrsmittel fallen im Vergleich der Reisezeiten stark ab und sind oft auch nicht einmal preisgünstiger. Mit Auto, Zug und Schiff benötigt man für Hin- und Rückfahrt rund eine Woche, von den Mühen und Strapazen nicht zu reden. Auch im Preisvergleich steht der Jet so schlecht nicht da: Die Deregulierung im Flugverkehr und die internationale Konkurrenz unter den Airlines haben die Tarife kräftig sinken lassen – teurer als die Anreise auf dem Landweg ist der Flug in den Urlaub nicht unbedingt.

Pauschalurlaub oder Individualreise?

▶ **Pauschalurlaub**, die vorgebuchte Kombination von Flug, Unterkunft, Reiseleitung und meistens auch Verpflegung, ist die auf Sámos vorherrschende Form des Fremdenverkehrs. Gerade bei einer Insel ist auch für eingefleischte Individualreisende die pauschale Buchung eine Überlegung wert. Diese Urlaubsform muss schließlich keineswegs auch eine Pauschalierung der Erlebnisse bedeuten: Wählt man eine dafür geeignete Region, lässt sich Sámos sehr gut von einem festen Standquartier aus entdecken. Heutzutage bieten die Veranstalter auch längst nicht mehr nur reine Badehotels in den wichtigsten Ferienorten an: In vielen Katalogen werden auch Liebhaber kleinerer Orte fündig, ebenso diejenigen, die lieber in einer einfachen Pension oder einem Apartment nächtigen wollen. Weiterhin gibt es mit Mietwagen kombinierte Angebote, außerdem Wanderurlaub, Studienreisen etc. – die Veranstalter sind da sehr rührig. Von den Preisnachlässen, die die Reiseveranstalter vom Hotelier eingeräumt bekommen, profitieren teilweise auch die Kunden. Nicht zuletzt hat man bei dieser Urlaubsform auch die Gewähr, wirklich ein Zimmer im gewünschten Quartier zu erhalten – in der Hochsaison von Mitte Juli bis Ende August kann sich die Suche nach einem freien Bett nämlich mühsam gestalten.

• *Veranstalter* Die Broschüre "Urlaub in Griechenland – Reiseveranstalter – Ferienziele" listet große und kleine Reiseveranstalter auf, zusammen mit den jeweiligen Zielgebieten und einer Auswahl an Spezialangeboten. Erhältlich ist sie bei den Griechischen Fremdenverkehrsämtern – Adressen siehe Kapitel "Wissenswertes von A-Z" unter dem Stichwort "Information".

▸ **Individualreisen**: Die Vorteile einer Reise auf eigene Faust, die Flexibilität bei der Wahl des Zeitraums, der mögliche Standortwechsel bei Nichtgefallen des Quartiers oder des gewählten Urlaubsorts, die Unabhängigkeit von eventuellen Essenszeiten etc., lassen sich auch auf Sámos ausschöpfen. Die Auswahl an Hotels, Pensionen und Privatvermietern ist relativ gut, die Busverbindungen sind es ebenfalls, Mietfahrzeuge nicht teuer. Verbunden ist diese Reiseform allerdings mit einem höheren Aufwand bei der Planung. Wichtig ist dann auch die richtige Wahl des Zeitraums. Zur absoluten Hochsaison kann es sehr schwierig sein, ein freies Zimmer zu finden. Wer ganz sichergehen will, das gewünschte Quartier zu erhalten oder längere Zeit am selben Ort verbringen möchte, sollte in Erwägung ziehen, schon ab der Heimat vorzubuchen. Telefon- und Faxnummern sind bei der Beschreibung der in diesem Handbuch vorgestellten Quartiere jeweils angegeben. Billiger als eine Pauschalreise ist eine individuell geplante Tour meist nur dann, wenn eher einfache Unterkünfte gewählt werden.

Anreise mit dem Flugzeug

Flug ist nicht gleich Flug: Es existieren eine ganze Reihe von Möglichkeiten und Varianten der Anreise per Jet.

Am schnellsten ist der direkte Charterflug zum Inselflughafen Sámos (SMI), eine spontan buchbare Alternative der Linienflug mit Umsteigen in Athen. Oder soll es lieber ein Ticket nur nach Athen sein, mit Besichtigungstour und anschließender Überfahrt per Fähre? Bei der Auswahl ist, neben dem Preis und den persönlichen Vorstellungen, auch die Frage der Verfügbarkeit entscheidend.

Charterflug direkt nach Sámos: Unschlagbar flott und bequem sind die Charterflüge, die ohne Zwischenstopp von vielen mitteleuropäischen Flughäfen direkt nach Sámos führen – binnen rund drei Stunden sind Sie auf Ihrer Urlaubsinsel.

Flug über Athen auf die Insel: Eine gebräuchliche Variante. Nachteil ist natürlich die Umsteigeprozedur mit eventuell längerem Aufenthalt in Athen. Vorteil ist ein – je nach Wartezeit möglicher – Abstecher in die Hauptstadt, Näheres zu den Verkehrsverbindungen im Kapitel *Stop-over Athen*.

Flug nach Athen, weiter per Fähre: Sowohl per Charter als auch per Linie möglich. Auf den ersten Blick nur ein Kompromiss zwischen Schnelligkeit und günstigem Preis. Athen ist aber auch fast ein "Muss" in Sachen griechische Antike und ein wichtiger Schlüssel zum Verständnis des Landes. Die Fähren vom Athener Hafen Piräus verkehren im Sommerhalbjahr täglich und sind preiswert. Details zur Millionenstadt finden Sie im Kapitel *Stop-over Athen*.

Über andere Inseln: Falls alle anderen Möglichkeiten belegt sind oder das Ticket ausgesprochen günstig ist, wäre z. B. auch ein Charterflug nach Kós, eventuell auch auf eine Kykladeninsel denkbar, verbunden mit der Weiterreise per Fähre. Verglichen mit der Anreise über Athen muss man bei diesen Varianten zeitlich jedoch flexibler sein und der spärlicheren Flug- und Fährverbindungen wegen auch genauer planen.

Charterflüge

Als Direktverbindung bringen sie den Urlauber am schnellsten ans Ziel. Diese beliebteste Möglichkeit der Anreise ist für die Hochsaison allerdings schnell ausgebucht.

Das Angebot verteilt sich auf verschiedene Gesellschaften, wobei die Preise je nach Ausgangsflughafen, Saison und Anbieter erheblich differieren können. Die Deregulierung im Luftverkehr bringt zudem mehr und mehr Angebotserweiterungen mit sich. So werden mittlerweile schon Gruppentarife oder One-Way-Flüge offeriert. In den nächsten Jahren werden sicher noch weitere Angebote dieser Art auf den Markt kommen: Fragen Sie bei den Reisebüros gezielt danach, nicht immer wird auf die verschiedenen Möglichkeiten hingewiesen.

• *Mitnahme von Fahrrädern und Sportgepäck* Die Gebühren für Fahrräder, Surfbretter, Tauchausrüstung (incl. leerer Sauerstoffflaschen) und Ähnliches Sportgerät sind je nach Fluggesellschaft unterschiedlich. Tauchausrüstung fliegt auf Charterflügen meist gratis, ein Fahrrad kostet in der Regel 15–30 €, ein Surfbrett meist 30–50 €. Wichtig allerdings, entsprechende Wünsche gleich bei der Buchung anzumelden.

• *Last Minute/Restplatzbörsen* Auch Nur-Flüge werden "in letzter Minute" abgegeben. Zur Hochsaison ist so kaum Platz zu bekommen, dafür erwischt man in der Nebensaison schon mal ein echtes Schnäppchen.

Linienflüge

Die Flüge der Liniengesellschaften sind in der Regel teurer als Charter, bieten dem Reisenden durch die freie Wahl des Flugtages aber mehr Gestaltungsfreiheit.

Reguläre Linienflüge der Lufthansa, der Olympic Airways und der Aegean Cronus, buchbar bei jedem IATA-Reisebüro oder direkt bei den Fluggesellschaften, sind zwar im Normaltarif ausgesprochen teuer, doch helfen eine Reihe von Sondertarifen, den Preis auf ein erträgliches Maß zu senken, teilweise sogar in Preisbereiche, die zu denen der Chartergesellschaften durchaus konkurrenzfähig sind. Die Deregulierung im Flugverkehr ermöglicht es den Airlines, ihre Tarife selbst zu gestalten; so bietet Olympic Airways für Personen über 60 Jahre einen Rabatt an. Die Palette an Sonderangeboten wird ständig erweitert – empfehlenswert, im Reisebüro oder bei den Fluggesellschaften gezielt danach zu fragen. Das Sitzplatzangebot dieser Sonderangebote ist allerdings begrenzt, weshalb sich rechtzeitige Buchung sehr empfiehlt.

Umsteigen ist nötig: Direktflüge nach Sámos per Linie gibt es nicht. Grundsätzlich muss auf Linienflügen nach Sámos umgestiegen werden, in der Regel in Athen – die Verbindungen von Thessaloniki nach Sámos sind mäßig.

Anreise mit dem Flugzeug 51

Etwas eng: Gönnen sie sich ruhig eine bequemere Anreise

Innergriechische Flugverbindungen: Fliegen innerhalb Griechenlands ist relativ preiswert, das Flugzeug ein gängiges Transportmittel. Eben deshalb sind die meist kleinen Maschinen nach Sámos schnell ausgebucht: Ratsam, sich rechtzeitig um ein Ticket zu kümmern.

• *Sámos-Flüge ab Athen* Abflüge nach Sámos mit Olympic Airways im Sommer 4- bis 5-mal täglich, Preis einfach etwa 60 €. Die Flüge sind ohne Aufpreis auch schon in der Heimat zu buchen.
Büro der Olympic Airways in Athen: Filellinon Str. 15, beim Sintagma-Platz, ✆ 210 9267444, und Leoforos Syngrou Avenue 96, südlich der Akropolis, ✆ 210 9269114. Im Airport: ✆ 210 3530000. www.olympic-airways.gr.
• *Gepäck* Auf innergriechischen Flügen liegt die Freigrenze bei 15 kg, bei Anschlussflügen zu Auslandsreisen oder bei im Ausland ausgestellten Tickets jedoch bei 20 kg. Wer also in Athen das Flugzeug wechselt, darf seine 20 kg Freigepäck trotzdem mitnehmen.

Ankunft auf Sámos

Sowohl Charter- als auch innergriechische Linienflüge landen auf dem kleinen Inselflughafen von Sámos (Flugplankürzel SMI), etwa zwei Kilometer westlich des Städtchens Pythagório gelegen.

Pauschalreisende werden am neuen, erst im Sommer 2003 eröffneten Flughafengebäude von Vertretern ihres Veranstalters mit Bussen abgeholt und zu ihren Quartieren gebracht. Individualreisende hingegen bleiben auf Taxis angewiesen. Eine öffentliche Buslinie besteht nur bis zur Kreuzung der Flughafenzufahrt mit der Straße Pythagório–Iraíon, und wer möchte hier schon auf einen Bus warten, dessen Abfahrtszeiten er nicht kennt ... Die Taxi-Tarife sind einer Tafel zu entnehmen und liegen z. B. nach Pythagório bei etwa 6 €, Sámos-Stadt 14 €, Votsalákia und Karlóvassi je 28 €; bei etwaigen Nachtankünften zwischen ein und fünf Uhr morgens verdoppelt sich der Preis jeweils. Wer gleich nach der Ankunft einen Wagen mieten möchte, findet Vertreter verschiedener Firmen; bessere Chancen zum Preisvergleich bieten allerdings die großen Ferienorte.

Mit dem eigenen Fahrzeug

Sámos ist weit. Die lange Anreise durch die Staaten des ehemaligen Jugoslawien erfordert zudem einen beträchtlichen finanziellen Aufwand, und von den Ausweichrouten via Ungarn, Rumänien und Bulgarien ist wohl eher abzuraten. Beste Möglichkeit bleibt die Fährpassage ab Italien.

Zunächst stellt sich die Frage, ob die Mitnahme des eigenen Fahrzeugs die anfallenden Kosten und Mühen überhaupt wert ist. Sámos ist zwar relativ groß und das Straßennetz dort recht gut ausgebaut. Andererseits lassen sich viele Wege gut mit dem Bus zurücklegen, sorgen Hitze und vielleicht gelegentliche Pistenfahrten für erhöhten Verschleiß, den man bei einer Kostenrechnung nicht außer Acht lassen sollte.

Zudem: Wer beispielsweise per Charterflug anreist, spart sich gegenüber der Anreise mit dem eigenen Fahrzeug nicht nur eine wertvolle Woche Urlaubszeit, sondern normalerweise auch einiges Geld, für das man schon eine ganze Weile mit einem der zahlreich angebotenen Mietfahrzeuge die Insel erkunden kann. Überlegenswert scheint die Anreise mit dem eigenen Gefährt somit eigentlich nur für diejenigen, die auch ausgedehnte Touren auf dem griechischen Festland planen.

Hätten Sie's gewusst? Es ist ein Mazda

Routen nach Athen bzw. zum Fährhafen Piräus

▸ **Durch Ex-Jugoslawien**: Der berühmt-berüchtigte "Autoput" (E 70) via Zagreb, Belgrad, Nis und Skopje ist wieder geöffnet, doch hat die Fahrt ihren Preis – die Kosten für Benzin und Straßenbenutzungsgebühren summieren sich beträchtlich. Wer diese Route in Betracht zieht, sollte sich zudem unbedingt bei den Automobilclubs nach der aktuellen Situation erkundigen.

▸ **Über Ungarn, Rumänien und Bulgarien**: Wegen der miserablen Straßen, der aufwändigen und teuren Grenzformalitäten und der schwierigen Versorgung mit Benzin, Ersatzteilen etc., aber auch aufgrund der nicht unproblematischen Sicherheitslage raten wir von dieser Variante derzeit ab.

▸ **Fähren ab Italien**: Derzeit die beste Anreiseroute für Fahrzeugbesitzer. Die Fährpassage bringt Abwechslung, treibt aber zusammen mit italienischen Autobahngebühren und den relativ hohen Benzinpreisen die Kosten in die Höhe. Näheres erfahren Sie einige Seiten weiter unter dem Stichwort "Fährverbindungen Italien–Griechenland".

Mit der Bahn

Die exotischere Variante der Anreise bis Athen. Mancher fliegt vielleicht nicht gern, für andere zählt die hohe Umweltverträglichkeit des Schienentransports als Argument.

Die Anreise per Bahn ist umweltfreundlich, aber keine komfortable Sache – für die Fahrt bis Athen sind locker 40 Stunden und mehr einzukalkulieren. Etwa zwei Tage Zeit also, dem alten Kalauer entsprechend die Anreise "in vollen Zügen zu genießen". Im Sommer nämlich sind alle Züge Richtung Griechenland regelmäßig völlig überfüllt; Verspätungen sind die Regel. Alles in allem muss man für Hin- und Rückreise eine runde Woche Fahrzeit einkalkulieren. Dabei liegen die Kosten einer normalen Fahrkarte 2. Klasse nach Athen kaum unter denen eines Flugtickets. Die komfortabelste Möglichkeit, den zweifellos vorhandenen Umweltvorsprung der Bahn gegenüber dem Flugzeug zu nutzen, ist noch die Fahrt nach Italien mit anschließender Fährpassage. Wichtigster Fährhafen ist Ancona, das ab München in etwa zwölf Stunden zu erreichen ist. Näheres zum Fährverkehr im folgenden Kapitel "Fährverbindungen Italien–Griechenland".

• *Sondertarife* Die Palette der vergünstigten Tarife ist mittlerweile fast unüberschaubar; es gibt sie für Junioren, Senioren, Gruppen, als Netzkarten, Bahnpässe etc. Vor der Fahrt empfiehlt sich deshalb ein Besuch in einem spezialisierten Reisebüro (z. B. DER, ABR).

Fährverbindungen Italien – Griechenland

Für Fahrzeugbesitzer ist die Fährpassage die komfortabelste Art der Anreise nach Griechenland. Dementsprechend gefragt sind die Tickets.

Wer mit dem Ziel Sámos die Fährpassage ab Italien wählt, muss in Griechenland noch den Landtransfer nach Athen bzw. Piräus einkalkulieren und auch mit einer eventuell notwendigen Zwischenübernachtung rechnen, bevor es mit der Fähre oder einem innergriechischen Flug weiter nach Sámos geht. Von welchem italienischen Hafen man am günstigsten abfährt, hängt von vielen verschiedenen Faktoren ab: Personenzahl, Größe und Benzinverbrauch des eventuell mitgenommenen Fahrzeugs beziehungsweise anwendbare Sondertarife der Bahnen etc. Faustregel: Je weiter südlich man startet, desto günstiger die Passage, desto höher aber auch die Anreisekosten zum Fährhafen.

> **Achtung**: Der Andrang auf Fährpassagen ist immens. Vor allem Auto- und Wohnmobilfahrer sollten unbedingt weit im Voraus buchen. Ohne feste Buchung besteht kaum eine Chance auf einen Fährplatz für das Fahrzeug.

Italienische Fährhäfen nach Griechenland sind: *Triest, Venedig, Ancona, Bari* und *Brindisi*, nach Igoumenítsa auch *Otranto*. Ein günstiger Fährhafen ist in vielen Fällen Ancona, da die Stadt häufige Verbindungen bietet und z. B. von München aus in einem Tag zu erreichen ist. In Ancona starten auch die schnellen "Superfast-Ferries" von Attica Enterprises, die für die Überfahrt nach Pátras nur noch 19 Stunden benötigen. Auch Minoan Lines setzt auf dieser Strecke mittlerweile eine Hochgeschwindigkeitsfähre ein.

- *Information und Buchung* Zwar kann das Ticket auch vor Ort gekauft werden, doch ist für Fahrzeugbesitzer die Vorausbuchung im Reisebüro äußerst ratsam. Recht kompetent in allen Fähr-Fragen sind z. B. die Reisebüros der ABR/DER-Kette.
- *Internet-Infos* www.greekferries.gr, deutschsprachige Site mit Abfahrtszeiten, Preisen etc. vieler Fähren nach und in Griechenland. In den meisten Fällen ist die Buchung online möglich.
- *Rabatte* In der Nebensaison liegen die Preise um 20 % und mehr unter den Tarifen der Hochsaison. Bei gleichzeitiger Buchung von Hin- und Rückfahrt gibt es oft Nachlässe von 10 % p. P. und bis zu 50 % für die Rückreise des Pkw. Jugendliche, Studenten und Interrailer erhalten bei vielen Linien ebenfalls Rabatt. Fahrräder werden überall gratis transportiert! Aber: Nicht nur die Preise der einzelnen Reedereien unterscheiden sich. Vor allem differiert auch die Qualität der jeweiligen Schiffe oft erheblich: Fragen Sie bei der Buchung auch nach Alter, Komfort und Sicherheitsstandard der Fähren! Manche besitzen Swimmingpool und Disco, andere sind ausgesprochene Oldtimer.
- *Weitere Fährtipps* Seien Sie spätestens 2 Stunden vor Abfahrt am Hafen – Sie könnten sonst den Anspruch auf Ihren Platz verlieren (Verspätungen einkalkulieren, besonders Zugreisende!). Mit dem Ticket dann zuerst zum Büro der Fährlinie, dort gibt es die "Embarcation Card" zum Abstempeln bei der Hafenpolizei. Auto- und Motorradfahrer sollten alles Wichtige mit an Deck bzw. in die Kabine nehmen: Unterwegs darf man meist nicht an sein Fahrzeug. Deckschläfer brauchen warme Kleidung und einen Schlafsack, denn auch im Hochsommer wird es kühl.

Griechische Ankunftshäfen auf dem Festland sind *Igoumenítsa* und *Patras*. Der Fahrpreis zu diesen beiden Häfen, die von fast allen Linien nacheinander angelaufen werden, ist bei den meisten Reedereien gleich, Patras liegt jedoch deutlich näher zu Athen und gleichzeitig verkehrsgünstiger. Autofahrer nehmen von dort gegen geringe Gebühr die gut ausgebaute Autobahn entlang des Golfs von Korinth nach Athen bzw. Piräus; einige Stichworte zu Verkehrsbestimmungen etc. finden Sie im Kapitel "Unterwegs auf Sámos". Mit öffentlichen Verkehrsmitteln ist die Weiterreise ab Igoumenítsa mit einem der recht häufig verkehrenden Busse (9 Std. Fahrzeit, ca. 20 €) möglich, ab Patras per klimatisiertem IC-Zug (ca. 3,5 Std., 15 € inkl. IC-Zuschlag, Reservierung nötig) oder mit einem der deutlich langsameren Nahverkehrszüge.

Athen: Akrópolis und Odéion des Heródes Átticus

Stop-over Athen

Die Hauptstadt, in der fast jeder zweite Grieche lebt. Ein riesiges Häusermeer, das bis zum Horizont reicht. Endlose Autoschlangen, Lärm und planlose Bebauung lassen nur noch wenig vom Geist der Antike verspüren. Und doch ...

Athen ist eine Stadt, wie sie griechischer nicht sein kann! Die brodelnde Mischung aus orientalisch anmutendem Basarleben und eleganter Großstadtatmosphäre, gewürzt mit den zahllosen Ruinen einer großen Geschichte und der Geschäftigkeit des Welthafens Piräus bringt einen aufregenden Kontrapunkt zur Ruhe von Sámos. Zwei, drei Tage Athen sind ein Erlebnis, das genauso zu Griechenland gehört wie der Besuch in einem Kloster oder einem abgelegenen Bergdorf. Jeder Grieche kennt die Hauptstadt, und wer Griechenland wirklich kennen lernen will, sollte sie ebenfalls gesehen haben.

*A*n- und *A*breise

• *Per Flug* Der große Athener Flughafen "Elefthérios Venizélos" (ATH), Ende März 2001 eröffnet, liegt etwa 27 km östlich der Stadt bei Spata. Informationen erhält man an einer ganzen Reihe von Info-Schaltern (darunter allein sechs im Hauptterminal) oder unter ✆ 210 3530000. www.aia.gr.

Verbindungen ins Zentrum: Der *Expressbus E 95* fährt rund um die Uhr alle 20 bis 40 Minuten von und zum Síntagma-Platz. *Expressbus E 94* fährt von ungefähr 7 Uhr bis 21 Uhr von und zur Metrostation Ethniki Amina, weiter ins Zentrum mit Metro-Linie 3; insgesamt die schnellere Verbindung. Abfahrten fast durchgehend mehrmals stündlich, in Spitzenzeiten alle zehn Minuten. Künftig soll der Flughafen auch ans Schienennetz angeschlossen werden.

56 Stop-over Athen

Ungewöhnlich klare Sicht: Athen in einer Smogpause

Verbindungen nach Piräus-Hafen mit dem *Expressbus E 96*, Abfahrten mindestens halbstündlich rund um die Uhr.
Tickets, erhältlich beim Fahrer, kosten etwa 3 € und erlauben nach der Entwertung 24 Stunden lang unbegrenzte Fahrten, neben den Expressbussen auch mit Metro und Stadtbussen.

> **Mit dem Taxi vom Flughafen in die Stadt**: an sich relativ preiswert, aber aufpassen, dass man nicht überhöht zur Kasse gebeten wird! Im Zweifelsfall noch mal bei der Tourist-Info nachfragen, bevor man sich einen Fahrer schnappt! Hart verhandeln und durchblicken lassen, dass man auch mit dem Bus fahren könnte.
> **Ungefähre Preise** inkl. Flughafen- und Gepäckzuschlag zum Síntagma-Platz etwa 13 €, ebenso nach Piräus. Falls man nach Taxameter fährt: Tagsüber gilt Tarif 1, nicht der teurere Tarif 2.

• *Per Bahn* **Stathmós Laríssis** (Larissa-Bahnhof) heißt der erstaunlich kleine, etwas außerhalb des Zentrums gelegene Hauptbahnhof von Athen; Ankunfts- und Abfahrtsstelle für Nordgriechenland und das Ausland. Der orangefarbene Oberleitungs-Bus 1 ("Trolley") hält rechts vor dem Bhf. (wenn man herauskommt) und bringt Sie zum Omónia- oder Síntagma-Platz. Vom Zentrum zum Bahnhof: O-Bus 1 ab Síntagma/El. Venizélou Str. Sie können vom Bahnhof aber auch in die neue Metro einsteigen und ins Zentrum oder nach Piräus fahren.
Schräg gegenüber (Fußgängerbrücke) liegt der **Peloponnes-Bahnhof**.

• *Per Bus* Athen ist Zentrum des gut ausgebauten griechischen Busnetzes. Täglich kommt man mehrmals in alle größeren Städte und Häfen des Landes. Mehrere große Busstationen außerhalb des Zentrums bedienen Ziele in ganz Griechenland.
• *Per Schiff* **Piräus**, der riesige Hafen von Athen, ist An- und Abfahrtsstelle aller Fähren. Gute Verbindungen ins Zentrum bestehen per Metro, Abfahrten alle zehn Minuten.
• *Mit dem eigenen Fahrzeug* Im Zentrum gibt es praktisch keine Parkplätze und nur wenige Parkhäuser. Empfehlenswert ist es, bereits in einem Außenbezirk möglichst nah an eine Metrostation heranzufahren

Stop-over Athen

(setzt allerdings Ortskenntnis bzw. Stadtplan voraus), dort parken und per Metro in die Stadt. Wer über Nacht in Athen bleiben will, sollte sich zur Sicherheit für das Fahrzeug auf jeden Fall in ein Hotel mit Garage einmieten (zu finden ab der B-Kategorie aufwärts). Wer baldigen Anschluss nach Sámos hat, sollte gleich bis **Piräus** runterfahren, dort in den Hafen rein und das Fahrzeug abstellen. Wenn noch Zeit für eine Stadtbesichtigung bleibt, zu Fuß wieder raus und per Metro in die Stadt.

Verbindungen in Athen

• *Metro* Es gibt derzeit drei Metro-Linien, deren Schnittstellen am Omónia- und Síntagma-Platz liegen. Wichtige Haltestellen in der City sind außerdem Victoria (Nähe Bahnhof und Archäologisches Museum), Monastiráki (Nähe Pláka) und Thission (Nähe Agorá); auch die Akrópolis besitzt eine eigene, gleichnamige Station. In Piräus kann man gleich um die Ecke des allerdings sehr ausgedehnten Fährhafens aus der Metro steigen. Die Züge fahren von 5–24 Uhr, die Preise sind zonenabhängig, doch kostet auch das Ticket nach Piräus unter 1 €; das 24-Stunden-Ticket (auch für die Airport-Busse gültig) ist für 3 € zu haben.
• *Busse* Es gibt zahllose **Stadtbusse** (orangefarbene Oberleitungsbusse, grüne und blaue Dieselbusse), deren Streckenführung und Abfahrtszeiten in der Regel an den Haltestellen angeschlagen sind. Auf dem Gratis-Stadtplan der Infostellen sind die Linien eingezeichnet. Tickets sind an den wichtigen Haltestellen in Kiosken erhältlich. Am einfachsten zu handhaben sind die schon erwähnten Busse, die zwischen Zentrum und Flughafen pendeln.

Adressen

• *Information* **EOT Tourist Information**, Odós Tsocha 7, leider etwas abgelegen im Stadtteil Ambelókipi; Metro-Linie M3, Station Ambelókipi. Umfangreiches Material, auch Bus- und Schiffsverbindungen, vor allem aber gute kostenlose Stadtpläne. Geöffnet ist Mo–Fr 9–16 Uhr (Sommer bis 18 Uhr), Sa 10–14 Uhr. ✆ 210 3223111, 210 3310561–2.

• *Gepäckaufbewahrung* In der Ankunftsebene des Airports (Pacific Travel), im Hauptbahnhof und bei Pacific Travel in der Nikis-Str. 26, Nähe Síntagma.
• *Internet-Zugang* **Ivis**, Odós Mitropoleos 3, ein gut ausgestattetes Internet-Café am Nordrand der Plaka.

Übernachten (siehe Karte S. 58/59)

Athen ist auch abseits von Großereignissen wie den Olympischen Spielen so gut besucht, dass Sie nicht in jedem Hotel sofort Platz finden werden.

• *Mittelklasse* Im Umkreis des reizvollen Pláka-Viertels findet man eine ganze Reihe von Häusern, die durchschnittlichen bis passablen Komfort bieten. Nächste U-Bahnstation ist Monastiráki.
Parthenon (15), A-Kat., Makri Str. 6, in einer ruhigen Seitenstraße direkt am Eingang zur Pláka. 79 Zimmer, alle mit Air-Condition, Telefon und TV. Noble Bar, Restaurant, Garage. Viele Reisegruppen, deshalb besser reservieren. DZ etwa 95–105 €. ✆ 210 9234594–8, ✉ 210 9235797.
Pláka (5), B-Kat., Kapnikareas Str. 7/Ecke Mitropoleos, nur Ecken von der Kathedrale, alteingeführtes und beliebtes Haus mit sechs Stockwerken, ordentliche Einrichtung. 60 Zimmer mit schallisolierten Fenstern und TV, von der Rückseite Blick auf die Akrópolis (dort auch ruhiger!), Dachgartenbar. Mit der Komplettrenovierung 2001 sind leider auch die Preise gestiegen: DZ/F etwa 115 €. ✆ 210 3222096, ✉ 210 3222412, www.plakahotel.gr.
Attalos (1), C-Kat., zentrale Lage an der Athinas Street 29, nur zwei Minuten von der Metrostation Monastiráki. Wegen seiner Größe (80 Zimmer) findet man hier fast immer ein Bett. Die Zimmer sind einfach, aber sauber, nach hinten relativ ruhig, allerdings hässlicher Ausblick. Vom Dachgarten mit Getränkebar Blick auf die Akrópolis. DZ/F etwa 80 €. ✆ 210 3212801–3, ✉ 210 3243124, www.attalos.gr.

58 Stop-over Athen

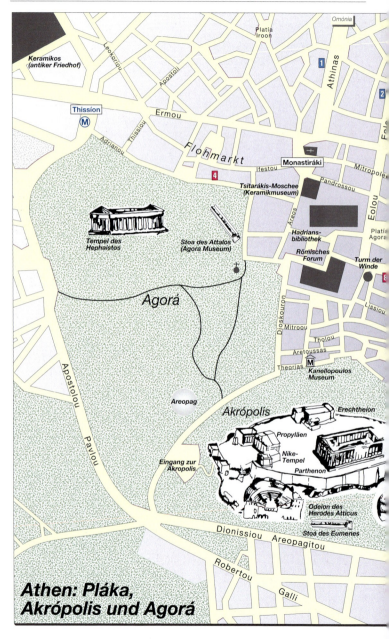

Athen: Pláka, Akrópolis und Agorá

Stop-over Athen

Übernachten

1. Attalos
2. Tempi
3. Theseus
5. Pláka
6. Hermes
7. Aphrodite
10. Student Inn
15. Parthenon

Essen & Trinken

4. O Attalos
8. O Platanos
9. Eden
11. Xinos
12. Ouzerie Kouklis
13. Tsegouras
14. Thespidos
16. Sokrates Prison

Stop-over Athen

Aphrodite (7), C-Kat., Apollonos Str. 21, großes schlichtes, dabei aber sehr sauberes Mittelklassehaus, 84 einfach eingerichtete Zimmer, hinten raus sehr ruhig, Blick auf Schulhof und kleine Kirche, morgens Vogelgezwitscher. Gutes Preis-Leistungsverhältnis, DZ/F etwa 70 €, ✆ 210 3234357, ✆ 210 3225244.

Hermes (6), C-Kat., Apollonos Str. 19, gleich neben dem Aphrodite und diesem vergleichbar. ✆ 210 3235514, ✆ 210 3232073.

• *Preiswert* im Folgenden die Adressen, die hauptsächlich von Rucksacktouristen genutzt werden und oft hostelähnliche Atmosphäre haben, mittlerweile aber weitgehend als "Hotels" klassifiziert sind. Internationales Publikum, meist nur Etagendusche, oft gibt es Mehrbettzimmer.

Rio, D-Kat., Odisseos Str. 13, ca. 7 Min. vom Bahnhof, sympathisches Haus, das kürzlich vollständig renoviert wurde. Mit Straßencafé vor dem Haus, freundlich geführt. DZ mit Bad ca. 50 €, mit Etagendusche günstiger, auch Mehrbettzimmer, im Sommer "Roof" möglich. ✆ 210 5227075.

Tempi (2), D-Kat., Eolou Str. 29, zwei Minuten von der Pláka. Alteingeführte Herberge für Rucksacktouristen, erstaunlich ruhige, dabei ganz zentrale Lage in einer Fußgängerzone, parallel zur Athinas Str. Im schmalen, turmförmigen Haus schlichte kleine Zimmer, teils mit eigenem Bad, teils Etagendusche, einige mit Balkon zur Straße, z. T. Blick auf die Akrópolis. Waschmaschinenbenutzung. DZ ca. 40–45 €, auch Einzel und Dreibettzimmer. ✆ 210 3213175, ✆ 210 3254179.

Student's Inn (10), E-Kat., Kidathineon Str. 16, mitten im Herz der Pláka, dementsprechend beliebt, oft voll. Freundlich geführt, Zimmer mit Holzböden, nur Etagendusche, im Innenhof Bar mit gutem Frühstücksbuffet. Internet-Café angeschlossen. DZ um die 35 €, auch Drei- und Vierbettzimmer. ✆ 210 3244808.

Theseus (3), Thisseos-Metaxa-Str. 10, am Rand der Pláka, in einer Seitengasse der Perikleous Str. Nachts relativ ruhig, dafür bereits frühmorgens erheblicher Verkehr und Geschäftslärm. Gemeinschaftsküche, TV-Raum, DZ ab 25 €, Bett im Schlafsaal ca. 15 €, nur Etagendusche. ✆ 210 3245960.

• *Hostels* **Athens International Youth Hostel**, Victoros Hugo Str. 16, Nähe Omónia-Platz. Ein ehemaliges Hotel der C-Kategorie wurde in eine moderne JH umgewandelt, Übernachtung in Zwei- und Vier-Bettzimmern mit Bad ca. 6–7,50 €, JH-Ausweis nötig, kostet ca. 8 € (oder Tagespass für ca. 2 €). Sehr zu empfehlen, kommunikativer und freundlicher Platz, keine nächtliche Schließzeit. ✆ 210 5234170, ✆ 210 5234015.

Athens Inn Youth Hostel, Victoros Hugo Str. 13, einfache Herberge gegenüber vom International Hostel, im Schlafsaal ca. 6 €, DZ pro Person ab 9 €. ✆ 210 5246906.

Essen (siehe Karte S. 58/59)

Mit das Schönste in Athen sind sicherlich die Tavernen in der Pláka. Sie vermitteln viel Stimmung, wenn man sich von den Lokalen fernhält, die sich völlig den vermeintlichen touristischen Ansprüchen angepasst haben. Aber auch außerhalb der Pláka findet man interessante Adressen.

• *In der Pláka* **Xinos (11)**, Angelou Geronta Str. 4, Seitengässchen der Kidathineon Str. Gilt als eine der besten traditionellen Tavernen der Pláka, oft bis auf den letzten Platz belegt. Gefüllte Weinblätter und Lammfrikassée versuchen. Nur abends ab 20 Uhr, Sa/So und im Juli geschlossen, reservieren oder früh kommen. ✆ 210 3221065.

Tsegouras (13), Tripodon Str. 3, etwas abseits des Hauptwegs durch die Pláka. Eine der ganz wenigen ursprünglichen Tavernen, schöner Innenraum in Art eines Wintergartens, ein Feigenbaum wächst durchs Dach. Flinker Service, Spezialität ist das *stifádo*, dazu Retsina vom Fass. Im Sommer einen Monat lang geschlossen.

Ouzerie Kouklis (12), Tripodon Str. 14, schräg gegenüber vom Tsegouras, Sitzplätze im Haus, auf einer gemütlichen Terrasse oder draußen auf der Gasse, anstelle einer Speisekarte bringt der Wirt ein Tablett voller Gerichte vorbei, aus dem man auswählen kann, z. B. flambierte Grillwürste und *keftédes* (Fleischbällchen). Dazu gibt's guten Fasswein.

O Platanos (8), Diogenous Str. 4, seit 1932, einfache traditionelle Taverne an einem schönen versteckten Platz, man speist draußen unter einem Blätterdach, auch die namengebende Platane steht noch. Herzhafte Fleischküche, diverse Variationen von *moschári* (Kalb) und *arní* (Lamm), preiswert.

Reizvolle Atmosphäre: Athens Pláka

Eden (9), Lissiou Str. 12/Ecke Minissikleous Str. Das einzige vegetarische Restaurant Athens, nostalgisch eingerichtete Räume mit Ventilatoren, auch auf der Straße kann man gemütlich sitzen (allerdings nur wenige Plätze), sehr sauber. Geboten ist feinste Kost, äußerst schmackhaft und in raffinierten Zusammenstellungen, wie auch Leser bestätigen. Relativ schick, allzu legere Kleidung ist nicht angebracht.

Thespidos (14), Thespidos Str. 18, hübsche Taverne unter Weinranken am Ende eines kleinen Treppengässchens, touristisch entdeckt, trotzdem gemütlich. Gute Auswahl an Fleisch- und Fischgerichten, zu den Spezialitäten gehört Lammleber, nicht billig.

O Attalos (4), Adrianou Str. 9, nette Straßentaverne am Rand des Flohmarkts, direkt neben der Metrolinie, unterhalb der Agorá. Wer die reichhaltigen griechischen *mezédes* mag, ist hier richtig, abends oft Bouzouki- und Gitarrenmusik live.

Thanasis, eine bei den Einheimischen sehr beliebte Souvlaki-"Fabrik", preiswert, zum Hinsetzen oder Mitnehmen. In der Mitropoleos Str., gleich beim Monastiráki-Platz.

• *Außerhalb der Pláka* **Socrates' Prison (16)**, Mitseon Str. 20, südlich der Akrópolis, den kleinen Weg durchaus wert. Täglich ist Wirt Sokrates für 16 Stunden an die Küche gebunden, sie ist sein "Gefängnis". Aber was er hier zaubert, ist äußerst interessant und wohlschmeckend. So geschlossen.

Ama Lachei, Kallidromiou Str. 69, im Viertel Exarchia, unterhalb vom Strefi-Hügel, wo sich nachts die Athener Jugend trifft. Im großen Hof mit betäubendem Jasminduft isst man fröhlich unter Griechen, tolle Stimmung.

To Monastiri, eine von mehreren urigen Tavernen mitten in der großen Markthalle an der Athinas Str., alle Gerichte unter 6 €, Spezialität ist die Kuttelsuppe *patsá*. Sehr ausgedehnte Öffnungszeiten.

Dionysos, für Romantiker, ein Restaurant auf der Spitze des Likavitos-Hügels: Athen bei Kerzenschein von oben. Allerdings etwas teurer, das Essen eher durchschnittlich. Früh kommen, sonst sind die schönsten Plätze weg. Zu erreichen mit der Standseilbahn ab der Ploutarchou-Str., siehe unten.

Sehenswertes

Das meiste spielt sich zwischen Omónia-Platz, Monastiráki (unterhalb der Akrópolis) und Síntagma-Platz ab. Zwischen beiden letzteren erstreckt sich die Pláka, das bekannte Altstadtviertel. Die Strecken kann man zu Fuß bewältigen, sollte sie jedoch nicht unterschätzen. Zwischen Omónia und Síntagma verkehren U-Bahn und zahlreiche Busse.

Síntagma-Platz und Umgebung: Der Nobelplatz Athens ist Standort des Parlaments (ehemaliger Königspalast), der Luxusherberge "Grande Bretagne", von Banken, Reisebüros, Grünflächen, Springbrunnen ... Nicht versäumen sollte man tagsüber das Wachzeremoniell der *Evzonen* zu jeder ungeraden Stunde vor dem Parlament an der oberen Platzseite am Grabmal des unbekannten Soldaten; auch die Metro-Station, die mit ihren vielen Schichten von Siedlungsresten und Gräbern fast ein Museum ist, lohnt einen Blick. Gleich rechts neben dem Parlament liegt der *Nationalgarten*. Der ursprünglich als Privatgelände der Königsfamilie gedachte Park ist ein einzigartiges Biotop und eine Oase der Ruhe im tosenden Verkehrslärm der City. Südlich vom Nationalgarten steht der monumentale Bau des *Zappion*, entworfen von Ernst Ziller, heute als Ausstellungsgebäude genutzt. Vor allem in den Abendstunden wird es hier betriebsam, wenn ganze Familien zur Vólta aufbrechen.

Omónia Platz: ganz anders als der Síntagma. Der runde Platz ist das konzentrierte Verkehrs- und Kaufzentrum der Stadt, dementsprechend viel Trubel, fliegende Händler, Losverkäufer und Stände aller Art, im Souterrain ebenfalls eine Metrostation. Hier sieht man mehr Athener als Fremde.

Athinas Straße: Die belebte Straße verläuft schnurgerade zwischen Omónia und Monastiráki. Fast auf ihrer ganzen Länge reihen sich Verkaufsstände und Straßenhändler dicht an dicht, viele sind Einwanderer aus osteuropäischen Ländern. Höhepunkt des Getümmels ist der riesige *Markt* für Gemüse, Obst, Fleisch und Fisch etwa an der Hälfte der Strecke – jeden Vormittag offen, auf keinen Fall versäumen! Vor allem die Hallen der Fleisch- und Fischhändler sind überwältigend für Ohren und Augen, versteckt mittendrin dampfende Markttavernen, draußen überquellende Obststände, Gewürzhändler, Weinprobierstuben, Handwerker in kleinen Verschlägen.

Monastiráki: zentraler Platz am unteren Ende der Athinas Straße. Westlich neben der Metrostation ist der Eingang zum berühmten Flohmarkt, in der andere Richtung liegt die Pláka mit ihren unzähligen Souvenirshops (Keramik, "echte Ikonen", Flokatis, Pullover aus Schafwolle). Winzige Kapelle mitten auf dem Platz, vor der Metrostation schreien sich Obst- und Schwammverkäufer die Kehle heiser. Daneben die restaurierte *Tsitarakis-Moschee* mit hübscher Keramikausstellung. Herrlicher Blick auf die Akrópolis und die Möglichkeit, von hier aus hinaufzusteigen.

Flohmarkt: Er entstand nach dem großen Bevölkerungsaustausch von 1923, als riesige Scharen von kleinasiatischen Griechen nach Athen strömten und sich hier billig mit Gebrauchtwaren und Einrichtungsgegenständen eindeckten. Täglich geöffnet, zahllose Kram- und Krempelstände, Möbel, Autozubehör, Bouzoukis, uralte Schallplatten, Kupfer- und Messingsachen, Silberiko-

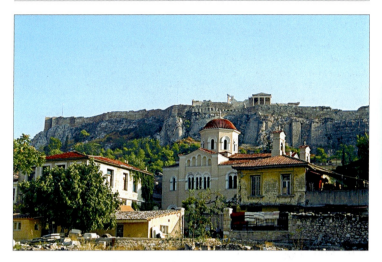

Zu Füßen der Akrópolis: die Altstadt Pláka

nen, Antiquitäten. Auch alteingesessene Athener werden hier noch fündig. Dazu Kleidung (Secondhand und Neuware), außerdem Rucksäcke, Schlafsäcke etc., vieles aus Armeebeständen.

Pláka und Umgebung: Die Altstadt von Athen schmiegt sich an den Hang unterhalb der Akrópolis – erbaut auf den Trümmern des antiken Athen, später jahrhundertelang von den Türken genutzt. Viele enge Gässchen mit Treppen und Weinranken ziehen sich den Hang hinauf, heute vollständig Fußgängerbereich und fest in der Hand des Kommerzes: zahllose Tavernen, Restaurants, Kafenía, dazu Boutiquen und Souvenirshops aller Couleur, abends dominieren kitschige Bouzouki-Restaurants. Es macht trotzdem viel Spaß, hier hindurch zu schlendern, ein gut gelaunter Rummelplatz mit viel "griechischer" Atmosphäre!

Große Mitropolis: Die mächtige Kathedrale von Athen steht auf einem ruhigen Platz an der Mitropoleos Straße, auf halbem Weg zwischen Monastiráki und Síntagma. Der Marmorbelag vor dem Eingang ist von zahllosen Füßen glatt gewetzt. Das Innere zeigt sich pompös, mit viel Goldbelag, Fresken, Ikonen und fast orientalisch anmutender Prachtentfaltung. Blickfang sind u. a. zwei reich verzierte Sarkophage einer Märtyrerin und eines Patriarchen von Konstantinopel. Einige Cafés laden zur Rast ein, in den umliegenden Gassen, vor allem in der Filotheis und der Apollonos Str., haben sich die Kirchenausstatter niedergelassen – Tür an Tür findet man hier Gold- und Silberkreuze, Weihrauchgefäße und Ikonen.

Kleine Mitropolis: ein harmonischer Kreuzkuppelbau neben der Kathedrale, gerade 11 Meter lang und 7,5 Meter breit. Beachtenswert sind die byzantinischen Reliefs an den Außenwänden aus Marmor. Schon in der Antike stand hier ein Tempel, der den gebärenden Frauen geweiht war. Das Christentum übernahm mit dem Platz auch den Kult, und noch heute ist das Kirchlein dem Heiligen geweiht, der für Geburten und Geburtswehen zuständig ist.

Ermoú-Straße: Diese quirlige Geschäftszeile mit zahlreichen teuren Boutiquen und Filialen internationaler Marken bildet die nördliche Begrenzung der Pláka. Mitten auf der Straße steht die braunschwarze *Kapnikarea-Kirche* aus dem 11. Jh.

Stehen bis zum Hals in den Abgasen: die "Koren" des Erechteion

Anafiotika: kleines ruhiges Viertel in den obersten Plákagassen, kurz unter dem Steilhang zur Akrópolis. Mit seinen schmalen Gässchen, niedrigen Häuschen und farbenfrohen Türen wirkt es wie ein griechisches Inseldorf. Erbaut wurde es im 19. Jahrhundert durch Handwerker von der Kykladeninsel Anafi, die für den Bau des Königsschlosses nach Athen auswanderten.

Likavitos-Hügel: etwas außerhalb vom Zentrum. Markant und steil, im Stadtbild leicht an der blendend weißen Kapelle an der Spitze zu erkennen. Oben angelangt genießt man tagsüber einen überwältigenden Blick auf das gelblichweiße Häusermeer, abends von der Restaurantterrasse das Lichtergefunkel der Riesenstadt (→ Essen). Eine Standseilbahn fährt täglich von 8.45 Uhr bis kurz nach Mitternacht auf den Gipfel. Talstation am Ende einiger schweißtreibender Treppen an der Ploutarchou Str., vom Síntagma Platz auf der breiten Vassilisis Sofias leicht zu erreichen (Botschaftsviertel). Hinunter sollte man zu Fuß gehen, ca. 20 Minuten.

Antikes Athen

Der ausgedehnte Ausgrabungsbezirk liegt benachbart zur Pláka unterhalb der Akrópolis. Das Zentrum der antiken Stadt wurde seit der ersten Hälfte des 19. Jh. systematisch ausgegraben. Ein ganzes Stadtviertel mit gut 300 Häusern musste deswegen abgerissen werden!

Agorá: Gleich hinter dem Flohmarkt liegt der Nordeingang. Die Agorá war der Mittelpunkt des athenischen Lebens – hier traf man sich, diskutierte, politisierte, schwang Reden, beschloss Gesetze, verkündete Krieg und Frieden. Vor allem aber fand hier der große Markt des Stadtstaates statt. Wenn man vom Nordeingang kommt, thront rechter Hand auf einer niedrigen Anhöhe der *Tempel des Hephaistos*. Er gilt als am besten erhaltener Tempelbau Griechenlands und entstand etwa zur selben Zeit wie der Parthenon auf der Akrópolis (etwa 450–440 v. Chr.). Geweiht war er dem Gott der Schmiede und Töpfer –

gleich in der Nähe lag das antike Wohnviertel der Töpfer, der "*Kerameikos*". Die lang gestreckte Säulenhalle links ist die *Stoa des Attalos*. Das prächtige Gebäude war bis zur Mitte des 20. Jh. nur noch als Ruine erhalten und wurde von amerikanischen Archäologen in mühseliger Kleinarbeit vollständig rekonstruiert. Heute beherbergt die Stoa das sehr sehenswerte *Agorá-Museum* mit vielen Fundstücken der alten Agorá (Di geschl.).

Öffnungszeiten/Preise Von April bis September 8–19 Uhr, restliche Monate 8.30–15 Uhr; Eintrittsgebühr 4 €, Kombiticket mit Akrópolis 12 €.

Areopag: Vom Agorá-Gelände kann man gleich hinaufsteigen zur Akrópolis. Dabei kommt man am felsigen Areopag-Hügel vorbei, wo einst der Athener Blutgerichtshof tagte und angeblich der Apostel Paulus gepredigt hat. Von zahllosen Besucherfüßen glatt gewetzte Steinstufen führen hier zu einem kleinen Aussichtspunkt, von dem Sie einen schönen Blick auf die Agorá, die Akrópolis und Athen genießen können.

Akrópolis

Der heilige Tempelbezirk des antiken Athen thront auf einem markanten Tafelberg aus Kalkstein über dem heutigen Zentrum. Er ist die wohl bedeutendste Attraktion Griechenlands, gleichzeitig ein Umweltopfer ersten Ranges.

Griechenland leistet sich an seinem Nationaldenkmal die gigantischste Restaurierung seiner Geschichte. Der Smog aus Industrie- und Autoabgasen der Vier-Millionen-Metropole, marmorsprengende Eisenteile von früheren, unsachgemäßen Restaurierungen und die Füße der zahllosen Besucher haben schlimmste Schäden verursacht. Man geht äußerst umsichtig und sorgfältig zu Werk – als Werkstoffe werden nichtrostendes Titan und Portland-Zement verwendet, fehlende oder zerstörte Marmorblöcke werden nur durch Originalmarmor aus dem Pentelischen Gebirge ersetzt. Neben modernsten Restaurierungsmethoden arbeiten gleichzeitig auch die besten Steinmetze Griechenlands auf der Akrópolis. Mit Methoden und Werkzeugen der Antike werden in monatelanger Arbeit Marmorteile gemeißelt und neu eingepasst, der blendend weiße Marmor hebt sich deutlich sichtbar von den alten Stücken ab. Die Arbeiten sind noch lange nicht beendet.

● *Öffnungszeiten/Preise* April bis September Mo 12–19 Uhr, Di–So 8–19 Uhr; restliche Monate Mo 10–15 Uhr, Di–So 8.30–15 Uhr; Achtung: häufige Änderungen! Eintritt ca. 12 €, Studenten die Hälfte. Tipp: So früh wie möglich kommen, ab 11 Uhr vormittags wird es oft extrem voll. Die Akrópolis besitzt eine eigene Metro-Station.

Rundgang

Das große Plateau ist mit Trümmern übersät. Tagtäglich stapfen Heerscharen von Touristen aus aller Welt durch den schwer mitgenommenen Tempelbezirk, Fremdenführer verkünden die letzten Neuigkeiten zur Antike in allen Sprachen.

Propyläen: Die monumentale Eingangshalle ist mit zwei mächtigen Säulenflügeln aufwändig gestaltet. Die Marmorstufen der großen Doppeltreppe wurden in jüngerer Vergangenheit mit Holz verkleidet, um die gröbsten Erschütterungen der Besuchermassen aufzufangen.

Nike-Tempel: wunderschöner kleiner Tempel mit ionischen Säulen, auf einem Vorsprung rechts neben den Propyläen. Er war der *Athena Nike* geweiht, der

Die Akrópolis von Athen

① Beulé'sches Tor
② Eingang
③ Nike-Tempel
④ Propyläen
⑤ Bezirk der Artemis Brauronia
⑥ Chalkothek
⑦ Erechtheion
⑧ Fundament d. alten Athena-Tempels
⑨ Altar der Athena
⑩ Bezirk d. Zeus Polieus
⑪ Parthenon
⑫ Akrópolis-Museum
⑬ Odeion des Herodes Atticus
⑭ Bezirk des Asklepios
⑮ Stoa des Eumenes
⑯ Monument des Nikias
⑰ Dionysos-Theater
⑱ Odeion des Perikles

Personifizierung des Sieges (*Nike*: "Sieg"). Prächtiger Fries, der aber nur noch in Teilen original erhalten ist.

Erechtheion: neben dem Parthenon das bekannteste Gebäude der Akrópolis. Sechs Mädchenstatuen (die sog. *Koren*) tragen das Vordach. Im 19. Jh. ersetzte ein gewisser Lord Elgin eine der Statuen durch eine Kopie und transportierte das Original nebst zahlreichen anderen Stücken der Akrópolis in einer Nacht- und-Nebel-Aktion nach England. Heute lagert der ganze Schatz, die so genannten *Elgin marbles*, im Britischen Museum. Seit 1979 sind auch die übrigen Figuren wegen der Luftverschmutzung durch Nachbildungen ersetzt. Jedoch haben auch schon diese Kopien die Konturen ihrer Oberflächen verloren und bröckeln allmählich ab. Die Original-Figuren stehen jetzt im Akrópolis-Museum.

Parthenon: Der Tempel der Stadtgöttin Athene, größter und beeindruckendster Bau der Akrópolis, ist über Athen weithin sichtbar. Sein Schicksal erfüllte sich am 26. September 1687. Damals belagerten venezianische Truppen die türkisch besetzte Stadt und nahmen mit ihren schweren Geschützen vom benachbarten Filopapos-Hügel auch den Parthenon unter Feuer. Unklugerweise hatten die Türken den exponierten Tempel als Pulvermagazin verwendet ... Das Ausmaß der Explosion ist noch heute sichtbar – der Parthenon wurde in der Mitte förmlich auseinandergerissen. Wegen umfangreicher Restaurierungsarbeiten wird er mindestens bis zum Jahre 2006 hinter Gerüsten verschwinden und nicht zugänglich sein.

Akrópolis-Museum: am östlichen Ende des Plateaus, sehr beachtenswerte Sammlung der schönsten Stücke der Tempel. Hinter Panzerglas die berühmten Koren vom Erechtheion, Teile des Parthenon-Frieses, wunderbare Statuen und viele Details (Eintrittspreis im Besuch der Akrópolis eingeschlossen).

Museen

Eine Liste sämtlicher Athener Museen ist bei der Informationsstelle erhältlich.

Archäologisches Nationalmuseum: Weltweit die größte Sammlung der griechischen Antike, ein unbedingtes Muss für jeden archäologisch Interessierten. Um diese einzigartige Sammlung wirklich in sich aufnehmen zu können, würde man Wochen brauchen, ein mehrstündiger Rundgang kann nur Eindrücke vermitteln. Herausgepickt sind hier nur einige weltberühmte Stücke aus verschiedenen Kulturepochen der Antike.

Lage/Öffnungszeiten Das Nationalmuseum steht an der Ecke Patission/Tositsastr., nordöstlich vom Omónia-Platz, vom Síntagma zu erreichen mit Oberleitungsbus 4, 5, 11, 12 (Haltestelle vor Nationalgarten) oder in zehn Minuten zu Fuß. Zuletzt war das Museum wegen Restaurierungsarbeiten geschlossen, sollte aber mit Erscheinen dieser Auflage wieder geöffnet haben.

• *Mykenische Sammlung* (Saal 4, vom Eingang geradeaus): In diesem Saal sind die sensationellen Grabfunde ausgestellt, die Schliemann in Mykene gemacht hat – hauchdünner Goldschmuck, Goldmasken, Becher, Dolche mit kostbaren Einlegearbeiten usw. Bekanntestes Stück ist die sog. "Goldmaske des Agamemnon", die aber nach dem heutigen Stand der Forschung nicht Agamemnon, sondern einen wesentlich älteren mykenischen Fürsten darstellt.

• *Archaische Epoche* (Saal 7–14): Zwei der schönsten Beispiele für die charakteristischen überlebensgroßen Jünglingsgestalten namens "Kouroi" sind der **Kouros von Sounion** in Saal 8 und der **Kouros Kroisos** in Saal 13.

• *Klassik* (Saal 15–20): Im Saal 15 schleudert der **Poseidon vom Kap Artemision** in weit ausholender Bewegung seinen (nicht mehr vorhandenen) Dreizack. Ein Arm der detailgetreuen Bronzestatue wurde in der ersten Hälfte unseres Jahrhunderts von Fischern vor Kap Artemision an der Nordspitze Euböas gefunden, einige Jahre später konnte der übrige Körper aus dem Meer geborgen werden. Wahrscheinlich transportierte ihn ein Schiff, das hier unterging.

• *Hellenismus* (Saal 21–33): Prunkstück ist im Saal 21 der **"Jockey" vom Kap Artemision**, die großartige Bronzeskulptur eines Knaben auf einem Pferd. Die gewaltigen fliehenden Bewegungen des Pferdes sind minutiös herausgearbeitet, der Junge sitzt tief gebeugt in derselben Flucht.
Besonders beachtenswert ist auch die originelle Figurengruppe **Aphrodite, Pan und Eros** in Saal 30. Aphrodite haut dem lüsternen Pan mit der Sandale eins über, während Eros ihn am Horn zerrt.

• *Minoisch-Kykladische Kultur* (Obergeschoss, Saal 48): Hier sind die erst Anfang der Siebzigerjahre entdeckten, wunderschönen **Wandmalereien** von der Insel **Thíra** (Santoríni) untergebracht. Ein Vulkanausbruch hatte wahrscheinlich um das Jahr 1625 v. Chr. die Stadt Akrotíri verschüttet – die Fresken blieben so über beinahe vier Jahrtausende unter einer Erd- und Ascheschicht verborgen. Ihre Entdeckung bedeutete eine archäologische Sensation.

Kykladenmuseum (Neofitou Douka Str. 4, nicht weit vom Síntagma Platz): hochmoderne Sammlung mit rund 230 Exponaten kykladischer Kunst vom 3. Jahrtausend v. Chr. bis zur römischen Zeit, zusätzlich neolithische, klassische und hellenistische Stücke aus ganz Griechenland.

Öffnungszeiten/Preise Mo, Mi, Do, Fr 10–16 Uhr, Sa 10–15 Uhr, Di/So geschlossen. Eintritt etwa 3 €, Studenten die Hälfte.

Weitere Museen: *Byzantinisches Museum*, Vasilissis Sofias 22 (Sammlung christlich-orthodoxer Kunst vom 5.-19. Jh); *Benaki Museum*, Ecke Koumbari/Vasilissis Sofias (weitgefächerte Ausstellung von der Antike bis zur modernen Volkskunst); *National-Historisches Museum*, Stadiou Str. (Überblick über die Geschichte Griechenlands).

Piräus

Der Riesenhafen Athens ist mit dem Zentrum nahtlos zusammengewachsen. Fast alle Inselfähren starten hier. Vom Zentrum ist Piräus am bequemsten und schnellsten mit der Metro zu erreichen.

An den Kais eine graue Betonwüste, bis zu zehn Stockwerken hochgezogen, davor Autokolonnen, Lärm, Abgase. Menschenmassen, die sich aneinander vorbeischieben, Rucksacktouristen, die aus der Metro strömen ...

Die Ausfahrt per Fähre ist dagegen ein wunderschönes Erlebnis – man passiert Dutzende von Frachtern und Öltankern, die noch kilometerweit vor der Küste vor Anker liegen. Wie es allerdings unter dem Wasserspiegel aussieht, hat schon vor Jahren eine TV-Dokumentation gezeigt. Die einzigen Lebewesen, die in dem Ölgemisch des Saronischen Golfs existieren können, sind eine Art hässlicher schwarzer Seesterne.

- *Verbindungen* Mit der **Metro** bis zur Endstation (Züge fahren von 5–24 Uhr alle zehn Minuten) oder mehrmals täglich mit dem **Zug** ab Peloponnes Bhf. (etwa 10-mal täglich). Beide Stationen liegen nebeneinander an der Uferstraße. Der **Expressbuss E 96** fährt rund um die Uhr mindestens halbstündlich vom geplanten Abfahrt mal mit der Flughafen.
- *Fährtickets* Abfahrt der Fähren unweit der ufernahen Platía Karaiskáki, an der sich auch die Fähragenturen befinden. Um Tickets zu kaufen, empfiehlt es sich, einen Tag vor der geplanten Abfahrt mal mit der Metro runterzufahren. Auch am Abfahrtstag selbst ist der Fahrkartenkauf in der Regel noch möglich – die Fähren nach Sámos legen in der Regel erst am Nachmittag oder frühen Abend ab.
- *Übernachten* Die Hotels im Kaibereich sind wenig erfreulich, meist schmuddelige, typische Hafenabsteigen. Wer nicht unbedingt muss, sollte hier nicht übernachten.

Hotel Anemoni, C-Kat., Evridipou Str. 65-67/Ecke Karaoli Dimitrou Str., ein von Lesern empfohlenes Mittelklassehaus im Zentrum von Piräus, trotzdem relativ ruhig gelegen. Zimmer mit Air-Condition, Frühstücksraum, Parkmöglichkeit. DZ/F ca. 70 €, ☎ 210 4111768, ✆ 210 4111616.

Hotel Elektra, in günstiger, zentraler Lage nahe Metro-Station und Hafen. Solides Quartier, gut in Schuss gehalten. DZ ca 45–55 €. Navarinou-Str. 12, ☎ 210 4112730.

Rucksacktouristen schlafen im Sommer in Scharen auf dem Platz vor den Ticketbüros und in der Grünanlage neben der großen Kirche an der Platía Themistokleou. Davon ist unbedingt abzuraten – extreme Gefahr von Diebstählen!

Von Piräus nach Sámos

Zur Sommersaison, etwa zwischen Mitte Juni und Mitte September, verkehren in der Regel ein bis zwei Autofähren täglich zu den samischen Häfen Karlóvassi und Sámos-Stadt. Im restlichen Jahr werden die Frequenzen teilweise eingeschränkt. Die Fahrzeit nach Sámos-Stadt beträgt je nach Route und Zahl der Zwischenstopps knapp 12 bis knapp 14 Stunden, Karlóvassi wird etwas früher erreicht. Flotter geht es mit der 6-mal wöchentlich verkehrenden Schnellfähre "Aeolos Express", die gerade mal 7 Stunden benötigt, aber auch deutlich teurer ist als die geruhsamen Normalfähren. Ticketbüros in Piräus finden sich etwa 150 m links von der Metrostation, schräg gegenüber in dem großen, allein stehenden Gebäudekomplex an den Kais (Karaiskáki-Platz); in der Saison sind sie meist Tag und Nacht geöffnet. Jede Reederei hat ihr eigenes Büro, die täglichen Abfahrten sind auf großen Tafeln vor der Tür nachzulesen.

- *Preise* Fahrpreis nach Sámos-Stadt pro Person 24 € (Deck) bzw. 36 € (Kabine B-Klasse). Die Fahrt mit der Aeolos Express kostet im Pullmansitz knapp 50 €.
- *Fahrräder* Die Mitnahme von Fahrrädern wird bei den einzelnen Gesellschaften unterschiedlich gehandhabt – mal ist ein geringer Passagepreis zu zahlen, mal reist das Rad gratis.

Fährtipps und -tricks

Fahrkartenkauf: Mit der normalen, preisgünstigsten Fahrkarte darf man an Bord der Großfähren in der Regel sowohl Deckplätze als auch Pullmansessel (eine Art Flugzeugsitze) benutzen und hat auch Zugang zu einem großen Aufenthaltsraum, dem Salon mit Snack-Bar, Fernseher oder Video. Die teureren Kabinen können sich auf Normalfähren bei der doch recht langen Fahrt nach Sámos durchaus lohnen. Wichtig: Kaum ein Ticket-Büro in den großen Hafenorten verkauft Fahrkarten für alle Fähren, sondern in der Regel nur Tickets bestimmter Reedereien. Zwar informieren wohlmeinende Angestellte oft auch über Abfahrten anderer Fährgesellschaften, darauf verlassen sollte man sich jedoch besser nicht: Wenn kein Fahrttermin in Sicht ist, kann es schon lohnend sein, auch mal bei der Konkurrenz um die Ecke nachzufragen.

- *Internet-Infos* Ähnlich wie bei den Ticket-Büros gilt auch hier, dass sich ein Vergleich der Daten lohnen kann. Gelegentlich ist die Kenntnis der Hafencodes nützlich: TZE steht für Piräus, VAT (Vathí) oder SAM für Sámos-Stadt, KAR für Karlóvassi.
www.greekferries.gr, deutschsprachige Site mit breitem Serviceangebot und der Möglichkeit zur Online-Buchung. Deckspassagen bleiben freilich bislang ausgenommen.
www.gtp.gr, die "Greek Travel Pages", mit einer guten Suchmaschine für Fährverbindungen. Englisch.
www.greekislands.gr, eine weitere englischsprachige Site für Fährverbindungen. Online-Buchung möglich.

An Bord: Die Fähren sind geräumig und bieten hinreichenden Komfort auch bei hohem Wellengang – wer zu Seekrankheit neigt, sollte vielleicht dennoch entsprechende Mittel dabeihaben. Hunger und Durst braucht man nirgendwo zu leiden, mindestens eine Snack-Bar ist immer vorhanden. Nachts wird es auf hoher See auch im Hochsommer kühl: Ein warmer Pullover oder eine Jacke sind dann sehr willkommen, Deckschläfer brauchen einen Schlafsack.

Achtung: Die Ägäis ist ein stürmisches, unruhiges Meer. Vor allem im Juli und August können die oft tagelang wehenden Meltémia-Winde jegliche Schiffahrt in der Ägäis lahmlegen!

Wichtig deshalb: Legen Sie ihre Abreise von Sámos nicht auf den letztmöglichen Tag! Falls Sie zu einem bestimmten Termin in Athen oder anderswo sein müssen, dann lassen Sie sich in ihrer Planung unbedingt etwas Luft, um nicht durch Fahrplanänderungen oder schlechtes Wetter beispielsweise Ihren Rückflug zu verpassen! Auch aus anderen Gründen werden Fahrpläne häufig von einem Tag auf den anderen geändert: Ein Schiff hat Maschinenschaden, politische Widrigkeiten machen den Einsatz auf anderen Inseln erforderlich etc.

Schöne Panoramen garantiert: unterwegs mit dem Bus

Unterwegs auf Sámos

Das Verkehrsnetz auf Sámos ist, im Vergleich beispielsweise zu den Kykladen, gut ausgebaut. Alle wichtigen Straßen sind asphaltiert.

An öffentlichen Verkehrsmitteln stehen preiswerte Busse und Taxis zur Verfügung, für individuellere Routen kann man sich in vielen Orten ein Zweirad oder einen Kleinwagen, manchmal auch einen Jeep mieten.

Busse und Taxis

▶ **Bus**: Das Busnetz der Insel ist recht effizient und funktioniert zuverlässig. Gleichzeitig sind Busse die mit Abstand preisgünstigste Möglichkeit, Sámos zu entdecken. So kostet die immerhin über 50 Kilometer lange Fahrt von der Hauptstadt nach Votsalákia im Südwesten nur etwa 5 €.

Der Busverkehr auf Sámos wird von der Gesellschaft K.T.E.L. betrieben, deren Busse an ihrer türkis-beigen Lackierung leicht zu erkennen sind. Anders als auf manch anderer griechischer Insel orientiert sich die samische Busgesellschaft erfreulicherweise nicht nur an den Bedürfnissen der Einheimischen, sondern berücksichtigt zumindest teilweise auch die Wünsche der Urlauber. So sind Fahrpläne auch auf Englisch erhältlich, und zur Sommersaison werden sogar zu manchen Stränden Buslinien eingerichtet. Zentrum des Liniennetzes ist Sámos-Stadt, doch bestehen auch ab Pythagório, Kokkári und Karlóvassi recht gute Verbindungen, wie überhaupt die Anschlüsse entlang der Haupt-

Unterwegs auf Sámos

routen wenig zu wünschen übrig lassen. Anders sieht es mit manch entlegenerem Bergdorf aus, das selbst im Sommer nur zweimal wöchentlich bedient wird – wenn überhaupt. Auch viele kleine Küstensiedlungen und Strände sind mit den Bussen nicht zu erreichen. Nähere Informationen über Frequenzen und Fahrpreise finden Sie im Kapitel über Sámos-Stadt und in den einzelnen Ortskapiteln.

Mit dem Bus zum Wandern: Für uns ungewohnt, zum Wandern aber sehr praktisch – oft kann man sich auch außerhalb von Ortschaften absetzen lassen bzw. den Bus dort durch Winken stoppen und zusteigen. Völlig verlassen sollte man sich darauf jedoch lieber nicht.

• *Preise/Fahrkarten* Busfahren ist in Griechenland weit preisgünstiger als bei uns – pro Kilometer muss man im Schnitt mit knapp 10 Cent rechnen. Fahrkarten braucht man sich nicht vorab zu besorgen, ein Schaffner verkauft sie im Bus.

• *Frequenzen/Abfahrtszeiten* Generell ist das Angebot im Hochsommer am besten, da dann auch die Schulbusse für den regulären Linienverkehr eingesetzt werden können. Der vielen Urlauber wegen ist das Netz dann allerdings oft auch am Rande seiner Kapazität. Der Sommerfahrplan, auf den sich die Angaben in diesem Führer beziehen, ist mit Abstufungen etwa von Anfang Juli bis Mitte/Ende September in Kraft. Zur Höchstsaison werden manchmal noch zusätzliche Fahrten angeboten. Am besten sind die Verbindungen von Montag bis Freitag, am Samstag gibt es schon deutlich weniger Fahrten. Am Sonntag wird das Angebot oft nochmals eingeschränkt, an den Saisonrändern und im Winter sonntags sogar völlig eingestellt. Meist sind die Busse fast schon überpünktlich – ratsam deshalb, eher etwas zu früh an der Haltestelle zu sein, mancher Bus fährt auch schon mal vor der planmäßigen Zeit ab.

• *Fahrpläne* In der Hauptstadt hängen sie an der Busstation auch in lateinischer Schrift aus. Dort und auch bei manchem Fremdenverkehrsamt sind meist Fotokopien erhältlich, andernfalls empfiehlt es sich, bereits vor der ersten Fahrt die wichtigsten Linien und Zeiten abzuschreiben. Die im Fahrplan angegebenen Zeiten beziehen sich natürlich auf die Abfahrt am Ausgangsort; wer unterwegs zusteigt, muss deshalb eine gewisse Zeitspanne hinzurechnen. Wichtig an Haltestellen unterwegs: Deutliche Handzeichen geben, dass man mitfahren möchte!
www.aegean-news.gr: Hier kann man sich über "Samos", "Transportation" und "Buses" zu einem (hoffentlich aktuellen) Busfahrplan der Insel durchklicken.

▸ **Taxi**: Ebenfalls weit preisgünstiger als bei uns. In Griechenland stellen Taxis keinen Luxus dar, sondern eine wichtige Stütze des öffentlichen Nahverkehrs; entsprechend gut ausgelastet sind sie auch. Nach Taxameter wird oft nur in und um die Hauptstadt gefahren. Generell empfiehlt es sich bei längeren Strecken, den Preis vorher auszuhandeln. Falls der Taxameter eingeschaltet ist: Tarif 1 gilt innerorts tagsüber, der teurere Tarif 2 außerorts und nachts. Betrogen wird normalerweise aber nur selten. Ein Trinkgeld von etwa zehn Prozent ist üblich. Taxis sind auch eine günstige Möglichkeit, um an den Ausgangspunkt von Wanderungen gebracht oder von einer solchen abgeholt zu werden; in letzterem Fall vereinbart man mit dem Chauffeur am besten schon vorher Ort und Termin. Sonst wird aber auch jeder Tavernenwirt gern ein Taxi rufen.

• *"Fahrgemeinschaften"* Falls noch Platz ist und Sie in dieselbe Richtung wollen, halten oft auch bereits besetzte Taxis an. Falls der Taxameter läuft, merken Sie sich den Stand beim Einsteigen und zahlen dann die Differenz – wenn zwei voneinander unabhängige Parteien dieselbe Strecke fahren, müssen in der Regel beide den entsprechenden Preis zahlen; das gilt natürlich nicht für Gruppen, die zusammen ein Taxi besteigen.

Fahrspaß für Geübte: Enduros verlangen Erfahrung

Mit Auto oder Zweirad

Eine hervorragende Möglichkeit, die Insel zu erobern – man bleibt unabhängig von Busfahrplänen und Linien, gelangt selbst zu den entlegensten Flecken und an die vielen fast einsamen Strände, die Sámos durchaus noch aufzuweisen hat.

Das Straßennetz ist auf Sámos gut ausgebaut, alle Hauptrouten sind asphaltiert. Das ist nicht ausschließlich ein Grund zur Freude: Schließlich ist der Ausbau von Straßen eine zweischneidige Sache, bringt er doch selbst den entlegensten Gebieten die z. T. ja durchaus zweifelhaften Segnungen des Fremdenverkehrs – und Sámos bezieht nun mal einen guten Teil seiner Reize aus der Tatsache, eben nicht so übererschlossen zu sein wie manch andere griechische Insel. Etwas unübersichtlich ist die Beschilderung der Straßen, zumal in den letzten Jahren gerade an Kreuzungen von Straßen mit Pisten blaue Wanderschilder mit Richtungs- und Entfernungsangaben aufgestellt wurden, die Straßenwegweisern zum Verwechseln ähnlich sehen: Lassen Sie sich nicht auf einen Feldweg locken, der nach einer Weile (vielleicht noch ohne Wendemöglichkeit) plötzlich unpassierbar wird!

• *Tankstellen* In fast allen größeren Orten zu finden. Aufpassen heißt es jedoch im Südwesten: Dort liegt die letzte Spritstation kurz vor Votsalákia. Die meisten Tankstellen schließen abends um 19 Uhr, am Samstagnachmittag und am Sonntag ganztags. Füllen Sie also rechtzeitig Ihren Tank auf! Kreditkarten werden an Tankstellen kaum akzeptiert.

• *Straßenkarten* Siehe Abschnitt "Wissenswertes von A–Z", Stichwort "Landkarten".

Fahrweise: Vorsichtige und defensive Fahrweise vermeidet schlimme Folgen. Griechenland steht in der europäischen Verkehrsunfallstatistik leider an erster Stelle, die Zahl der durchschnittlich im Straßenverkehr Getöteten ist doppelt so hoch wie im Rest der Europäischen Union. Fahren Sie als Lenker eines der langsamen Mofas oder Mopeds aber nicht zu weit rechts, beispielsweise um überholenden Autos Platz zu lassen: Griechische Straßen fallen am Rand oft steil ab oder sind dort mit Schlaglöchern gespickt – Ursache für viele Unfälle. Bedenken Sie vor allem als Zweiradfahrer auch, dass die sommerliche Hitze den Teerbelag stark aufweichen kann; in Kurven besteht dann extreme Rutschgefahr. Gefährlicher noch ist aufkommender Regen nach einer langen Trockenperiode, wenn sich Wasser, Staub und Abrieb zu einer brisanten Mischung vermengen, die die Straßen glatt wie Eis werden lässt. Generell gilt: Immer auf Sicht fahren, also so, dass man in jedem Fall noch rechtzeitig anhalten kann (parkendes Auto nach der Kurve, eine Ziegenherde auf der Straße etc.). Rechnen Sie zum einen mit entgegenkommenden, die Kurven schneidenden Fahrzeugen, zum andern aber auch mit anderen Verkehrsteilnehmern (Einheimischen und Touristen), die es mit der 0,5-Promille-Grenze nicht so genau nehmen – selbst Fußgänger werden gelegentlich das Opfer alkoholisierter Fahrer. Vor sehr unübersichtlichen Kurven ist es üblich, zu hupen.

> **Mit dem Kraftfahrzeug unterwegs in Griechenland**
> **Papiere**: nationaler Führerschein, Fahrzeugschein. Sinnvoll ist auch der Auslandsschutzbrief und, bei Reisen mit dem eigenen Fahrzeug, eventuell eine kurzfristige Vollkaskoversicherung. Die Grüne Versicherungskarte wird empfohlen.
> **Höchstgeschwindigkeiten**: Autobahnen 120 km/h (Motorräder 90 km/h), Schnellstraßen 110 km/h, außerhalb von Ortschaften 90 km/h (Motorräder über 100 ccm 70 km/h), innerorts 50 km/h. Es sind auch Radarpistolen im Einsatz!
> **Wichtige Verkehrsregeln**: An gelb markierten Straßenrändern darf nicht geparkt werden. Promillegrenze 0,5! Darauf, dass "schon keiner kontrollieren wird", sollte man sich besser nicht verlassen, die Kontrollen wurden in letzter Zeit nochmals deutlich verschärft! Mittlerweile hat die Polizei auch auf Sámos effektive Messgeräte.

Mietfahrzeuge

Eine feine Sache, zumal Autos und Zweiräder auf Sámos nicht übermäßig teuer sind. Mountainbikes sind ideal für Tagestouren; um die bergige Insel ganz damit zu erkunden, braucht es schon sehr gute Kondition. Auch Mofas und Mopeds eignen sich eher für Ausflüge in die Umgebung. Angesichts der relativ großen Entfernungen sind Auto oder Geländemotorrad für die meisten Vorhaben die beste Wahl.

▸ **Zweiradvermietung**: Prinzipiell ist das Moped oder Geländemotorrad das ideale Verkehrsmittel für die Insel: Flott und wendig, auch für Pisten geeignet, recht preiswert zu mieten und von geringem Benzinverbrauch. Auf der anderen Seite stehen der oft miserable Zustand vieler Maschinen und die Unerfahrenheit und Sorglosigkeit der Urlauber, die oft das erste Mal im Leben auf so einem Gerät sitzen.

Fahren Sie vorsichtig: Mangelnde Fahrpraxis, Alkoholkonsum (auch der der anderen Verkehrsteilnehmer!), aber auch teilweise schlechte Straßen führen alljährlich zu schweren Unfällen, manchmal sogar mit Todesfolge. Das Hospital in der Hauptstadt behandelt jährlich hunderte (!) von Touristen und

Unterwegs auf Sámos

Einheimischen, die einen Zweiradunfall hatten; mehrere Dutzend von ihnen müssen stationär aufgenommen werden. In fast jedem heimkehrenden Jet sitzen ein oder mehrere Opfer mit Gipsbein, gebrochenem Arm etc. Ein Reisebürounternehmer erzählt, er habe deswegen schon das Vermietgeschäft aufgegeben – seine Frau und er waren es leid, ständig die Kunden im Krankenhaus zu besuchen ... Denken Sie auch daran, dass Sie auf der Insel kein Ambulanz- und Notarztsystem erwarten können, wie Sie es von der Heimat kennen!

> **Führerscheine**: Ein kompliziertes Thema. Früher bekam man mit dem Autoführerschein so ziemlich jedes Zweirad ausgehändigt. Das ist zum Glück vorbei. Heute erhält man mit der allgemeinen Pkw-Lizenz zumeist nur mehr 50er-Maschinen. Zwar sind in vielen (insbesondere älteren) Autoführerscheinen auch höhere Zweiradkategorien bis hin zu 125ern eingeschlossen, doch muss man dies auch nachweisen können. Die rosa Führerscheine mit ihren exakten Angaben zu den erlaubten Kubikzentimeterzahlen sind deshalb vorteilhafter als die alten grauen "Lappen", in denen nur die jeweiligen Klassen eingetragen sind, Details über die zulässigen Hubräume bei Zweirädern aber fehlen.

Prüfen Sie den Zustand des Fahrzeugs: Vor der Anmietung sollte immer eine ausführliche Prüfung inklusive Probefahrt stehen. Checken Sie Reifenprofil, Luftdruck, Kettenspannung und -schmierung, Ölstand, Licht, vor allem aber die *Bremsen*! Weisen Sie auf Mängel hin; diese resultieren nicht immer aus Nachlässigkeit der Vermieter, sondern oft einfach aus der schnellen Abfolge der Kunden. Meist kann der Vermieter das Fahrzeug gleich anschließend nachbessern. Kontrollieren Sie auch die Tankfüllung und fragen Sie nach dem Fassungsvermögen, der benötigten Benzinsorte (Super oder Zweitaktgemisch) und dem Verbrauch, um rechtzeitig nachtanken zu können. Für den Fall einer *Panne* ist es nützlich, immer die Telefonnummer des Vermieters (oft am Fahrzeug angebracht) mit sich zu führen. Seriöse Vermieter holen den Kunden dann umgehend ab und stellen Ersatz; bei Reifenpannen ist allerdings oft ein Pauschalbetrag für Abholservice und Reparatur fällig. Fragen Sie Ihren Vermieter, wie er es bei einer Panne hält!

• *Preise, Mietverträge, Kaution etc.* Motorisierte Zweiräder werden in allen größeren Ferienorten vermietet; oft sind auch Mountainbikes erhältlich. Auch innerhalb der einzelnen Ortschaften können die Preise zwischen den einzelnen Anbietern teilweise erheblich differieren, ein Vergleich lohnt sich fast immer. Handeln lässt sich am besten natürlich in der Nebensaison; bei einer Mietdauer von mehreren Tagen (die unten angegebenen Richtpreise beziehen sich auf Eintagesmiete) sollte man aber in jedem Fall schon mal nach einem "Discount" fragen. Nähere Informationen zu den Mietmodalitäten finden Sie im Anschluss an den Abschnitt "Mietwagen".

• *Schutzkleidung* Erstaunlich, welche Nachlässigkeit hier auch jene Leute an den Tag legen, die daheim immer über die leichtsinnigen Motorradfahrer wettern ... Badeschlappen, Shorts und T-Shirts jedenfalls verhelfen schon bei kleinsten Ausrutschern zu großflächigen, schwer heilenden Schürfwunden, sorgen bei längerer Fahrt übrigens auch für kapitale Sonnenbrände. Es muss ja nicht gleich ein Lederkombi sein: feste Schuhe, solide Jeans und Jeansjacken o. Ä. schützen bei niedrigeren Geschwindigkeiten auch schon ein wenig; Handschuhe sind ebenfalls sinnvoll.

• *Schutzhelm* Helmpflicht besteht und wird seit einigen Jahren auch verschärft kontrolliert. Ohnehin gehört der Helm auch auf den Kopf des Mofafahrers, selbst wenn alle anderen ohne unterwegs sind – findet jedenfalls der Autor, der auch daheim ein Motorrad bewegt. Vielleicht hilft dieser Leserbrief von Markus Boßhammer, Andersdenkende zu bekehren: "Zum Abschluss habe ich noch das Anliegen, stärker auf die Helmpflicht hinzuweisen ... Auf Sámos ist uns beim Transport vom Hotel zum Flughafen ein Motorradfahrer vor den Bus gefahren. Dieser Tourist hätte wahrscheinlich eine größere Überlebenschance gehabt, hätte er einen Helm getragen. Ich selber habe mir vorgenommen, nie wieder ohne zu fahren; und es wäre erstrebenswert, dass andere Leser Einsicht haben, ohne solch einen schrecklichen Anblick erleben haben zu müssen." Die Verleiher haben Helme vorrätig; noch besser ist es natürlich, wenn man einen Helm von daheim mitbringen kann.

• *Fahrzeugtypen* **Automatik-Mofas** (Einsitzer) sind am preisgünstigsten und prinzipiell auch für Neulinge gut zu fahren. Ein kleiner Nachteil ist die schwache Motorisierung, die Bergstrecken zur Geduldsprobe macht; schwerwiegender, dass auch die Bremsen oft nur matt ihre Arbeit verrichten – prüfen Sie diese besonders sorgfältig. Mofas tanken meist Zweitaktgemisch aus Benzin und Schmieröl. Mietpreis je nach Ort und Saison ab etwa 10 €/Tag.

Mopeds: Ein weiter Begriff; optisch oft Mofa-ähnlich, in der Regel aber mit Sitzbank für zwei Personen. Dank der relativ großen Räder sind Mopeds auch für Pistenstrecken ganz gut geeignet. In Griechenland gibt es sie mit Hubräumen von 50–100 ccm, wobei die höheren Kubikzahlen leistungsmäßig schon in Motorrad-Bereiche vorstoßen, die Bremsen aber, gerade im Zweipersonenbetrieb, nicht immer auf die erreichbaren Geschwindigkeiten ausgelegt sind – also Vorsicht. Getankt wird oft Benzin, gelegentlich auch Zweitaktgemisch; die Schaltung funktioniert meist halbautomatisch (ohne Kupplung). Mietpreis je nach Hubraum, Ort und Saison ab etwa 12 €/Tag.

Roller: Meist mit ausreichender Bremsleistung, außerdem auch im Zweipersonenbetrieb recht komfortabel. Aufgrund der neuen Führerscheinregelung zählen die meist "Scooter" genannten japanischen Automatik-Roller mit 50 ccm zu den gän-

Die geländegängige Alternative

gigsten Miet-Zweirädern. Dabei sind sie Neulingen wegen ihres gewöhnungsbedürftigen Fahrverhaltens nicht ohne Einschränkung zu empfehlen: Die kleinen Räder rutschen in Kurven leicht weg und sind für unbefestigte Straßen wenig tauglich. Mietpreis je nach Ort, Hubraum und Saison ab etwa 14 €/Tag.

Motorräder: Eigentlich alles über 50 ccm (siehe Mopeds). Straßenmaschinen werden kaum angeboten, stattdessen meist leichte Enduros zwischen 125 und 250 ccm, für die Insel völlig ausreichend und für Pisten optimal – im freien Gelände haben Motorräder der Umwelt zuliebe nichts verloren. Für Neulinge sind Enduros zu "hochbeinig"; wer schon etwas Erfahrung hat und seine Gashand zügeln kann, fährt mit ihnen jedoch sicherer als mit den kleinen Maschinen, da hier die Bremsen der Motorleistung entsprechen. Manchmal gibt es giftige Zweitaktmaschinen zu mieten; empfehlenswerter sind jedoch Viertakter, bei denen wie beim Auto der Motor mitbremst. Mietpreis je nach Ort und Saison ab etwa 16 €/Tag (125 ccm); für neuere Modelle oft noch deutlich mehr.

Unterwegs auf Sámos

▶ **Mietwagen:** Im Angebot sind meist Kleinwagen japanischer und südeuropäischer Herkunft, zu Preisen ab etwa 30 €/Tag weit aufwärts, je nach Typ, Saison und Mietdauer. Gelegentlich gibt es auch offene Kleinwagen in der Form eines "Halb-Cabrios" sowie Jeeps zu mieten. Wie bei der Anmietung eines Zweirads empfiehlt es sich auch beim Pkw dringend, das Fahrzeug genau durchzuchekken: Ölstand, Kühlwasser, Reifen (Ersatzrad? Luftdruck?), Beleuchtung, Unfallspuren (Unterboden!) etc. Wenn Sie schon vor der Reise genau wissen, wann Sie ein Fahrzeug benötigen, kann es sich durchaus lohnen, im Reisebüro nach Spezialangeboten internationaler Vermieter zu fragen – bucht man schon daheim, sind diese oft kostengünstiger. Außerdem haben Sie so auch zur HS die Garantie, sicher ein Fahrzeug zu bekommen, denn dann kommt es auf Sámos schon mal zu Engpässen. Auch bei juristischen Auseinandersetzungen ist man mit einem vorab gebuchten Fahrzeug auf der sichereren Seite: Gerichtsstand ist dann in der Regel die Heimat und nicht etwa Sámos ...

• *Vermieter vor Ort* Die international bekannten Agenturen sind meist etwas teurer als lokale Vermieter, garantieren dafür jedoch Seriosität. Allerdings arbeitet auch die große Mehrzahl lokaler Anbieter durchaus reell.

• *Mietverträge* (Rental contract): Meist in Deutsch und Englisch und oft so abgefasst, dass der Mieter für sehr vieles haftbar gemacht werden kann. Fast immer muss man bestätigen, dass das Fahrzeug bei Übernahme vollständig in Ordnung war und sich gleichzeitig verpflichten, es im selben Zustand zurückzubringen. Bei Schäden, für die der Mieter nicht verantwortlich ist, wird entweder Ersatz gestellt oder das Fahrzeug umgehend repariert. Für Schäden, die vom Fahrer verursacht wurden, haftet dieser jedoch voll! Was vom Fahrer zu verantworten ist oder nicht, kann leicht zur Streitfrage werden; auch deshalb ist eine genaue Fahrzeuginspektion bei der Übernahme ratsam. Gelegentlich findet man sogar Verträge, die den Mieter verpflichten, für alle während der Mietzeit entstandenen Schäden aufzukommen – dann besser auf den Vertrag verzichten.

• *Vertragsformen* **Zweiräder** werden immer ohne Kilometerbegrenzung vermietet. Bei **Autos** gibt es dagegen zwei Möglichkeiten. Mit **Kilometergeld**: Geringe Grundmiete plus Gebühr für jeden gefahrenen Kilometer. Zwar werden fast überall 100 km/Tag grundsätzlich in Rechnung gestellt, ob sie nun gefahren wurden oder nicht, doch ist diese Variante trotzdem in der Regel preisgünstiger. **Ohne Kilometerbegrenzung** (unlimited kilometers) gibt es Autos meist erst ab einer Dauer von mindestens drei Tagen zu mieten; der ziemlich hohe Preis rechnet sich normalerweise nur ab einer Fahrstrecke von täglich 160 km oder mehr.

• *Mindestalter* Bei Pkw in der Regel ab 21 Jahre, Motorräder ab 18 Jahre, Mofas etc. ab 16 Jahre.

• *Kaution* Bei Pkw meist Pflicht, bei Zweirädern tut es oft auch der Pass; Kreditkartenzahler sind in beiden Fällen befreit.

• *Steuer/Versicherung* Aufpassen, dass vom Vermieter Endpreis genannt werden, andernfalls wird man später noch mit 13 % Umsatzsteuer zur Kasse gebeten.
Haftpflichtversicherung ("third party insurance") ist im Preis grundsätzlich enthalten, wobei die Haftungssummen geringer sind als bei uns daheim. Was darüber hinausgeht, müsste der Fahrer im Fall des Falles aus eigener Tasche begleichen. Eine zusätzliche Haftpflichtversicherung kann man schon zu Hause bei verschiedenen Unternehmen abschließen.
Vollkasko ("collision damage waiver") mit und ohne Selbstbeteiligung ist für Motorräder gelegentlich, für Autos (dort oft schon im Preis enthalten – darauf achten) immer möglich und auch empfehlenswert: Bei einem Unfall kann es sonst sogar vorkommen, dass der Mieter von der Polizei über die vorgesehene Heimreise hinaus auf Sámos festgehalten wird, bis der Schaden beglichen ist ... Bedingung bei Vollkasko ist jedoch, dass man keinen Verstoß gegen die griechische Straßenverkehrsordnung begeht – falls man also z. B. die vorgeschriebene Höchstgeschwindigkeit überschritten hat und dies aktenkundig wurde, ist der Schutz meist dahin. Vom Versicherungsschutz ausgenommen sind bei Pkw oft noch Fahrgestell, Unterboden und Reifen! Prüfen Sie diese Teile also vorher sorgfältig. Nicht versichert sind meist auch solche Schäden, die auf Pisten entstanden sind.

Hauptstadt der Bootsausflüge: Pythagório

Mit dem Fahrrad auf Sámos

Mountainbikes gibt es ab etwa 7 € pro Tag in den meisten Ferienorten zu mieten, manchmal allerdings in beklagenswertem Zustand. Sie verfügen fast nie über eine Lichtanlage. Wer auch nachts unterwegs sein will, sollte sich deshalb aufsteckbare Batterieleuchten von daheim mitnehmen.

Generell eignet sich die Insel aufgrund des bergigen Profils vor allem für geübte Biker – und die werden ihr Rad wohl lieber selber mitnehmen. Am günstigsten sind Mountainbikes, für die es auf den vielen kleinen Pisten und Wegen zahlreiche Einsatzmöglichkeiten gibt. Ein schönes, abwechslungsreiches Revier ist der relativ flache Osten um die Hauptstadt, das Hinterland der Nordküste wegen der sehr steilen Anstiege hingegen weniger empfehlenswert. Übrigens sind einige der in diesem Führer beschriebenen Wandertouren (1–4) für geübte Fahrer auch mit dem Bike zurückzulegen, sofern man bereit ist, das Rad über kurze Distanzen auch mal zu tragen. Auf Querfeldeinfahrten sollte man jedoch – wie überall – aus Naturschutzgründen verzichten.

Ausflüge

Für organisierte Ausflüge besteht bereits ein recht breites Angebot, insbesondere bei Bustouren ab Sámos-Stadt und Pythagório. Recht unterhaltsam sind die Bootsausflüge, die ab einer Reihe von Ferienorten stattfinden, meist zu einsamen Stränden oder dem kleinen Inselchen Samiopoula führen und Aufenthalte für Badepausen und Mittagessen einschließen. Weitere pauschale Ausflüge, die sich mit mehr oder weniger Mühe auch auf eigene Faust organisieren ließen, gibt es ins türkische Ephesus oder zur reizvollen Insel Pátmos. Details hierzu sowie weitere Anregungen finden Sie im Anhang im Kapitel "Abstecher rund um Sámos".

Wandern auf Sámos

Sámos gilt völlig zu Recht als Wanderparadies. Die breite Palette der Möglichkeiten reicht vom kurzen Spaziergang über die ausgedehnte, mehrstündige Wanderung bis hin zur anspruchsvollen Bergtour.

Etwas Wandererfahrung ist jedoch vonnöten: Die Insel ist bergig und ihre Pfade sind oft schwer zu finden. Bei längeren Wanderungen ist deshalb ein guter Orientierungssinn hilfreich, denn Markierungen sind nicht immer eindeutig, wirklich gute Insel-Wanderkarten praktisch inexistent. Auch Kondition und Ausdauer sollte man mitbringen. Dann belohnt Sámos den Wanderer mit seinen versteckten Schönheiten, mit den ausgedehnten Blumenteppichen des Frühjahrs, den sommerschattigen Platanenschluchten, den einsamen Kirchlein, abgelegenen Stränden und weiten Panoramen. Immer neue Perspektiven öffnen sich, und oft reicht der Blick bis zum kleinasiatischen Festland oder zu anderen Inseln. Ein herausragendes Wandergebiet sind die Hänge der Nordküste. Hier sind noch viele der alten Pflasterwege zwischen den Dörfern intakt geblieben und teilweise sogar markiert. Wer sich nach ihnen bei Einheimischen erkundigen möchte, muss ausdrücklich nach dem *Monopáti* fragen, andernfalls wird man grundsätzlich auf die nächste Straße verwiesen.

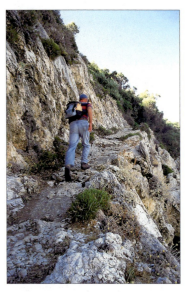

Auf geht's:
Wanderpfad im Nordwesten

Aber – wandern Sie möglichst nie allein, oder lassen Sie zumindest den Hotelier oder Vermieter wissen, wo Sie unterwegs sind. Die Höhenunterschiede auf Sámos können beträchtlich sein, oft bewegt man sich zudem weitab der Zivilisation. *Beginnen Sie Ihren Wandertag früh*: Starten Sie am besten schon bei Sonnenaufgang. Zum einen ist dies neben der Abenddämmerung die schönste Zeit des Tages; zum anderen bringt es Sicherheit, wenn mit aufkommender Mittagshitze schon ein großer Teil der Strecke geschafft ist. *Achten Sie auf die richtige Ausrüstung*: Gehen Sie nie ohne entsprechend angepasste Kleidung und Schuhwerk, ohne Sonnenschutz und ausreichenden Trinkwasservorrat auf Tour!

Wandern auf Sámos

Wanderung 5: Kapelle an den Hängen des Kérkis

• *Jahreszeit* Mai und Juni, wenn alle Gebiete in Blüte stehen, sind die beste Wanderzeit; von den sehr heißen Monaten Juli und August ist eher abzuraten. September und Oktober sind klimatisch wieder günstiger, doch ist die Vegetation dann karger und die Tage sind deutlich kürzer. Vorteil jedoch: Im Herbst fällt die Orientierung vielerorts leichter, da die Pfade ausgetretener und nicht mehr so überwuchert sind wie im Frühjahr.

• *Basisausrüstung* für alle beschriebenen Touren: Viele Wegstrecken sind steinig und steil – feste, knöchelhohe und gut eingelaufene (!) Wanderschuhe sind deshalb dringend zu empfehlen. Manchmal muss stachlige Phrygana durchquert werden, wobei eine lange Hose aus festem Stoff gute Dienste leistet. Nicht zu vergessen: Sonnenschutzmittel, -brille und eine Kopfbedeckung. Werden auf der Wanderung Klöster besucht, sollten Männer eine lange Hose tragen (oder im Gepäck zum Umziehen mitführen), Frauen möglichst einen längeren Rock. Als Rucksack ist ein guter Wanderrucksack mit innen liegendem Traggestell natürlich optimal; man kommt jedoch auch mit einem einfachen Tagesrucksack aus, schwitzt dann eben etwas mehr.

• *Verpflegung* Zum Essen nur das nötigste, jedoch reichlich (!) Wasser mitnehmen. Von Quellen kann man fast überall unbesorgt trinken, aus Zisternen vorsichtshalber nur dann, wenn man sich nach der Qualität erkundigen kann.

• *Wanderbeschreibungen in diesem Reisehandbuch* In diesem Buch finden Sie eine Reihe von Wanderbeschreibungen inklusive Routenskizzen, die natürlich keine Wanderkarten ersetzen wollen. Ebenso ist es im Rahmen eines Reiseführers aus Platzgründen unmöglich, haarklein jedes Detail einer Wanderung durch raues Gelände zu beschreiben; pro Tour wären dafür jeweils mehrere Seiten erforderlich. Bei einigen Wanderungen ist also etwas Orientierungssinn gefragt, doch finden Sie in diesem Buch auch eine Reihe von leichten Touren mit absolut eindeutiger Wegeführung. Falls Sie jedoch einmal nicht sicher sein sollten, sich auf dem richtigen Weg zu befinden, kehren Sie besser um. Gehen Sie nicht das Risiko ein, sich in weglosem Gelände zu verlaufen! Die angegebenen Wanderzeiten, die keine Pausen beinhalten, sind natürlich nur als Richtwerte zu verstehen, mancher geht eben schneller, mancher langsamer. Bereits nach kurzer Zeit jedoch werden Sie unsere Angaben in die richtige Relation zu Ihrem Wandertempo setzen können.

Wanderung 10: So eben wie der Strand Megálo Seitáni sind nur wenige Abschnitte

• *Wanderkarten* "Echte" topographische Karten für Sámos sind nicht erhältlich – als Grund gilt die Furcht der griechischen Regierung vor Angriffen des türkischen Nachbarn. Eine Alternative bildet die "Road Editions" Karte im Maßstab 1:50.000 (gleichzeitig die weitaus beste Straßenkarte), auf der immerhin Höhenlinien verzeichnet sind. In punkto Pisten ist sie recht zuverlässig, die wenigen verzeichneten Fußwege dagegen gibt sie teilweise nicht ganz korrekt wieder. Eine gute Wanderkarte für den Raum Kokkári ist "The Kokkári Walker's Map" von Lance Chilton, die sehr detailliert und exakt das Gebiet zwischen Kokkári und Ágios Konstantínos umfasst. Erhältlich ist sie in der Regel vor Ort.

• *Wanderhandbücher* Wer ausgiebige Wanderungen auf Sámos plant, wird sich vielleicht entsprechende Literatur anschaffen wollen. Wanderführer zu Sámos sind in ausreichender Zahl vorhanden, wenn auch in unterschiedlicher Qualität. Hundertprozentig korrekt kann ohnehin kein Führer sein, da sich auf Sámos die Verhältnisse zu schnell ändern, insbesondere durch die häufige Anlage neuer Pisten. Tipp: Misstrauen Sie Wanderführern, die sich bei den Routenbeschreibungen allzu sehr auf Farbmarkierungen und Steinpyramiden verlassen – Farben verblassen mit der Zeit, und Steinpyramiden (so sie nicht erneuert werden) halten nun einmal nicht ewig. Achten Sie auch unbedingt auf das Jahr der Auflage: Teilweise sind noch Bücher im Handel, die zuletzt Mitte der Neunziger recherchiert wurden.

• *Und noch eine Bitte* Über Informationen zu Änderungen im Routenverlauf der beschrieben Touren sowie weitere Anregungen und Wanderbeschreibungen (evtl. mit kleiner Skizze) seitens interessierter Leser würden wir uns sehr freuen!

Um unterwegs nach dem Weg zu fragen: *Pou íne monopáti pros* (wo ist der Fußweg nach ...), *pó sa chiliometra íne pros* (wie viele Kilometer sind es nach ...), *thélo stin* (ich möchte nach ...)
Wichtig: Ausdrücklich nach dem Fußweg *monopáti* fragen – andernfalls wird man zur nächsten Straße geschickt.

Übernachten

Verglichen mit anderen Mittelmeerländern liegt das Preisniveau in Griechenland immer noch eher niedrig. Üppigen Komfort sollte man allerdings nicht erwarten.

Selbst viele bessere Hotels verzichten auf schmuckvolle Details, und in den einfacheren Unterkünften besteht die Einrichtung ohnehin fast grundsätzlich nur aus Bett, Tisch, Stuhl und vielleicht einem Schrank. Die fast immer weiß gekalkten Wände und das gern verwendete helle Kiefernholz lassen die Zimmer dennoch freundlich wirken. Auch die Herzlichkeit vieler Wirtsleute macht kleinere Komfortmängel schnell wett. Mangelnde Sauberkeit ist nur in ganz seltenen Fällen ein Problem – auf die Mitnahme von "Rattengift und Mausefalle", wie noch Anfang der 90er-Jahre in einem Reiseführer empfohlen, kann man getrost verzichten.

Glückliche Nebensaison: Wer auf eigene Faust reist, die lange Sucherei nach Zimmern umgehen und zusätzlich noch Geld sparen möchte, sollte nach Möglichkeit unbedingt in der Nebensaison fahren, also außerhalb der Monate Juli und August – je weiter man sich von dieser Kernzeit entfernt, desto niedriger die Preise und desto größer die Freude des Hoteliers über jeden Gast. Auch Tavernen, Strände und Museen zeigen sich abseits des sommerlichen Hochbetriebs von der angenehmeren Seite. Aber: Vor Anfang April und ab Mitte/Ende Oktober sind fast alle Hotels und viele Restaurants geschlossen!

> In den Ortskapiteln finden Sie ausführliche Beschreibungen zahlreicher Unterkünfte mit Lage, Kategorie und Ausstattung. Die genannten Preise gelten für individuelle Buchung und jeweils für ein Doppelzimmer (DZ). Bei zwei Preisangaben bezieht sich der niedrigere Preis auf die Nebensaison (NS), der höhere auf die Hochsaison (HS).

Hotels und Pensionen

Griechische Hotels und Pensionen werden von der Griechischen Zentrale für Fremdenverkehr nach ihrer Ausstattung in Kategorien eingeteilt. Nicht immer ist diese Klassifizierung jedoch aussagefähig.

Oft genügt nämlich schon ein Radio auf dem Zimmer oder ein Quadratmeter Fläche mehr, um in die nächsthöhere Klasse aufzusteigen. Die Freundlichkeit der Wirtsleute, die ruhige Lage oder schöne Aussicht spielen bei der Bewertung keine Rolle. Einen gewissen Standard kann man aus der jeweiligen Kategorie dennoch ableiten.

▸ **Hotels**: Eingeteilt in die Kategorien *Luxus, A, B, C, D* und *E* – über ein Gesetz, das eine neue Klassifizierung nach Sternen vorsieht, wird seit geraumer Zeit spekuliert. Gekoppelt sind die Kategorien an entsprechende Höchst- und Tiefstpreise, wobei letztere zur Nebensaison inoffiziell schon einmal unterboten werden; Handeln kann sich bei längerem Aufenthalt dann auch in guten Häusern lohnen. In den gehobenen Kategorien scheint man kaum mit

Individualreisenden zu rechnen: Die offiziellen Preise sind hier manchmal übertrieben hoch angesetzt, auch wenn die Zimmer, selbst ohne besondere Nachfrage, in Wahrheit wesentlich günstiger abgegeben werden. In Hotels höherer Klassen wird oft auch erwartet, dass der Gast Halbpension (HP) nimmt.

Luxus-Kat.: Auf Sámos bislang gerade einmal vertreten – das Hotel Proteas Bay bei Pythagório verlangt für seine komfortablen Doppelzimmer (DZ) offiziell ab etwa 145 € aufwärts, Frühstück inbegriffen.

A-Kat.: Nur wenige Häuser auf Sámos. Komfortable Ausstattung für hohe Ansprüche, oft in ansprechender Architektur errichtet, Swimming-Pool etc. Die Preise beginnen je nach Saison ab etwa 60–90 € pro DZ, liegen teilweise aber deutlich höher.

B-Kat.: Ebenfalls gehobene Häuser, auf Sámos meist wenige Jahre alt; Swimming-Pool fast obligatorisch. Voll- oder Halbpension ist möglich, seltener Pflicht. Durchschnittspreise für das DZ etwa 50–80 €; manche Häuser liegen niedriger, wenige höher.

C-Kat.: Das Gros der Hotels liegt in dieser Kategorie; entsprechend unterschiedlich können Preis, Ausstattung und Service sein. Die Mehrzahl fällt jedoch unter den Begriff "gute Mittelklasse" und kostet je nach Saison und Ort ab etwa 30–50 € aufwärts. Voll- oder Halbpension ist nicht überall möglich und selten obligatorisch.

D/E-Kat.: Eine seltene Kategorie; einfachere Hotels mit oft eher karger Ausstattung. In guten Fällen aber durchaus erfreuliche Unterkünfte; freundliche Wirtsleute und angenehme Stimmung. DZ nach Saison ab etwa 20–25 €, in neueren Häusern in Ferienorten aber auch schon mal deutlich mehr.

Übernachtungstipps und -tricks

- In jedem Zimmer muss eine Tafel mit den Übernachtungspreisen aushängen.
- Bei Aufenthalt von zwei Nächten oder weniger dürfen Hotels einen Zuschlag von 10 % verlangen.
- Einzelzimmer sind schwer zu finden. Wird in einem Hotel ab der C-Klasse aufwärts ein Doppelzimmer (DZ) als Einzelzimmer benutzt, darf der Preis 80 % des DZ-Preises nicht übersteigen.
- Ein Zusatzbett im Doppel- oder Einzelzimmer darf den jeweiligen Preis nur um maximal 20 % erhöhen. Aufpassen: Vor allem Einzelzimmer werden so klammheimlich zum Doppelzimmer "aufgewertet" – reklamieren hilft.
- Zwei Ausweise mitzunehmen, ist sinnvoll: Einer verbleibt an der Rezeption, der andere dient zur Fahrzeugmiete etc.
- Bei ernsten und berechtigten Zwistigkeiten mit dem Vermieter (überhöhte Preise etc.) sollte man sich nicht scheuen, die Touristenpolizei aufzusuchen – oft hilft bereits die Drohung damit.

Pensionen, Privatzimmer und Apartments

Pensionen und Privatzimmer (*Domátia*): Als offizielle Kategorie existiert der Begriff der Pension in Griechenland überhaupt nicht. Da jedoch sehr viele Betreiber von Privatquartieren ihre Herberge so benennen (wenn sie sie nicht gar als "Hotel" bezeichnen), übernehmen wir den Begriff in diesem Führer auch. Pensionen bzw. Privatzimmer sind in vielen Küstenorten zu finden und stellen durchaus eine Alternative zu den Hotels dar – der Zimmerstandard ist in aller Regel einfach, aber ausreichend, die Sauberkeit kein Problem. Die Griechische Zentrale für Fremdenverkehr stuft Privatzimmer nach *A*, *B* und (selten) *C* ein. Die erste Kategorie besitzt immer ein eigenes Bad. Doch sind nicht alle Vermieter offiziell registriert, manches läuft auch unter der Hand.

Aufwändig gestaltet: Eingangsbereich eines Hoteldorfes in Votsalákia

Betriebe, die beim Fremdenverkehrsamt gemeldet sind, erkennt man an einem entsprechenden Schild am Eingang und einer Tafel mit dem Preis im Zimmer; in der Regel sind jedoch auch die nur halblegal arbeitenden Vermieter seriöse Leute.

Manchmal (obwohl diese Vorgehensweise mittlerweile verboten ist) kommen die Vermieter zum Fährhafen oder zur Bushaltestelle, um potenzielle Kunden gleich bei der Ankunft abzupassen. Ob man auf solche Angebote eingehen sollte, ist eine Frage für sich: Auf der einen Seite hat mancher vielleicht Probleme, dann noch abzulehnen, falls das Zimmer nicht gefällt; andererseits ist man so immerhin sicher, ein Dach über dem Kopf zu haben, was zur Hochsaison schon für eine gewisse Beruhigung sorgen kann; im schlimmsten Fall kann man ja am nächsten Tag noch einmal auf die Suche gehen und erneut nach *Rooms*, *Rooms to rent*, *Rooms to let* oder *Domátia* (griech.: Zimmer) Ausschau halten.

- *Vereinigung der Zimmer- und Apartmentvermieter* **Association of Rooms and Apartment Rental Samos**, Gymnasiarchou Kateveni 16, 83100 Samos. Das Büro in der Hauptstadt (siehe auch dort) vermittelt Zimmer, Studios und Apartments auf ganz Sámos, auf Foúrni und Ikaría. Übrigens auch die richtige Adresse für Lob oder Beschwerden bezüglich Privatvermietern und Pensionen, nicht jedoch Hotels. Geöffnet April–September, Mo–Do 8.30–15 Uhr, Fr 8.30–14.30 Uhr. ✆/✉ ab D, A, CH: 0030 22730 23055. samossun@sam.forthnet.gr.
- *Preise* Je nach Saison, Ort, Standard und Aufenthaltsdauer ab knapp 20 € bis über 40 €; das Gros der Privatzimmer bewegt sich jedoch im Bereich zwischen 25 und 35 € pro DZ. Die Preise werden nicht mehr vom Staat festgelegt. Stattdessen gibt der Vermieter den Behörden einen selbst gewählten Preis an, den er dann einhalten muss; dieser ist auf der Karte im Zimmer abzulesen. Zur NS gewähren fast alle Vermieter aber trotzdem Nachlässe, vor allem bei längerem Aufenthalt. Manchmal steht ein Kühlschrank oder gar eine Miniküche im Zimmer, für die, ebenso wie für eine Klimaanlage, dann gelegentlich Zuschlag zu zahlen ist; dieser ist ebenfalls auf der Karte vermerkt.

Apartments/Studios (*Diamérismata*): In vielen Küstenorten zu finden, oft auch gerade dort, wo nur wenige Hotels stehen. In der kleineren Studio-Version sind sie eine Art Privatzimmer mit Bad, Küche und Balkon/Terrasse; es gibt aber auch richtig große Ferienwohnungen für Familien. Fast immer sind sie ausreichend komfortabel; die Küche enthält einen Elektroherd, Kühlschrank, Töpfe und Geschirr – man kann sich also auch spontan zur Miete entscheiden, sollte aber vor allem in der Nebensaison auf Einkaufsmöglichkeiten in der Umgebung achten. Die kleineren Studios kosten zumindest dann kaum mehr als Privatzimmer; nach oben sind zur Hochsaison dagegen kaum Grenzen gesetzt. Vor Ort kann man Studios und Apartments über viele Reisebüros oder von privat mieten. Wer schon daheim vorbuchen möchte, findet Ferienwohnungen bei vielen Reiseveranstaltern und in den Anzeigen der großen Tageszeitungen – in jedem Fall sollte man sich vor Vertragsabschluss über die genaue Lage vergewissern, um nicht wider Willen in der Wildnis zu landen.

Jugendherbergen/Camping

Ein kurzes Kapitel: Auf Sámos existiert derzeit weder eine Jugendherberge noch ein offizieller Campingplatz. Wildes Camping ist in ganz Griechenland verboten und wird auf Sámos auch tatsächlich kaum toleriert. Verständlich wird das Verbot angesichts der Abfallmengen, die rücksichtslose Camper an den Stränden anderer Inseln hinterlassen haben. Nicht zuletzt will man so natürlich auch dafür sorgen, dass die Betten der Hoteliers und Privatvermieter nicht leer bleiben.

Traumhaft gelegen: Taverne im Südwesten

Essen und Trinken

Vorspeisen in reicher Auswahl, Hauptgerichte auf kleinen Tellern, von denen man gemeinsam nascht – Essen auf griechische Art macht viel Spaß. Das reizvolle Ambiente vieler Tavernen und die unverdorbene Freundlichkeit, die griechische Wirte oft an den Tag legen, lassen das Fehlen kulinarischer Glanzleistungen verschmerzen.

Und: Die Preise, obwohl in den letzten Jahren deutlich gestiegen, sind immer noch günstiger als in vielen anderen Mittelmeerländern. Eine komplette Mahlzeit für zwei Personen inklusive Getränken muss nämlich nicht viel mehr als 20 € kosten. Da lässt es sich dann schon verschmerzen, dass die Zubereitung meist nicht sonderlich phantasievoll ist. Dafür stimmen die Qualität der Zutaten und die Stimmung: Holztische auf der Platía unter Platanen oder direkt am Strand, ein laues Lüftchen weht, das Meer rauscht und die Welt ist in Ordnung ...

Besonderheiten der griechischen Küche

Die Temperatur der Speisen: Viele griechische Hauptmahlzeiten kommen aus dem Ofen oder aus großen Töpfen, werden bereits am Vormittag zubereitet und für den Rest des Tages warm gehalten. Zumindest außerhalb der Tourismuszentren sind sie deshalb nicht so heiß, wie wir das gewohnt sind; Griechen halten heißes Essen für ungesund, wie sie auch glauben, dass es diesem an Eigengeschmack fehlt. Wer auf heimische Gewohnheiten nicht verzichten will, kann jedoch zu Gerichten vom Grill und aus der Kasserolle greifen, die in mitteleuropäischer Temperatur serviert werden.

86 Essen und Trinken

Der Gebrauch von Olivenöl und Knoblauch: Dem einen eine Delikatesse, finden andere die reichliche Verwendung von Olivenöl und Knoblauch zumindest gewöhnungsbedürftig. Sie mögen sich damit trösten, dass Olivenöl weit gesünder ist als jedes tierische Bratfett und dass auch dem Knoblauch gesundheitsfördernde Eigenschaften nachgesagt werden: In allen Mittelmeerländern, in denen diese beiden Zutaten eine Hauptrolle spielen, liegt die Rate der Kreislauferkrankungen weit niedriger als in Mitteleuropa.

- *Die Lokale* **Estiatórion** ("feines" Restaurant) und **Tavérna** ("einfache" Taverne) unterscheiden sich heute kaum noch. Etwas seltener findet man die **Psárotavérna** (Fischlokal) und die **Psistária** (Grillstube).
Das **Kafeníon**, das Kaffeehaus, gibt es in jedem winzigen Dorf. Es ist eine Domäne der Männer, Stammlokal, Infobörse und Spielsalon für Tavli (Backgammon) zugleich; Frauen werden nur als Touristinnen akzeptiert. Im Kafeníon gibt es alle Arten von Getränken, oft auch einfache Speisen wie Salate oder Omelett.
Die **Ouzerí** ist ein Mittelding zwischen Kafeníon und Taverne, spezialisiert auf kleine Happen (Mezédes), die zum Oúzo, Wein oder Bier gereicht oder separat bestellt werden.

- *Essenszeiten* Liegen gut eine Stunde später als bei uns; Griechen setzen sich abends oft erst gegen 22 Uhr zu Tisch, und auch um Mitternacht kann man häufig noch bestellen. In den Ferienorten ist man jedoch auf den mitteleuropäischen Magenfahrplan eingestellt.

- *Speisekarten* Meist in Griechisch und Englisch – je nobler und vielsprachiger die Karte, desto mehr ist man auf Touristen eingestellt. Oft sind zwei Preise angegeben; der höhere bezieht die Steuern ein und ist maßgeblich. Falls bei einem Gericht kein Preis steht, gibt es dieses in der Regel auch nicht. Nur in wenigen Tavernen ist es noch üblich, so wie früher in die Küche in die Töpfe zu schauen; oft sind Gerichte und Rohprodukte in Vitrinen ausgestellt.

- *Bestellen* Zuerst wird der Tisch gedeckt und ein Korb mit Servietten, Brot und Besteck gebracht. In aller Regel stellt man sich sein Essen selbst zusammen; Menüs sind kaum üblich. Von jedem bestellten Gericht kommt ein ganzer Teller, also auch von den Beilagen, die normalerweise extra geordert werden müssen; allenfalls zu Fleischgerichten erhält man Pommes Frites oder Nudeln ohne besondere Bestellung. Gewöhnungsbedürftig am Anfang, dass immer alle Gerichte auf einmal aufgetragen werden; wer auf die übliche Abfolge Wert legt, sollte dies entweder klar sagen oder erst nach und nach bestellen. Ein Tipp: Wenn Sie zu mehreren sind, bestellen Sie erst einmal eine Runde verschiedener Vorspeisen – niemand wird scheel schauen, wenn Sie alle zusammen kreuz und quer von den vielen Tellerchen probieren.

- *Bezahlen* ("To logariasmo parakaló" = Die Rechnung bitte): Bezahlt wird in Griechenland in einem Schwung für die ganze, fast heilige Tischgemeinschaft (Paréa); man kann später zu untereinander abrechnen. Separates Zahlen eines jeden einzelnen ist, zumindest außerhalb der Touristenzentren, absolut unüblich.

- *Trinkgeld* Beim Bezahlen lässt man sich zunächst herausgeben und dann, je nach Zufriedenheit, etwa fünf bis zehn Prozent des Rechnungsbetrags auf dem Tisch liegen. Nicht vergessen sollten Sie, den Jungen zu bedenken, der die Tische deckt und abräumt, Wasser bringt usw. – das Trinkgeld ist meist seine einzige Einnahmequelle.

Frühstück: In Griechenland ist man da mit wenig zufrieden. Entsprechend langweilig gestaltet sich auch oft das gebuchte Hotelfrühstück: Zwei Brötchen, Butter, Marmelade, vielleicht eine Scheibe Käse – das war's. Da geht man besser ins nächste Kafeníon, obligatorisch ist das Hotelfrühstück nämlich selten. In Häusern der oberen Kategorie findet man mittlerweile jedoch auch Frühstücksbuffets. In den größeren Touristenorten haben sich die Kafenía und Tavernen darauf eingestellt, den morgenhungrigen Mitteleuropäern Nachschlag zu liefern, entweder pauschal als "Breakfast" angeboten oder einzeln bestellt: Ein Ei (*Avgó*), Omelett, Yoghurt (*Yaúrti*, köstlich mit Honig, *Méli*), Milch (*Gála*),

Besonderheiten der griechischen Küche

Brandung als Begleitmusik: Taverne in Sámos-Stadt

Kakao (*Gála Sokoláta*) oder eine der Kaffeespezialitäten, siehe hierzu im Abschnitt "Getränke"; Brot (*Psomí*) gehört ohnehin zu jeder griechischen Mahlzeit dazu.

▶ **Vorspeisen**: Die eigentliche Domäne der griechischen Küche, die bei Vorspeisen oft Erstaunliches leistet. In der darauf spezialisierten Ouzerí gibt es zu Oúzo oder Bier die *Mezédes* (Appetithäppchen) in vielen Varianten: Gurken- und Tomatenstückchen, Hackfleischbällchen, Oliven, frittierte kleine Fischchen, Tintenfischstücke und vieles mehr. Ein gemischter Teller wird *Pikília* genannt. Vorspeisen (in der Speisekarte oft unter "Salate" zu finden) serviert aber auch jede Taverne – die Auswahl ist groß und alles schmeckt viel besser, als es manchmal klingt:

Arsinósalata: Salat aus Seeigeln (selten).
Chtapódisaláta: Oktopussalat.
Dolmadákia: gerollte und mit Reis und Gewürzen gefüllte Weinblätter.
Eliés: eingelegte und damit erst essbar gemachte Oliven.
Gígantes: dicke weiße Bohnen in einer scharfen Soße aus Gemüse und Tomaten.
Koliós: ein eingelegter, sardellenähnlicher Fisch, ziemlich salzig.
Kolokothákia tiganitá: frittierte Zucchini.

Melitsánasaláta: Auberginenpüree.
Saganáki: gebratener Schafskäse, manchmal auch mit Shrimps serviert.
Skordaliá: das berühmte und berüchtigte Knoblauchpüree.
Taramosaláta: rosafarbenes Püree aus Fischrogen.
Tirosaláta: pikant angemachter Schafskäse.
Tsatsíki: fettreicher Joghurt mit Knoblauch und Gurken.

▶ **Fleischgerichte**: Rind- und Schweinefleisch sind eigentlich wenig inseltypisch, aber fast überall zu bekommen. Traditioneller ist jedoch die Verwendung von Fleisch vom Lamm (*Arnáki*) und Hammel *(Arní)*, von der Ziege (*Katsikáki*) und vom Huhn (*Kotópoulo*). Aus dem Stall und zur Jagdsaison gibt es manchmal auch Kaninchen (*Kounéli*).

88   Essen und Trinken

Biftéki: Eine Art Frikadelle, allerdings anders gewürzt; machmal auch gefüllt angeboten.
Gíros: Schweinefleisch vom Riesenspieß, hauchdünn geschnitten und auf dem Teller oder zwischen Fladenbrot (pítta) serviert.
Giouvétsi: Kleine Nudeln mit Kalb- oder Lammfleisch im Topf gegart.
Keftédes: Kleinere, kräftig gewürzte Bällchen aus Hackfleisch.
Kokorétsi: Innereien in Darm gewickelt und am Spieß gebraten.
Makarónia kimá: Spaghetti mit Hackfleischsoße; leider ist es selten, dass die Nudeln frisch gekocht werden.
Souvláki: Das griechische Nationalgericht – der Fleischspieß, mit Kräutern gewürzt, wird auf dem Holzkohlengrill zubereitet.
Moussaká: Auflauf aus Auberginen, Hackfleisch und Kartoffeln.
Pastítsio: Auflauf aus Nudeln, Hackfleisch und Tomatensoße, überbacken mit Käse.
Stifádo: Zartes Rindfleisch, das zusammen mit Zwiebeln und Zimt lange gekocht wird; gelegentlich auch mit Lamm oder Kaninchen zu haben.
Sutzukákia: Hackfleischröllchen, die meist mit einer Tomatensoße serviert werden.
Tomátes jemistés: Mit Reis und Hackfleisch gefüllte Tomaten, gelegentlich auch als Paprikavariante (Piperjés jemistés) oder mit Auberginen; manchmal gibt es alle Sorten auch fleischfrei.

▸ **Fischgerichte** und **Meeresfrüchte**: Teurer als Fleisch, da die Ägäis ziemlich leergefischt ist. Viele Edelfische werden schon aus fernen Ländern importiert. Am besten ist das Angebot noch im Zeitraum von Oktober bis Mai, wenn die ertragreiche Schleppnetzfischerei gestattet ist – im Sommer ist sie verboten. Zum Ausgleich der geringen Fangmengen wird in letzter Zeit verstärkt Fisch aus Fischfarmen angeboten, in der Kühltheke kenntlich daran, dass alle Tiere dieselbe Größe haben. Griechen halten nicht viel von diesem Zuchtgetier: Sie monieren nicht ganz zu Unrecht, dass die Fütterung mit industriell produziertem Futter für einen faden Geschmack sorge. Tiefkühlkost muss auf der Karte als solche gekennzeichnet sein.

Fast immer wird Fisch (*Psári*) nach Gewicht verkauft, die Speisekarte nennt dementsprechend auch Kilopreise: 200 bis höchstens 300 Gramm sollte man rechnen und sich den Fisch vor der Zubereitung zeigen lassen, um keinen Meeresriesen essen und vor allem bezahlen zu müssen. Einige häufigere Fischsorten, auch Tintenfische etc. werden jedoch nach Portionen verkauft – man merkt es unschwer am Preis.

Barboúnia: Rotbarben ("red mullet"), ein geschätzter Edelfisch.
Chtapódi (auch Oktapódi): Der Oktopus wird nach dem Fang lange und kräftig gegen den Hafenkai oder eine Mauer geschlagen, damit das Fleisch weich wird, dann auf Leinen zum Trocknen aufgehängt. Er wird gegrillt oder in Marinade eingelegt.
Kalamarákia: Der kleinere Vetter Tintenfisch, in der Regel gegrillt oder paniert und frittiert serviert; nicht teuer.
Marídes: Kleinfische, in der Regel frittiert u. als Vorspeise gegessen, sehr preiswert.
Xifías: Schwertfisch, in große Scheiben geschnitten und gebraten oder gegrillt; ein durchaus bezahlbarer Leckerbissen.
Weitere Fische/Meeresfrüchte: Astakós (Hummer), Fángria (Zahnbrasse), Gardía (Languste), Gárides (Garnelen), Glóssa (Seezunge), Sárgos (Meerbrasse), Tónnos (Thunfisch).

▸ **Beilagen, Gemüse und Salate**: Sind, wie erwähnt, fast immer extra zu bestellen und können oft das Hauptgericht ersetzen. Die Auswahl ist nicht schlecht; Vegetarier werden dennoch schon nach wenigen Tagen das Angebot recht gut kennen.

Briám: ein Schmorgericht aus verschiedenen Gemüsen und Kartoffeln.
Choriátiki: Der griechische Bauernsalat aus Tomaten, Gurken, Zwiebelringen, grünem Salat und Oliven, garniert mit dem würzigen Schafskäse **Féta** – Vorspeise, Beilage oder sommerliches Hauptgericht.

Besonderheiten der griechischen Küche

Typisches Angebot: Speisekarte in Manolátes

Chórta: wilder Mangold, mit Öl und Knoblauch gekocht und mit Zitronensaft beträufelt.
Fassólia: gekochte grüne Bohnen.
Fassoláda: Suppe aus weißen Bohnen.
Fáva: kleine gelbe Bohnen, meist zusammen mit verschiedenen Würzgemüsen gekocht.
Melitzánes: Auberginen, sehr beliebt und meist in Öl angebraten, bis sie weich sind.
Ókra: ein fingerlanges, grünes Gemüse, dessen Zubereitung recht aufwändig ist.
Piperiés florínes: eingelegte rote Paprika.
Pseftikeftédes: Ein Oberbegriff für "falsche" Keftédes, Fleischbällchen ohne Fleisch, aus Bohnen, Kichererbsenmehl (Revithokeftédes) etc. Absolut lecker, leider nur selten im Angebot.
Angoúria: Gurken; **Angourosaláta**: Gurkensalat; **Angourotomáta salata**: Gurken-Tomaten-Salat, **Arakádes**: Erbsen; **Gígantes**: große weiße Bohnen; **Karóta**: Karotten; **Kolokothákia**: Zucchini; **Lachanosaláta**: Krautsalat; **Pantsária**: Rote Bete; **Patátes**: Kartoffeln (meist Pommes frites); **Piláfi**: Reis; **Piperjá**: Paprika; **Spanáki**: Spinat; **Tomátes**: Tomaten; **Tomatasaláta** – Tomatensalat, oft auch mit Gurken, Zwiebeln und Oliven serviert.

▶ **Nachspeisen/Süßes** (*Glíka*): Selten im Restaurant zu haben, wie übrigens ebensowenig der Kaffee nach dem Essen. Für Süßspeisen ist das *Zacharoplastíon*, die Konditorei zuständig – dort ist die Auswahl immens, macht sich das türkische Erbe bemerkbar.

Bakláva: Eine süße Blätterteigroulade mit Honig und Nüssen gefüllt.
Lukumádes: In Öl fritierte Teigkugeln mit Honig übergossen – köstlich.
Bugátsa: Blätterteig mit Quarkfüllung, ebenfalls ein leckerer Klassiker.
Risógalo: Süßer Milchreis, allerdings nur selten angeboten.
Yaúrti: Joghurt, besonders gut mit dem feinen Honig (Meli) der Insel.
Halvá: Ein knusprig-süßes Gebäck mit Honig und Sesamkörnern.

Käse (*Tirí*): Hauptsächlich Schafs- und Ziegenkäse in breiter Auswahl; der bekannte *Féta*, der fettere *Manoúri*, der gesalzene Hartkäse *Kefalotíri* und viele andere Sorten mehr.

Obst (*Froúta*): Ebenfalls üppige Auswahl, allerdings eher im Laden als im Restaurant – *Achládi* (Birne), *Banánes* (Bananen), *Karpoúsi* (Wassermelone), *Kerásia* (Kirschen), *Mílo* (Apfel), *Pepóni* (Honigmelone), *Portokáli* (Orange), *Síko* (Feige), *Stafília* (Trauben) und und und ...

Wein auf Sámos: (K)ein süßes Tröpfchen

Und Samoswein soll wieder unsere Becher füllen (Lord Byron)

Der Legende zufolge war es der Argonaut Ankaios, mythenumwobener erster König der Insel, der auf Sámos den ersten Weinstock pflanzte. Eine andere Version sieht gar den Weingott Dionysos als Spender, der so seine Dankbarkeit für samische Hilfe im Kampf gegen die Amazonen bekräftigte.

Fest steht jedenfalls, dass die edle Rebe auf Sámos bereits in der Antike kultiviert wurde. Auch heute prägen Terrassenhänge voller Weingärten das Bild besonders der nördlichen Küste. Dabei reichen die Anbauflächen weit hinauf: Wein wird auf Sámos bis in die ungewöhnliche Höhe von 800 Metern angebaut. Für Rot- und Roséweine werden auf Sámos hauptsächlich die Traubensorten *Fokianos* (süß bis trocken) und *Ritinos* (trocken) verwendet. Wirtschaftlich spielen beide allerdings kaum eine Rolle, ebenso wenig der einheimische Retsina. Wichtigste Sorte ist nämlich immer noch die berühmte weiße *Moscháto*-Traube, die etwa 98 % der Fläche der samischen Weingärten bedeckt. In der Vergangenheit waren die samischen Muskatweine wohlbekannt für ihre schwere Süße; auf der Insel selbst sowie als Messwein und Bestandteil beruhigender und schlaffördernder Arzneiprodukte ist der süße Sámos immer noch ausgesprochen beliebt. Zunehmend werden aus der Muskattraube jedoch auch trockene Weine hergestellt.

> ### Die Deutschen – zu sparsam für samischen Wein?
>
> Seit 1934 sind die samischen Winzer in Genossenschaften zusammengeschlossen, die alle dem Dachverband der E.O.S. angehören, der Union der Winzergenossenschaften von Sámos. In Karlóvassi und in Malagári bei Sámos-Stadt betreibt die E.O.S. zwei große Kellereien, deren jährlicher Ausstoß bei 80.000 Hektoliter liegt. Wohl aufgrund der Abwanderung von Arbeitskräften in die Fremdenverkehrswirtschaft liegt die hergestellte Menge damit um einiges niedriger als früher, doch kann sich der Ertrag angesichts der relativ geringen Anbaufläche von etwa 17.000 Strémmata (griech.: Morgen), die 1700 Hektar entsprechen, immer noch sehen lassen. Knapp ein Drittel der Produktion bleibt im Land, der Großteil jedoch geht in den Export, vor allem nach Frankreich, das 70 Prozent der Ausfuhren abnimmt, gefolgt von Belgien und Österreich. Alle diese Länder zahlen höhere Preise als Deutschland, das deshalb innerhalb eines Jahrzehnts in der Rangfolge der ausländischen Abnehmer vom ersten auf den vierten Platz zurückgefallen ist. Die Samier können es sich nämlich leisten, bei ihren Kunden wählerisch zu sein: Die internationale Nachfrage nach Sámos-Wein ist mittlerweile höher als das Angebot.

Besonderheiten der griechischen Küche

Warten auf den Abtransport: prall mit Trauben gefüllte Körbe

Sámos Nectar ist der edelste Tropfen von Sámos, ein schwerer, cognakfarbener Wein von natürlicher Süße und 14 % Alkohol. Er stammt von ausgesuchten, überreifen Trauben, die nach der Lese einige Tage an der Sonne getrocknet wurden.

Sámos Grand Cru ähnelt in Herstellung und Aroma dem "Sámos Nectar".

Sámos Doux wird aus besonders süßen Muskattrauben gekeltert; ein echter Likörwein, der durch Zusatz von Weingeist auf Alkoholgrade von 15 % und mehr gebracht wird.

Sámos Vin Doux Naturel ist dagegen nicht gar so kräftig, ein natürlicher Süßwein eben.

Samaina und **Samaina Gold** stammen ebenfalls aus der weißen Muskattraube, sind jedoch trocken ausgebaute Weine mit Alkoholgraden um die 12 %. Beide eignen sich bestens als Begleiter zu Fisch und Meeresfrüchten.

Doryssa, ein weiterer Weißer ähnlich Samaina und Samaina Gold.

Selana: ein trockener Rosé, gekeltert aus Fokianus und Ritinos, ebenfalls erst seit wenigen Jahren im Angebot.

▶ **Weitere Weine**: In der Taverne sind offener Fasswein (*ap to varéli*) oder der jeweilige Hauswein (*Krassí chimá*) meist preiswerter, aber nicht unbedingt schlechter als Qualitätsweine aus der Flasche.

Aspro krassí nennt sich der Weißwein, Rotwein **Mávro krassí**; wer seinen Wein trocken liebt, bestelle ihn **ksirí**.

Retsina: Der bekannte Weißwein kommt vom Festland. Sein charakteristischer Geschmack resultiert aus dem Harz der Aleppokiefer, mit dem früher die Fässer abgedichtet wurden. Heute hat man meist Metallfässer; um dennoch das typische Aroma zu erreichen, wird dem Wein deshalb das Harz untergemischt.

Andere Getränke

Wasser (*Neró*): Für Griechen seit jeher eine Kostbarkeit und das wichtigste Getränk. Zum Kaffee bekommt man fast immer ein Glas serviert, und auch zu einem gepflegten Mahl gehört Wasser einfach dazu. In Touristenorten halten

92 Essen und Trinken

es die Griechen allerdings mittlerweile oft für Verschwendung, eine volle Karaffe auf den Tisch zu stellen, die dann nicht getrunken wird. Wenn Sie also Wasser serviert bekommen, dann trinken Sie es bitte auch – natürlich ganz besonders dann, wenn Sie es extra bestellt haben.

Kaffee (*Kafé*): In der originalen Version wird der griechische Kaffee (*Kafé ellinikó*, nie: "Türkischer Kaffee"!) zusammen mit Wasser und eventuell Zucker in kleinen Kännchen aufgekocht und ist so kräftig, dass er in winzigen Tassen serviert wird. In Touristenorten muss man ihn mittlerweile fast schon ausdrücklich bestellen, andernfalls man die griechische Version mitteleuropäischen Instantkaffees serviert bekommt, nämlich *Neskafé sésto*. Sollten Sie jetzt vom Entsetzen gepackt werden: Probieren Sie den Instantkaffee mal kalt geschüttelt als *Frappé*, eventuell sogar mit Eiswürfeln – ungemein erfrischend.

Der Süßegrad wird immer mitbestellt **skétto** – ohne Zucker, **métrio** – mit etwas Zucker, **glíko** – süß. Mit Milch: **me gála**.

Tee (*Tsai*) ist wenig gebräuchlich und kommt immer in der Beutelversion; Zucker und Zitrone liegen bei.

Limonaden und Säfte (*Chími*): Frisch gepresste Säfte sind mit Ausnahme von Orangensaft selten erhältlich. Die Auswahl an Limonaden entspricht dem internationalen Angebot. Die einheimischen Produkte fallen recht süß aus, besitzen jedoch – da in Pfandflaschen serviert – einen Umweltbonus.

Chymós portakalioú = Orangensaft; **Portokaláda** = Orangenlimonade, **Limonáda** = Zitronenlimonade

Bier (*bíra*): Wie in allen südlichen Ländern steigt auch in Hellas der Bierverbrauch. Hier jedoch wurde der Gerstensaft bereits in der ersten Hälfte des 19. Jh. vom damaligen König Otto I., Sohn des Bayernmonarchen, eingeführt und hat somit Tradition. Vielleicht deswegen haben gleich mehrere europäische Brauereien in Griechenland Niederlassungen eingerichtet: Es gibt griechisches Löwenbräu, Henninger, Carlsberg ... und natürlich auch viele Importmarken. Am meisten verbreitet sind die ebenfalls in Lizenz produzierten Marken Amstel und, etwas hopfiger, Heineken. Mittlerweile sind jedoch auch einige rein griechische Brauereien entstanden oder auferstanden: Vorreiter war die Marke *Mýthos*, dann erschien *Álfa* auf dem Markt und zuletzt erlebte die Traditionsmarke *Fix* ihre Wiederbelebung. Die Griechen sind stolz darauf, wieder ganz "eigene" Brauereien zu besitzen und freuen sich, wenn man deren Bier ausdrücklich bestellt. Einen Fehler macht man damit nicht: Alle drei munden wirklich fein, sind schmackhafter als so manches Lizenzprodukt. Alkoholfreies Bier (z. B. Tourtel) ist nicht überall erhältlich.

Andere Alkoholika: Griechisches Nationalgetränk ist der *Oúzo*, ein Anisschnaps, der manchmal pur getrunken, meist aber im Verhältnis 1:1 mit Wasser verdünnt wird und sich dann milchig verfärbt. Der Oúzo aus Sámos ist qualitativ hervorragend. *Souma*, ein Tresterschnaps ähnlich der italienischen Grappa, wird von den Winzern selbst gebrannt und ist mittlerweile unter der Marke "Giokarinis" auch in den Geschäften erhältlich.

Zu erwähnen bleiben noch der griechische Weinbrand *Metaxa* und das breite Angebot internationaler Spirituosen, das auf der Insel natürlich auch verfügbar, aber teurer ist als die nationalen Produkte.

Wissenswertes von A bis Z

Antiquitäten 93	Kleidung 102
Ärztliche Versorgung 93	Klima und Reisezeit 102
Baden 94	Landkarten 103
Botschaften und Konsulate 95	Öffnungszeiten 104
Drogen 96	Papiere 104
Einkaufen 96	Post 104
Ermäßigungen 96	Sport 105
Feste und Feiertage 97	Sprache 106
Foto und Video 97	Strom 106
Geld 98	Telefonieren 106
Haustiere 99	Toiletten 107
Information 99	Zeit 108
Internet 100	Zeitungen 108
Kioske 101	Zoll 108
Kirchen und Klöster 101	

Antiquitäten

Schon die Römer hatten im großen Stil Kunstwerke aus dem alten Hellas verschleppt, in späteren Zeiten erwarben sich Deutsche, Franzosen und Engländer den Ruf skrupelloser Kunstdiebe. Heute sollte man von Altertümern besser die Finger lassen: Die Ausfuhr von Antiquitäten ist mit hohen Strafen bedroht. Als "antik" gilt nach dem entsprechenden Gesetz jeder Gegenstand, der vor 1830 gefertigt wurde.

Ärztliche Versorgung

Insel-Notruf Polizei: ✆ 100
Feuerwehr: ✆ 199
Erste Hilfe: ✆ 166
ADAC-Notruf ab Griechenland: ✆ 0049/89/222222; rund um die Uhr

Zwar ist das Gesundheitssystem auf Sámos weit besser als beispielsweise auf den Kykladen, doch sollte man insbesondere bezüglich der Notfallrettung keinen mitteleuropäischen Standard erwarten. Ein Krankenhaus gibt es in der Hauptstadt, eine deutschsprachige Allgemeinärztin in Pythagório, Näheres siehe in den jeweiligen Ortskapiteln. Die meisten Ärzte sprechen eine Fremdsprache, in der Regel Englisch.

Prinzipiell übernehmen die privaten und gesetzlichen Krankenkassen die Kosten ambulanter Behandlungen im EU-Ausland. Erkundigen sie sich jedoch vorab unbedingt bei Ihrer Kasse über die aktuelle Verfahrens- und Abrechnungsweise. Um vor unangenehmen Überraschungen sicher zu sein, ist die *Urlaubs-Krankenversicherung*, die z. B. im Gegensatz zu fast allen anderen

Versicherungen auch medizinisch notwendige Krankenrückflüge einschließt, in jedem Fall eine sinnvolle Ergänzung. Zu erhalten ist sie zu sehr günstigen Tarifen bei manchen Automobilclubs und bei fast allen privaten Krankenversicherern, natürlich auch für Mitglieder gesetzlicher Kassen. Vor Ort geht man einfach zum Arzt, bezahlt bar (genaue Rechnung "Apódixi" mit Diagnose und Aufstellung der ärztlichen Leistungen geben lassen), und reicht die Rechnung daheim zur Rückerstattung ein. Die Gebührensätze griechischer Ärzte sind mäßig, im Krankenhaus zahlen Ausländer sogar nur einen geringen Pauschalbetrag von etwa zehn Euro pro Tag.

▸ **Apotheken**, kenntlich an dem grünen Kreuz auf weißem Grund, können bei kleineren Wehwehchen oftmals den Arzt ersetzen; die griechischen Apotheker sind gut ausgebildet und dürfen auch manche Medikamente abgeben, die daheim rezeptpflichtig sind. Nacht- und Sonntagsdienste sind an jeder Apotheke angeschlagen.

Baden

In der warmen Ägäis reicht die Badesaison von Mai bis in den Oktober. Während dieser Zeit liegen die Wassertemperaturen im Strandbereich bei Werten ab 20 Grad aufwärts, erreichen im Hochsommer sogar Spitzentemperaturen um die 26 Grad.

Durchschnittliche Wassertemperaturen auf Sámos			
Mai	21 °C	August	24 °C
Juni	24 °C	September	23 °C
Juli	26 °C	Oktober	20 °C

▸ **Strände**: In allen Regionen der Insel finden sich schöne Strände – nur liegen sie nicht immer in direkter Nähe der Fremdenverkehrszentren, weshalb sich ein Mietfahrzeug bereits für Strandausflüge lohnen kann. Dies umso mehr, als es vor allem im Südwesten noch fast einsame Buchten zu entdecken gibt.

▸ **Wasserqualität**: Griechenland besitzt da einen guten Ruf, die griechischen Inseln mangels Industrie einen noch besseren. Etwas Vorsicht ist allerdings im Einzugsbereich größerer Orte geboten. Insbesondere in der Bucht von Sámos-Stadt gilt die Wasserqualität nicht gerade als bestechend. Außerhalb von Ortschaften kann man jedoch von einer sehr guten Wasserqualität ausgehen.

▸ **FKK** ist in Griechenland verboten. Ausgewiesene FKK-Strände gibt es auf Sámos bislang nicht, geduldet wird hüllenloses Baden einzig in einem Abschnitt des Tsamadoú-Strands bei Kokkári. In entlegenen Buchten wird zwar gelegentlich trotzdem nackt gebadet – wir meinen allerdings, dass man die Moralvorstellungen der Bevölkerung auch dort nicht einfach ignorieren sollte: Kein griechischer Familienvater sieht es gern, wenn er beim Ausflug mit seinen Lieben auf nackte Touristen stößt. "Oben ohne" ist dagegen an Urlauberstränden schon fast die Regel. Es gibt allerdings Strände, wo auch barbusiges Baden nicht unbedingt gern gesehen ist – dies gilt besonders für den Bereich von

Lohn der Mühe: Manch entlegene Bucht (hier Válsamo) ist nur auf Schotterpisten zu erreichen

Ortschaften. Im Zweifelsfall sollte man sich lieber an der einheimischen Damenwelt orientieren, schließlich ist man Gast.

▶ **Sonnenschutz/Badeschuhe**: Sonnenschutzmittel, unter südlicher Sonne noch wichtiger als in unseren Breiten, sind in Griechenland problemlos erhältlich, aber kaum billiger als in Deutschland. Benutzen Sie sie am Strand besser auch unter dem vermeintlich schützenden Sonnenschirm: Die meisten der auf Sámos verbreiteten Modelle lassen, oft unbemerkt, nämlich noch einen beträchtlichen Teil der Strahlen hindurch. An einigen Stränden gibt es Seeigel, Badeschuhe können deshalb sinnvoll sein.

Botschaften und Konsulate

Ansprechpartner im akuten Notfall – zu viel erwarten sollte man allerdings nicht. Immerhin gibt es bei Diebstahl oder Verlust aller Finanzmittel Hilfe bei der Geldbeschaffung von zu Hause; falls dies nicht möglich ist, stellen die Vertretungen meist das Ticket in die Heimat plus Verpflegungsgeld für unterwegs. Selbstverständlich sind alle Auslagen zurückzuzahlen. Geöffnet ist in allen Büros nur vormittags von Montag bis Freitag.

- *Deutschland* **Botschaft der Bundesrepublik Deutschland**, Karaoli & Dimitriou Str. 3, Athen, ✆ 210 7285111, ✉ 210 7251205.
Deutsches Konsulat auf Sámos, Sámos-Stadt, Soufoúli Str. 73, ✆ 22730 25270.

- *Österreich* **Österreichische Botschaft**, Athen, Leoforos Alexandras Avenue 26, ✆ 210 8211036, ✉ 210 8219823.

- *Schweiz* **Schweizer Botschaft**, Athen, Ioassiou Str. 2 (Nähe Síntagma-Platz), ✆ 210 7230364, ✉ 210 7249209.

Panijíri: Beim Kirchweihfest putzt sich das ganze Dorf heraus

Drogen

Die Strafen für Drogendelikte sind in Griechenland weit höher als bei uns. Schon ganz geringe Mengen Haschisch bringen den Besitzer mit Sicherheit ins Gefängnis. Und: Griechische Haftanstalten zählen nicht gerade zu den komfortableren Europas. Die entsprechenden Konsequenzen möge jeder selbst ziehen.

Einkaufen

An Geschäften besteht in den Touristenzentren kein Mangel, vor allem Sámos-Stadt und Pythagório bieten da eine breite Auswahl. Die von der Insel stammenden Souvenirs sind oft kulinarischer Natur: in erster Linie natürlich Wein, aber auch Oúzo, Honig und aromatische Kräuter. Weitere schöne Erinnerungsstücke könnten Artikel des traditionellen Handwerks sein, z. B. Spitzen, handgewebte Teppiche oder Keramik. Eine Fundgrube für solche Mitbringsel ist insbesondere das Dorf Koumaradéi westlich von Pythagório. An dieser Stelle noch ein Tipp für Gratis-Souvenirs: An vielen Stränden kann man bunte Kiesel sammeln. Den schönen Glanz, den sie in feuchtem Zustand besitzen, verlieren sie beim Trocknen – außer, man lackiert sie oder reibt sie mit ein wenig Öl ein.

Ermäßigungen

Schüler und Studenten aus EU-Ländern erhalten in staatlichen Museen und archäologischen Stätten oft eine Ermäßigung, wenn nicht gar freien Eintritt. Oft genügt es schon, den nationalen Ausweis vorzuzeigen, obwohl eigentlich nur das internationale Papier wirklich zu solchen Wohltaten berechtigt. Wer aus einem Land kommt, das nicht der EU angehört, erhält meist noch 50 % Ermäßigung. Auch für Rentner wird ein Rabatt gewährt.

Feste und Feiertage

Neben den offiziellen Feiertagen, an denen alles geschlossen ist, feiert noch jedes Dorf sein Kirchweihfest mit Jahrmarkt (*Panijíri*). Wichtig: Der weltliche Teil der Feier mit Musik und Tanz findet in aller Regel bereits am Vorabend (*Paramoní*) statt. In Pythagório gibt es zudem einige Sommerfeste, in der Hauptstadt ein Weinfest; Näheres in den Ortstexten. Hinzu kommen die Namenstage, die in Griechenland ebenso wichtig sind wie die Geburtstage. Arbeitnehmer haben dann oft sogar frei – bei besonders verbreiteten Vornamen kommt der Namenstag deshalb schon fast einem Feiertag gleich. So begehen am 21. Mai alle Träger der sehr beliebten Namen Konstantin und Elena ihren Ehrentag, auch der langjährige Ministerpräsident Kostas (Konstantinos) Simitis.

1. Januar	Neujahr, in Griechenland statt Weihnachten der Tag der Geschenke.
6. Januar	Agía Theophánia, Fest der Taufe Christi im Jordan.
Karneval	Höhepunkt ist der "Saubere Montag" (Kathera Deftéra), 7 Wochen vor dem griechischen Osterfest und gefeiert mit Picknicks, Umzügen etc.
25. März	Griechischer Unabhängigkeits- und Nationalfeiertag zur Erinnerung an den 1821 begonnenen Freiheitskampf.
Griechisches Osterfest	Großes Fest nach christlich-orthodoxer Tradition; sein Höhepunkt mit feierlicher Messe ist die Nacht von Karsamstag auf Ostersonntag. Am Sonntag traditionelles Lammessen. Das griechische Osterfest wird nach dem Julianischen Kalender berechnet und fällt deshalb meist auf andere Termine als bei uns – 2004: 11. April, 2005: 1. Mai, 2006: 23. April.
1. Mai	Frühlingsfest und Tag der Arbeit, Blumenschmuck, Ausflüge ins Grüne.
Pfingsten	Ebenfalls ein beweglicher Termin, 50 Tage nach dem Osterfest. Pfingstmontag ist Feiertag.
15. August	Mariä Entschlafung, großes Kirchenfest im ganzen Land.
28. Oktober	"Ochi-Tag", Erinnerung an das "Nein" (= Ochi) zu Mussolinis Ultimatum 1940; Nationalfeiertag.
25./26. Dezember	Weihnachten mit Festessen, aber ohne Geschenke – die gibt es erst an Neujahr.

Foto und Video

Filme und Batterien sollte man nach Möglichkeit von zu Hause mitbringen – sie sind in Griechenland wesentlich teurer als bei uns, die Auswahl ist zudem gering, das Material gelegentlich überaltert.

Fotografierverbote bestehen, teils weitflächig, im Umfeld von Kasernen und anderen militärischen Einrichtungen und gelten natürlich auch für Videokameras; meist wird durch ein entsprechendes Schild auf das Verbot hingewiesen. Es ist ratsam, diese Vorschrift strikt zu beachten und in den entsprechenden Gebieten nicht einmal einen Käfer abzulichten; das griechische Militär kann auf Zuwiderhandlungen sehr unangenehm reagieren.

Archäologische Stätten: Hier ist Fotografieren nur ohne Stativ genehmigungsfrei gestattet; Besitzer von Videokameras müssen in der Regel eine hohe

Zusatzgebühr entrichten. **Museen** verlangen zumindest für Videoaufnahmen ebenfalls Sondergebühren, bei Fotos ist die Handhabung unterschiedlich, Blitzlicht aber immer verboten.

Personen, es versteht sich eigentlich von selbst, sollte man nicht ohne ihr Einverständnis ablichten; ein fragendes Deuten auf die Kamera und ein freundliches Lächeln genügen meist.

Geld

Dank des Euro gehört für Deutsche und Österreicher die lästige Umtauschprozedur der Vergangenheit an – Schweizer freilich müssen auch weiterhin ihre Franken wechseln. Übrigens verschwand mit der Drachme die älteste Währung Europas, als Silbermünze bereits um 700 v. Chr. geprägt, später viele Jahrhunderte lang verschwunden und im 19. Jh. wieder eingeführt durch Otto I., den bayerischen König von Griechenland.

> **Euro-Münzen**: Die Rückseite der griechischen Euro-Münzen ist nicht nur anders, sondern auch aufwändiger gestaltet als bei uns – für jede Münze wurde ein eigenständiges Motiv entworfen. Die *Zwei-Euro-Münze* zieren Europa und ihr Entführer, der Göttervater Zeus in Gestalt eines Stiers; das Motiv stammt von einem Mosaik aus Sparta. Auf der *Ein-Euro-Münze* ist eine Eule zu sehen, im alten Griechenland das Symbol der Weisheit und bereits in der Antike auf einer Vier-Drachmen-Münze abgebildet. Die *50-Cent-Münze* (Cent heißen in Griechenland übrigens Leptá) zeigt das Konterfei von Elefthérios Venizélos (1864–1936), einem der bekanntesten griechischen Politiker, der sich vor allem als Sozialreformer und Modernisierer hervortat. Die *20-Cent-Münze* ehrt Ioánnis Kapodístrias (1776–1831), den ersten Staatspräsidenten Griechenlands; er führte das Land in die Unabhängigkeit. Auf der 10-Cent-Münze ist Rígas Feréos-Velestinlós (1757–1798) abgebildet, der Vorkämpfer der griechischen Aufklärung und der Befreiung von der osmanischen Herrschaft. Als Symbol des heutigen Griechenland wurde für das Motiv der *5-Cent-Münze* ein moderner, großer Öltanker gewählt. Die *2-Cent-Münze* zeigt eine Korvette aus dem griechischen Unabhängigkeitskrieg von 1821–1827, ein dreimastiges Kriegsschiff. Die *1-Cent-Münze* (Leptó) schließlich ist mit der Abbildung einer Triere versehen, eines wendigen, sowohl mit einem Segel als auch mit zahlreichen Ruderern versehenen Kriegsschiffs des 5. Jh. v. Chr.

Bargeld: Die Mitnahme der gesamten Reisekasse in bar ist natürlich sehr bequem, aber mit der Gefahr des Diebstahls verbunden. Übrigens werden 200- und 500-Euro-Scheine in Griechenland nicht gedruckt und deshalb in der Regel auch nicht akzeptiert.

Geldautomaten: In der Hauptstadt sowie in den meisten größeren Fremdenverkehrsorten (Ausnahme: Ágios Konstantínos) gibt es Geldautomaten, an denen mit der Magnetkarte und PIN-Code Geld abgehoben werden kann – die bequemste Lösung, um unterwegs an Bargeld zu kommen. Die Bedienungshinweise sind meist auf Deutsch oder zumindest in Englisch abrufbar, für eine Abhebung muss "Checking" oder "Scheck" gedrückt werden. Jede Abhebung allerdings kostet Gebühren, je nach Hausbank im Schnitt 3–4 € pro Vorgang. Bei *Verlust* der Magnetkarte sofort das Konto sperren lassen: Telefonnummer ab Griechenland 0049/1805/021021.

Geldwechsel (für Schweizer): Banken bieten bessere Kurse als Reisebüros und private Wechselstuben; in Hotels sollte man der hohen Gebühren wegen nur im Notfall wechseln. Beim Wechsel wird eine Gebühr von 1–2 %, immer jedoch eine bestimmte Mindestsumme fällig. Zum Kurs von Schecks besteht nur ein geringer Unterschied.

Reiseschecks: Bei praktisch jeder heimischen Bank zu bekommen und in fast allen griechischen Geldinstituten zu wechseln. Beim Kauf von Reiseschecks wird 1 % Gebühr erhoben, in der auch die Versicherung enthalten ist. Auch von der wechselnden Bank werden noch Gebühren einbehalten, die denen des Umtauschs von Bargeld entsprechen.

Kreditkarten: Die gängigen Karten (Eurocard, Visa, American Express) werden zumindest in den Fremdenverkehrszentren von vielen der besseren Hotels, Restaurants und auch von machen Fahrzeugvermietern akzeptiert. Ausschließlich auf Kreditkarten verlassen kann man sich jedoch noch längst nicht. Bei *Verlust* der Kreditkarte diese unbedingt sofort sperren lassen: für Visa ✆ 00800 116380304, für Eurocard ✆ 00800 118870303.

Postsparbuch: In Griechenland ist das Geldabheben vom Postsparbuch nicht möglich.

Schnelles Geld: Bei finanziellen Nöten, die sofortige Überweisungen aus der Heimat nötig machen, ist die Geldüberweisung mit Western Union die flotteste Methode. Der zu überweisende Betrag wird auf dem heimischen Postamt eingezahlt und trifft schon Minuten, maximal wenige Stunden später auf der griechischen Post ein. Mit saftigen Gebühren ist bei diesem Verfahren allerdings zu rechnen, deshalb nur für den Notfall geeignet.

Haustiere

Lassen Sie Ihren Hund besser bei Verwandten oder Freunden daheim. Abgesehen davon, dass die lange Anreise und die sommerliche Hitze ihm sehr zu schaffen machen können, wird man von vielen Hotels und Privatvermietern mit Hund nicht aufgenommen. Auch Strände sind, zumindest offiziell, für Hunde Tabuzone.

Das Gefühl für Tierliebe ist im Süden weniger ausgeprägt als in mitteleuropäischen Breiten; Sámos macht da leider keine Ausnahme. Häufig sieht man Hunde, die zur Bewachung irgendwelcher Ställe an kurzen Ketten gehalten werden. Herrenlose, ausgesetzte und streunende Hunde und Katzen sind erst recht keine Seltenheit. Unten deshalb die Adresse der Organisation "Animal Care Sámos", die sich der vernachlässigten Tiere annimmt und Ihnen auch weiterhelfen kann, falls Ihnen ein Hund zuläuft und Sie das Tier vielleicht mit nach Hause nehmen wollen. Natürlich sind dort auch Spenden gerne gesehen, ebenso "Flugpaten", die beim Transfer von Tieren nach Deutschland bzw. von Transportboxen nach Sámos behilflich sind.

● *Einreisebestimmungen* Sprechen Sie mindestens einen Monat vor der Reise mit Ihrem Tierarzt. Nötig sind Maulkorb und Leine, ein Tollwut-Impfzeugnis, ausgestellt frühestens elf Monate, mindestens aber 20 Tage vor Reiseantritt; weiterhin ein tierärztliches Gesundheitszeugnis in Englisch, das nicht älter als 30 Tage ist.

● *Animal Care Samos* eine im Herbst 2002 gegründete Initiative, unterstützt von der Samoshilfe Deutschland e.V. Die Organisation vermittelt z. B. herrenlose Hunde nach Deutschland und Holland. Das Tierheim (Besuch tägl. 9–12 Uhr) liegt zwischen Sámos-Stadt und Kédros, inseleinwärts der Straße nach Kokkári und direkt beim Gemeindemüllplatz, der in der Karte von Road Editions als "Rubbish Dump" eingezeichnet ist; die Zufahrt zweigt zwischen Militärhospital und der Disco "Captain Cook" ab. Mobil-✆ 6947 584112 und 6947 886189; www.tierhilfe-samos.de.

Information

Griechische Zentrale für Fremdenverkehr (G.Z.F.): Das griechische Fremdenverkehrsamt, auch bekannt unter dem Zeichen E.O.T. (Ellenikós Organismós Tourísmo) oder unter dem englischen Kürzel G.N.T.O., verfügt in der Bundesrepublik über vier Vertretungen, in Österreich und der Schweiz über jeweils

*Breites Serviceangebot:
Reisebüro in der Hauptstadt*

ein Büro. Bei den Vertretungen der G.Z.F erhältlich sind Faltblätter zu verschiedenen Informationsbereichen, eine recht gute Griechenlandkarte, eine Zusammenstellung aller Reiseveranstalter und vieles mehr; auf Wunsch wird das Material auch zugeschickt. Das Personal ist freundlich und versucht, auch bei komplizierteren Anfragen behilflich zu sein.

● *Deutschland* 60311 **Frankfurt**, Neue Mainzer Str. 22, ✆ 069/236561–63, ✉ 069/236576; E-Mail: info@gzf-eot.de
10789 **Berlin**, Wittenbergplatz 3a, ✆ 030/2176262–63, ✉ 030/2177965;
E-Mail: info-berlin@gzf-eot.de.
20354 **Hamburg**, Neuer Wall 18, ✆ 040/454498, ✉ 040/454404;
E-Mail: info-hamburg@gzf-eot.de.
80333 **München**, Pacellistr. 5, ✆ 089/222035–36, ✉ 089/297058;
E-Mail: info-muenchen@gzf-eot.de.
● *Österreich* 1010 **Wien**, Opernring 8, ✆ 0222/525317, ✉ 0222 5139189,
E-Mail: grect@vienna.at.
● *Schweiz* 8001 **Zürich**, Löwenstr. 25, ✆ 01/2210105, ✉ 01/2120516,
E-Mail: eot@bluewin.ch.

Auf Sámos finden Sie Informationsbüros in der Hauptstadt sowie in Pythagório und Kokkári; Details jeweils in den Ortskapiteln. Das Personal ist meist recht engagiert, einzelne Ausnahmen bestätigen die Regel. In Fremdenverkehrsorten, die keine Infobüros besitzen, sind örtliche Reiseagenturen fast immer gute Anlaufadressen und auch abseits wirtschaftlicher Interessen zu helfen bestrebt.

Touristenpolizei: Ebenfalls für touristische Belange zuständig sind die örtlichen Stellen der Touristenpolizei (*Touristikí Astinomía*), die entweder eigene Büros besitzen oder im zentralen Polizeigebäude mit untergebracht sind. Mit dem Engagement, aber auch den Sprachkenntnissen der einzelnen blau uniformierten Vertreter dieser Spezies lassen sich höchst unterschiedliche Erfahrungen machen.

Internet

Auch das Internet wird immer mehr zu einer wichtigen Informationshilfe. Wer von Sámos mit der Heimat elektronischen Kontakt aufnehmen will, findet in vielen Orten Internet-Cafés bzw. andere Anbieter von Internet-Zugängen.

● *Sites zu Griechenland:* Hier nur allgemeine Sites, spezialisierte Seiten finden Sie unter den jeweiligen Themenbereichen; Sites zu Fähren z. B. vorne in den Kapiteln "Fährverbindungen Italien-Griechenland" und "Von Piräus nach Sámos".

www.gnto.gr: Website des griechischen Fremdenverkehrsamts. Derzeit vor allem gute allgemeine Infos zu Griechenland.

www.gzf-eot.de, die Site des griechischen Fremdenverkehrsamts in Deutschland, zuletzt noch in Aufbau.

www.griechische-botschaft.de: Die Presseabteilung der griechischen Botschaft in Deutschland, sehr gute Hintergrundinformationen zu Themen rund um Griechenland.

www.culture.gr: Umfangreiche Website über die kulturellen Highlights Griechenlands. Mit interaktiven Karten, Hintergrundinfos und Detail-Fotos aller kulturellen Sehenswürdigkeiten. Englisch.

www.in-greece.de: Die deutsche Griechenland-Community, mit zahlreichen reisepraktischen Informationen für Individualurlauber, hunderten von Artikeln und Reiseberichten und zahlreichen Links.

www.alphaena.de: Infos über das griechische Leben in Deutschland sowie die neuesten Nachrichten aus Griechenland. Die Plattform gliedert sich in die Rubriken Gastronomie, Medien, Wirtschaft, Reisen, Sport, Gesellschaft und Kultur.

www.hellasproducts.com: Griechenland-Portal aus Athen, das täglich die neuesten Nachrichten und Schlagzeilen ins Netz stellt. Außerdem: Hintergrundberichte und Reportagen, Informationen über Olympia 2004, Kultur, Verkehrsmittel, Adressen und Links, Online-Buchungen etc.

www.michael-mueller-verlag.de: Unsere Site – schauen sie doch mal rein! Unter der Rubrik "Reiseinformationen" finden Sie weitere Links sowie Updates

• *Sites zu Sámos* www.samos-treff.de, auch über www.in-greece.de zu erreichen. Viele Infos, hunderte von Fotos und ein sehr gut besuchtes Forum, in dem viele Tipps ausgetauscht werden.

www.samoshilfe.net, die engagiert gemachte Seite der Initiative "Samoshilfe e.V.", die nach dem großen Waldbrand von 2000 gegründet wurde und sich neben der Brandbekämpfung auch den Natur- und Tierschutz auf die Fahnen geschrieben hat. Auch hier gibt es ein Forum, eine Galerie sowie viele gute Insel-Infos und zahlreiche interessante Links.

www.samos-hotels.de, "von der Hoteliers-Vereinigung präsentiert". Neben Links etc. findet sich hier auch eine Suchmaschine für Hotels, die Liste ist allerdings bislang leider nicht gerade vollständig.

www.samos.at, eine sehr schön gemachte private Sámos-Seite aus Österreich. Viele Infos. Nette Idee: Hoteltipps von Urlaubern für Urlauber.

www.insel-samos.de, eine weitere hübsche deutschsprachige Seite über Sámos, von einer Liebhaberin der Insel erstellt.

www.votsalakia.com, private Site zu dem Ferienort im Südwesten und dessen Umgebung. Gute Infos, nützliche Restaurant- und Kneipentipps, Hinweise zu aktuellen Ereignissen und vieles mehr.

www.kokkari.net, eine vergleichbar aufgebaute Site zu Kokkári, ebenfalls mit vielen Tipps. Ähnlich informativ: www.kokkari.de.

www.samos.gr, die Site der Inselpräfektur, auch in englischer Sprache und mit Links zu Seiten über Sámos-Stadt, Pythagório, Karlóvassi und Ikaría.

Kioske

Aspirin abends um zehn, ein bunter Plastikkamm oder eine Telefonkarte, vielleicht eine Cola auf die Schnelle? Kein Problem – an der nächsten Straßenecke steht ein Kiosk (*Períptero*), in dem das Gewünschte sicher erhältlich sein wird. Wie die kleinen Kästen, die in allen größeren Orten stehen, ihr wahnwitziges Sortiment auf so geringem Raum unterbringen, bleibt das Geheimnis ihrer Besitzer. Geöffnet haben sie jedenfalls meist bis 22 Uhr, oft sogar noch länger.

Kirchen und Klöster

Der Besuch eines Klosters gehört einfach zur Reise auf eine griechische Insel. Meist liegen sie weitab vom Trubel, ihre gepflegten, grün bepflanzten Innenhöfe strahlen Ruhe und Frieden aus. Fast alle Mönche und Nonnen empfangen gern Gäste, schließlich werden sie auch von den Einheimischen

Gut versteckt in herrlicher Landschaft

oft besucht. Ausnahme: Die Siesta in der Mittagszeit ist auch den Klosterbewohnern heilig. Außerhalb dieser Zeiten wird man vielleicht sogar mit etwas Konfekt oder einem Oúzo bewirtet. Eine kleine *Spende* ist üblich.

Kleidung bei Klosterbesuchen: Auf freundliche Aufnahme dürfen Besucher nur hoffen, wenn sie angemessen gewandet sind: *Keine Shorts oder bloße Schultern*, stattdessen *lange Hosen* und *knielange Röcke*. Manche Klöster stören sich sogar an Sandalen oder an Frauen in Hosen; manchmal sind zwar Leihröcke oder Kutten erhältlich, doch kann man sich darauf nicht verlassen. Die gleichen Vorschriften gelten für Kirchen. Dort sollte man auch nie die Hände auf dem Rücken halten und der Ikonostase möglichst nicht den Rücken kehren. Für Frauen ist der Bereich hinter der Ikonostase tabu.

Kleidung

Übertriebene Eleganz ist nicht am Platz, denn auch die Griechen kleiden sich, mit Ausnahme des Sonntags, eher zweckmäßig als schick; selbst in feineren Hotels braucht man keine spezielle Abendgarderobe. Im Gepäck sollten jedoch selbst im Sommer eine Windjacke und ein Pullover sein, da die Abende nicht nur auf den Fähren schon mal kühl werden können, besonders wenn die Nordwinde (Meltémia) wehen. Ansonsten mag man sich nach persönlichem Geschmack kleiden, sollte dabei jedoch auf die Moralvorstellungen und Gewohnheiten der Einheimischen Rücksicht nehmen: Halbnackt durch den Ort zu rennen, vielleicht nur in Shorts und Bikini-Oberteil, zeugt nicht gerade von Respekt vor den Gastgebern.

Klima und Reisezeit

Für das griechische Klima gilt unser Schema der vier Jahreszeiten nur sehr bedingt. Gebräuchlicher ist deshalb eine andere Einteilung:

**Blüte- und Reifezeit* (März–Mai)
*Trockenzeit (Juni–Oktober)
*Regenzeit (November–Februar)

Ein Winterziel wie beispielsweise die Kanaren ist Sámos keinesfalls: Heftige Regengüsse, Kälte und Sturm erklären, warum fast alle Hotels während der Monate November bis März/April geschlossen halten. Alles wartet auf den Frühling, der im April zaghaft, ab Mai dann in voller Pracht einsetzt. Lang ist dafür der Sommer: Noch im Oktober kann man zumindest mittags, oft auch noch abends im Freien sitzen und meist auch noch baden. Die Tage allerdings werden ab September schon deutlich kürzer.

Meltémia: Im Frühjahr beginnen allmählich die kühlen Nordwinde zu wehen, erreichen im Juli und August ihren Höhepunkt und flauen während der Monate September und Oktober langsam wieder ab. Dem Urlauber müssen sie nicht unangenehm sein, wehen sie doch am kräftigsten zur wirklich heißen Zeit: Bleiben sie dann aus, kann das Thermometer schon mal auf Werte über 40 Grad klettern. *Annähernd alpine Wetterverhältnisse* können in den Hochlagen der Berge herrschen! Bei Wanderungen ist also Vorsicht geboten, auch im Hochsommer angepasste Ausrüstung angeraten. Bergtouren in Turnschuhen und T-Shirt sind lebensgefährlicher Leichtsinn!

Klimadaten für Sámos
(Durchschnittswerte in Grad Celsius bzw. Tagen)

Monat	Lufttemperatur ø max.	Lufttemperatur ø min.	Regentage
Mai	24 °	15 °	5
Juni	28 °	20 °	1
Juli	31 °	22 °	0
Aug.	31 °	22 °	0
Sept.	27 °	20 °	1
Okt.	23 °	16 °	6

(Regentage: Tage mit mindestens 0,1 mm Niederschlag)

Die günstigste **Reisezeit** variiert je nach Interessenlage – Wanderurlaub und Badeferien lassen sich besonders im Frühsommer und Herbst gut verbinden.

- *Eine Reisesaison auf Sámos* **April**: Zwar blüht schon alles, doch sind die Temperaturen noch niedrig. Dennoch öffnen allmählich die Hotels und Tavernen.
Mai: Die Touristensaison beginnt. Die Blütezeit erreicht ihren Höhepunkt, das Wasser allmählich angenehme Temperaturen. Ein wunderbarer Monat zum Wandern!
Juni: Der Sommer zieht ein. Es wird heiß, doch hält die Blüte vieler Pflanzen an. Das Meer erreicht Temperaturen, bei denen sich auch verfrorene Gemüter wohlfühlen, und die Preise liegen noch auf dem Niveau der Vorsaison. Wandern und Baden ist angesagt.
Juli/August: Es wird eng in Hotels und Tavernen, schließlich haben auch die meisten Griechen jetzt Ferien. Im Gastgewerbe allerdings herrscht Hochbetrieb fast rund um die Uhr, denn jetzt wird Geld verdient – Hochsaisonpreise. Immerhin: Schönes Wetter ist garantiert, badewannenwarmes Meer auch.
September: Langsam kehrt wieder Ruhe ein. Auch die Preise sinken. Ein schöner Monat für Bade- und Wanderferien, mit kleinen Einschränkungen: Die Tage werden deutlich kürzer, die Landschaft ist trocken, die Freundlichkeit mancher Bedienungen etwas abgenutzt.
Oktober: Es gibt kühle Tage und vor allem Abende, manchmal regnet es auch. Zwischendurch kehrt der Sommer aber zurück, und Baden lässt es sich allemal noch. Nach und nach schließen jedoch die Hotels und entlegeneren Tavernen. Wenn die letzte Chartermaschine abgeflogen ist, hat der Winter begonnen.

Landkarten

"Papier ist geduldig – Ihr Auto auch?" spottete schon der Autor einer 1974 erschienenen Merian-Glosse über die auf griechischen Inseln erhältlichen Karten. Auch heute noch zeigen manche Kartenwerke, wie leicht es ist, in leere Flächen "mit ein paar roten Schlangenlinien anmutige Straßenornamente einzufügen". Mittlerweile gibt es aber dennoch eine sehr empfehlenswerte Straßenkarte zu Sámos.

Road Editions Sámos, mit weitem Abstand die beste Karte zur Insel, erstellt in Kooperation mit dem militärgeographischen Institut Griechenlands. Aussagekräftiger Maßstab 1:50.000, alle Asphaltstraßen und fast alle Pisten sind verzeichnet, außerdem Höhenlinien und -schattierungen, Klöster und Kirchen, Bäche etc. Erhältlich vor Ort, aber auch bei spezialisierten Buchhandlungen daheim.

Öffnungszeiten

Die Siesta (*Mesimeri*) ist heilig. Abends bleiben die Geschäfte dafür, gerade in Fremdenverkehrsorten, lange geöffnet.

- *Geschäfte* vormittags ab 8 oder 9 Uhr bis ca. 13.30/14.30 Uhr, nachmittags etwa 17/17.30–20.30 Uhr. Souvenirläden haben oft den ganzen Tag durchgehend bis 22 Uhr oder länger geöffnet. Kleine Lebensmittelgeschäfte, aber auch andere spezialisierte Läden müssen laut Gesetz Mo, Mi, Sa nachmittags schließen! In Touristenorten wird das aber nicht so eng gesehen.
- *Kirchen und Klöster* Hier gibt es unterschiedliche Regelungen. Bis etwa 12/13 Uhr ist die beste Zeit für einen Besuch, danach ist in vielen Klöstern bis 17 oder 18 Uhr Mittagspause. Nicht alle öffnen abends erneut.
- *Museen, Archäologische Stätten etc* Auch hier keine einheitliche Regelung, zudem laufende Änderungen – vor Exkursionen besser die Infostellen befragen. Faustregeln: montags meist geschlossen, sonst vormittags fast immer offen.
- *Banken* festgelegt auf Mo–Do 8–14 Uhr, Fr bis 13.30 Uhr.

Papiere

Seit Frühjahr 2000 ist auch für Griechenland das Schengener Abkommen in Kraft – Flugreisende müssen also bei der Ankunft keinen Ausweis mehr vorzeigen. Dennoch benötigt man natürlich weiterhin einen Personalausweis, und sei es nur zum Einchecken im Hotel.

Generell ist es sinnvoll, *zwei Personaldokumente* mitzunehmen – zum einen für den Fall des Verlusts, zum anderen, um noch einen Ausweis für den Fahrzeugverleih etc. übrig zu haben. *Fotokopien* der Dokumente sind ebenfalls nützlich, falls das Original abhanden kommt; sie beschleunigen dann die Ausstellung eines neuen Papiers durch das Konsulat erheblich.

Auto- und Motorradfahrer brauchen den nationalen Führerschein und den Kfz-Schein; die Grüne Versicherungskarte wird dringend empfohlen. Wer mit einem geliehenen Fahrzeug einreisen möchte, benötigt eine vom ADAC beglaubigte Vollmacht des Eigentümers.

Post

Postämter (Tachidromío) finden sich in jedem größeren Ort. Fürs Telefonieren sind allerdings eigene Büros zuständig, dafür kann in der Post auch problemlos Geld gewechselt werden. Briefe und Karten kosten gleich viel, die Briefe sind allerdings oft etwas schneller am Ziel (Laufzeiten 7–10 Tage). Wer Pakete aufgeben will, sollte sie nicht verschließen, da der Beamte am Schalter den Inhalt kontrollieren muss.

- *Öffnungszeiten* Mo–Fr 7.30–14 Uhr.
- *Briefmarken* Gibt es auch am Kiosk; Gebühren ändern sich jährlich.
- *Poste Restante* Dies ist eine Möglichkeit, sich Briefe aufs griechische Postamt schicken zu lassen. Briefe per Poste Restante werden nach folgendem Muster adressiert: Name, Vorname; Poste Restante; PLZ, Ort; Griechenland
Tipp: Falls der Beamte nicht fündig wird, auch mal unter dem Vornamen nachschauen lassen! Nicht "Herr" oder "Frau" vor den Namen setzen – wird sonst unter "H" oder "F" abgelegt.

Herbst: in den Bergdörfern die Zeit der Nussernte

Sport

Organisierte Sportmöglichkeiten sind naturgemäß vor allem in den Touristenzentren zu finden; bislang hält sich jedoch auch dort das Angebot in relativ engen Grenzen. Fahrradfahren, Wandern, Bergsteigen lässt es sich aber überall ...

▶ **Bootssport**: Tretboote, Kanus u. Ä. werden in einer Reihe von Küstenorten vermietet. Verleih von Segel- und Motorbooten findet man dagegen nur selten. Für ambitionierte Kapitäne halten die Büros der G.Z.F. (siehe "Information") die Broschüre "Segeln in der ägäischen See" bereit.

▶ **Fahrradfahren**: Eigene Bikes lassen sich auf viele Arten nach Sámos transportieren, siehe dazu in den Anreisekapiteln; darüber hinaus werden in manchen Orten Mieträder angeboten. Näheres auch im Kapitel "Unterwegs auf Sámos".

▶ **Tauchen**: Schnorcheln ist überall ohne Einschränkungen gestattet, das Tauchen mit Sauerstoffgeräten und Tauchanzügen dagegen meist aus gutem Grund verboten: Zu viele Amphoren und Münzen aus antiken Schiffswracks wurden schon von Tauchern gefunden und außer Landes geschleppt.

▶ **Tennis**: Nur größere Hotels gehobener Klasse besitzen Plätze, die gegen Gebühr theoretisch auch Nicht-Gästen offen stehen. Während der Hochsaison sind sie in der Praxis allerdings höchstens in der heißen Mittagszeit verfügbar ...

▶ **Windsurfen**: Viele Chartergesellschaften befördern Boards gegen moderate Gebühr; in manchen größeren Urlaubsorten gibt es sie auch zu mieten. Als bestes Revier für geübte Surfer gilt der Norden bei Kokkári, wo die Meltémia besonders kräftig blasen.

Sprache

Neugriechisch ist nicht die leichteste aller Sprachen, die andere Schrift erschwert das Verständnis zusätzlich. Echte Sprachprobleme gibt es aber nur selten – im Gastgewerbe ist Englisch fast Standard, und oft trifft man auch auf deutschsprachige Inselbewohner, die vielleicht einige Jahre in der Fremde gearbeitet haben. Spricht man ein paar Brocken der Landessprache, freut sich jedoch jeder Grieche. Einfache Grußformeln, Dankworte etc. sind nicht schwer zu lernen (siehe auch den kurzen Sprachführer am Ende des Buchs). Wichtig ist die richtige Betonung der Wörter, die deshalb in diesem Handbuch bei Ortsnamen durch einen Akzent verdeutlicht wird. Von besonderer Bedeutung kann aber auch ein Lächeln im richtigen Moment sein ... In diesem Zusammenhang: Gerade in abgelegenen Gebieten ist es üblich, dass man sich auf Wegen oder auch Landstraßen grüßt, notfalls ohne Worte – auch der stur scheinende Bauer wird sich schlagartig in einen reizenden Menschen verwandeln. Im griechischen Gastgewerbe hingegen scheint die einfache Erkenntnis, wie angenehm etwas Freundlichkeit sein kann, zwischenzeitlich etwas in Vergessenheit geraten zu sein. Vor einigen Jahren jedenfalls sah sich die Regierung genötigt, eine landesweite Anzeigenkampagne zu schalten, Tenor: "Lächeln ist gut für unsere Gesundheit und für unsere Wirtschaft". Auslöser waren Umfragen, in denen sich Touristen immer wieder vehement über mangelnden Service und die Unfreundlichkeit des Personals beklagten.

• *Nonverbale Kommunikation* In südlichen Ländern weit ausgeprägter als bei uns.
Kopf neigen: Ich habe verstanden.
Kopf in den Nacken legen: Verneinung (!)

Zeigen der Handfläche: Üble Beleidigung (Vorsicht also, auf diese Weise "fünf Bier" zu bestellen).

Strom

220 Volt sind Standard, Elektrogeräte mit dem flachen Euro-Stecker passen normalerweise. Für andere Stecker benötigt man eventuell einen Adapter, den es notfalls aber auch vor Ort zu kaufen oder leihen gibt.

Telefonieren

Im Jahr 2002 hat Griechenland die Vorwahlen de facto abgeschafft bzw. in mehreren Schritten den einzelnen Teilnehmernummern zugeschlagen. Selbst innerhalb derselben Ortschaft müssen nun bei jedem Telefonat insgesamt zehn Ziffern gewählt werden. Im Text sind die neuen Nummern natürlich angegeben, doch falls Sie aus anderen Quellen noch eine ältere, fünfstellige Telefonnummer besitzen sollten, setzen Sie für ganz Sámos einfach die 22730 davor. Auch die griechischen Handy-Nummern haben sich geändert und beginnen nun mit einer 6 statt der 0.

Kartentelefone sind vielerorts zu finden und problemlos zu bedienen, auch für Ferngespräche in die Heimat. Magnetkarten (*Tilekarta*) mit kleineren Guthaben gibt es in Läden und Kiosken; wer viel telefoniert, kann sich auch in den Büros der griechischen Telefongesellschaft O.T.E. Karten mit umfangreicheren Guthaben kaufen. Telefonate von Kiosken, Hotels oder Tavernen sind

Zeichen im Sand: Kiesel-Gruß am Strand von Votsalákia

deutlich teurer. Natürlich besteht auch die Möglichkeit, sich eine Telefonkarte ("Calling Card") eines heimischen Telekommunikationsanbieters mit in den Urlaub zu nehmen.

Handys: Funktionieren auch in Griechenland. Nach der Reise gibt es allerdings oft böse Überraschungen bei der Tarifabrechnung. So zahlt ein Anrufer aus der Heimat nur die Inlandsgebühren, während der Mobilfunker selbst – auch wenn er angerufen wurde – kräftig zur Kasse gebeten wird. Auch die Abfrage der Mailbox kann extrem teuer werden. Ein Blick in die Bedienungsanleitung und eine Nachfrage beim Service-Provider können sich lohnen. Die Benutzung des Handys während der Autofahrt ist verboten.

> **Internationale Vorwahlen**
>
> Von Griechenland: Nach **Deutschland** 0049, nach **Österreich** 0043, in die **Schweiz** 0041. Immer gilt: die Null der Ortsvorwahl weglassen.
>
> Nach **Griechenland** ab Deutschland, Österreich und der Schweiz: Vorwahl 0030 für Griechenland; dann die komplette, zehnstellige Telefonnummer.

Toiletten

Auf Steh- bzw. Hocktoiletten trifft man nur noch selten, obwohl diese ja eigentlich hygienischer sind. In öffentlich zugänglichen Toiletten herrschen manchmal katastrophale Verhältnisse; etwas besser ist es meist um die WCs in Tavernen und Hotels bestellt. Toilettenpapier sollte man mit sich führen, es ist "vor Ort" nicht immer vorhanden. *Wichtig*: In jeder Toilette steht ein Papierkorb – hier, und nicht ins WC selbst, gehört das benutzte Toilettenpapier hinein! Andernfalls verstopfen die sparsam dimensionierten Abflussrohre.

Zeit

In Griechenland gilt die *Osteuropäische Zeit* (OEZ), die der mitteleuropäischen Zeit um eine Stunde voraus ist. Wie bei uns werden die Uhren auf Sommer- und Winterzeit umgestellt.

Zeitungen

Die internationale Presse, also auch Zeitschriften aus Deutschland, Österreich und der Schweiz, ist in den größeren Urlaubsorten erhältlich, trifft dort aber mindestens einen Tag später ein und ist durch die Luftfracht relativ teuer. Aktueller und preiswerter sind die englischsprachige *Athens News* und die deutschsprachige *Athener Zeitung*, beide in Griechenland produziert und mit interessanten Blickwinkeln aufs Gastland.

Zoll

Seit 1. Januar 1993 ist im privaten Reiseverkehr der EU, also auch zwischen Deutschland/Österreich und Griechenland, die Mitnahme von *Waren zum eigenen Verbrauch* unbegrenzt möglich.

Richtmengenkatalog: Zur Unterscheidung zwischen privater und gewerblicher Verwendung wurden folgende Richtmengen eingeführt:
800 Zigaretten, 400 Zigarillos, 200 Zigarren, 1 kg Rauchtabak.
10 Liter Spirituosen, 20 Liter Zwischenerzeugnisse, 90 Liter Wein (davon max. 60 Liter Sekt) und 110 Liter Bier.
Auch die Mitnahme höherer Mengen ist möglich, sofern sie dem eigenen Verbrauch dienen – was bei eventuellen Kontrollen allerdings glaubhaft zu machen wäre.

Für die *Schweiz* gelten, wie auch für den Transit durch Serbien und andere Balkanländer, weit geringere Freimengen.

Was haben Sie entdeckt?

Haben Sie eine versteckte Bucht entdeckt, eine gemütliche Taverne fernab vom Trubel, ein empfehlenswertes Privatquartier? Wo hat es Ihnen besonders gut gefallen? Und welcher Tipp war nicht mehr so toll?

Wenn Sie Ergänzungen, Aktualisierungen oder neue Informationen zu diesem Buch haben, lassen Sie es mich bitte wissen.

Ich freue mich über jeden Brief und jeden Hinweis!

Bitte schreiben Sie an:

Thomas Schröder
Stichwort "Sámos"
c/o Michael Müller Verlag
Gerberei 19
91054 Erlangen
E-Mail: thomas.schroeder@michael-mueller-verlag.de

Griechische Gelassenheit: an der Uferstraße Sofoúli

Der Osten um Sámos-Stadt

+++ Sámos-Stadt: Tourismus und Alltag +++ Áno Vathí: Idylle im Altort +++ Die Umgebung: Klöster und Buchten +++

In der lebendigen Hauptstadt konzentriert sich eine große Zahl an Hotels und Pensionen, Restaurants und Geschäften. Die Umgebung lockt mit Ausflugszielen vom malerischen Kloster bis zum Badestrand. Auch Wandern lässt es sich gut rund um Sámos-Stadt.

Am "Schwanz des Delphins" bestimmt die recht modern wirkende Hauptstadt *Sámos*, von der Bevölkerung immer noch nach ihrem alten Namen *Vathí* genannt, das Geschehen. In ihr findet sich, angefangen vom Souvenirladen bis hin zum voll ausgestatteten Luxushotel, die komplette touristische Infrastruktur, außerdem ein bestens bestücktes archäologisches Museum. Im Gegensatz zu manch anderer Siedlung der Insel ist Vathí gleichzeitig jedoch ein Ort geblieben, in dem griechisches Alltagsleben spürbar wird. Nur an guten Bademöglichkeiten fehlt es, doch kann da die Umgebung aushelfen.

Jenseits der Stadtgrenzen beginnt eine andere Welt, trifft man nur mehr auf winzige Siedlungen. Wirklich hohe Berge wie die Massive weiter westlich gibt es nicht, stattdessen ausgedehnte Hügellandschaften, die in den unteren Regionen mit Zypressen und Ölbäumen, in den höheren Lagen nur noch mit kargem Buschland bewachsen sind und ein hübsches Wanderrevier abgeben. Auch zu Ausflügen per Fahrrad, Moped oder Mietwagen lädt die räumlich eng begrenzte, dabei aber vielfältige Region durchaus ein. Zu den Hauptzielen zählen die viel besuchten Klöster *Agía Zóni* und *Zoodóchos Pigí* sowie die Strandbuchten von *Kérveli* und *Posidónio*, in denen es auch Tavernen und einige wenige Unterkünfte gibt. Geradezu ein Wallfahrtsort für Sonnenanbeter ist der südlich der Hauptstadt mit tollem Blick auf die Türkei gelegene Strand *Psilí Ámmos*, der im Sommer per Bus zu erreichen ist. Weniger häufig aufgesucht wird das Gebiet rund um den kleinen Weiler *Agía Paraskeví* nördlich der Stadt, obwohl sich auch hier immer wieder reizvolle Panoramen bieten.

Sámos-Stadt (Vathí)

Von ihrer schönsten Seite zeigt sich die Inselhauptstadt bei der Ankunft mit der Fähre: Am Ende des tief eingeschnittenen Golfs von Vathí staffeln sich die Häuser wie ein Amphitheater, überragt von steil ansteigenden Hügeln, auf deren Gipfeln blanker Fels das dichte Grün durchbricht.

Aus der Nähe betrachtet, erweist sich zumindest das Zentrum von Sámos-Stadt als nicht mehr gar so malerisch, sondern als eher neuzeitlich, quirlig und alltagsorientiert. Tourismus findet durchaus kräftig statt; am Angebot an Hotels, Restaurants, Bars und Souvenirständen gibt es nichts zu mäkeln. Im Vergleich zu Pythagório und Kokkári, den beiden anderen Städtchen des Inselostens, stellt Sámos gleichzeitig jedoch geradezu eine Heimstatt griechischen Alltags dar. Immerhin knapp 6000 Einwohner leben in der größten Siedlung der Insel, durchaus genug, um die Uferpromenade auch außerhalb der Saison nicht völlig verwaisen zu lassen.

Auf den ersten Blick erstaunen mag die große Zahl der Besucher, die sich für ein paar Tage oder gar Wochen in der Hauptstadt einquartieren, gibt es hier doch praktisch keine brauchbaren Strände, vom winzigen Strand von Gángou einmal abgesehen. Mit Badefreuden kann Sámos-Stadt deshalb kaum dienen, zumal die Wasserqualität der Bucht insgesamt nicht die beste ist.

Als Ausgangspunkt für Inselentdeckungen bleibt das Städtchen trotz dieses Mankos aber erste Wahl: Trotz seiner geographischen Randlage bildet Sámos-Stadt das Zentrum nicht nur des Fähr-, sondern auch des Busverkehrs, eignet sich deshalb gerade auch als Standort für Wanderer. Im Ort finden sich die besten Einkaufsmöglichkeiten der Insel, außerdem das schönste und am besten bestückte Museum von Sámos. Und in der Umgebung kommen dann auch Strandliebhaber auf ihre Kosten ...

Zur Benennung: Eigentlich heißt die Hauptstadt seit einigen Jahren offiziell ja *Sámos*, doch ist im Alltagsgebrauch der alte Name *Vathí* vorherrschend geblieben. Auf Bus- und Fährplänen wird mal der eine, mal der andere Name benutzt, wobei die offizielle Bezeichnung sicher die besseren Zukunftsperspektiven hat. Das kann schon mal zu Verwirrungen führen, zumal statt Vathí auch der Ausdruck Káto Vathí ("Unter-Vathí") Verwendung findet. Er dient zur Unterscheidung von Áno Vathí ("Ober-Vathí"), der auf einem Hügel im Süden gelegenen Oberstadt, die bis heute den Charakter einer eigenständigen Siedlung trägt.

Orientierung: Sámos-Stadt schmiegt sich halbrund in den Scheitelpunkt des fünf Kilometer langen und bis zu eineinhalb Kilometer breiten Golfs *Kolpos Vathéos*. Der Fährhafen liegt im nördlichen Ortsbereich, am Ende der ver-

kehrsumtosten Uferstraße Themistoklí Sofoúli, die meist schlicht als *Sofoúli* (oder *Paralía*) bezeichnet wird und sich rund um das Ende des Golfs erstreckt.

Als Promenade und als erste Adresse für Fähragenturen, Hotels und Terrassencafés fungiert sie aber nur etwa bis zur Höhe des palmenbestandenen Hauptplatzes *Platía Pythágoras*, der leicht an seiner großen Löwenstatue kenntlich ist. Parallel zur Sofoúli verläuft die Fußgänger- und Einkaufszone *Likoúrgou Logothéti*, die ganz überwiegend vom Tourismus geprägt wird. In ihrer Verlängerung jenseits der Platía Pythágoras trifft sie als *Kapetán Stamátis*, nunmehr mit Geschäften versehen, die vorwiegend den einheimischen Bedürfnissen dienen, auf das zweite Zentrum von Sámos-Stadt: den Bereich um den *Stadtpark*, in dem auch das Rathaus und das Archäologische Museum liegen. Noch weiter südlich entstand rund um den "Kopf" des Golfs vor einigen Jahren eine Verlängerung der Uferstraße in Richtung Kokkári; das immer noch recht öde Gebiet lädt jedoch zum kaum zum Bummeln ein.

Das alte **Áno Vathí** besetzt die Hänge im Süden des Städtchens. Hier oben lässt sich zwischen den alten, in traditioneller Bauweise errichteten Häusern noch

Der Osten um Sámos-Stadt

jene Idylle finden, die man unten im betriebsamen Hauptort vielleicht manchmal vermisst. Zumindest einen Spaziergang durch die steil ansteigenden Gassen des ruhigen Ortsteils sollte man in jedem Fall einplanen.

Geschichte

Die Vergangenheit der Siedlung ist vergleichsweise kurz, reicht sicher nicht über die Wiederbesiedelung der Insel im 16. Jh. zurück. Die ersten Häuser entstanden damals im Gebiet von Áno Vathí, das sich in seiner Hanglage vor schnellen Piratenüberfällen einigermaßen sicher fühlen durfte. Erst zu Ende des 17. Jh. wagten sich einige Kaufleute hinunter an die Küste; vorerst nur, um dort einzelne Warenlager zu errichten. Der teilautonome Status, den die Insel ab 1832 erhielt, und der damit verbundene kräftige Wirtschaftsaufschwung verhalfen der kleinen Küstensiedlung zu einem rasanten Boom. Vom Hafen Káto Vathí wurden die Güter des Hinterlandes verschifft, gingen Wein, Leder, Seife und der einstmals berühmte Tabak von Sámos in alle Welt. Damals und in den folgenden Jahrzehnten entstanden auch die neoklassizistischen, heute teilweise verfallenden, immer häufiger aber aufwändig renovierten Villen, die dem Ortsbild einen eigenen Reiz verleihen. Angesichts des wirtschaftlichen Erfolges war es nur folgerichtig, dass die aufstrebende Siedlung, mittlerweile die größte der Insel, 1855 zur Hauptstadt ernannt wurde.

> Einen Stadtplan, dem auch die Lage der einzelnen Hotels und Restaurants zu entnehmen ist, finden Sie in der vorderen Umschlagklappe.

*I*nformation

Tourist Office, Odós 25. Martíou 4, eine Seitengasse der Uferstraße Sofoúli, vom Hafen kommend kurz vor der Platía Pythágoras. Geöffnet ist ganzjährig, die Öffnungszeiten (zuletzt Mo–Fr 9–15 Uhr) wechseln jedoch immer mal wieder, ebenso das nicht durchgängig hilfreiche Personal. ✆ 22730 28530/28582, die erste Nummer auch Fax.

*V*erbindungen

• *Flug* Zum Flugverkehr von/nach Sámos siehe im entsprechenden Einleitungskapitel. Reiseagenturen finden sich in breiter Auswahl entlang der Uferstraße Sofoúli.
Olympic Airways: Büro an der Kreuzung der Odós Smírnis mit der Odós Kanári; ✆ 22730 24091 oder 22730 27237.
Öffentliche Busverbindung zum Flughafen besteht nur bis zur Kreuzung an der Straße von Pythagório nach Iraíon (Busse Richtung Iraíon, siehe unten), ein **Taxi** kostet 14 €.
• *Schiff* Sámos-Stadt ist der Hauptfährhafen der Insel, die schnellen Tragflügelboote "Flying Dolphins" fahren jedoch derzeit nur noch ab Pythagório. Reisebüros und Agenturen für Fährschiffe finden sich an der Uferstraße Sofoúli, zwischen Hafen und Platía Pythágoras. Achtung: Für die Fähren nach Piräus und Chíos existieren mehrere Reedereien, die jeweils nur von einer Agentur vertreten werden – Auskünfte über die Abfahrten der Konkurrenz sind dort kaum erhältlich. Es empfiehlt sich also, bei mehreren Agenturen (oder: Tourist Office bzw. Hafenamt) nachzufragen. Hier nur eine gewöhnlich sehr gut informierte Adresse, die auch Tagesausflüge anbietet:
By Ship Travel, Hauptbüro etwa in der Mitte der Sofoúli, zwei Blocks südöstlich des Hotels Aeolis, ✆ 22730 27337/25065, ✉ 22730 28570; weiteres Büro nahe Fähranleger und Hotel Sámos.

Sámos-Stadt

Fähren nach Ikaría-Piräus: 1- bis 3-mal tägl., Fahrzeit nach Ikaría ab Sámos-Stadt etwa 2,5 Std.; nach Piräus 12–14 Std, mit der 6-mal pro Woche verkehrenden Schnellfähre Aeolos Express nur 7 Stunden. Preise: Ikaría p.P. (Deck) etwa 8 €; Piräus p.P. 24 € (Deck) bzw. 36 € (Kabine B-Klasse). Die Fahrt mit der Aeolos Express nach Piräus kostet knapp 50 €.
Fähren nach Chíos: Mit Miniotis-Lines 2-mal wöch., Fahrzeit etwa 4 Std., Preise p.P. Deck/B-Kabine ca. 11/17 €.
Fähre nach Chíos-Mytilíni (Lésbos)-Kavála bzw. **Pátmos-Kós-Rhodos**: Abfahrt 1-mal wöch., Preise nach Lésbos Deck bzw. B-Kabine 15 bzw. 22 €. Nach Kós ähnliche Preise.
Fähren nach Pátmos 2-mal wöchentlich, Preis p.P. knapp 7 €.
Weitere Fährverbindungen: nach Páros und Naxos 6-mal pro Woche, Mykonos und Syros 2- bis 3-mal pro Woche.
Türkeiausflüge: Im Sommer tägliche Abfahrten nach Kuşadası, dem Ausgangspunkt für die Besichtigung von Ephesus per Taxi oder Minibus; Preis nach Kuşadası hin und zurück inklusive Hafentaxen etwa 65 €. Es gibt auch organisierte Touren.
● *Bus* **KTEL-Busstation** am südlichen Rand des Zentrums, Odós Lekati 6, nahe der Kreuzung zur Odós Kanári, ✆ 22730 27262. Personal teilweise englischsprachig, Tickets im Bus erhältlich. Aktualisierte Fahrpläne hängen aus, sind manchmal auch als Fotokopie erhältlich. Alle folgenden Angaben beziehen sich auf den Sommerfahrplan, der mit Abstufungen etwa von Anfang Juli bis Mitte/Ende September in Kraft ist. Auch außerhalb dieses Zeitraums sind die Verbindungen zu größeren Ortschaften relativ gut, zu Stränden dagegen deutlich schlechter bzw. ganz eingestellt.
Der "Hausstrand" Psilí Ámmos wird Mo–Sa 2-mal täglich angefahren, nach Pythagório täglich etwa alle 1–2 Stunden, mit Weiterfahrt zur Flughafenkreuzung und nach Iraíon Mo–Fr 5-mal, Sa/So 3-mal täglich. In die Inlandsdörfer Mytilíni und Chóra Mo–Fr 5- bis 7-mal, Sa 3-mal täglich. Nach Kokkári mit Weiterfahrt zum Tsamadou-Strand Mo–Sa tagsüber alle ein bis zwei Stunden, So 6-mal täglich; Vourliótes nur an drei Tagen pro Woche je 1-mal täglich, am selben Tag war zuletzt keine Rückfahrt mehr möglich. Nach Karlóvassi via Kokkári und die Nordküste Mo–Fr 7-mal, Sa 5-mal, So 3-mal täglich, durchs Inland via Pírgos und

Aufwändig renoviert: typisches Haus der Hauptstadt

Spatharéi nur Mo–Fr 1-mal täglich. In den Südwesten nach Marathókampos und Votsalákia Mo–Fr 2- bis 3-mal täglich, weiter via Kallitheá bis zum Endpunkt Drakéi nur 1- bis 2-mal pro Woche. Inselrundfahrten mit der KTEL werden zur Saison jeden Sonntag (z. T. auch Mittwoch) angeboten, Absprache mit der Busgesellschaft jedoch nötig, Preis p. P. 12 €.

● *Taxi* **Taxiplatz** bei der Nationalbank (Nähe Platía Pythágoras), ✆ 22730 28404. Preisbeispiele: Pythagório 9 €, Karlóvassi-Hafen 20 €.

● *Mietfahrzeuge* **Agenturen** in breiter Auswahl an der Uferstraße Sofoúli und im Gebiet nördlich des Hafens. Durch die starke Konkurrenz ergeben sich recht günstige Preise, vor allem bei Zweirädern – Preisvergleiche lohnen sich fast immer! Einige Adressen:

114   Der Osten um Sámos-Stadt

Auto Union/Top, Autos und Zweiräder, Sofoúli 79, ℅ 22730 27444.
Aramis/Sixt, Nähe Fähranleger, Autos und Zweiräder, ℅ 22730 23253.
Manos, nur Zweiräder, ein paar Schritte hinter der zentralen Uferstraße. Viele Roller, reell. Grammou-Str., ℅ 22730 24137.
Pegasus, Autos und Zweiräder, direkt beim Fähranleger; freundlich. ℅ 22730 62047.
Giannis, gute und gepflegte Mountainbikes (ab 7 €/Tag) im nordwestlichen Bereich der Einkaufsstraße Likoúrgou Logothéti 61, in einer Passage, ℅ 22730 24404.

Nützliche Adressen/Feste

● *Nützliche Adressen* **Deutsches Konsulat**: Sofoúli 73, knapp südöstlich der Platía Pythágoras; ℅ 22730 25270.
Krankenhaus: Hospital Sámos, Odós Ippokratous, im Bereich nördlich des Hafens, ℅ 22730 27407.
Touristenpolizei: Sofoúli 129, südlicher Bereich der Uferstraße, ℅ 22730 81000.
Internet-Zugang: Net-Café Diavlos, an der Uferstraße Sofoúli 169, Nähe Busbahnhof, ℅ 22730 22469. Stand zuletzt zum Verkauf, der Betrieb soll aber weiterlaufen. Eine halbe Stunde Netzzugang kostet 2 €.
Post: Bislang noch in der Odós Smírnis, im Gebiet südöstlich des Stadtparks, doch war zuletzt ein Umzug geplant, ein neuer Standort freilich noch nicht gefunden. Öffnungszeiten: Mo–Fr 7.30–14 Uhr.
Waschsalon: "Lavomathique", L. Logothéti 56. Ganz in der Nähe liegt eine chemische Reinigung.
● *Feste* **Weinfest**, etwa zehn Tage um Mitte August. Breites Programm rund um den Wein, viele Besucher aus ganz Griechenland.

Übernachten

Reiche Auswahl, Preise aufgrund der Konkurrenzsituation relativ gemäßigt. Adressen von Privatanbietern über die Vereinigung der Zimmer- und Apartmentvermieter, siehe unten. Die Preise entsprechen etwa denen der kleinen Pensionen, die vor allem im Gebiet nordöstlich der Einkaufsstraße Likoúrgou Logothéti liegen, also nur wenige Schritte hinter der Uferstraße.

● *Vereinigung der Zimmer- und Apartmentvermieter* **Association of Rooms and Apartment Rental Samos**, Gymnasiarchou Kateveni 16, 83100 Samos; zu suchen unweit der Platía Pythagoras, außen bislang kein Schild; das Büro liegt im Erdgeschoss neben einem Blumengeschäft. Vermittlung von Zimmern, Studios und Apartments auf ganz Sámos sowie auf Foúrni und Ikaría. Die freundliche und englischsprachige Joanna hilft weiter, ob nun ein kinderfreundliches Apartment gesucht wird oder ein Privatvermieter, der Haustiere akzeptiert. Geöffnet April–September, Mo–Do 8.30–15 Uhr, Fr 8.30–14.30 Uhr; ℅/℅ 22730 23055, samossun@sam.forthnet.gr.
● *Zentrum* Die Hotels im Herzen der Stadt liegen günstig für Reisende, die Sámos mit dem Bus erkunden wollen, aber auch für alle diejenigen, die gerne städtisches Ambiente vor der Haustür haben. Ein offensichtlicher Nachteil ist natürlich, dass es hier nicht immer ruhig zugeht.
Hotel Aeolis (10) (B), zentral an der Uferstraße gelegen; ein ausgesprochen komfortables, hübsch eingerichtetes Hotel mit klassizistischen Anklängen. Zimmer und Balkone teilweise mit hübscher Aussicht zum Golf; nachts weniger laut, als es den Anschein hat. Dachterrasse mit Pool. Geöffnet Mai bis September, DZ/F etwa 60–75 €. Sofoúli 33, ℅ 22730 28904, ℅ 22730 28063.
Hotel Sámos (13) (C), ebenfalls an der Uferstraße, fast direkt am Hafen. Zimmer mit Blick und Balkon zum Golf, Dachterrasse mit kleinem Pool. Beliebtes Café angeschlossen. Ein recht großes Hotel, das teurer aussieht, als es ist: DZ/F nach Saison vergleichsweise bescheidene 45–55 €, und das bei durchaus ordentlichem Komfort. Ganzjährig geöffnet; Sofoúli 6, ℅ 22730 28377, ℅ 22730 28482, www.samoshotel.gr.
Hotel Paradise (3) (C), knapp außerhalb des Zentrums und sehr günstig zum Busbahnhof gelegen. Recht großes, lang gestrecktes Gebäude, ein Teil der Zimmer mit schöner Aussicht auf Gärten und Áno Vathí; hübscher Pool. Viele Gruppen, aber auch Platz für Individualreisende. Geöffnet Mai bis Oktober, DZ/F etwa 35–45 €. Kanari

21, ✆ 22730 23911, 📠 22730 28754, samosparadise@internet.gr.

Hotel Artemis (4) (E), südöstlich nahe der Platía Pythágoras. Nicht gerade das jüngste Hotel der Stadt, jedoch saubere Zimmer und ein freundlicher Besitzer, der nach dem Motto: "Nicht verzagen, Kostas fragen" bei Problemen weiterhilft. DZ/Du 20–30 €, mit Etagendusche noch darunter. Odós Kontaxi 4, ✆ 22730 27029, 📠 22730 27792.

Pension Apts. Vasso (8) (A), in einer Treppengasse des "Pensionsviertels" hügelwärts der Einkaufsstraße Logothéti, vom Hafen kommend vor dem Hotel Aeolis links ab. Zu vermieten sind fünf modern eingerichtete, komplett ausgestattete Apartments (2–3 Pers.), die jedoch in der Regel nur von Juli bis Mitte September zur Verfügung stehen, da sie sonst von Lehrern etc. belegt sind. Der freundliche junge Besitzer Manolis spricht gut Englisch und ist hilfreich. Apartment je nach Personenzahl etwa 50–70 €. Die Familie vermietet auch ein Haus an der Nordküste, ca. einen Kilometer hinter Ágios Konstantínos. Epaminonda Stamatiadi 3, vorheriger Anruf ratsam: ✆ 22730 28846, 📠 22730 23258, Mobil-✆ 6972 396485.

Pension Dreams (6) (A), ein paar Häuser oberhalb der Pension Avlí (siehe nächste Seite). Moderne Zimmer und Bäder, alle mit Kühlschrank, AC und TV, z. T. auch mit kleiner Küche und/oder Balkon. Die Zimmer nach hinten bieten schönere Aussicht; Nummer 7 hat sogar Zugang zu einer Dachterrasse mit prima Blick und ist deshalb sehr gefragt. Der umtriebige, geschäftstüchtige Eigentümer Kostas spricht gut Englisch und Französisch. DZ/Bad je nach Saison etwa 25–30 €, Einzelreisende müssen hart verhandeln können. Ganzjährig geöffnet, Heizung. Odós Areos 9, ✆ 22730 24350 o. 23037.

Pension Trova (9) (B), etwas nordwestlich, wieder in einer Treppengasse. Hübsche und sehr saubere Zimmer, leider ohne eigenes Bad, dafür mit Zugang zu Balkon/Dachterrasse samt Blick; Kühlschrankbenutzung. Sehr freundliche Vermieterin. DZ nach Saison etwa 20–25 €. Odós Kalomiris 26, ✆ 22730 27759.

• *Kalámi* Ein nordwestlicher Vorort von Sámos-Stadt. Zahlreiche Hotels, die hauptsächlich von Reiseveranstaltern gebucht werden. Überwiegend ruhige Lage, vom Ortskern aber eine ganze Ecke entfernt; der Fußweg entlang der schmalen, zeitweise viel befahrenen Straße ist zudem recht unangenehm.

Enge Gassen, alte Häuser: Áno Vathí

Hotel Ionia Maris (16) (A), direkt beim kleinen Strand von Gángou. 1991 errichtet, top in Ausstattung und Service, leider auch im Preis: DZ/F nach Saison etwa 60–105 €, Verhandeln mag sich zur Nebensaison lohnen. Geöffnet etwa April bis Oktober. ✆ 22730 28428, 📠 22730 23108, samina@gemini.diavlos.gr.

Hotel Mirini (18) (B), mit jener phantastischen Aussicht auf den Golf, die das Ionia Maris bei allem Komfort vermissen lässt; herrliche Terrasse, ein traumhafter Platz fürs Frühstück oder den Cocktail am Abend. Manko, wie erwähnt: Schon zum Hafen läuft man eine knappe Viertelstunde. Geöffnet etwa Mai bis Mitte Oktober, DZ nach Aufenthaltsdauer und Saison knapp 45–60 €. Unterhalb der Hauptstraße Kallistratou, ✆ 22730 28452, 📠 22730 27762.

Apartments Toula (20), von der Stadt kommend kurz vor dem Hotel Mirini. Apartments der A-Klasse, Meerblick. Geöffnet etwa Juni bis Mitte September, Zweier-Apartment nach Saison etwa 25–35 €. Die Besitzerin spricht gut Englisch. Kallistratou 19, ✆ 22730 27644.

Unser Tipp: Übernachten im ehemaligen Kloster

Die **Pension Avlí (7)** (B), wenige Meter oberhalb der Einkaufszone, ist ein Juwel, zählt zu den schönsten Pensionen der gesamten Ägäis: Vor 150 Jahren wurde das ehemalige katholische Nonnenkloster errichtet, vor 40 Jahren aufgegeben und bis heute baulich kaum verändert. Wunderschön sitzt es sich, zum Frühstück oder am Abend bei klassischer Musik, im allgemeinen Treffpunkt der Gäste, dem arkadengesäumten, mit Bananenstauden, Gummibäumen und einem intensiv duftenden Jasminstrauch begrünten Innenhof, auf den der Name verweist. Zum Ambiente passt der Pächter Spyros, ein ruhiger, philosophischer und überaus freundlicher Mensch, der seine hiesige Tätigkeit als Ausgleich zum winterlichen Rechtsanwaltsjob in Athen sieht. Auch deshalb wohl hat schon so mancher Reiseveranstalter vergeblich bei ihm angeklopft: "Ich vermiete keine Zimmer, ich vermiete Atmosphäre und Gemeinschaft" – so sieht Spyros das. Gern zeigt er seinen Gästen die Krypta und die unterirdische Kapelle unter dem Klosterhof, ebenso gern hält er, wenn nicht gar zu viel Betrieb ist, auch mal ein Schwätzchen mit ihnen.

Nur ein Teil der Zimmer verfügt über ein eigenes, knallrot plastikverkleidetes Bad (der einzige Stilbruch), die Zimmer ohne Bad besitzen jeweils ein eigenes, separates WC. Manche Räume sind etwas hellhörig. Komfort wird also eher kleingeschrieben, weshalb das Avlí vor allem bei jungen Leuten und Backpackern beliebt ist. Doch fällt es angesichts des Alters der Anlage, des Ambientes und des Preises leicht, kleine Unzulänglichkeiten zu übersehen, zumal Spyros alles tiptop sauber hält. Geöffnet ist normalerweise Anfang Mai bis etwa Mitte Oktober. DZ/Bad nach Saison und Aufenthaltsdauer 25–30 €; nur falls diese belegt sind, werden auch die einfacheren DZ ohne Bad angeboten; Frühstück (kein Zwang) geht extra. Zu suchen ist das Avlí im Gebiet hinter dem Hotel Aeolis, in der Treppengasse Odós Arios, einer Abzweigung von der landseitigen Parallelstraße zur Einkaufsstraße L. Logothéti; ✆ 22730 22939.

Essen

Die Auswahl an Restaurants ist groß. Im nördlichen Bereich des Hafens und beiderseits der Likoúrgou Logothéti sind sie praktisch alle völlig auf ausländische Besucher eingestellt und offerieren deshalb vorwiegend internationale Küche, daneben auch die eine oder andere griechische Spezialität.

• *Restaurants & Tavernen* **Restaurant La Calma (17)**, in besagtem Bereich nördlich des Hafens. Essen eher Durchschnitt, Clou ist jedoch die tolle Lage der Terrasse direkt über dem Meer, besonders schön natürlich in der Dämmerung. Eben deshalb wird es hier schon früh am Abend voll.

Sámos-Stadt 117

Rustikal: Bar Ta Filarákia in Áno Vathí

Taverne To Pétrino (12), in einer Treppengasse oberhalb der Kountouriotou-Straße. Recht großes Lokal mit griechisch-internationaler Küche, auch vegetarische Gerichte im Angebot. Lauschige Atmosphäre, leicht gehobenes Preisniveau.

Taverne The Steps (11), ebenfalls in diesem Gebiet, zu erreichen über die namensgebenden Stufen. Schöne Aussicht über die Bucht, ordentliches Essen und freundlicher Service. Nicht zu teuer.

Taverne O Tassos (19), Nähe Hospital. Ein bekannter Name – die Besitzerfamilie ist seit vielen Jahren in der Gastronomie der Inselhauptstadt tätig. Fantastische Lage direkt am Ufer, schöner Blick auf den Sonnenuntergang, Meeresrauschen... Gutes Preis-Leistungsverhältnis (Mezédes!); mehrere Leser waren sehr zufrieden.

Taverne Christos (5), an einem kleinen Platz unweit der zentralen Platía Pythágoras. Vielleicht das empfehlenswerteste Lokal der Stadt: Mit der rustikalen Dekoration – die Wagenräder etc. sind tatsächlich alte Erbstücke – zwar optisch etwas in Richtung "Touristenfalle", die Küche ist jedoch ausgesprochen gut, der Service freundlich und effizient. Keine Speisekarte, die Gerichte wechseln täglich. Von vielen Lesern gelobt. Platía Ágios Nikoláou, schräg gegenüber der großen Mitrópolis-Kirche.

Taverne Gregori (2), auf dem Weg nach Áno Vathí, landeinwärts des Büros von Olympic Airways. Seit vielen Jahren ein Klassiker in Samos-Stadt, beliebt auch bei der Nachbarschaft – so war es zumindest bisher, in letzter Zeit scheint das Lokal nachgelassen zu haben.

Taverne Ta Kotópoula (1), noch ein Stück bergwärts der Taverne Gregori, an der Kreuzung Richtung Áno Vathí und der Straße nach Kamára. In dem türkisfarbenen Bau und auf der vorgelagerten Terrasse kommt reichlich gutes und preiswertes Essen auf den Teller; Spezialität ist, wie der Name schon sagt, Hühnchen. Wie Gregori ist das Kotópoula nicht nur bei Touristen, sondern auch bei Griechen beliebt.

Taverne Solo Pasta (14), Nähe Hospital. Noch recht junges Lokal, dessen italienischer Name ("Nur Nudeln") etwas in die Irre führt: Man offeriert hier zwar wirklich Nudelgerichte in breiter Auswahl, daneben aber auch Salate, Risotto etc. Üppige Portionen, relativ mäßige Preise, deshalb auch bei der hiesigen Jugend gefragt.

Taverne To Kalámi (15), im gleichnamigen Vorort, noch etwa einen Kilometer hinter der Abzweigung zum Gángou-Strand. Geführt von einer griechisch-deutschen Familie, solide griechische Hausmannskost, günstig und freundlich. Zur Saison gibt es einmal pro Woche (zuletzt Mi) Musik und Tanz.

• *Cafés und Snack-Bars* **Ideal Café**, direkt an der Platía Pythágoras. Tagsüber ein beliebter Treffpunkt zum Sehen und Gesehenwerden, der Service trotz des starken Andrangs meist erstaunlich gelassen. Guter hausgemachter Kuchen.

Kafeníon Ira, ebenfalls an der Platía, direkt in der Ostecke. Ein altertümlicher Kontrast zu den modernen Music-Cafés ringsum, gegründet 1932. Zu jedem alkoholischen Getränk (Oúzo, Wein oder Bier) gibt es hier nach guter Sitte einen Happen zu essen.

Café Museum, im Stadtpark, ein Lieblingsplatz fürs Frühstück und einen Frappé am Nachmittag – schöner als unter dem dichten Grün des wuchernden Pflanzendschungels kann man in Sámos kaum sitzen.

Ouzerí To Díli, in Richtung Áno Vathí, ein Stück bergwärts der Taverne To Kotópoula, nahe einer Kreuzung. Gartenlokal mit freundlicher Bedienung und schönem Blick, in der Regel leider nur wenig besucht.

Bar Ta Filarákia, noch oberhalb der Ouzerí To Díli, im Gassengewirr von Áno Vathí bei der Kirche Agía Matrona. Rustikale Kneipe der alten Schule, Terrasse unter Weinblättern, Inneneinrichtung mit kuriosen Details. Zu essen gibt es meist nur Kleinigkeiten, doch die Atmosphäre ist erlebenswert.

*K*neipen/*N*achtleben

Traditionell beginnt der Abend mit der Vólta, einem Bummel entlang der von zahlreichen Cafés und Bars gesäumten Uferstraße. Auch an der Platía Pythágoras finden sich viele Music-Cafés. In den Discos wird es erst ab Mitternacht interessant.

Bar Escape, das frühere "Number nine" an der Rückseite des Restaurants La Calma. Kleine, romantische Freiluftbar in toller Lage über dem Meer. Die Musik nimmt leider nicht immer Rücksicht auf das lauschige Ambiente. Innen kann getanzt werden. Beliebt bei der griechischen Jugend, vergleichsweise günstige Getränkepreise.

Bar Selini, ein Stück vor dem Restaurant La Calma. Von der Lage her durchaus eine Konkurrenz zum "Escape", allerdings kein Innenbereich. Dafür dient hier eine ganze Hauswand als Projektionsfläche für Musikvideos oder Filme.

Bar No. 4, angenehme Gartenbar am Anfang der Odós Grammou, seit über einem Jahrzehnt in Betrieb. Gute Musik mit Schwerpunkt auf Rock und Pop, echter Betrieb erst ab etwa elf Uhr abends. Besitzer Michael spricht Deutsch.

Silver, Disco-Club an der Uferstraße, zwischen den Hotels Aeolis und Samos, untergebracht in einer ehemaligen katholischen Kirche. Freitags und samstags geht es hier ab ein Uhr und bis weit in den Morgen rund.

Chandres, ebenfalls eine Art Club, diesmal allerdings mit vorwiegend griechischer Musik. An der Uferstraße etwas abseits des Hauptbetriebs gelegen, Nähe Polizeistation.

Cine Olympia, vor wenigen Jahren eröffnetes Kino nahe des Archäologischen Museums; Betrieb innen und unter freiem Himmel. Ausländische Filme laufen in Griechenland meist im Original mit Untertiteln.

Cine Rex, bei den Einheimischen als Ausflugsziel beliebtes Open-Air-Kino im Dorf Mytilini, siehe dort.

*E*inkaufen

Haupteinkaufsstraßen sind die Fußgängerzone Likoúrgou Logothéti und ihre Verlängerung Kapetán Stamátis. Neben Souvenirshops, Fotohandlungen und Schuhgeschäften finden sich hier auch diverse Bäckereien und kleine Lebensmittelläden.

• *Markt* Von Montag bis Samstag werden vormittags bei der Kirche Ágios Spyrídon Stände aufgestellt. Im Angebot sind Obst und Gemüse, aber auch guter Honig, Kräuter, im Herbst getrocknete Feigen etc.

• *Supermärkte* **Galinos**, im Gebiet hinter dem Rathaus, unterhalb der Odós Kanari. Untergebracht in einem reizvollen alten Gemäuer, recht breite Auswahl.

Frische Produkte der Insel: Markt bei der Spyrídon-Kirche

Malagári-Sámos Wines, auf dem Gelände der gleichnamigen Weinkellerei, nahe der Straße Richtung Kokkári, etwa zwei Kilometer außerhalb der Stadt. Der von der samischen Winzergenossenschaft E.O.S. betriebene, recht preiswerte Supermarkt steht jedem Interessenten offen. Natürlich gibt es hier auch die gleich nebenan gekelterten Weine.

Bazaar, südlich außerhalb der Stadt Richtung Pythagório, im Gebiet von Trís Ekklisiés ("Drei Kirchen") an der Abzweigung nach Posidonio/Psilí Ámmos. Größer und oft noch preisgünstiger als die beiden Konkurrenten.

• *Wein, Oúzo* **Frantzeskos** an der Platía Pythágoras. Gute Auswahl an Wein und Spirituosen, der Oúzo ist hausgemacht.

Zarbanis, ein paar Schritte weiter am Ende der östlich abzweigenden Odós Kontaxi. Weniger edel aufgemacht als die nahe Konkurrenz, gibt es hier Wein vom Fass und andere flüssige Labsal.

• *Schmuck, Metallarbeiten* **Stavrinos**, in der Odós Kontaxi, die von der Platía Pythágoras östlich abzweigt. Berühmtester Juwelier der Insel, über ein Jahrhundert Tradition. Nostalgisch angestaubtes Ambiente, edle bis leicht kuriose Ware, nicht billig.

Konstantakis, zwei Geschäfte in der Fußgängerzone. Wie auch bei "Stavrinos" sind hier schöne Kopien altgriechischer Schmuckstücke erhältlich. Likoúrgou Logothéti 31.

▶ **Baden**: Wie erwähnt, sind die Möglichkeiten um den Stadtbereich leider sehr bescheiden. Das Wasser im Golf von Vathí steht zudem nicht gerade im Ruf besonderer Sauberkeit. Viele Einwohner und Besucher fahren deshalb zum Baden lieber nach Psilí Ámmos (siehe "Umgebung") oder auch an die Strände von Kokkári, siehe dort.

Gángou-Strand: Noch im nördlichen Stadtbereich, etwa eineinhalb Kilometer vom Hafen. Kleine Bucht mit grobem Kies, Sonnenschirmen und Taverne, von den Gästen der umliegenden Hotels dicht belagert.

Bewacht vom "Löwen der Freiheit": die Platía Pythágoras

Sehenswertes

An Sehenswürdigkeiten bietet Sámos-Stadt mehr Klasse als Masse. Altehrwürdige Bauten wird man in der vergleichsweise jungen Siedlung natürlich vergebens suchen. Höhepunkte eines Stadtbummels sind das hervorragend bestückte Archäologische Museum und der romantische Ortsteil Áno Vathí.

Sofoúli/Platía Pythágoras: Die von Hotelbauten, neoklassizistischen Häusern und einer katholischen Kirche gesäumte Uferpromenade zwischen Hafen und Platía ist der Lebensnerv der Stadt. Am Abend, ab etwa zwanzig Uhr, füllen sich die Terrassencafés mit Einheimischen, Touristen und jugendlichen Soldaten auf Ausgang; anders als in manchen Garnisonsstädten bei uns wirken die Jungs eher schüchtern und zurückhaltend. Alle Stühle sind so postiert, dass jeder den Boulevard im Blick behalten kann: Hier nämlich spielt sich die allabendliche Vólta ab, der fast rituelle Spaziergang. Auf und ab flanieren die herausgeputzten Pärchen, Teenagergruppen und Familien, die Wendepunkte bilden der Hafen und die Platía Pythágoras. Auch die Cafés des Hauptplatzes sind am Abend dicht belagert. Über die Platía wacht der 1930 aufgestellte Marmorlöwe, der an den griechischen Freiheitskampf erinnert.

Byzantinisches Museum: Früher im Bischofspalast untergebracht, dann ins Gebiet hinter der Einkaufsstraße Logothéti umgezogen, präsentiert das Byzantinische Museum praktisch ausschließlich kirchliche Kunst des 15.-19. Jahrhunderts, darunter kostbare Ikonen und Messgewänder, üppig versilberte Kruzifixe und Gefäße, reich mit Gold und Silber verzierte Bücher etc. Zuletzt war das Museum geschlossen, eine Wiedereröffnung jedoch angekündigt.

Mitrópolis: Die große Kathedrale der Stadt, dem Heiligen Nikolaus geweiht, erhebt sich an der Platía Agiou Nikoláou, nur einen Katzensprung vom geschäftigen Treiben der Einkaufszone entfernt. Sie entstand zwar erst Mitte des 19. Jh. und birgt auch keine herausragenden Kunstschätze, ist aber innen recht üppig ausgestattet und sehr farbenprächtig mit byzantinisch inspirierten Fresken bemalt.

Stadtpark: Mit dem hübschen Café ein angenehmes Plätzchen für eine Rast. Entstanden ist der kleine, aber sehr vielfältig mit Büschen und hohen Bäumen begrünte Park im 19. Jh. als Palastgarten des von den Türken eingesetzten, jedoch griechisch-orthodoxen Hegemonen. Der zugehörige Palast hat die Bombardierungen des Zweiten Weltkriegs leider nicht überstanden.

Eine Rast gefällig? Café im Stadtpark

Ágios Spyrídon: Schräg gegenüber des Parks steht die in üppigem Marmor gehaltene Kirche des Hl. Spyrídon, Stiftung des reichen Tabakhändlers Paschális aus dem Jahr 1909. Auch die Innenausstattung wurde überwiegend aus Spenden dieser Zeit bestritten; einige Ikonen sind allerdings älteren Datums. Stolz sind die Einwohner auf die geschichtliche Bedeutung der Kirche: 1912 wurde hier offiziell der Anschluss der Insel an Griechenland gefordert.

Rathaus: Nordöstlich der Kirche und direkt hinter dem Stadtpark gelegen, bildete das alte Rathaus zur Zeit der Autonomie den Tagungsort der Nationalversammlung. Nach einer aufwändigen Restaurierung lohnt sich jetzt wieder ein Blick in das zu den Bürozeiten zugängliche Gebäude.

Archäologisches Museum

Die beste archäologische Sammlung von Sámos, gleichzeitig eine der schönsten Sammlungen dieser Art, die man auf griechischen Inseln überhaupt bewundern kann, verteilt sich auf zwei Gebäude im Umfeld des Rathauses.
Öffnungszeiten Di–So 8–15 Uhr; Eintritt 3 €, Studenten und Rentner 2 €.

122 Der Osten um Sámos-Stadt

▸ **Neubau**: Er wurde aus Mitteln der Volkswagenstiftung errichtet; bei der Einweihung war denn auch der damalige Bundespräsident Richard von Weizsäcker persönlich zugegen. Ausgestellt sind hier Skulpturen aus dem Gebiet des bedeutenden, nahe Pythagório gelegenen Heiligtums *Heraíon*. Ein Plan dokumentiert die Ausgrabungsstätte, Erklärungen gibt es auch in deutscher Sprache. Zu den berühmtesten Exponaten zählt die (kopflose) *Figurengruppe des Geneleos*, entstanden um 560/540 v. Chr. und benannt nach dem Bildhauer, der sie schuf. Frontal stehen die verbliebenen Mitglieder der sicher wohlhabenden Familie zum Betrachter. Ursprünglich waren es, den Aussparungen im Sockel nach zu schließen, sechs Personen; ganz rechts außen und im Gegensatz zu den anderen liegend dargestellt, befand sich wohl der Vater, der auch der Auftraggeber gewesen sein dürfte. Den Höhepunkt der im Heraíon gemachten Funde bildet jedoch eine riesige Jünglingsstatue aus archaischer Zeit, ein Kouros. Wie alle Jünglingsfiguren (Kouroi) jener Epoche ist sie nackt, im Gegensatz zu den Mädchenfiguren (Koren), die immer bekleidet dargestellt waren. Eines aber hatten beide Geschlechter gemeinsam: Alle erhalten gebliebenen Köpfe tragen den Ausdruck eines feinen Lächelns.

> ### Der kolossale Kouros von Sámos
>
> Schon seit langem besaß das Museum den linken Oberschenkel und Arm einer offensichtlich riesigen Jünglingsstatue archaischer Zeit. 1973 fand man dann den rechten Oberschenkel. 1980 erhielten die drei einsamen Körperteile des 6. Jh. vor Christus unerwartete Gesellschaft: Im Heraion stießen deutsche Archäologen auf den zugehörigen, massiven Körper aus geädertem Marmor. Dem Aufstellen des Kouros stand jetzt eigentlich nichts im Wege; nur ein für solche Ausmaße und Gewichte geeigneter Raum fehlte. Nachdem der Boden extra um zwei Meter abgesenkt worden war, fand sich im Museumsneubau doch ein geeignetes Plätzchen. Allerdings musste erst eine Mauer eingerissen werden, um den mächtigen Leib überhaupt in das Gebäude hineinzubringen. 1984 folgte die nächste Sensation, als Grabungen auch den Kopf des Kolosses zutage förderten. Um ihn richtig zu platzieren, wurde diesmal die Decke des Raums angehoben.
>
> Und so steht er nun fast vollständig im Museum, der größte seiner Art überhaupt, gute vier Tonnen schwer, fast fünf Meter hoch – und lächelt.

▸ **Altbau**: Wie die Kirche des Hl. Spyrídon vom Tabakhändler Paschális gestiftet und deshalb auch Paschálion genannt, birgt der Altbau des Museums eine Vielzahl kleinerer, dabei dennoch sehr bedeutender Stücke.

Im *Erdgeschoss* werden im Nordraum prähistorische, geometrische und archaische Funde ausgestellt; im Südraum stammen sie vor allem aus dem Heraíon des 6. Jh. v. Chr., als Sámos seine Blütezeit erlebte. Zu sehen sind außerdem kunstvoll gestaltete Gegenstände aus ägyptischen, persischen und orientalischen Werkstätten, die die vielfältigen Handelsbeziehungen der Insel verdeutlichen. Bereits ab dem 7. Jh. v. Chr. beeinflusste dieser rege Austausch die samische Kunst.

Mächtig und dennoch freundlich: der kolossale Kouros

Importierte Kunstobjekte sind zusätzlich im *Obergeschoss* ausgestellt, darunter zahlreiche sehr schöne Stücke aus Zypern und aus Ägypten: Skarabäen, Katzen, Ibisse, Horusfalken und der füllige Fruchtbarkeitsgott Bes. Der Schwerpunkt im Obergeschoss liegt jedoch auf zwei besonders ungewöhnlichen und bemerkenswerten Sammlungen: Die eine umfasst sehr seltene *Votivgaben* aus Holz und Elfenbein, die sich im immerfeuchten, luftundurchlässigen Boden des Heraíon gut erhalten haben und durch ein spezielles Präparationsverfahren nach ihrer Entdeckung geschützt werden konnten. Die andere Sammlung zeigt zahlreiche *Greifenköpfe*, die an Weihkesseln und Haustüren des 8.–6. Jh. v. Chr. angebracht waren und zur Abwehr von Bösem dienen sollten.

Áno Vathí

Südlich oberhalb der Hauptstadt, an einem Hang zwischen zwei Hügelkuppen gelegen, war Áno Vathí ab dem Ende des 17. Jh. Ausgangspunkt der Küstenbesiedelung. Auch heute noch erinnert hier vieles an alte Zeiten, zeigt sich die Atmosphäre entspannt und fast dörflich. Ein Bummel durch das romantische Ensemble aus traditionellen Häusern, bunten Blumenkanistern, sehenswerten Kirchen und hübsch gepflasterten Treppengassen lohnt sich trotz des anstrengenden Aufstiegs, der vom Zentrum aus eine gute Viertelstunde in Anspruch nimmt. Einen Hauptplatz gibt es in Áno Vathí nicht, stattdessen vereinzelte, oft hübsch weinüberrankte Kafenía und Bars. In den engen, steilen Gassen kann man sich leicht einmal verlaufen, doch gehört dies zu einem Ausflug hierher fast dazu. Auffällig ist die Bauweise der Häuser, deren oberes Stockwerk, von Holzbalken gestützt, balkonartig den Grundriss überragt – so schuf man Wohnraum und ließ gleichzeitig Platz in den Gassen. Obwohl das ganze Gebiet unter Denkmalschutz steht, verfällt leider ein Teil der oft noch bis ins 18. Jh. zurückgehenden Bauten, doch werden auch immer mehr der alten Häuser aufwändig restauriert.

Die Umgebung von Sámos-Stadt

Der Osten der Insel erschließt sich am besten mit dem eigenen oder geliehenen Fahrzeug, die nähere Umgebung der Hauptstadt auch zu Fuß – die Distanzen sind gering. Sommerbusse fahren nur zum Strand Psilí Ámmos.

Nach Norden bis Agía Paraskeví

Nicht unbedingt ein Badeausflug, da die Strände unterwegs von eher gebremstem Reiz sind. Dafür jedoch eine schöne Fahrradtour, als Teilstrecke auch ein angenehmer Spaziergang. Stolze Besitzer frisch gemieteter Fahrzeuge sollten etwas Vorsicht walten lassen: Der Verkehr ist zwar mäßig, das Sträßchen aber arg schmal und der Sinn der Entgegenkommenden für das Rechtsfahrgebot oft wenig ausgeprägt.

Vom Hafen geht es in nördlicher Richtung zunächst durch die locker gebaute Hotelsiedlung Kalámi, danach durch eine ruhige, fruchtbare Gartenlandschaft, in der nur mehr vereinzelte Villen stehen. Unterwegs bieten sich immer wieder schöne Ausblicke auf den Golf, besonders reizvoll gegen Abend. Beim *Kap Kótsikas*, knapp fünf Kilometer vom Hafen entfernt, wandelt sich die Landschaft und wird herber. Vorgelagert sind einige spärlich bewachsene Felsin-

Felseninsel im blauen Meer: Ausblick vom Kirchlein Profítis Ilías nach Norden

seln. Kurz danach trifft man auf das in Militärbesitz befindliche Kloster *Panagía Kótsika* (Fotografierverbot!). Der Strand *Asprochóri*, etwa drei Kilometer weiter, ist über eine Piste linker Hand zu erreichen; die scharfkantigen Felsen und groben Steine sind den kurzen Abstecher kaum wert. In der Nähe der Abzweigung zum Strand führt ein rechter Hand ansteigendes, zunächst asphaltiertes Sträßchen südlich um Agía Paraskeví herum zur steinigen Bucht von *Galázio* und im weiteren Verlauf als Piste bis nach Kamára auf der Hochebene von Vlamári, siehe auch weiter unten.

Livadaki-Strand: Dieser kleine, neu erschlossene Strand lohnt einen Umweg schon eher, auch wenn die kurz vor Agía Paraskeví nach Norden abzweigende Zufahrt (zuletzt beschildert: "To the Beach") über eine gut 2,5 Kilometer lange Piste führt. Giannis, ein Fahrradvermieter aus Sámos-Stadt, hat zusammen mit seinem Kompagnon den letzten Teil der Piste erst kürzlich schieben lassen und eine Bar eröffnet. Zu vermieten sind Sonnenschirme, Liegen und sogar Kajaks, mit denen man die vorgelagerten Inselchen umpaddeln kann; der Strand aus Kieseln und Sand erstreckt sich in einer engen Bucht und fällt im Wasser nur langsam ab.

Wanderung 1: Zur Aussichtskapelle des Propheten Elias

Route: Sámos-Stadt – Profítis Ilías (ca. 320 m) – Sámos-Stadt; **reine Wanderzeit**: knapp 2 Stunden; **Einkehr**: nur in Sámos-Stadt

Charakteristik: Eine relativ kurze Wanderung, am Urlaubsanfang gerade recht, um sich ein wenig "warmzulaufen" und einen Überblick über das Gebiet um Sámos-Stadt zu erhalten. Der Aufstieg auf eine Höhe von gut 300 Meter über dem Meer wird mit einer herrlichen Aussicht belohnt. Schatten allerdings gibt es unterwegs fast nicht, Sonnenschutz ist also wichtig. Orientierungs-

Schlicht: das kleine Kirchlein Profítis Ilías

schwierigkeiten sollten kaum auftreten. Etwas kompliziert könnte sich einzig der erste Wegabschnitt durch die Stadt selbst gestalten, zumal im Gebiet des Ortsrands kräftig gebaut wird – der Stadtplan auf der vorderen Umschlaginnenseite gibt jedoch ausreichende Hilfestellung. Ein Erlebnis für sich ist das Fest am Jahrestag des Propheten, dem 20. Juli bzw. seinem Vorabend.

Verlauf: Die Wanderung beginnt an der *Platía Ágios Nikoláou*, bei der großen Mitrópolis-Kirche und unweit der zentralen Platía Pythágoras. Von hier geht es bei der Bar in der Nordostecke des Platzes in die enge Gasse. Man läuft an einem winzigen Treppen-Sackgässchen und einem Treppenweg vorbei, steigt dann bei dem schönen, leider halb verfallenen Haus auf dem nächsten, zweiten (bzw. mit dem Sackgässchen dritten) Treppenweg rechts aufwärts und über ein Querstraßchen hinweg bis ans Ende. Dort hält man sich kurz rechts, biegt aber schon nach kaum 10 m erneut auf einen diesmal links aufwärts abzweigenden Treppenweg ab. Dieser endet am (derzeitigen) Ortsrand bei einem grünen Haus und einem oberhalb verlaufenden Schotterweg, dem man nach rechts folgt. Etwa 100 m weiter geht es bei zwei Zypressen links auf den ansteigenden Weg, der auf eine Reihe von weiteren Bäumen zuführt. Wenig später führt dieser Weg rechts an einer kleinen weißen Kapelle mit rotem Ziegeldach vorbei, die man nach insgesamt höchstens 15 min. Fußweg passiert haben sollte.

Kurz hinter der Kapelle steigt der Weg, nunmehr betoniert, steil an und endet an einer breiten geschobenen Staubpiste, der man nach links folgt. Auf diesem Fahrweg geht es nun etwa 40 min. lang in meist großen Schleifen aufwärts, vorbei an den Mäuerchen längst aufgegebener Terrassenkulturen. Allmählich kommt das kleine Gipfelkirchlein in Sicht, überragt von mächtigen Antennenanlagen. Schließlich, man glaubt schon, am Berg vorbeizulaufen, gilt es bei einer Gabelung der Piste auf einen sehr engen Fußpfad zu achten, der rechter Hand zwischen zwei Kiefern hindurch bergwärts abzweigt – die Stämme der beiden Bäume sind gerade noch sichtbar rötlich bemalt, die Steine unterhalb geweißelt. Der Aufstieg auf dem sich nun gelegentlich verzweigenden, steilen Trampelpfad nimmt nur mehr wenige Minuten in Anspruch. Dabei gerät das Kirchlein zwar häufig außer Sicht, doch helfen weiße Markierungen und eine große, weithin erkennbare Steinpyramide unterhalb des Gipfels bei der Orientierung; zudem führen letztlich alle ausgetrampelten Wege hinauf zum Kirchlein.

Das Panorama, das sich von dem kleinen blau-weißen Kirchlein aus bietet, ist beeindruckend. Fast wie auf einem Luftbild liegen die Bucht und die Stadt Sámos vor dem Betrachter ausgebreitet, im Hintergrund überragt von den Gipfeln des Ámpelos-Gebirges. Auch der Blick nach Norden, hinunter zur Halbinsel Nisí und den vorgelagerten Inselchen, ist bezaubernd. Allerdings weht es hier oben recht heftig, die Mauern der Kirche sind deshalb nicht nur als Schutz vor der Sonne, sondern auch vor dem Wind sicher willkommen. Wer

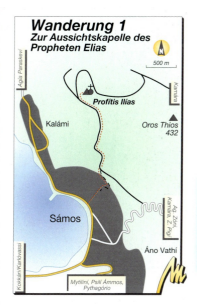

mag, kann im Inneren des Kirchleins eine Kerze anzünden, sollte aber die entsprechende Spende nicht vergessen. – Zurück nach Sámos-Stadt geht es in etwa 45 min. auf demselben Weg wie beim Aufstieg.

Vlamári und die Klöster Agía Zóni und Zoodóchos Pigí

Die beiden Klöster Zoodóchos Pigí und Agía Zóni, beide östlich von Sámos-Stadt gelegen, bilden beliebte Ausflugsziele, werden auch auf der weiter unten beschriebenen Wanderung 2 berührt. Von Urlaubern abgesehen, ist das Verkehrsaufkommen sehr gering.

▸ **Vlamári-Hochebene**: Östlich oberhalb der Stadt, zu erreichen über ein kurvenreich ansteigendes Sträßchen, das zwischen dem Ortszentrum und Áno Vathí an der Kreuzung bei der Taverne Ta Kotópoula beginnt, erstreckt sich eine fruchtbare kleine Hochebene. Vlamári war einmal die Kornkammer und das Gemüsebeet der Stadt Sámos, doch ist auch hier die Landflucht spürbar: Nur vereinzelt noch werden die Felder bestellt, viele liegen brach.

▸ **Moní Agía Zóni** (7–13, 16–20 Uhr): Kurz nach Erreichen der Hochebene gabelt sich das von Sámos-Stadt kommende Sträßchen. Geradeaus geht es zum Weiler Kamára und zum Kloster Zoodóchos Pigí, nach rechts zunächst zum kleinen Dorf Agía Zóni (Taverne) und zum gleichnamigen Kloster, in dem momentan drei Mönche leben. Das Kloster Agía Zóni, gegründet 1695, macht mit

Im Wartestand: Kerzenleuchter im Kloster Agía Zóni

seinen hoch angesetzten Fenstern einen wehrtüchtigen Eindruck, zeigt sich aber im Innenhof von friedlichem Grün und in fast überbordendem Blumenschmuck. Die wertvollen Fresken, mit denen die Kirche fast komplett ausgemalt ist, sind leider in Mitleidenschaft gezogen. Sehenswert ist auch die schön geschnitzte Ikonostase von 1801, die Szenen aus dem Alten und dem Neuen Testament zeigt. – Nach Süden zu ließe sich der Ausflug über die Verbindungsstraße hinüber zu den Buchten von Kérveli und Posidónio ausdehnen, das in nördliche Richtung verlaufende Sträßchen führt hingegen weiter nach Kamára und Zoodóchos Pigí.

Feste **Panijíri**, Kirchweihfest der Klosterkirche, alljährlich am 31. August.

Kamára: Der kleine Weiler, auf direktem Weg etwa fünf Kilometer von der Hauptstadt entfernt gelegen, wirkt oft halb entvölkert. Vor allem Ausflügler sind es wohl, die die beiden Tavernen (von Lesern empfohlen: "O Kriton", man spricht Deutsch) hier am Leben erhalten.

Mourtiá ist über ein mittlerweile asphaltiertes Sträßchen zu erreichen, das am östlichen Rand der Ebene, kurz vor dem Anstieg der Serpentinenstraße zum Kloster Zoodóchos Pigí, rechter Hand meerwärts abbiegt. Viel geboten ist in der Bucht jedoch nicht: Es gibt ein paar Unterstände von Fischern, jedoch nur einen unscheinbaren Kieselstrand und keine Taverne. Immerhin finden sich ein ganzes Stück südlich, relativ abgelegen und schlecht zu erreichen, die beiden Láka-Buchten, die eben wegen ihrer abgeschiedenen Lage selten überlaufen sind.

▸ **Moní Zoodóchos Pigí** (10–12, 18–20 Uhr, Fr geschlossen): Die fantastische, beherrschende Lage in rund 300 Meter Höhe über dem Meer hat den wehrhaft wirkenden und ab 1756 tatsächlich auch als eine Art Festung errichteten "Lebensspendenden Quell" zu einem beliebten Ausflugsziel gemacht. Derzeit wird das Kloster von drei Nonnen bewohnt. Schade, dass Schilder im hübschen Innenhof auf die dem Ort angemessene Kleidung verweisen müssen – also: "No shorts!" Erst recht nicht in der 1782 erbauten Kirche, deren kunstvoll geschnitzte, vergoldete Ikonostase mit dem hochverehrten Marienbild einen Blick wert ist, ebenso wie die vier Säulen, die die Kuppel stützen: Sie stammen aus einem antiken Tempel der kleinasiatischen Stadt Milet. Der detaillierte Türkeiblick vom Kloster begeistert übrigens auch das Militär, das hier einen ständigen Posten eingerichtet hat. Beim Fotografieren in der Umgebung sollte man deshalb zurückhaltend sein.

Feste **Panijíri**, das Kirchweihfest der Klosterkirche, findet am 6. Mai statt.

Wanderung 2: Klosterrundtour ab Sámos-Stadt

Route: Sámos-Stadt – Moní Agía Zóni – Kamára – Moní Zoodóchos Pigí (Fr geschlossen!) – Kamára – Profítis Ilías (ca. 320 m) – Sámos-Stadt;
reine Wanderzeit: 4,5–5 Stunden; **Einkehr**: Tavernen in Agía Zóni und Kamára (zur NS nicht immer geöffnet)

Charakteristik: Eine recht ausgedehnte Wanderung im Gebiet östlich der Hauptstadt, die zu den beiden oben beschriebenen Klöstern und einer kleinen Kapelle führt. Unterwegs bieten sich mehrfach herrliche Panoramen, Schatten ist hingegen rar. Einige kürzere Teilstücke werden auf Asphaltstraßen zurückgelegt, das Verkehrsaufkommen ist jedoch gering. Um auch das Innere der Klöster besuchen zu können, sollten die Öffnungszeiten beachtet werden.

Verlauf: Die Wanderung beginnt zwischen Sámos-Stadt und Áno Vathí, bei der platanenbeschatteten Kreuzung vor der Taverne Ta Kotópoula (siehe auch Stadtplan). Von hier folgt man zunächst in etwa östlicher Richtung der Beschilderung nach Vlamári und zu den beiden Klöstern, biegt aber schon nach etwa 30 m rechts auf das in spitzem Winkel abzweigende und zunächst fast parallel zur Hauptstraße verlaufende Asphaltsträßchen ein. 100 m weiter geht es bei einer Gabelung links auf den ansteigenden Pflasterweg, der bald an einem kleinen Bildstock vorbeiführt. Nach etwa 5 min. erreicht dieser alte Weg wieder die Straße, setzt sich aber schon zehn Meter weiter rechter Hand fort und bietet im weiteren Anstieg schöne Rückblicke auf Sámos und den Golf. Knappe 10 min. später trifft der Pflasterpfad am Rand der Hochebene erneut auf die Hauptstraße, der man nun ostwärts folgt, vorbei an einer mit "Vathi" beschilderten Abzweigung. An der Gabelung 300 m weiter hält man sich rechts und folgt dem Schild nach Agía Zóni und Paleókastro. Gut 15 min. lang geht es nun am Rand der Vlamári-Hochebene entlang bis zum Weiler Agía Zóni. Dort nimmt man an der Gabelung bei der Taverne die linke Abzweigung und erreicht bald darauf das *Kloster Moní Agía Zóni*. Eine Rast im Schatten ist hier sicher willkommen.

Nach der Besichtigung hält man sich am Ausgang rechts und folgt dem Sträßchen in den etwa 15 min. entfernten Weiler *Kamára*, geht an der Straßenkreuzung dort dann rechts Richtung Kloster Zoodóchos Pigí. Weiterhin auf Asphalt, verlässt man den Ort in östlicher Richtung. Nach rund 10 min. geht es in einer Linkskurve vorbei an der Abzweigung der Straße hinab zur Bucht Mourtiá, stattdessen aufwärts durch den Wald. Etwa 150 m hinter der Abzweigung gilt es in einer weiteren Linkskehre, auf den alten Pfad hinauf zum Kloster zu achten, der von der Hauptstraße geradeaus bzw. leicht nach rechts abzweigt. In mehreren weiten Kehren steigt der gepflasterte Pfad nun an, bietet dabei schöne Blicke hinab auf die Küste und über das Meer bis hin zur nahen Türkei. Nach gut 10 min. trifft er als Treppenweg wieder auf die Straße, der man nach rechts folgt. Wenige hundert Meter weiter setzt sich in einer Rechtskurve der alte Weg auf der gegenüberliegenden Straßenseite nach links aufwärts fort, passiert bald darauf ein Brunnenhaus mit Quelle, die allerdings nicht immer Wasser führt. Nun sind es noch etwa 10 min. auf dem am Schluss fast eben verlaufenden Weg zum *Kloster Moní Zoodóchos Pigí*, das schon von weitem zu erkennen ist.

Vom Kloster wandert man auf demselben Weg zurück nach *Kamára*. Von dort könnte man über die Asphaltstraße wieder nach Sámos-Stadt zurückkehren.

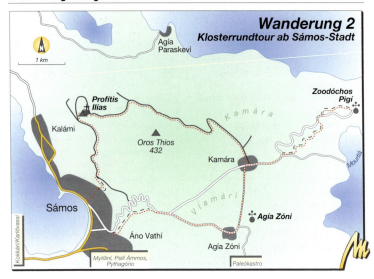

Wer die komplette Wanderung absolvieren möchte, geht stattdessen etwa 10 m vor der Straßenkreuzung nach Agía Zóni rechts das leicht ansteigende Asphaltsträßchen entlang, das nach kaum einer Minute eine mächtige Platane erreicht; 5 Meter vor dem Baum gibt es einen Wasserhahn mit gutem Quellwasser. An der Platane hält man sich erneut rechts und folgt dem anfangs noch betonierten Sträßchen in etwa nördliche Richtung aufwärts durch einen Taleinschnitt, vorbei an teils verlassenen, teils neu erbauten Häusern. An einer Gabelung etwa 300 m hinter dem Baum wählt man den linken Feldweg (beschildert: Profítis Ilías), der in der Folge in einem weiten Bogen entlang der landwirtschaftlich genutzten Ebene von Kamára verläuft. Anfangs weitgehend eben, dann allmählich ansteigend, führt er zunächst auf den westlichen Rand des Hochtals zu und dort nach zwei engen Kehren hinauf zu einem Sattel zwischen zwei Höhenzügen, den man knapp 30 min. hinter Kamára erreicht. An der Gabelung hier bleibt man auf dem links aufwärts verlaufenden (Haupt-) Weg, der im weiteren Verlauf schöne Ausblicke auf die nördliche Halbinsel Nisí und die vorgelagerten Inselchen bietet. Schließlich läuft der Weg in einer großen Kurve auf den *Profítis Ilías* zu, der schon von weitem an den Sendeanlagen auf seinem Gipfel kenntlich und über eine Abzweigung nach links aufwärts zu erreichen ist. Etwa 30 min. hinter der Gabelung auf dem Sattel kann man im schlichten Inneren des kleinen Gipfelkirchleins gegen eine kleine Spende eine Kerze anzünden und dann das herrliche Panorama der Bucht und der Stadt Sámos genießen.

Von hier oben aus lässt sich auch gut der weitere Verlauf des Wegs hinab in die Stadt erkennen, der in der Gegenrichtung des weiter oben beschriebenen Aufstiegs der Wanderung 1 verläuft. Bei der Eingangsseite des Kirchleins führt ein schmaler, weiß markierter Trampelpfad hinab, für den allerdings etwas Trittsicherheit benötigt wird. In wenigen Minuten Abstieg ist der geschobene Fahrweg erreicht, an dem man sich links hält. Mit schöner Aussicht auf Sámos geht es auf der breiten Piste nun fast 30 min. bergab, bis man fast schon meint, an der Stadt vorbeizulaufen. Schließlich zweigt doch noch ein steiler, anfangs betonierter Weg nach rechts unten ab. Ihm geradeaus folgend, links an einer kleinen Kapelle vorbei und durch ein kurzes Waldstück, gelangt man zu den ersten Häusern von Sámos-Stadt, hoch am Hang oberhalb des Zentrums. Hält man sich hier rechts, trifft man nach etwa 100 m auf einen links abwärtsführenden Treppenweg. An seinem Ende rechts, gleich wieder auf einem weiteren Treppenweg links abwärts und unten angekommen links gehend, ist nach wenigen Minuten die kleine *Platía Ágios Nikoláou* unweit des zentralen Löwenplatzes erreicht.

Kérveli und Posidónio

Die beiden kleinen, als Ausflugsziel beliebten, aber selten überlaufenen Buchten liegen in reizvoller Landschaft südöstlich von Sámos-Stadt. Zu erreichen sind sie über die oben erwähnte Straße von Agía Zóni oder, die gebräuchlichere Route, über eine Seitenstraße, die im Gebiet von Trís Ekklisiés von der Hauptstraße nach Pythagório abzweigt. Ihren Namen Trís Ekklisiés ("Drei Kirchen") trägt die Gabelung übrigens nach den drei aneinander gebauten Kapellen, die jeweils einem anderen Heiligen gewidmet sind – wohl die einzige derartige Dreierkirche der Insel.

Paleókastro liegt auf der Strecke, wenn man die zweite Variante wählt, ein auf den ersten Blick eher modern wirkender, im alten Kern jedoch noch sehr urtümlicher Ort. Der Name ("Alte Burg") des kleinen, landwirtschaftlich orientierten Dorfs erinnert an eine ehemalige Festung. Tatsächlich sind etwas außerhalb, bei einem Gehöft ein paar hundert Meter südwestlich der Siedlung, noch antike Steinquader zu sehen, die heute die Grundmauern einer kleinen Kapelle bilden. Glaubt man den Erzählungen älterer Samier, so genossen die Einwohner von Paleókastro gegen Ende des 19. Jh. einen inselweiten Ruf als "Diebe im Auftrag der Nation": Nachts setzten sie von Posidonio in kleinen Booten über in die nahe Türkei, stahlen dort Pferde und Kühe und zwangen die Tiere, durch die Meerenge nach Sámos zu schwimmen.

• *Essen* **Snack Bar To Steki**, ein Lesertipp von Doris Krummenacher: "Sehr feines und preiswertes Essen, Gemüse und Salate topfrisch aus dem Garten. Gegessen wird auf dem Dorfplatz. Die Besitzerin spricht nur Griechisch, ihre Tochter weilt jedoch sommers auch dort und spricht gut Deutsch."

▸ **Kérveli** liegt etwa neun Kilometer südwestlich von Sámos-Stadt, am Ende der Straße, die sich in Serpentinen hinab zu der kleinen Strandbucht windet. Kaum ein Dutzend neuere Häuser wurden bislang im landwirtschaftlich genutzten Hinterland errichtet, doch sind weitere Gebäude im Entstehen. Der schmale Ortsstrand besteht aus Kieseln und bietet etwas Schatten durch Tamarisken; das Wasser ist meist ruhig. Im Sommer kann man Tretboote und sogar Surfbretter leihen, außerdem gibt es Tavernen und Privatvermieter. Eine weitere, neu angelegte und einem Strandbad ähnelnde Bademöglichkeit liegt kurz vor dem Hotel Kérveli Village, genannt "Platanakia Beach"; auch hier kann man Schirme und Liegen mieten, die recht hübsch auf verschiedene Höhenstufen des Geländes verteilt sind, eine kleine Bar ist vorhanden. Öffentliche Verkehrsverbindungen nach Kérveli bestehen nicht. Auch ein weiterer kleiner Nachteil der Siedlung soll

Umgebung von Sámos-Stadt

nicht verschwiegen werden: Je nach Jahreszeit verschwindet die Sonne hier schon relativ früh am Nachmittag, spürbar besonders im Herbst.

- *Übernachten* **Hotel Kérveli Village** (B), luxuriöse Villensiedlung in toller Lage über dem Meer. Reizvolle Bauweise – der Besitzer ist Architekt und hat den Komplex selbst geplant. Aller Komfort inkl. Klimaanlage, schön gelegenem Meerwasserpool etc. Im Programm verschiedener Veranstalter, Vorbuchung ratsam, oft voll belegt. Es gibt zwar einen Hotelbus nach Sámos-Stadt, angesichts der abgeschiedenen Lage sollte man aber wohl dennoch einen Mietwagen gleich ins Budget einplanen. Geöffnet April–Oktober, DZ/Bad/F etwa 60–75 €, mit Halbpension nicht viel teurer. ✆/≡ 22730 23006, www.kerveli.gr. **Apartments Sunwaves**, strandnah hinter der zweiten Taverne. Insgesamt zehn Apartments à zwei Zimmer, Küche, Bad, geöffnet Mitte April bis Ende Oktober. Preis für zwei Personen je nach Saison etwa 40–55 €. ✆ und ≡ 22730 24980.

Von Kérveli kann man in etwa eineinhalb Stunden zur Bucht von Posidónio wandern. Der Weg beginnt am südlichen Strandende und führt über einen mit Olivenbäumen und Kiefern bestandenen Hügelrücken.

▸ **Posidónio** ist mit dem Fahrzeug über einen Abzweig der Straße nach Kérveli zu erreichen. Hinter dieser Gabelung sind es noch etwa sieben Kilometer durch schöne Landschaft, die allmählich karger und felsiger wird; streckenweise löst Macchia die schattigen Kiefern und Ölbäume ab. Seinen Namen soll Posidónio daher tragen, dass hier einst der Meeresgott Poseidon eine Kultstätte besaß. Die Strandsiedlung selbst ist in fantastischer Lage errichtet, an einer nach Südwesten geöffneten, durch weit vorspringende Landzungen aber sehr abgeschlossen wirkenden Bucht. Die türkischen Mykale-Berge scheinen hier nur einen Katzensprung entfernt: Sieben Stadien ("Eftástadios") maßen die alten Griechen am nahen Kap, etwa 1350 Meter. Es verwundert nicht, dass sich der landschaftlich so begünstigte kleine Fischerhafen zum beliebten Ausflugsziel gewandelt hat, dass hier Tavernen und auch eine Reihe von Unterkünften entstanden sind. Gemessen an der Besucherzahl von Psilí Ámmos beispielsweise ist es aber noch regelrecht ruhig – vielleicht liegt es an den bescheidenen Dimensionen des aus feinem Kies aufgeschütteten Strandes. Aber auch wenn die Bademöglichkeiten nicht umwerfend sind, lohnt sich ein Abstecher auf jeden Fall; für Ruhe suchende Romantiker mag Posidónio zumindest in der Nebensaison auch als Quartier interessant sein – ein eigenes Fahrzeug scheint dann jedoch unabdinglich, denn zuletzt gab es in den kleinen Ort keinerlei Busverbindungen mehr.

Siderás: Östlich von Posidónio liegt die kleine Bucht von Siderás mit einem winzigen Kiesstrand. Im Hinterland stehen einige wenige Sommerhäuser, eine Taverne existiert nicht.

- *Übernachten/Essen* **Taverne Posidónio**, mit einer stimmungsvoll ins Meer gebauten Terrasse. Fangfrischer Fisch, nach Gewicht berechnet – besser, sich vorab den Preis zu erkunden. Die Besitzerfamilie Kerkezos spricht Deutsch und vermietet auch eine Reihe von Studios; am schönsten sind natürlich die in der ersten Reihe mit Meerblick. Preis nach Saison ca. 35–60 €; geöffnet ist ab etwa April bis Oktober. ✆ 22730 22267, ≡ 22730 22493. **Weitere Vermieter** im Umfeld: "Marlen", ✆ 22730 27874, "Nyota", ✆ 22730 27584.

▸ **Klima** heißt die Bucht etwa einen Kilometer westlich von Posidónio. Zu erreichen ist sie zu Fuß am Meer entlang, mit dem Fahrzeug über eine Abzweigung von der Straße nach Sámos. Hier geht es noch wesentlich ruhiger zu als in Posidónio – um den Strand aus großen Kieseln stehen bislang nur wenige Ferienhäuser und zwei Sommertavernen. Von Klima führt eine steinige, aber

Schöne Bucht, "sieben Stadien" von der Türkei entfernt: Posidónio

panoramenreiche Jeep-Piste immer etwa parallel zur Küste bis ins Hinterland des Strands Psilí Ámmos, wendet sich dort jedoch wieder landeinwärts (vgl. Wanderung 3); Wanderer können hier zum Strand absteigen, eine Fahrzeugzufahrt gibt es jedoch nicht.

• *Übernachten* **Studios St. Louis**, einem der beiden Lokale angeschlossen. Acht solide möblierte und gut ausgestattete Studios, Preis für zwei Personen nach Saison 30 bis knapp 40 €. Auch ein kleines Haus gibt es zu mieten. Geöffnet ist Mai bis September, ✆ 22730 80017.

Psilí Ámmos

Der "feine Sand" (so die Übersetzung), zehn Kilometer südlich von Sámos-Stadt, wird manchmal als schönster Sandstrand der Insel bezeichnet. Im Westen allerdings gibt es Besseres, unter anderem einen weit weniger besuchten Strand gleichen Namens.

Immerhin, der beste Sandstrand des Ostens ist Psilí Ámmos sicher. Und der meistfrequentierte auch: Die Zahl gebührenpflichtiger Parkplätze an der Zufahrtstraße lässt ahnen, was sich hier zur Hochsaison abspielt. Für den Ansturm gerüstet zeigen sich mehrere Tavernen und verschiedene Verleiher von Sonnenschirmen. Die Besucher erwartet etwa dreihundert Meter mit Bims durchsetzter Sand und ein wunderbares Panorama der zum Greifen nahen türkischen Küste. Das Wasser fällt sehr flach ab und ist aufgrund der Strömungsverhältnisse manchmal recht kalt. Die Strömung lässt es auch ratsam erscheinen, beim Hinausschwimmen zu dem kleinen Inselchen Vorsicht walten zu lassen und auch nicht auf der Luftmatratze einzuschlafen – mancher Träumer soll erst in der Türkei wieder aufgewacht sein ...

• *Verbindungen* Busse von und nach Sámos-Stadt von etwa Anfang Juli bis Ende September, Anfang Oktober 1- bis 2-mal täglich, im August evtl. häufiger. Von Pythagório besteht keine Busverbindung, es verkehren jedoch Ausflugsboote, Näheres siehe dort.

• *Übernachten* **Elena's Apartments**, moderner Bau direkt an der Westseite des Strands.

Studios und Apartments mit Küche, Balkon und Meerblick. Geöffnet ist Mai bis Oktober, offizieller Preis für zwei Personen im Studio ca. 35–45 €, Vierer-Apartment 50–60 €, zur NS manchmal auch günstiger. Elena spricht Englisch; ✆ 22730 23645, ✆/≋ 22730 28959.

▸ **Mykáli-Strand**: Kilometerlang und in manchen Bereichen fast menschenleer erstreckt sich dieser Strand neben der einzigen Straße, die auf Psilí Ámmos zuführt. Tavernen und Schatten durch Sonnenschirme gibt es nur im westlichen Teil. Der saubere, wenn auch vielleicht ein wenig öde Strand besteht aus Kieseln, im Wasser jedoch meist aus Sand. Das spärlich bewachsene und lange völlig unbesiedelte Hinterland verunstalten mittlerweile einige rücksichtslos in die Landschaft geklotzte große Hotelanlagen, deren Gäste ihren Urlaub in der Mitte von Nirgendwo verbringen müssen. Beim Knick der Straße landeinwärts liegt linker Hand das Becken einer im Sommer ausgetrockneten großen Saline (Alíki), die nach den winterlichen Regenfällen häufig von Wildgänsen, Reihern, Störchen und sogar von Flamingos besucht wird.

• *Essen* **Taverne Kalypso**, ein Lesertipp von Evelyn Köder und Rolf Kilchert: "Hier kommen auch Vegetarier auf ihre Kosten, denn auf der Karte finden sich sowohl einige vegetarische Vorspeisen als auch Hauptgerichte (Reis mit Gemüse, Nudeln ohne Fleisch etc.). Das Preis-Leistungs-Verhältnis ist sehr gut und der Service war vorzüglich."

Wanderung 3: Von Psilí Ámmos nach Sámos-Stadt

Route: Strand Psilí Ámmos – Paleókastro – Áno Vathí – Sámos-Stadt; **reine Wanderzeit**: ca. 2 Stunden; **Einkehr**: Tavernen am Strand Psilí Ámmos, in Paleókastro (nicht immer geöffnet), Áno Vathí und Sámos-Stadt

Charakteristik: Eine wenig anstrengende, wenn auch der Sonne voll ausgesetzte Wanderung durch landwirtschaftlich genutztes Hügelland. Nützlich ist dieser Fußweg insbesondere zur Verlängerung eines Badeaufhalts, da der letzte Sommerbus nach Sámos-Stadt in der Regel schon am frühen Nachmittag Psilí Ámmos verlässt. Die Route verläuft überwiegend auf Staubpisten, teilweise auch auf wenig befahrenen Asphaltstraßen.

Verlauf: Vom *Strand Psilí Ámmos* folgt man zunächst der Straße, biegt aber schon nach etwa 100 m gegenüber einer neuen Taverne ("O Dinos") nach rechts in den schmalen, als Sackgasse ausgewiesenen Betonweg ein; ein griechischer Hinweis auf das Metamorfósis-Kirchlein war zuletzt leider demontiert. Nach etwa 300 m hält man sich an einer Gabelung links und folgt dem ansteigenden Betonweg. Bei dem weißen Kirchlein verwandelt sich der Weg in einen alten Pflasterpfad. Kurz darauf folgt ein weiß gekalkter, ummauerter Brunnen, vor dem man sich auf einem schmalen Weg hart links nach oben wendet. Nach kaum 20 m Aufstieg ist eine breitere, befahrbare und an dieser Stelle betonierte Piste erreicht, die vom Weiler Klima kommt und an der man sich links hält – seit dem Beginn der Wanderung am Strand sind nun kaum mehr als 5 min. verstrichen.

Anfangs verläuft diese Piste auf das Gebiet oberhalb der großen Saline (Alíki) zu, biegt dann jedoch bald landeinwärts ab, schwingt sich in einer Reihe weiter Kurven und enger Kehren allmählich nach Norden und gewinnt dabei langsam an Höhe. Der Hauptweg bleibt gut zu erkennen, sämtliche Abzweigungen werden ignoriert. Etwa 20 min., nachdem man auf die Piste getroffen ist, passiert sie einige Hütten, vor denen gelegentlich ein Holzkohlemeiler aufgeschüttet ist; weitere 15 min. später geht es geradeaus vorbei an einer Abzweigung nach rechts oben, die auf griechisch mit "Ág. Rafail" beschildert ist.

Die etwa 100 m weiter folgende Abzweigung nach links, die auf einige Häuser zuläuft, bleibt ebenfalls unberücksichtigt; stattdessen folgt man weiterhin dem Hauptweg. Während der nächsten 15 min. geht es noch mehrfach an kleineren Abzweigungen vorbei, doch nach insgesamt etwa einer Stunde Wanderzeit ist gegenüber von einem einzeln stehenden Haus die Asphaltstraße von Paleókastro nach Kérveli und Posidónio erreicht. Hier rechts und bei der nächsten Straßenkreuzung wieder links gehend, könnte man über den Weiler Agía Zóni nach Sámos-Stadt zurückkehren (vgl. Wanderung 2). Etwas kürzer ist es jedoch, sich stattdessen links zu halten – in wenigen Minuten ist *Paleókastro* erreicht.

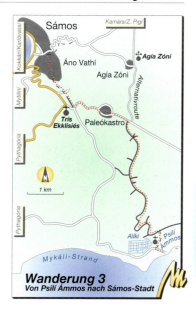

Wanderung 3
Von Psilí Ámmos nach Sámos-Stadt

Man spaziert durch das Dorf hinab zur Platía und folgt von dort wieder der relativ wenig befahrenen Asphaltstraße nach Westen aus dem Ort hinaus. Nach etwa 15 min. geht es an der Kreuzung mit der von Psilí Ámmos kommenden Straße rechts, und kaum eine Minute später ist die größere Kreuzung von Tris Ekklisiés erreicht. Hier gilt es, auf einen schmalen Betonweg zu achten, der im Gebiet zwischen dem großen Bazaar-Supermarkt und der nach Sámos hinabführenden Straße beginnt und etwa parallel zu dieser ebenfalls bergab führt. 200 Meter weiter hält man sich in einer Rechtskurve geradeaus und gelangt so auf den alten, restaurierten Pflasterpfad hinunter nach Áno Vathí. Nach etwa 300 m trifft dieser auf eine Straße, setzt sich jedoch auf der anderen Seite fort und erreicht schließlich Áno Vathí. Der Weg durch das Gassengewirr des alten Ortskerns hinab nach Sámos-Stadt ist schwer zu beschreiben, letztlich aber nicht zu verfehlen.

Variante in der Gegenrichtung: Auf dem Weg von Sámos-Stadt zum Strand Psilí Ámmos folgt man im ersten Teilstück der Wanderung 2 bis in das Dorf Agía Zóni. An der Gabelung bei der Taverne nimmt man jedoch nicht das Sträßchen zum gleichnamigen Kloster, sondern hält sich rechts aufwärts und läuft entlang der schmalen, wenig befahrenen Asphaltstraße in etwa 30 min. nach Süden bis zur Straße von Paleókastro nach Kérveli und Posidónio. Hier geht es rechts und nach 200 m bei einem einzeln stehenden Haus links auf den oben beschriebenen Feldweg, beschildert: "Psilí Ámmos 6 km". Nach knapp 60 min., wenn sich die Piste wieder etwas landeinwärts wendet und so das Strandgebiet umgeht, muss man in einer betonierten Kurve auf ein griechisch mit "Pros Metamorfósis" beschriebenes Schild etwa acht Meter unterhalb des Wegs achten (sobald rechter Hand ein Zaun auftaucht, der das Verlassen des Wegs verhindert, ist man schon vorbei). Hier steigt man auf dem schmalen Pfad zu dem Brunnen und der kleinen Kirche ab, an der vorbei es in wenigen Minuten zum Strand geht.

Romantisch: abendlicher Blick auf Städtchen und Hafen

Der Südosten um Pythagório

+++ *Pythagório: Schon Kleopatra badete hier* +++ *Antike Glanzleistungen: Heraíon und Eupalinos-Tunnel* +++ *Bootsausflüge, Fossilienfunde und ein Höhlenkloster* +++

Nicht umsonst bildet der Südosten von Sámos die beliebteste Urlaubsregion der Insel, kann er doch mit einer ungewöhnlichen Vielfalt an Ausflugszielen aufwarten. Hübscher Hauptanziehungspunkt und ein gutes Standquartier ist das malerische, viel besuchte Ferienstädtchen Pythagório.

Als Heimat des Tyrannen Polykrates wie auch des Philosophen und Mathematikers Pythágoras blickt es auf eine jahrtausendelange Geschichte zurück. Heute stellt Pythagório die touristische Hauptstadt der Insel dar, hat sich rundum auf den Fremdenverkehr ausgerichtet. Diese einseitige Orientierung mag vielleicht nicht jedermanns Sache sein, doch ist das Städtchen wirklich nett anzusehen, drängt sich mit seinen zahlreichen Unterkünften zudem als Standquartier geradezu auf. In jeder Hinsicht kleineren Maßstabs ist die Strandsiedlung *Iraíon* am südwestlichen Ende der Bucht, vom Ortsbild her weit weniger attraktiv als Pythagório, jedoch ebenfalls ein guter Ausgangspunkt für Erkundungen der Umgebung.

Und dort wird auch wirklich eine ganze Menge geboten. Zu bewundern gibt es vor allem Monumente der Antike, denn hier im Südosten lagen die ältesten Siedlungsplätze der Insel. Die zeitliche Skala reicht von den Urweltfunden im

Museum des Dorfs *Mytilíní* über das berühmte Heiligtum *Heraíon* und den ebenso berühmten antiken *Tunnel des Eupalinos* bis zum Höhlenkloster *Moní Spilianís*, dem wohl ungewöhnlichsten der zahlreichen Klöster der Region. Hinzu kommen kleine Dörfchen, an deren schattigen Plätzen es sich trefflich ausruhen lässt.

Auch die Landschaft zeigt sich vielfältig: Um Pythagório erstreckt sich die weite Ebene des Kámpos, begrenzt vom langen Strand Tigániou. Im Westen trifft man zunächst auf ausgedehnte Obstgärten, die allmählich in Ölbaumhügel und mit Kiefern bewaldete Bergregionen übergehen. Zwar wird der landschaftliche Reiz an einigen Stellen durch die Spuren verheerender Waldbrände geschmälert, doch bleibt das Gebiet um *Pagóndas* und *Pírgos* immer noch ein Dorado besonders für Motorradfahrer und Mountainbiker.

Pythagório

Ein in sich fast geschlossener Hafen, in dem elegante Yachten schaukeln. Enge Pflastergassen, von Oleanderstämmchen gesäumt, steile Treppenwege. Darüber die pittoresken Ruinen eines Kastells – Pythagório ist, neben Kokkári vielleicht, das schönste Städtchen der Insel.

Ein solch malerisches Ensemble fand natürlich seine Liebhaber, und so entwickelte sich Pythagório ab Ende der 70er-Jahre fast zwangsläufig zur touristischen Hochburg von Sámos, zumal auch der Flughafen in unmittelbarer Nähe liegt, die Transferwege somit kurz sind. Erfreulicherweise ging man die Entwicklung behutsam an, weshalb bis heute kein Großhotel, kein moderner Apartmentblock das intakte Ortsbild um den Hafen stört.

Durch den Fremdenverkehr hat sich dennoch vieles verändert. Kaum ein Quadratmeter, der nicht von Reiseagenturen, Fahrzeugvermietern, Boutiquen oder Souvenirgeschäften in Beschlag genommen wird. Traditionelle Kafenía, althergebrachte Geschäfte und Handwerksbetriebe bringen viel weniger Geld – es gibt sie also nicht mehr. Bei weitem übersteigt die Zahl der Fremdenbetten, fünftausend sind es etwa, die der Einwohner. Entlang der Hafenpromenade ein Restaurant, ein Café neben dem nächsten; und dennoch ist es an Sommerabenden nicht leicht, einen Platz auf den Polsterstühlen zu ergattern. Neon leuchtet, Musikfetzen aus zahllosen Lautsprechern dröhnen gegeneinander an, ein folkloristisch aufgemachter Seebär verkauft Schwämme. Überstrapazierte Griechenlandklischees an jeder Ecke – selbst die Toilettenhäuschen am Strand sind hier blauweiß lackiert.

Dennoch, für manchen vielleicht auch deswegen: In Pythagório lässt es sich schon gut aushalten, vorzugsweise natürlich in der Nebensaison. Das Städtchen hat einfach Stimmung und Ambiente, es gibt gute Unterkünfte und eine solche Vielzahl von Ausflugsmöglichkeiten, dass auch nach ein paar Tagen keine Langeweile aufkommen muss. Wem der Rummel zu viel wird, der mag sich damit trösten, dass der hiesige Fremdenverkehr in gewissem Sinn historische Dimensionen hat – bereits das Traumpaar Marcus Antonius und Kleopatra frönte hier einst dem süßen Müßiggang.

Orientierung: Kein Problem – die von Sámos-Stadt kommende Straße führt im Bogen am Zentrum entlang und stößt dann, bei ihrem Knick nach Westen, auf die Hauptstraße des Städtchens. *Likoúrgou Logothéti* genannt, führt diese linker Hand zum Hafen, den sie nach kaum mehr als zweihundert Metern erreicht. Hier links, wahlweise die nächste oder übernächste wieder links, trifft man auf den ruhigen Hauptplatz mit dem sympathischen Namen *Platía Irínis* ("Platz des Friedens"), der im Vergleich zur hochsommerlichen Hafenpromenade in der Tat als friedvoll empfunden werden kann.

Geschichte

Bereits in ferner Vorgeschichte, nämlich ab etwa dem 3. Jahrtausend v. Chr., war der Kastellhügel westlich des Hafens besiedelt. Um das 10. Jh. v. Chr. ließen sich dann Ionier oberhalb der geschützten Hafenbucht nieder. Unter dem Namen *Sámos* nahm die junge Siedlung raschen Aufschwung, begünstigt vor allem durch eine große Handelsflotte und wendige, waffenstarrende Kriegsschiffe. Sámos wurde reich.

Die Bauten des Polykrates: Im 6. Jh. v. Chr. setzte ein Machtkampf zwischen der herrschenden Adelskaste und wohlhabenden Handelsherren ein, der Folgen haben sollte: Um 538 v. Chr. gelangte ein gewisser *Polykrates* ans Ruder, der nach blutigen innenpolitischen Auseinandersetzungen wenige Jahre später zum Alleinherrscher, zum Tyrannen wurde. Bis dahin hatte dieses Wort noch keine negative Bedeutung besessen... Unter Polykrates erlebte Sámos eine außerordentliche Blüte, war, wie der Geschichtsschreiber Herodot sie nannte, "die berühmteste Stadt ihrer Zeit" und soll (sicher weit übertrieben) rund 300.000 Einwohner beherbergt haben. Polykrates selbst scheint ein höchst widersprüchlicher Charakter gewesen zu sein, nicht zim-

Im alten Stil erbaut: Bungalowdorf "Doryssa Bay"

perlich mit seinen Gegnern, gleichzeitig ein großer Förderer der Wissenschaften. Die Beutezüge seiner rasanten, wendigen Kriegsschiffe – heute würde man von Seeräuberei sprechen – versorgten den Tyrannen mit unermesslichen Reichtümern, die seinem Finanzbedarf jedoch immer noch nicht genügten. Polykrates verfiel auf eine Idee, die von heutigen Politikern stammen könnte: Er ließ die Silbermünzen, die damals im Umlauf waren, einziehen, einen bestimmten Anteil des Silbers durch Blei ersetzen und danach die Münzen wieder in den Verkehr bringen.

Nach diesem raffinierten Trick waren jetzt endlich die Mittel für die gigantischen Projekte des Tyrannen vorhanden, technische Meisterleistungen der Antike und "die gewaltigsten Bauwerke, die sich in ganz Hellas befinden" (Herodot). Polykrates ließ eine riesige Stadtmauer errichten, deren Umfang über sechs Kilometer betrug und die damit eine Fläche umschloss, die diejenige der heutigen Siedlung weit übertraf; eindrucksvolle Reste sind noch erhalten. In dieses Bollwerk eingebettet war der Hafen, auch er fast doppelt so groß wie der heutige, der teilweise noch auf den alten Fundamenten ruht: Die nördliche Mole wurde direkt auf den Quadern ihrer antiken Vorgängerin errichtet. Den Hafen schützte ein Damm, der 300 Meter weit ins dort 25 Meter tiefe Meer reichte – eine bravouröse Leistung. Ebenfalls ein Glanzstück antiker Ingenieurskunst war der über einen Kilometer lange Tunnel des Eupalinos, durch den die Stadt auch während einer Belagerung mit Wasser versorgt werden konnte; er ist heute noch begehbar und zählt zu den großen Sehenswürdigkeiten der Insel. Schließlich wollten auch noch die Götter günstig gestimmt werden: Polykrates ließ auf dem Gebiet des Heraíons mit dem Bau eines Tempels beginnen, der sicher eine der größten Kultstätten überhaupt geworden wäre. Doch kam es dazu nicht mehr: 522 v. Chr. lockten die Perser den Tyrannen unter dem Vorwand von Verhandlungen aufs Festland und kreuzigten Polykrates auf dem Berg Mykale, in Blickweite seiner Stadt und der von ihm errichteten Wunderbauten: "Noch keinen sah ich fröhlich enden, auf den mit immer vollen Händen die Götter ihre Gaben streun" (Schiller, Ring des Polykrates).

Nach dem Tod des Polykrates schwand allmählich die Macht der Stadt. Erst in römischer Zeit errang die Siedlung wieder gewisse Bedeutung, nämlich als Winterziel römischer Herrscher: Um 40 v. Chr. feierten hier Marcus Antonius und Kleopatra wilde Feste, knapp zehn Jahre später fühlte sich Augustus offenbar so wohl, dass er der Insel autonome Rechte verlieh; auch Tiberius war für einige Zeit zu Besuch. Den Römern folgte ein jahrhundertelanger, allmählicher Abstieg, bis Sámos schließlich völlig verlassen wurde.

Von Oleander gesäumt: Gasse in Pythagório

Nach der Wiederbesiedelung wurde der Ort wegen der Form der Hafenbucht *Tigáni* getauft, "Bratpfanne". Ab 1821 geriet Tigáni als Zentrum des Aufstands gegen die Türken noch einmal in den Blickpunkt. Aus jener Zeit stammen die Ruinen der Burg auf dem Kastellhügel. Handel mit Kleinasien brachte dem Städtchen hinfort bescheidenen Wohlstand, der mit der Unterbrechung der Kontakte nach 1922 abrupt zurückging. Seit 1958 trägt das Städtchen seinen heutigen Namen, der an den Mathematiker und Philosophen *Pythágoras* (siehe im Kapitel zur Inselgeschichte) erinnert, den großen Sohn der Insel. Etwa zwei Jahrzehnte später begann dann der touristische Aufschwung wieder für prallere Geldbeutel zu sorgen. 1992 wurde Pythagório zusammen mit dem Heraíon in die Unesco-Liste des Weltkulturerbes aufgenommen.

> *"In Tigani gibt es mehrere kleine Tavernen mit ausgezeichneten Fischgerichten, und wenn man dem Lokalpatriotismus der Leute schmeicheln will, sollte man um das lieblichste aller griechischen Volkslieder bitten: Samiotissa ("Kleines samiotisches Mädchen")."*
>
> Lawrence Durrell, "Griechische Inseln"

Pythagório 141

Information

Municipal Tourist Office, städtisches Infobüro an der Hauptstraße L. Logothéti, ℡ 22730 61389, ℻ 22730 61022. Vorbildlich geführt von Jocelyn, kompetent, freundlich und hilfsbereit. Außer allgemeinen Informationen, Stadtplan, Zimmervermittlung u. Ä. werden internationales Telefon, Post- sowie Fax-Service und Tickets für zahlreiche Exkursionen angeboten; die Einnahmen dienen zur Finanzierung des Büros. Geöffnet ist etwa von Mai bis Oktober, täglich 8.30–21.30 Uhr; eine ganzjährige Betriebszeit ist im Gespräch.

Verbindungen

• *Flug* Zum Flugverkehr von/nach Sámos siehe im entsprechenden Einleitungskapitel.
Büro der **Olympic Airways** an der Hauptstraße L. Logothéti, westlich der zentralen Kreuzung; ℡ 22730 61300.
Öffentliche Busverbindung zum Flughafen besteht nur bis zur Kreuzung der Straße nach Iraíon mit dem Flughafenzubringer (Busse Richtung Iraíon, siehe unten), wenige hundert Meter vom Airport entfernt. Ein **Taxi** kostet offiziell etwa 6 €.

• *Schiff* **By Ship Travel**, an der Hauptstraße L. Logothéti, unweit der Infostelle; ℡ 22730 62285, ℻ 22730 61914. Hier gibt es Schiffstickets und diesbezügliche Auskünfte.
Fähren: Pythagório wird so den meisten Linien seltener bedient als Sámos-Stadt, von vielen gar nicht.
Pátmos mit Linienfähren 3-mal wöchentlich, außerdem häufige Ausflugsfahrten. Preis p. P. rund 6 €.
Weitere Fährverbindungen: nach Léros, Arkí, Kálymnos, Agathoníssi und Lipsí jeweils 3-mal pro Woche.
Türkeiausflüge: Im Sommer mehrmals wöchentlich Abfahrten nach Kuşadası, dem Ausgangspunkt für die Besichtigung von Ephesus per Taxi oder Minibus; Preis nach Kuşadası hin und zurück inklusive Hafentaxen etwa 65 €. Es gibt auch organisierte Touren.
Tragflügelboote: "Samos Hydrofoils", auch als "Flying Dolphins" bekannt, fahren zur Saison 2-mal wöchentlich nach Ikaría (ca. 16 €) und 2-mal täglich nach Pátmos (13 €). Weitere Ziele sind Foúrni (14 €), Kós, Kálymnos, Léros, Agathoníssi und Lipsí sowie Kuşadası in der Türkei.

• *Bus/Taxi* Die **Bushaltestelle** der KTEL liegt kaum zehn Meter westlich der Kreuzung der Hauptstraße mit der Durchgangsstraße von Sámos-Stadt zum Flughafen. Fahrpläne sind meist bei der Infostelle erhältlich. Alle folgenden Angaben beziehen sich auf den Sommerfahrplan, der mit Abstufungen etwa von Anfang Juli bis Mitte, Ende September in Kraft ist. Nach Sámos-Stadt täglich alle 1–2 Std., Iraíon Mo–Fr 5-mal, Sa/So 3-mal täglich; nach Karlóvassi via Pírgos für Mo–Fr, 1- bis 2-mal täglich. Nach Chóra/Mytiliní Mo–Sa 4-mal täglich. Busse zum Nobelhotel Doryssa Bay im Gebiet Potokáki tagsüber etwa alle ein bis zwei Stunden, So seltener. Inselrundfahrten zur Saison jeden So (z. T. auch Mi) nach Absprache mit der Busgesellschaft, Preis p. P. 12 €.

• *Taxi* Standplatz an der Hauptstraße L. Logothéti beim Hafen; ℡ 22730 61440.

• *Mietfahrzeuge* Breites Angebot an der Hauptstraße L. Logothéti und ihren Seitengassen. Die starke Konkurrenz sorgt für günstige Preise, ein Vergleich lohnt sich.
Alamo, Autos, L. Logothéti, ℡ 22730 61116 oder 22730 662162.
Aramis/Sixt, Autos und Zweiräder, L. Logothéti, ℡ 22730 62267.
Speedy/Budget, Autos, L. Logothéti, ℡ 22730 61608.
Hira, L. Logothéti, ℡ 22730 61072.
John's, Zweiräder, auch Mountainbikes, L. Logothéti, ℡ 22730 61405.
Megarent, Autos und Zweiräder, L. Logothéti, ℡ 22730 61207.
Nico's, Zweiräder, auch Mountainbikes, L. Logothéti, ℡ 22730 61094.

• *Bootsausflüge* Am Hafen schaukelt eine ganze Reihe von Booten, die Tagesausflüge nach Kérveli, Posidónio oder zum Strand Psilí Ámmos anbieten, aber auch zu Stränden der Südküste, die mit dem Fahrzeug nur schwer erreichbar und deshalb, wie der Strand von Tsópela, viel leerer sind. Die Ziele sind auf Kreidetafeln an den Booten angeschrieben. Abfahrten nach Psilí Ámmos etwa von Mai bis Mitte Oktober, Start gegen 9 Uhr, Rückkehr gegen 17 Uhr; Preis p. P. etwa 8 €.

Der Südosten um Pythagório

Das "kleine Sámos" vor der Südküste: Samiopoúla

Unser Tipp: Ausflug nach Samiopoúla

Etwa eine Stunde dauert die Fahrt mit dem aufgeschlossenen, aber nicht aufdringlichen Vassilis zu der Mini-Insel Samiopoúla vor der Südküste von Sámos; unterwegs gibt es Retsina und ein paar Häppchen. Das Inselchen, wegen des der großen Schwester ähnlichen Umrisses "Klein-Sámos" genannt, wird außer von Vassilis (und gelegentlich seiner deutschen Frau samt Kindern) nur von Ziegen bewohnt; der Klang ihrer Halsglocken ist neben Wind und Wellen das einzige Geräusch. Auf der Insel stehen nur eine kleine romantische Kirche und oben auf dem Hügel eine Taverne; die Auswahl ist gering, das Essen aber gut. Auch Wasser gibt es hier zu kaufen. Der Strand unten ist nicht breit, reicht aber V-förmig weit in die Insel hinein und liegt wunderbar am türkisfarbenen Meer; ein paar Strohdächer spenden etwas Schatten. Zur Hochsaison, wenn auch aus dem Südwesten um Órmos Marathokámpou Boote kommen, kann es schon mal etwas enger zugehen, in der Nebensaison dagegen ist das Inselchen ein echter Traum. Die Tour mit Vassilis kostet mit Essen rund 20 €, ohne Essen 10 €, und ist unter anderem über das städtische Info-Büro in der Hauptstraße zu buchen; es gibt auch noch andere Anbieter.

*A*dressen

- *Touristenpolizei* Odós Polykrates, nicht weit von der Kreuzung mit der L. Logothéti, ✆ 22730 61333, 22730 61100.
- *Deutschsprachige Ärztin* Renske Mast M.D., eine holländische Allgemeinärztin. Odós Pythagóra, Ecke Despoti, ✆ 22730 62093, Handy 093/427611.
- *Post* L. Logothéti, unweit der zentralen Kreuzung; Öffnungszeiten: Mo–Fr 7.30–14 Uhr. Postservice auch bei der Infostelle.
- *Internet-Zugang* Bar Nefeli, im nördlichen Bereich der Uferpromenade, etwa auf Höhe der Pension Lampis.
- *Hafenamt* Nördlicher Hafenbereich, ✆ 22730 61225.

Pythagório 143

Übernachten (siehe Karte S. 145)

Trotz des breiten Angebots und hohen Preisniveaus ist zur Hochsaison oft jedes Bett ausgebucht. Zumindest dann empfiehlt sich für Individualreisende ein Gang zum städtischen Touristenbüro, das über eine täglich aktualisierte Liste der freien Zimmer verfügt – im August müssen die freundlichen Angestellten aber schon mal Ausweichquartiere in der Umgebung suchen. Wer sein Hotel lieber pauschal bucht, braucht sich um diese Dinge natürlich keine Sorgen zu machen, sei aber gewarnt: So manches Quartier, das im Prospekt unter Pythagório firmiert, liegt in Wahrheit ein ganzes Stück außerhalb – zum abendlichen Hafenbummel sind dann weite Wege zurückzulegen.

Hotel Proteas Bay (1), Neubau einige Kilometer östlich der Stadt. Das bislang einzige Quartier der Luxusklasse auf Sámos, entsprechend komfortable Ausstattung. Die Konkurrenz "Doryssa Bay" dürfte allerdings die schönere Lage und auch das stimmigere Ambiente für sich reklamieren können. DZ/F nach Saison offiziell 145–180 €, allerdings wohl nur selten von Individualreisenden besucht. ☎ 22730 62144, ✆ 22730 62620, www.proteasbay.gr.

Hotel Doryssa Bay (11) (A), westlich außerhalb des Ortes, am Strand von Potokáki. Ebenfalls eines der besten Hotels der Insel, jeder Komfort selbstverständlich. Ein Manko ist die Lage weit außerhalb der Stadt in der Einflugschneise des Flughafens. Besonderer Clou: Das bereits mit einem Tourismuspreis ausgezeichnete Bungalowdorf ("Village") neben dem Hauptgebäude, das eine Vielzahl von griechischen Baustilen vereinigt. Jedes der Häuser ist anders; errichtet wurden sie teilweise unter Mitwirkung alter Handwerksspezialisten: mit Kirche, Hauptplatz, Werkstätten und sogar einem Waschhaus ein griechisches Dorf in miniature. Geöffnet April–Oktober, die Preise entsprechen dem Ambiente: Preis für das DZ/F im Haupthaus nach Lage und Saison 90–200 €, im "Dorf" 110–260 €; Suiten jeweils noch mehr. ☎ 22730 61360–390, ✆ 22730 61463, www.doryssa-bay.gr. Wer nicht über den entsprechenden Geldbeutel verfügt, darf sich das künstliche Dorf trotzdem ansehen: Besucher sind willkommen, insbesondere zur Besichtigung des Volkskundemuseums, das dem Komplex angeschlossen ist; Details siehe unten unter "Sehenswertes".

Hotel Polixeni (16) (C), beliebtes Veranstalterhotel, stellvertretend für die zahlreichen, nachts weniger lauten Hotels am Hafen. Gut ausgestattet und komfortabel, geöffnet April–Oktober. DZ/F nach Saison etwa 65–70 €, zur NS lohnt es sich da vielleicht, etwas zu verhandeln. ☎ 22730 61590, ✆ 22730 61359.

Hotel Hera II (3) (C), an der Hauptstraße nach Sámos, oberhalb des Zentrums. Sehr ordentliches und sauberes Quartier, von vielen Zimmern und der Bar schöne Aussicht auf die Stadt. Geöffnet April–Oktober, DZ/F etwa 50–60 €. ☎ 22730 61319, ✆ 22730 61196.

Hotel Zorbas (4) (C), in den Treppengassen oberhalb des Hafens, nur ein paar Schritte vom Trubel und dennoch ruhig. Schöne Zimmer mit Balkon und reizvollem Blick, den man auch von der Frühstücksterrasse aus genießt; DZ/F nach Saison etwa 45–55 €. Odós Damos, ☎ 22730 61009, ✆ 22730 61012, www.zorba-hotel.cjb.net.

Hotel Samaina (2) (C), in den Gassen oberhalb der Platía Irínis und damit ebenfalls recht ruhig, aber trotzdem zentral gelegen. Ein familiär geführtes, traditionsreiches Ferienhotel. Geöffnet April–Oktober, DZ/F etwa 40–45 €. Odós Damos, ☎ 22730 61024, ✆ 22730 61069, www.samaina.gr.

Hotel Pension Dora (24) (C), in einer schmalen Gasse im südlichen Ortsbereich, ein hübsches Steinhaus, kaum als Hotel zu erkennen. Kleines, ruhig gelegenes Quartier mit nur sechs Zimmern und persönlicher Atmosphäre. Seit über 20 Jahren von der freundlichen Dora geführt; viele Stammgäste. Geöffnet April–Oktober, DZ/F etwa 40–50 €. Südlich der Odós Kontaxi, ☎ 22730 61456.

Hotel Alexandra (19) (D), ruhig in einer südlichen Seitenstraße der L. Logothétis gelegen. Zimmer und Bäder eher eng, aber blitzsauber, Steinfußböden und kleine Balkone; vor der Tür ein hübscher Garten. Geöffnet April–Oktober, DZ/Bad saisonunabhängig etwa 25 €. Zu suchen in der Metamorfósis Sotíros (auch 6th of August genannt), die kurz vor der Infostelle abzweigt; ☎ 22730 61429.

Hotel Elpis (15) (E), ebenfalls eine empfehlenswerte Adresse, wenn auch oft von Gruppen belegt. Freundliche Vermieter, saubere und recht geräumige Zimmer zu

Der Südosten um Pythagório

relativ günstigen Preisen: DZ/Bad etwa 25–30 €; auch Studios. Von der Hauptstraße kommend noch vor dem Hotel Alexandra (s. o.), ✆ 22730 61144.

• *Pensionen/Studios* Geradezu gebündelt zu finden im Gebiet hügelwärts der Platia Irínis und in den Treppengassen oberhalb des nördlichen Hafenbereichs. Vieles ist von Veranstaltern belegt, die Preise unterscheiden sich zudem wenig von den Hotels unterer Kategorien. Für ein DZ in einer einfachen Pension werden je nach Saison im Schnitt 20–35 € verlangt, ein durchschnittlich ausgestattetes Zweier-Studio kostet ab etwa 30–50 € aufwärts.

Studios Areli, in einer nördlichen Seitenstraße der Hauptstraße, nicht weit vom Zentrum. Fünf hübsche und moderne, gut ausgestattete Studios mit Aircondition; freundliche Vermieterfamilie. Geöffnet April–Oktober, Zweierstudio nach Saison 40–50 €, zwei DZ gibt es auch. Odós Pythágora, ✆ 22730 61245, ✉ 22730 62320, a_arelis@otenet.gr.

Pension Dryoussa (22), im südlichen Ortsbereich. Solide Pension mit acht gut möblierten und sauberen, relativ geräumigen Zimmern, teilweise mit Balkon; besonders hübsch unter dem schrägen Dach liegen Nummer 6 und 8. Kein Veranstalter, geöffnet ab etwa Ende März bis Ende Oktober, DZ/Bad etwa 30–40 €. Odós Pythágora, ✆/✉ 22730 61826.

Pension Despina (5), fast direkt an der Platía Irínis, weshalb in manchen Räumen mit nächtlicher Lärmbelästigung durch den "Club Mythos" zu rechnen ist. Angenehm eingerichtete Zimmer, im hübschen Hinterhof kann man frühstücken. Elf Zimmer, DZ/Bad je nach Saison etwa 25–30 €, ohne Küche etwa 20–25 €; Aircondition gegen Aufpreis. Geöffnet April–Oktober, ✆ 22730 61677.

Pension Boulas (14), südlich der Hauptstraße, nicht weit vom Infobüro. Saubere, angenehme Pension, freundliche Vermieter; Zimmer mit Kühlschrank, Küchenbenutzung möglich. Für hiesige Verhältnisse recht günstig: DZ/Bad je nach Saison und Aufenthaltsdauer etwa 20–25 €. Geöffnet Mai–Oktober. Odós Konstantinou Lachana, ✆ 22730 61277, privat und im Winter ✆ 22730 62636.

Pension Lampis (8), im nördlichen Hafenbereich. Einfache Zimmer, ähnliches Preisniveau wie oben, beliebt bei jungen Rucksackreisenden. Odós Heras, Ecke Melissou, ✆ 22730 61396.

Essen

Wer in Pythagório Einheimische nach Restaurants oder Tavernen fragt, in denen sie selbst essen gehen, erntet oft nur ein mildes Lächeln – "zu teuer, zu touristisch". Viele empfehlen, in die umliegenden Dörfer auszuweichen, z. B. nach Chóra oder Míli, wo man auch wirklich hübsch speisen kann. Dennoch gibt es, meist etwas abseits der Hafenpromenade, auch im Ort selbst einige ganz brauchbare Adressen.

Rest. Dolichi (10), im nördlichen Hafenbereich, Eingang von hinten über die Melissou-Straße. Edles Ambiente, einige Tische auch auf dem Balkon über der Hafenpromenade. Raffiniert und modern interpretierte griechische Küche, entsprechend gehobenes (mancher meint: allzu gehobenes) Preisniveau.

Taverne Riva (26), strandnah am Ende der Odós Pythágora, eines von mehreren Lokalen in diesem Gebiet. Sehr schöne Lage über dem Meer; ambitionierte Küche, die sich auch an etwas ungewöhnlichere Rezepturen (Hühnchen mit Garnelen, Schweinefilet mit Fenchel etc.) wagt; prima Nachspeisen. Freundlicher Service. Ein feiner Platz für den Sonnenuntergang.

Taverne Varka (25), im südlichen Hafenbereich. Großes, ebenfalls sehr reizvoll am Wasser gelegenes Lokal, auch bei Griechen beliebt. Feine Vorspeisen (z. B. gefüllte Kohlblätter), die Preise z. T. leicht gehoben, aber vertretbar.

Taverne Symposium (12), am "Friedensplatz" Platía Irínis. Umfangreiche Speisekarte, solide Küche und "sehr große Portionen guten Geschmacks" (Leser Reinhard Müller). Akzeptables Preisniveau.

Taverne Posidonias (9), jenseits der Mole beim östlichen Ortsstrand. Eines von mehreren Restaurants hier, schnörkelloses Ambiente, hübsche Lage am Meer. Die Taverne besitzt ein eigenes Fischerboot, Spezialität ist deshalb Meeresgetier.

Taverne Avli (21), in der Nähe des Kastells. Ein sehr lauschiges Gartenrestaurant, in dem es neben griechisch-internationalen Gerichten auch Nudelgerichte, "Baked potatoes" und Pizza aus dem Holzofen gibt. Zu

Pythagório 145

Übernachten
1 Hotel Proteas Bay
2 Hotel Samaina
3 Hotel Hera II
4 Hotel Zorbas
5 Pension Despina
6 Studios Areli
8 Pension Lampis
11 Hotel Doryssa Bay
14 Pension Boulas
15 Hotel Elpis
16 Hotel Polixeni
19 Hotel Alexandra
22 Pension Dryoussa
24 Hotel Pension Dora

Essen & Trinken
7 Anna's Café-Bar
9 Taverne Posidonias
10 Rest. Dolichi
12 Taverne Symposium
13 Pizzeria La Strada
17 Taverne Aphrodite
18 Taverne Maritsa
20 Taverne Esperides
21 Taverne Avlí
23 Trattoria Viva
25 Taverne Varka
26 Taverne Riva

Pythagório

suchen am oberen Ende der Metamorfósis Sotíros (6th of August), neben dem Hotel Alexandra.

Taverne Esperides (20), von mehreren Lesern wegen des schönen Gartes, der freundlichen Bedienung und der guten Küche empfohlen. Odós Despoti, gleich um die Ecke von der Pythágora-Straße.

Taverne Aphrodite (17), auch in diesem Gebiet und ebenfalls von Lesern empfohlen: "Hübscher Garten, leckeres Essen, und der Hauswein ist auch super" (Bettina Körfer). Breite Auswahl. Odós Pythágora.

Taverne Maritsa (18), die dritte im Bunde, direkt gegenüber der Taverne Aphrodite. Auch hier sitzt man schön in einem schattigen Gärtchen. Dank des hauseigenen Fischerboots sind besonders die Fischgerichte zu empfehlen.

Pizzeria La Strada (13), um die Ecke von der Infostelle. Die Lage ist zwar nicht besonders reizvoll (immerhin gibt es einige Tische im Freien), dank der guten Pizza aus dem Holzofen ist "La Strada" dennoch meist gut besucht. Metamorfósis Sotíros, nahe der Hauptstraße.

Trattoria Viva (23), am Hafen. Noch recht junges Lokal, das mit einer breiten Auswahl an Nudelgerichten und rund 30 Sorten Pizza auch einheimische Gäste anzieht.

Anna's Café-Bar (7), im Gebiet oberhalb der Platía Irínis, also etwas abseits des Trubels. Geschickt und geschmackvoll gestaltetes Gartencafé, Tische und Stühle unter Limonenbäumen. Ein schöner Platz für das Frühstück oder einen Kaffee. Das Preisniveau liegt allerdings recht hoch. Odós Aristarchou, Ecke Pythágora/Orologa.

Nachtleben

Zur Saison breites Angebot, wohl das umfangreichste der Insel. Im Hochsommer herrscht in den zahlreichen Music-Bars am Hafen natürlich reichlich Jubel, Trubel, Heiterkeit. Die Clubs liegen etwas versteckter.

Club Labito, neben der Taverne Maritsa. Gemischtes Musikprogramm von griechischen Klängen über Rock bis zu Techno. Eingang in der Odós Despóti, nur zur Saison geöffnet.

Live Music Club Amadeus, gleich gegenüber. Beliebte Bouzouki-Bar, in der es oft bis in den Morgen rund geht; vorwiegend griechisches Publikum.

Music Club Privilege, außerhalb des Ortes Nähe Thermen und Hotel Doryssa Bay, Ableger eines Athener Clubs. Schon nachmittags geöffnet und als Open-Air-Lokal in heißen Sommernächten bei der Inseljugend sehr gefragt, vor allem natürlich am Wochenende.

Club Mythos, am "Friedensplatz" Platía Irínis. Richtig interessant wird es auch in dieser Music-Bar oft erst spät in der Nacht, denn geöffnet ist bis zum Morgen.

La Nuit, eine der Bars im südlichen Bereich des Hafens. Vorwiegend griechische Musik, recht beliebt.

Café Underway, ebenfalls am Hafen, Nähe Hotel Polixeni. Abends gibt es hier griechische Live-Musik; u. a. spielt hier der örtliche Bouzouki-Bauer Yannis Loulourgas.

Feste & Veranstaltungen/Einkaufen

• *Feste & Veranstaltungen* **Sound & Light-Show**, vom Fremdenverkehrsamt geplante Show, die auf dem Kástro-Hügel stattfinden und über das antike und das heutige Pythagório informieren soll; aktuelle Details im Infobüro.

Irea, Sommerfestival mit Theater und Musik in den (spärlichen) Resten des Amphitheaters. Wechselnde Termine zwischen Juli und September, Einzelheiten und Daten im Infobüro.

Ágios Giannis Klydonas, am 24. Juni bzw. dessen Vorabend, mit Live-Musik und Tanz auf der Platía Irínis.

Fest des 6. August, zur Erinnerung an den Freiheitskampf von 1824. Schwimmwettbewerb, traditionelle Tänze etc. Das Fest beginnt bereits am Abend des 5. August mit Feuerwerk und der geschichtsträchtigen Verbrennung eines Bootes.

Fisherman's Party, an wechselnden Terminen im Sommer. Die Fischer spenden ihren Fang, der zusammen mit Oúzo und Wein gratis verteilt wird; in der Nacht großes Fest mit Musik.

• *Einkaufen* **Pythagórios**, Werkstatt und Laden des Bouzouki-Bauers Yannis Loulourgas. Neben handgefertigten Musikinstrumenten gibt es hier auch Keramik, Kunsthandwerk, Kräuter und eine inseltypische Produkte. Odós Metamorfósis Sotíros (auch: 6th of August), neben dem Hotel Elpis.

▸ **Baden**: Im Ort selbst zwei kleinere Strände, am südlichen Rand des Zentrums, gleich am Ende der Hafenpromenade, und östlich der Mole. Letzterer, Remataki genannt und aus hellen Kieseln und Steinen aufgeschüttet, bildet sicher die bessere Alternative, auch wenn das Baden in Hafengebieten ja immer mit etwas Vorsicht zu genießen ist. Schön, aber viel besucht ist der Strand von *Psilí Ámmos*, der im Kapitel "Umgebung von Sámos-Stadt" näher beschrieben wird. Er liegt etwa elf Kilometer östlich und wird von Ausflugsbooten angefahren; eine Busverbindung besteht nicht.

Tigániou-Bucht: Der Hauptstrand des Ortes beginnt westlich des Kastellhügels und reicht in einem weiten Bogen über etwa sechs Kilometer bis zum Gebiet von Iraíon. Die Mischung aus Sand, Kies und kleinen Steinen ist kein "Traumstrand" – dafür wirkt das Hinterland mit der Landepiste des Flughafens zu öde –, bietet jedoch reichlich Platz und sauberes Wasser. Liegen- und Sonnenschirmverleiher finden sich im stadtnahen Bereich und um die Siedlung Potokáki mit dem benachbarten Hotel Doryssa Bay. Dort werden auch diverse Sportmöglichkeiten angeboten, vom Windsurfverleih bis zu den lärmbelästigenden und wasserverschmutzenden "Jet-Skis".

Potokáki: Die Küstensiedlung beim Flughafen, einige Kilometer westlich von Pythagório, besteht praktisch nur aus Hotels, Pensionen, Bars und Vermietstationen für Sonnenschirme und Liegestühle. Dass gerade hier immer mehr Hotels entstehen, mutet seltsam an – die zersiedelte Ebene ist ohne Reiz, nebenan dröhnt der Lärm der startenden und landenden Jets. Vielleicht sind es ja die kurzen Transferwege ...

Ortsnahe Badegelegenheit: Remataki-Strand

Sehenswertes im Ort

Kástro-Hügel: Die Vergangenheit dieser Anhöhe westlich oberhalb des Hafens spannt einen Bogen über viele Jahrtausende der Inselgeschichte. Zwar ist das Areal noch längst nicht völlig erforscht, doch bewiesen verschiedene Funde eine Besiedlung bereits im 3. Jahrtausend v. Chr. Im Laufe der Jahrtausende standen hier die Akropolis der Ionier, wohl auch der völlig verschwundene Palast des Polykrates, römische Villen und eine frühchristliche Basilika – uralter Boden also. "Christus rettete Sámos am 6. August 1824" steht über dem Treppenweg, der zum Kástro hinauf führt. Der Satz erinnert an einen weiteren Meilenstein der Inselgeschichte, als die Truppen der samischen Freiheitskämpfer eine türkische Übermacht besiegten. Für die orthodoxe Kirche war es der Jahrestag der Verklärung Christi. Das Gotteshaus, das als Zeichen der Dankbarkeit ab 1831 hier errichtet und 1907 erweitert wurde, ist deshalb auch der Metamorfósis geweiht. Nur wenige Jahre mehr auf den Mauern hat das Kastell: Der griechische Freiheitskämpfer Lykoúrgos Logothétis ließ die Burg von 1822–1824 erbauen; in der Eile achtete man wenig auf sorgfältige Ausführung, weshalb sie bald wieder verfiel und vor wenigen Jahren restauriert werden musste. Gut zu erkennen ist an vielen Stellen, dass beim Bau antike Steinquader Verwendung fanden. Das Ensemble des Kástro-Hügels vervollständigen ein über dem Meer thronender Friedhof und eine kleine, nicht zugängliche Ausgrabungsstätte.

Archäologisches Museum: Im Rathaus an der Platía Irínis ist ein kleines Archäologisches Museum untergebracht, das einige Fundstücke der Umgebung präsentiert, mit dem von Sámos-Stadt aber nicht zu vergleichen ist.

Öffnungszeiten Di–So 8.45–14 Uhr; Eintritt frei.

Heiligtum im Fels: Kapelle des Klosters Spilianís

Neues Archäologisches Museum: An der Hauptstraße Richtung Sámos-Stadt war zuletzt ein neues Archäologisches Museum in Bau, das deutlich großzügiger ausfallen soll als das bisherige Museum; über den Fertigstellungstermin kann bislang jedoch nur spekuliert werden.

Kloster Spilianís und der Tunnel des Eupalinos

Die beiden Hauptsehenswürdigkeiten im Umfeld der Stadt. Vor der Besichtigung empfiehlt es sich, beim Fremdenverkehrsbüro der Stadt die aktuellen Öffnungszeiten des Tunnels zu erfragen, da diese sich in der Vergangenheit sehr häufig geändert haben (mittlerweile scheint allerdings eine gewisse Stabilisierung eingetreten zu sein). Mitnehmen sollte man nach Möglichkeit eine Taschenlampe, außerdem auf festes Schuhwerk achten: Die Grotte des Klosters und der feuchte Tunnel sind für Stöckelschuhe etc. denkbar ungeeignet.

Kloster wie Tunnel liegen in bequemer Fußentfernung am Hang des nördlich von Pythagório ansteigenden Ámpelos-Bergs. Beide sind über ein Sträßchen zu erreichen, das im Ortsbereich von der Hauptstraße nach Sámos-Stadt nordwärts abzweigt. Etwa 500 Meter hinter dieser Kreuzung gabelt sich der Weg: rechts geht es hinauf zum Kloster Spilianís, geradeaus zum Tunnel des Eupalinos. Ganz nahe der Gabelung liegt das alte *Amphitheater*, von dem nicht viel erhalten blieb. Am besten lässt noch die Geländeform die Lage des antiken Theaters erkennen; gut möglich jedoch, dass das Bauwerk rekonstruiert werden wird.

▶ **Moní Spilianís**: Beeindruckend ist bereits das Panorama von der Terrasse der kleinen Klosteranlage, in deren Umfeld zuletzt kräftig gebaut wurde. Hier nämlich soll bald ein völlig neu errichtetes Kloster Zellen für griechische Pilger bieten. Besucher kommen schließlich reichlich zur Besichtigung der Höhle (Spiliá), die dem Kloster den Namen gab: Vor vierhundert Jahren etwa sollen in der feuchten, dunklen Grotte zwei auf Marmor- und Schieferplatten gemalte Ikonen entdeckt worden sein, deren Motive heute leider nicht mehr erkennbar sind. Die kleine Kapelle existiert aber noch, und bis heute gilt den Gläubigen das von den Höhlenwänden tropfende Wasser als wundertätig. Die Grotte selbst ist eigentlich ein antiker Steinbruch, aus dem wohl so mancher Quader der alten Stadtmauer und Hafenmole stammt.

Öffnungszeiten Täglich 10–16 Uhr, manchmal wird auch früher geschlossen; Eintritt frei.

▸ **Eupalinos-Tunnel**: Für die Zeitgenossen war er ein Weltwunder, vom Historienschreiber Herodot wurde er gefeiert, und selbst noch aus heutiger Sicht stellt der zweieinhalb Jahrtausende alte, über einen Kilometer lange Wassertunnel durch den Ámpelos-Berg eine bewundernswerte Leistung der Ingenieurkunst dar. Von Polykrates persönlich hatte der Baumeister Eupalinos aus Megara den Auftrag, eine Wasserleitung zu errichten, die auch während einer langen Belagerung die Versorgung der über 20.000 Einwohner der antiken Stadt sicherstellen sollte. Eine entsprechend starke Quelle gab es, doch lag sie jenseits des Berges Ámpelos, beim heutigen Dorf Agiádes. Eupalinos entschied sich für einen Tunnel. Durch eine verdeckte, fast 900 Meter lange Leitung wurde das Wasser zur Nordseite des Berges geführt, ebenfalls unterirdisch verlief die Leitung von der Südseite in die Stadt.

Baugeschichte: Die größte Schwierigkeit lag im Bau des 1036 Meter langen Tunnels durch den Berg, da aus Zeitgründen die Grabungen an beiden Seiten gleichzeitig begonnen werden sollten. Zunächst musste Sorge getragen werden, dass Eingang und Ausgang auf der gleichen Höhe lagen. Dieses Problem wurde mit Hilfe einer horizontalen Reihe von Stangen rund um den Berg gelöst, die mittels Wasserwaage und Peilungsgerät auf exakt die gleiche Höhe platziert wurden; eine weitere, diesmal vertikale Fluchtlinie über den Ámpelos hinweg legte dann die genaue Position der Öffnungen fest. Im Inneren des Berges wurde der exakte Tunnelverlauf mittels eines scharfen Lichtstrahls bestimmt. Von der Südseite her funktionierte dies auch exzellent, von Norden musste man aufgrund des hier lockereren Gesteins jedoch von der Ideallinie abweichen. Um etwaige Fehler bei der nötigen Korrektur auszugleichen, ließ Eupalinos die Querschnitte kurz vor dem errechneten Treffpunkt vergrößern und beide Stollen nach Osten abknicken – letztlich betrug die Abweichung nur drei Meter in der Höhe und fünf Meter in der Breite. Der so entstandene Tunnel allerdings war völlig eben, weshalb man nun ans Graben einer etwa 60 cm breiten Rinne ging, die am Anfang etwa drei Meter, am Ausgang im Süden aber acht Meter unter dem Tunnelniveau liegt und so ein Gefälle von 0,5 % aufweist. In dieser Rinne wurde schließlich die Wasserleitung verlegt, die aus Tonröhren mit einem Durchmesser von etwa 25 Zentimeter bestand. Da die Röhren sich im Laufe der Zeit mit Mineralien zusetzten, wurden sie später zur Reinigung oben geöffnet.

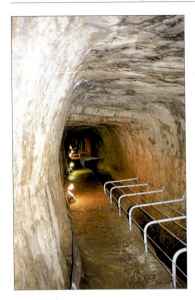

Weltwunder der Antike: Eupalinos-Tunnel

Ausgrabungen des Deutschen Archäologischen Instituts ergaben in den 70er-Jahren, dass der Tunnel vom 6. Jh. v. Chr. bis zum 5. Jh. n. Chr., also über mehr als tausend Jahre hinweg, in Betrieb war. Später diente er wahrscheinlich als Fluchtpunkt, wie Keramikfragmente, Münzen und andere Funde aus dem 7. Jh. n. Chr. vermuten lassen.

Besichtigung: Mancher kehrt sehr bald wieder um – Menschen mit Neigung zur Klaustrophobie sollten auf die Exkursion besser verzichten. Der Querschnitt des Tunnels beträgt nur 1,80 x 1,80 Meter; wer größer ist, wird sich nie ganz strecken können. Die Beleuchtung ist schummrig, von der Decke tropft es gelegentlich, dafür ist es hier auch im Hochsommer schön kühl. Gut zu erkennen sind noch die Spuren der Spitzhacken an Wänden und Decke, an manchen Stellen auch die in Rötel gezeichneten Nivellierungsmarken mit dem Namen des verantwortlichen Aufsehers. Leider ist vor einigen Jahren ein guter Teil der bis dahin begehbaren 500 Meter für die Öffentlichkeit gesperrt worden – derzeit sind gerade mal noch die ersten 150 Meter zugänglich, weshalb der Ausflug unter Tage schon nach wenigen Minuten beendet ist. Daran gemessen, scheint auch der Eintrittspreis etwas happig... Dabei war ursprünglich sogar vorgesehen, den Tunnel irgendwann auf ganzer Länge zu öffnen. Dann könnte man auch zum antiken Quellhaus auf der anderen Seite weiterspazieren, das unter einer kleinen Kapelle verborgen liegt und wie der Tunnel selbst erst im 19. Jahrhundert wieder entdeckt wurde.

Öffnungszeiten Di–So 8.45–14.45 Uhr, letzter Einlass 14 Uhr; Eintritt 4 €, Rentner 2 €, EU-Studenten mit Ausweis gratis. Es gibt auch für 6 € ein Kombi-Ticket mit dem Heraion.

Weitere Sehenswürdigkeiten im Umfeld

Stadtmauern: Die zyklopischen Mauern der antiken Stadt, bis über viereinhalb Meter breit und sechs Meter hoch, liefen vom Hafen über den östlich gelegenen Kastéli-Hügel und den anschließenden Kamm des Ámpelos wieder hinab zum Meer, bewacht von insgesamt zwölf Toren und 35 Türmen. Von der Zufahrtsstraße zum Kloster und Tunnel führen hinter einer scharfen Kurve Mauerreste den Hang hinauf zum Grat des Ámpelos. In der westlichen Umgebung des Tunnelausgangs sind weitere Reste des Mauerwerks deutlich sichtbar; ihnen folgend, gelangt man zur Straße vom Flughafen nach Pythagório. Gut zu erkennen sind auch die Mauern im Nordosten der Stadt; die Zufahrt zweigt von der Straße Richtung Sámos-Stadt etwa einen Kilometer hinter Pythagório nach links ab, beschildert "Ancient Fortification Walls".

Römische Thermen: Meerwärts der Straße nach Westen liegen, nur etwa einen Kilometer vom Stadtzentrum entfernt, die Reste einer römischen Badeanlage aus der zweiten Hälfte des 2. Jh. n. Chr. Sie war Teil eines Sportgeländes, zu dem auch ein großes Stadion zählte. Sichtbar sind noch bis zu drei Meter hohe Mauerreste, Becken und die Rohre der Fußbodenheizung, die einst mit heißem Wasser gefüttert wurden. Am rechten, unscheinbareren der beiden Eingänge finden sich eine Skizze des Geländes sowie Erläuterungen zu einem markierten Rundweg durch die Ausgrabungen. Der nördliche Bereich der Ausgrabungsstätte beherbergte die Kaltbäder und ein achteckiges Schwimmbecken, im südlichen Teil gab es fußbodenbeheizte Hallen mit Warmbädern sowie ein Dampfbad, das im 5. Jh. in eine frühchristliche Basilika inkorporiert wurde und als Taufbecken diente.

Öffnungszeiten Di–So 8.30–14.45 Uhr; Eintritt frei.

Glifada-Seen: Die ummauerten Süßwasserseen liegen ein ganzes Stück weiter westlich. Erwähnt werden die Mauern, die wie Reste eines Hafenbeckens wirken, erstmals Anfang des 19. Jh., doch ist ihre Herkunft unklar; möglicherweise sind sie weit älter.

Museum Nikoláos Dimitriou: Im originalgetreu nachgebauten "Village" des Doryssa Bay Hotels (siehe "Übernachten") wurde vor einigen Jahren ein neues Museum für Volkskunde eingerichtet. Die informative, Zug um Zug erweiterte Ausstellung erinnert an das bäuerlich geprägte Sámos der Zeit vor den Weltkriegen. Gezeigt werden unter anderem das originalgetreu eingerichtete Innere eines Bauernhauses sowie die Gerätschaften der Schuster, Fischer, Korbmacher, Schäfer und Bienenzüchter. Seinen Namen verdankt das Museum übrigens dem Vater des Hotelbesitzers, der sich seinerzeit sehr um die Bewahrung alter Traditionen bemühte und mehrere Bücher zu diesem Themenkreis verfasste; er ist auch auf dem Prospekt des Museums abgebildet.

Öffnungszeiten Di–So 10–13 Uhr, Eintrittsgebühr 1,50 €.

Umgebung von Pythagório

Auch im erweiterten Umfeld des Städtchens findet sich eine bunte Vielfalt interessanter Ziele. Am bekanntesten ist sicher das Tempelgelände des Heraíon, doch lohnt auch das Paläontologische Museum von Mytilíni einen Besuch. Für kulinarische Abstecher empfehlen sich Chóra und besonders Míli mit seinem charmanten Dorfplatz.

Chóra

Die verschachtelte Siedlung, knapp fünf Kilometer nordwestlich von Pythagório gelegen, war von 1560 bis Mitte des 19. Jh. die Hauptstadt (Chóra heißt "Stadt") der Insel Sámos, ist heute aber ein eher ruhiges Dorf. Bei einem Streifzug durch die engen, steilen Gassen oberhalb der Hauptstraße nach Pírgos lassen sich jedoch hie und da noch einige Relikte der einstigen Bedeutung entdecken, unter anderem mehrere aufwändig gebaute Kirchen.

- *Essen* **Taverne Antonis**, an der winzigen Platía Mesakis, oberhalb der Hauptstraße nach Pírgos; eigentlich nur eine Kreuzung von Gassen. Die Tavernenterrasse liegt hübsch über dem Waschhaus des Ortes, sacht plätschert das Wasser, Blumen ranken sich um eine große Kiefer – ein lauschiges Plätzchen.

Taverne Synadisi, großes Lokal an der Hauptstraße, das von Pythagório kommend noch vor der großen Kreuzung im Ort liegt. Spezialitäten der Familie Spanos sind Pizza und selbst gebackenes Brot, doch gibt es natürlich auch griechische Gerichte.

Mytiliní

Ebenfalls ein verhältnismäßig großer Ort, der sich etwa vier Kilometer landeinwärts von Chóra in einem weiten, fruchtbaren Tal erstreckt. Das ausgedehnte, landwirtschaftlich geprägte Dorf wurde, wie der Name schon vermuten lässt, durch Einwanderer von der Insel Lésbos gegründet, deren Hauptstadt Mytilíni heißt. Recht ursprünglich geblieben ist die hübsche, westlich der Durchgangsstraße gelegene Platía mit ihren originellen Kafenía und Tavernen. Ein weiteres Argument für einen Besuch ist das Paläontologische Museum des Dorfes.

Leere Stühle, weiße Leinwand: das Open-Air-Kino tagsüber

- *Verbindungen* **Busse** lt. Sommerfahrplan von/nach Sámos-Stadt Mo–Sa 6- bis 7-mal täglich. Von Pythagório Mo–Sa 4- bis 5-mal, nach Pythagório Mo–Sa 2- bis 3-mal; Achtung: letzte Rückfahrt jeweils schon gegen Mittag. Sonntags keine Anschlüsse.
- *Essen* **Taverne To Steki**, das blau-weiße Haus an der Platía. Gute Auswahl an Vorspeisen, Fleisch aus eigener Zucht, auch Pizza. Nicht teuer.
- *Feste* **Panijíria** (Kirchweihfeste) am 23. April und 27. Juli.
Griechische Abende mit Musik von etwa Juni bis September jeden Samstagabend auf der Platía. Viele Einheimische.
- *Unterhaltung* **Cine Rex**, schnuckeliges kleines Open-Air-Kino linker Hand am Ortsausgang Richtung Sámos, vor allem an Wochenenden beliebtes Ausflugsziel der Einheimischen. Gemütliche Tische und Stühle, die meist amerikanischen Filme laufen in der Regel im Original mit griechischen Untertiteln. Spielzeit etwa Mai–September, Beginn gegen 21 Uhr. Der Eintritt (inklusive Lukumádes-Süßigkeiten) liegt niedriger als bei uns.

▶ **Paläontologisches Museum**: Die Hauptattraktion des Dorfes, die noch vor wenigen Jahren im alten Rathaus verstaubte, ist jetzt in einem Neubau am südlichen Ortsrand untergebracht, aus Richtung Pythagório kommend gleich linker Hand der Straße. Das großzügige, von einer Stiftung errichtete Gebäude bewahrt eine Reihe hochinteressanter Fossilien. Sie stammen überwiegend aus einer Schlucht außerhalb des Dorfes, die nach verschiedenen früheren Funden erst 1963 näher untersucht wurde. Etwa eine Tonne Zähne, Knochen, Hörner

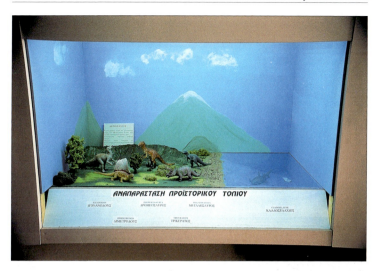

Jurassic Park à la Mytilini: Schaukasten für Kinder

und Hufe wurde damals innerhalb nur weniger Tage ausgegraben, darunter auch ein versteinertes Pferdegehirn einer bislang unbekannten Pony-Art. Die aus dem Pliozän datierenden, rund 13 Millionen Jahre alten Fossilien stammen von Antilopen, Nashörnern, verschiedenen Pferderassen, Gazellen, Hyänen, Vorfahren unserer Giraffen und Elefanten und anderen, allesamt im asiatisch-indischen Raum heimischen Arten. Sie beweisen, dass Sámos einst mit dem kleinasiatischen Festland verbunden war und erst später, vielleicht durch eine verheerende Naturkatastrophe, von ihm getrennt wurde – interessant in diesem Zusammenhang ist die von verschiedenen antiken Dichtern überlieferte Meinung, Sámos sei in der Vorgeschichte "von Bestien bewohnt gewesen,

> ### Wie das Kaplani in die Vitrine kam
>
> Im Sommer ist in einem Glaskasten am Eingang des Museums eine ausgestopfte, mittlerweile ziemlich ramponierte Raubkatze ausgestellt, die einer Leopardenart angehört. Das von der heimischen Bevölkerung "Kaplani" genannte Tier war in der Zeit zwischen 1870 und 1880 von Kleinasien durch die Meerenge nach Sámos geschwommen. Lange hatte es dort die Gebirgsregionen unsicher gemacht, immer wieder Lämmer und Schafe gerissen. Alle Versuche, es zu erlegen, schlugen fehl. Bis ein besonders starker und tapferer Jäger kam ... So mancher ältere Samier kennt noch aus Erzählungen seiner Großeltern die Geschichte des wilden Kampfes, den sich das Kaplani mit seinem Bezwinger lieferte, bevor es diesem gelang, es zu töten. Und die Schriftstellerin Alki Zei, die als Kind das ausgestopfte Tier gesehen und wohl auch mit großen Augen die Berichte vom heldenhaften Jäger gehört hatte, benannte später eines ihrer Bücher nach dem "Kaplani in der Vitrine".

die so laut brüllten, dass ein Riss in der Erde entstand". Plutarch sah die schon damals bekannten Fossilien poetischer: Er hielt sie für die Knochen von Amazonen, die im Kampf gegen Dionysos getötet wurden.

Die Ausstellung der Stiftung soll nach und nach noch vergrößert werden und auch andere Abteilungen aufnehmen; im Umfeld des Museums ist zudem (freilich bereits seit Jahren) eine Art Botanischer Garten geplant. Schon jetzt gibt es unter anderem eine Mineralogische Abteilung und im Untergeschoss ein kleines Volkskundemuseum – schade, dass nicht alle Erläuterungen zumindest in Englisch gehalten sind. Eine Cafeteria ist angeschlossen.
Öffnungszeiten Täglich 9–14 Uhr; Eintritt 2,50 €.

▸ **Moní Agías Triádas**: Etwa einen Kilometer jenseits der Ortsgrenze von Mytiliní, in Richtung Chóra und Pythagório, zweigt bei einer kleinen Kapelle ein Sträßchen in südöstlicher Richtung ab (nur aus Richtung Mytiliní beschildert), das nach etwa drei Kilometern das Kloster Agías Triádas (Öffnungszeiten im Sommer: 8–12, 16–19 Uhr) erreicht. Das Kloster, ein wehrhaft wirkender, 1824 gegründeter Bau, wird derzeit von zwei Mönchen und einer Nonne bewohnt. Von hier kann man auf einer Strecke von etwa fünf Kilometern nach Pythagório wandern, wobei man auch auf die alten Stadtmauern trifft. Zunächst geht es das Sträßchen etwa 300 Meter zurück, bis am Ende einer Rechtskurve ein Schotterweg links abzweigt. Dieser führt (im Zweifel rechts halten) auf den Kamm des Ámpelos-Berges, von dem aus sich herrliche Blicke bis in die Türkei und mehrere Möglichkeiten des Abstiegs bieten.

Wanderung 4: Von Mytiliní nach Vourliótes

Route: Mytiliní – (Kástro Louloúdes, 600 m) – Moní Vrontá – Vourliótes; **reine Wanderzeit**: etwa 2,5–3 Stunden (mit Abstecher zum Kástro 3–3,5 Stunden); **Einkehr**: Tavernen in Mytiliní und Vourliótes.

Charakteristik: Eine sehr reizvolle Wanderung mit herrlichen Ausblicken auf das Ámpelos-Gebirge und die Nordküste. Etwas Kondition ist vonnöten, denn immerhin ist ein Höhenunterschied von gut 450 m zu überwinden. Unterwegs bietet sich für Schwindelfreie die Gelegenheit zu einem Abstecher, der zu den fantastisch gelegenen Resten einer mittelalterlichen Burg führt. Im hübschen Dörfchen Vourliótes angekommen, hat man die Wahl des Weiterwegs. Leider hat die KTEL den Direktbus, der an drei Wochentagen am frühen Nachmittag von Vourliótes via Kokkári nach Sámos-Stadt fuhr, zuletzt gestrichen – vielleicht wird er künftig ja wieder ins Programm genommen. Bei Redaktionsschluss bestand jedoch nur eine einzige Möglichkeit der Weiterreise per Bus: Der Bus von Sámos-Stadt nach Vourliótes (Abfahrt in Sámos-Stadt zuletzt: Mo/Mi/Fr jeweils 13.30, Ankunft etwa eine halbe Stunde später) nimmt bei der Einrückfahrt Interessenten mit hinab zur Kreuzung mit der Hauptstraße Karlóvassi-Kokkári (nicht weiter!), an der bei Bedarf die Busse der Route von Karlóvassi nach Sámos-Stadt halten. Natürlich kann man sich auch von einem der Tavernenwirte in Vourliotes ein Taxi rufen lassen, oder, vielleicht die günstigste Möglichkeit, auf dem in Wanderung 6 in der Gegenrichtung beschriebenen Weg in rund 1,5 Stunden direkt nach Kokkári bzw. mit Wanderung 7

Wanderung 4   155

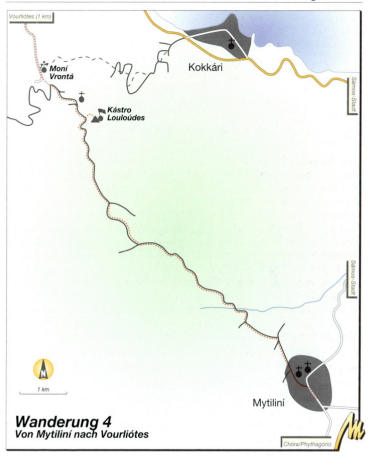

Wanderung 4
Von Mytiliní nach Vourliótes

Der Südosten um Pythagório
Karte siehe S. 137

zur Bushaltestelle an der Hauptstraße absteigen. Wanderer mit sehr guter Kondition können bei frühem Start auch Wanderung 8 anhängen, die von Vourliótes nach Platanákia (Busanschluss) führt. Bliebe noch der alte Fußweg zu erwähnen, der schon beim Kloster Vrontá beginnt und von dort hinab nach Kokkári führt, doch wurde dieser beim großen Waldbrand 2000 besonders schwer in Mitleidenschaft gezogen, die Orientierung dadurch deutlich erschwert.

Verlauf: Die Wanderung beginnt im Zentrum von Mytiliní. Von hier geht es zunächst auf der Hauptstraße Richtung Sámos-Stadt, also ungefähr nach Norden. Gegenüber von Haus Nr. 41 folgt man dem schmalen Sträßchen nach links (beschildert "Kokkári 8 km, Vourliótes 11 km, Mavratzéi 9 km"), vorbei an einer Kirche. Hinter einem kleinen Platz hält man sich geradeaus in die Straße O. Aristarchou (rotes Schild: "Kokkári") und erreicht einige hundert Meter weiter eine zweite Kirche.

Der Südosten um Pythagório

An ihr geht es links vorbei in die O. Nikitara, der man nun geradeaus folgt. Nach einer Weile ändert sich der Belag des Sträßchens, die Bebauung lockert sich auf und Gärtchen schieben sich zwischen die Häuser. Etwa 500 m hinter der Hauptstraße von Mytiliní trifft man auf eine Gabelung: Links ginge es nach Mavratzéi, geradeaus weisen Schilder den Weg nach Vourliótes und Kokkári. An der nächsten Kreuzung hält man sich nochmals geradeaus (bergauf); dann verwandelt sich das Betonsträßchen in eine breite Schotterpiste. Knapp 20 min. nach Verlassen der Hauptstraße von Mytiliní erreicht die Piste zwei kurz aufeinander folgende Abzweigungen nach links. An dem ersten, hart nach links hinten führenden Sträßchen geht es noch geradeaus vorbei. Etwa 50 m weiter folgt man dann der zweiten Abzweigung (beschildert: "Vourliótes"), die halblinks auf die markanten Berge im Hintergrund zuläuft; geradeaus käme man direkt nach Kokkári. Anfangs steigt diese Piste recht steil an, schlängelt sich dann jedoch wieder hinab in ein grünes Tal und überquert bei einem verfallenen Haus einen kleinen Bachlauf, der mit Feigenbäumen und Platanen fast wie eine Oase wirkt. Danach geht es wieder hinauf, zunächst gemäßigt, dann steiler, durch eine lichte Landschaft aus locker stehenden Kiefernbäumen und Olivenhainen. An einer Gabelung etwa 20 min. hinter dem Bachlauf hält man sich rechts aufwärts, nach weiteren 15 min. ziemlich steilen Anstiegs an einer weiteren Gabelung auf einem Sattel links. Hier bietet sich ein schöner Blick auf ein kleines Hochtal und den dahinter hoch aufragenden Felsen des Kástro Louloúdes. Zunächst leicht, dann wieder stärker ansteigend, führt die Piste nun auf den Kástrofelsen zu und etwa 20 min. hinter der Gabelung in steilen Kurven links an ihm vorbei. Wer den Abstecher zum Kástro Louloúdes unternehmen möchte, muss in einer ansteigenden, betonierten Linkskehre rechts aufwärts abzweigen; es ist die letzte Linkskurve vor einer Art Pass – hat man erst einmal eine kleine Hochfläche mit Weingärten und Steinhäuschen erreicht, liegt die Abzweigung bereits einige hundert Meter zurück.

Hinauf zum Kástro Louloúdes: Für den Aufstieg zum Felsen mit den Resten der mittelalterlichen Fluchtburg, einen insgesamt knapp 30-minütigen Abstecher von der Hauptroute, sollte man wirklich schwindelfrei und trittsicher sein. Der Pfad und erst recht das sehr kurze Kletterstück hinauf zur Burg sind allerdings nicht ganz leicht zu finden. Der Aufstieg beginnt in der besagten scharfen Linkskurve und führt, zunächst einen Verhau aus Felsen und Baumstämmen umgehend, über ein Geröllfeld aufwärts auf die Richtung Meer weisende Seite des Burgfelsens zu. Nun muss man in einer Art Scharte zwischen dem eigentlichen Burgfelsen (rechts) und einem vorgelagerten "Felszahn" (links) hindurch, einige Meter steil abwärts und an der Nordseite des Kástrofelsens entlang um diesen herum. Schon bald steigt der schwach ausgetretene Pfad wieder an und führt direkt auf den Burgfelsen zu, der hier eine gut sichtbare rote Markierung aufweist. Hier hält man sich rechts aufwärts und steht fünf Meter weiter unvermittelt vor einer weiteren roten Markierung. Sie verweist auf die rechter Hand in den Fels gehauenen Stufen, die man ohne dieses Zeichen selbst aus der Nähe kaum entdeckt hätte. In wenigen Sekunden ist man oben an der kleinen Burg, von der nur mehr die Grundrisse einiger Räume und die Reste eines Turms zu erkennen sind – umso begeisternder ist das Panorama der Nordküste bis hin zur Bucht von Sámos-Stadt. Zurück geht es auf demselben Weg.

Weites Panorama: Blick vom Kástro auf die Küstenebene von Kokkári

Wieder an der Hauptpiste, steigt man aufwärts und erreicht bald die oben erwähnte, kleine Hochfläche mit ihren Weingärten und Steinhäuschen. Von hier, auf etwa 550 m Höhe, geht es wieder abwärts, vorbei an einem rechter Hand gelegenen Kirchlein, einem schönen Platz für eine Rast. Danach folgt man weiter dem betonierten Weg, das Kloster bereits im Blickfeld; nach etwa 300 m geht es an einem rechts abzweigenden Betonweg geradeaus vorbei. Der Beton verwandelt sich nun wieder in Schotter und erreicht etwa 400 m hinter der Abzweigung eine Art Kreuzung. Hier hält man sich an die rechts bergab führende Hauptpiste und trifft kurz darauf, insgesamt etwa 15 min. hinter dem Kirchlein, auf eine Asphaltstraße. Dort geht es geradeaus zum noch etwa 5 min. entfernten *Kloster Moni Vrontá*, das im Kapitel zur Nordküste beschrieben ist.

Folgt man vom Kloster weiterhin der Straße, die sich nun wieder in einen Betonweg verwandelt und in vielen Kurven abwärts führt, erreicht man nach knapp einer halben Stunde *Vourlióteses* mit seiner hübschen Platía; siehe hierzu ebenfalls im Kapitel zur Nordküste.

Das Heraíon

Obwohl weitgehend zerstört, zählt die ausgedehnte antike Stätte, etwa sechs Kilometer südwestlich von Pythagório gelegen, zu den ganz großen Sehenswürdigkeiten der Insel.

Kurz vor der Strandsiedlung Iraíon, fast schon am Ende der weiten Tigániou-Bucht, lag bereits in vorarchaischer Zeit eine Kultstätte, die später der Göttin *Hera* gewidmet wurde. Zur Blütezeit der Stadt Sámos, des heutigen Pythagório, verlief eine sechs Kilometer lange Heilige Straße, gesäumt von zahlreichen Statuen, zwischen der antiken Stadt und dem Heiligtum; sie blieb nur im Bereich der Stätte selbst erhalten.

158   Der Südosten um Pythagório

Leider bedarf es einer guten Portion Phantasie, um sich heute die ganze wuchtige Größe und Schönheit des antiken Heiligtums vorzustellen. Bereits die Römer hatten Statuen und Kunstgegenstände en gros geraubt, spätere Jahrhunderte missbrauchten das Areal als Steinbruch. Vor einer Besichtigung nützt es als Einstimmung deshalb sehr, sich mit dem samischen Hera-Kult und der Baugeschichte dieses Heiligtums vertraut zu machen, dessen Tempel einst der größte Griechenlands war. Sinnvoll ist auch ein Besuch im Archäologischen Museum von Sámos-Stadt, das viele Funde aus dem Heraíon präsentiert.

Öffnungszeiten Di–So 8–15 Uhr, Eintrittsgebühr 3 €, Studenten 2 €, unter 18 Jahren gratis; Kombiticket mit dem Eupalinos-Tunnel 6 €. Am Eingang eine kleine Snack-Bar. Busverbindung besteht zum Dorf Iraíon, etwa einen Kilometer entfernt.

▸ **Der Hera-Kult**: Bereits in der vorgriechischen Zeit des 3. Jahrtausends v. Chr. bestand im sumpfigen Mündungsgebiet des Imbrásos eine Siedlung, deren Spuren im nördlichen Bereich der Ausgrabungsstätte entdeckt wurden. Angegliedert war wohl bereits damals die Kultstätte einer später von den Mykenern übernommenen Fruchtbarkeitsgöttin. Einleuchtend erscheint dies auch angesichts des heutigen Geländes: Im Frühjahr schießt hier die Vegetation so schnell aus dem Boden, dass die Archäologen mit dem Graben kaum nachkommen.

Für die mykenische Zeit des 2. Jahrtausends v. Chr. gilt bereits ein kleines Heiligtum als gesichert, das sich um einen einfachen Altar und einen Keuschlammstrauch (Lygos) konzentrierte, wie er heute noch hier wächst. Verehrt wurde ein hölzernes, der Göttin selbst entsprechendes Kultbild der Hera, die der örtlichen Sage zufolge unter einem solchen Keuschlammstrauch geboren worden war. Freilich handelte es sich auf Sámos um eine ganz anders geartete Hera als jene der späteren griechischen Götterwelt, die dort vor allem als eifersüchtige Gemahlin des Zeus in Erscheinung trat. Nicht nur die immensen Ausmaße des ihr errichteten Tempels beweisen die hohe Verehrung, die die Hera von Sámos als Natur- und Fruchtbarkeitsgöttin genoss. Die Opfergaben, die Wissenschaftler am Heiligtum fanden, stammten aus der gesamten antiken Welt, kamen bis aus Andalusien.

Höhepunkte des Kultes waren die beiden jährlichen großen Feste im Heiligtum. Gefeiert wurde zum einen die Hochzeit mit Zeus (*Hieros Gamos*), die der Sage nach ebenfalls unter einem Lygosstrauch vollzogen worden sein soll; das Kultbild wurde bei dieser heiligen Hochzeit wie eine Braut geschmückt. Das andere jährliche Fest ist als *Tonaia* überliefert, als rituelle Waschung des Kultbildes im Meer, womit die Göttin ihre Jungfräulichkeit wieder erlangte. Anschließend wurde die Figur gesalbt, neu eingekleidet, mit Opferkuchen gespeist und bis zur nächsten Hochzeitsfeier mit Keuschlammzweigen umwickelt. Begleitet wurden beide Feste von der rituellen Opferung von Rindern, deren Fleisch teils von den Teilnehmern gegessen, teils auf dem Altar der Göttin verbrannt wurde.

▸ **Baugeschichte**: Vor dem uralten Altar wurde im 8. Jh. v. Chr. aus Lehmziegeln ein sog. *Hekatompedos* errichtet, ein etwa 33 Meter langer "Hundert-Fuß-Tempel". Ihm folgte an derselben Stelle um 670 v. Chr. ein deutlich veränderter Bau, der bereits von einer Ringhalle umgeben war.

Das Heraíon 159

Heraíon

1. Eingang
2. Großer Hera-Tempel
3. Verbliebene Säule
4. Sockel des Cicero-Denkmals
5. Rhoikos-Tempel
6. Hekatompedos
7. Römischer Hera-Tempel
8. Römische Thermen
9. Frühchristliche Basilika
10. Hera-Altar
11. Heilige Straße
12. Hermes-Tempel
13. Geneleos-Gruppe

Im 6. Jh. v. Chr. war Sámos eine wirtschaftliche Großmacht geworden, deren Reichtum manifestiert werden wollte: Ab 570 v. Chr. entstand der *Rhoikos-Tempel* der Baumeister Rhoikos und Theodoros, der mit einem Grundriss von 105 x 52,5 Meter alle bisherigen Dimensionen griechischer Bauten sprengte – als Vorbild vermuten viele Historiker die riesigen Tempel Ägyptens, zu dem ja damals enge Handelsbeziehungen bestanden. Allerheiligstes (Cella) und Vorhalle (Pronaos) waren dreischiffig, der Tempel von einem doppelten Kranz aus mehr als hundert etwa 18 Meter hohen Säulen umgeben. Den Hera-Altar, immer noch an derselben Stelle wie seine Vorgänger, richteten die Architekten auf den Tempel aus und vergrößerten ihn um ein Vielfaches auf etwa 36 x 16 Meter. Ein langes Dasein war dem Monumentaltempel allerdings nicht beschieden: Um 540 v. Chr. wurde er zerstört, vielleicht durch ein Erdbeben, vielleicht aber auch durch einen Brand – mancher Historiker vermutet durchaus schlüssig einen Zusammenhang mit der unsanften Machtergreifung des Polykrates.

Eben dieser ließ auch bald mit dem Bau eines noch gigantischeren Tempels beginnen, heute als *Großer Hera-Tempel* bezeichnet. Er wurde um 40 Meter nach Westen versetzt, stand also teilweise über dem Grundriss seines Vorgängers, dessen Materialien auch für den neuen Tempel Verwendung fanden. Mit einem Grundriss von etwa 112 x 55 Meter nahm der neue Tempel etwa die

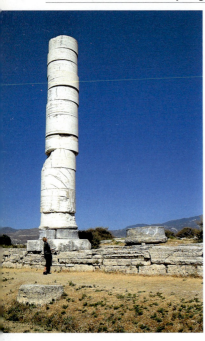
Die letzte ihrer Art: Kolóna

Fläche des Kölner Doms ein; auch ihn umgab ein doppelter Kranz von gut 150 etwa zwanzig Meter hohen Säulen, der an den Frontseiten sogar auf drei Reihen erweitert wurde. Völlig fertig wurde dieser Riesentempel nie, doch muss auch die Baustelle beeindruckend genug gewesen sein: Herodot sprach vom "gewaltigsten Tempel, von dem wir wissen" (meinte dabei allerdings wohl Griechenland, denn er war in Ägypten gewesen) und ordnete den Monumentalbau unter die Weltwunder ein. Im Umfeld entstanden zu Polykrates' Zeiten eine Reihe weiterer, deutlich kleinerer Tempelbauten, die anderen Göttern geweiht waren – ganz auf Hera verlassen wollte man sich also nicht.

Die wirtschaftliche und politische Talfahrt der Insel nach dem Tod des Polykrates machte es unmöglich, den Großen Hera-Tempel je fertig zu stellen; noch die Römer bauten an ihm, doch gaben auch sie es irgendwann auf und errichteten der Hera lieber ein neues, vergleichsweise winziges Tempelchen direkt vor ihrem Altar.

▶ **Besichtigung**: Vom Eingang kommend, gewahrt man bald das Wahrzeichen des Heiligtums, die *Kolóna* – einzig verbliebene Säule des *Großen Hera-Tempels*, dessen Grundmauern noch zu erkennen sind. Die Kolóna wurde wohl als Orientierungshilfe für Seefahrer stehen gelassen. Freilich misst auch sie, obwohl von durchaus beeindruckenden Dimensionen, gerade mal die Hälfte ihrer einstigen Höhe.

Etwa 40 Meter weiter östlich erkennt man den Statuensockel eines *Cicero-Denkmals*, das die Stadt Sámos im 1. Jh. v. Chr. dem berühmten römischen Politiker und seinem Bruder stiftete. Der große Redner hatte sich dem Heiligtum als Ankläger des räuberischen Provinzverwalters Verres verdient gemacht, der nicht nur auf Sámos an Kunstschätzen stahl, was er wegschleppen konnte. Dank Ciceros Plädoyer verurteilte der römische Senat Verres dazu, wenigstens einen Teil seiner Beute zurückzugeben.

Nördlich des Sockels erstrecken sich Reste des *Hekatompedos* und des *römischen Hera-Tempels*, dessen bescheidene Dimensionen den Niedergang des Kultes verdeutlichen. Im Umfeld ebenfalls erkennbar sind Reste einer *römischen Therme* des 3. Jh. und einer komplett aus antikem Baumaterial errichteten *frühchristlichen Basilika* des 5. oder 6. Jh. – man darf vermuten, dass sie dem Heiligen Dimitrios geweiht war, dessen Kirchen gerne auf "heidnische" Stätten gesetzt wurden, um sie so für das Christentum zu vereinnahmen.

Östlich angrenzend liegen die Grundmauern des großen Hera-Altars über der Stelle, an der seit den uralten Anfängen das Heiligtum der Göttin stand. Der Bau an sich stammt aus römischer Zeit, doch wurde der Altar der Architekten Rhoikos und Theodoros damals bis hin zur Dekoration genau kopiert. Wohl immer schon wuchs auf dem Altar ein Keuschlammstrauch, wie er der Hera heilig war. Auf den Stamm eines solchen Strauches stießen die Ausgräber 1963 bei Untersuchungen einer der sieben Bauschichten des Altars. Geradezu mythisch scheint das Kontinuum über die Jahrtausende: Immer noch blüht auf dem Altar ein Keuschlammstrauch, gut zu erkennen an seinen gefingerten Blättern.

Nördlich des Altars endet das Pflaster der *Heiligen Straße*. In ihrem Umfeld sind Überreste jener Tempel erkennbar, die ab der Zeit des Polykrates dem *Hermes* und anderen Göttern geweiht wurden. Einst reichte die Heilige Straße bis zur sechs Kilometer entfernten antiken Stadt, beiderseits und auf ihrer ganzen Länge von gestifteten Weihestatuen und Kolossalfiguren gesäumt. Hier entdeckten Archäologen jene große Jünglingsstatue (Kouros), die im Museum von Sámos-Stadt steht. Heute vermittelt nur noch die Kopie der *Geneleos-Gruppe* eine Ahnung von der einstigen Eleganz dieser Prachtstraße.

Iraíon

Es ist noch nicht einmal so lange her, da standen hier, am südwestlichen Ende der Tigániou-Bucht, nur ein paar bescheidene, direkt ans Meer gebaute Fischerhäuser – Vergangenheit.

Iraíon hat sich daran gemacht, den Spuren Pythagórios zu folgen und ein internationaler Ferienort zu werden. Obwohl das schachbrettartig aufgebaute Dorf im wesentlichen immer noch aus einigen wenigen Parallelstraßen zum Strand besteht, ist es doch schneller gewachsen, als es dem Ortsbild gut getan hätte. Neue und halb fertig gestellte Bauten säumen die Außenbezirke, der kleine zentrale Platz wurde ganz eindeutig auf dem Reißbrett eines Architekten geplant. Angenehm sind dafür die vielen Bars und Restaurants an der sehr hübsch gestalteten Uferfront und auch die kleinen, versteckten Strände im Süden. Eventuell mag sich mancher Iraíon deshalb doch für ein paar Tage als Standquartier ausgucken, zumal auch die Preise hier oft einen Tick niedriger liegen als in Pythagório.

- *Verbindungen* **Bus**: Von/nach Sámos-Stadt über Pythagório (Sommerfahrplan) Mo–Fr 5-mal, Sa/So 3-mal täglich.
Mietfahrzeuge: Verschiedene Vermieter für Autos und Zweiräder im Ort, z. B. Save, ☏ 22730 95261.
- *Übernachten/Essen* **Hotel Paris Beach** (C), ein kleineres, recht hübsches Hotel an der Hauptstraße. Geöffnet Mai bis Oktober, DZ etwa 30–45 €. ☏ 22730 95397, ✉ 22730 95242, www.aegeanstyle.com/samos.
Paris Apartments & Studios, drei Parallelstraßen landeinwärts, sind dem Hotel angeschlossen; Zweipersonen-Studio nach Saison offiziell 45–50 €, je nach Belegungsstand auch mal günstiger. ☏ 22730 95378, ebenfalls unter www.aegeanstyle.com/samos zu finden.
Hotel Sunrise (C), im hinteren Ortsbereich. Früher von Reiseveranstaltern geblockt, arbeitet das sehr solide, von der freundlichen Popi geführte Haus jetzt nur noch mit Individualgästen, und das sehr erfolgreich – Reservierung ratsam. Geöffnet Mai–Oktober, DZ/F 35–40 €. ☏ 22730 95369, ✉ 22730 95362.

Weißer Fels, klares Wasser: Küste bei Iraíon

Pension/Taverne Iraíon (Vuros), am kleinen Hafen des Örtchens. Einfache Zimmer, immerhin teilweise mit Balkon und Meerblick, empfehlenswertes Lokal angeschlossen. Geöffnet Mai bis Mitte Oktober, DZ/Bad nach Saison etwa 20–25 €. ✆ 22730 95361, 22730 95276.

Pension/Taverne Cohily, direkt dahinter. Auch hier fallen die Zimmer und Bäder ziemlich schlicht aus, besitzen jedoch Balkon bzw. im obersten Geschoss Zugang zu einer großen Terrasse; DZ/Bad nach Saison 30–35 €. Freundliche Führung, viele Stammgäste. Ein Tipp ist das zugehörige Gartenrestaurant, in dem u. a. Mezédes, Grillgerichte und Fisch serviert werden; zur Saison gab es hier zuletzt 2-mal wöchentlich (Mo/Do) auch eine "Mezédes-Party" zum Festpreis von 15 €, Beginn bereits 18.30 Uhr. Geöffnet April–Oktober, ✆/🖷 2273 95282, www.cohyli.de.tf.

Pension/Taverne Karavopétra, in der Nähe des Hauptplatzes. Der freundliche, hilfsbereite Besitzer Nick Zografidis verbrachte zehn Jahre in Kanada und zwei in Deutschland, versteht deshalb auch etwas Deutsch. Geöffnet ist April bis Oktober, das DZ/Bad kostet etwa 25–30 €. Im angeschlossenen Restaurant gibt es u. a. große und sehr gute Pizza aus dem Holzofen. ✆ 22730 95383, 22730 95384.

Taverne Akrogiali, linker Hand beim kleinen Hauptplatz am Meer. Eins der besten Restaurants an der Uferzeile, gute Fisch- und Grillgerichte sowie gemischte Vorspeisen. Es gibt sogar Kinderportionen. Normales Preisniveau.

Taverne Ritza, ganz hinten am östlichen Ende der Uferzeile, Nähe Parkplatz. Gut für traditionelle griechische Gerichte; man spricht Deutsch.

Taverne To Steki, an der landeinwärts führenden Straße, um die Ecke vom Taxistand. Prima Küche und sehr umfangreiche Speisenauswahl; Besitzer Stelios hat auch für Sonderwünsche ein offenes Ohr. Mehrmals wöchentlich Livemusik.

Taverne Ankira, in einer der Parallelstraßen zur Uferfront, praktisch um die Ecke von To Steki. Unscheinbares Äußeres, jedoch feine Küche (Mezédes!), solide Portionen und günstige Preise.

▶ **Baden:** Der Strand beim Ort ist kiesig bis steinig, im Dorfbereich gibt es Liegestühle, Sonnenschirme und Ähnliches zu mieten. Im Nordosten reicht der Strand bis Pythagório, sodass sich in einiger Entfernung auch ruhigere Plätzchen entdecken lassen.

Südlich von Iraíon, zu erreichen über eine Piste, ändert die Küste ihr Gesicht. Hier finden sich sehr hübsche, kleine bis kleinste Kiesbuchten, die sich zum türkisfarbenen Meer öffnen und von Kreidefelsen flankiert werden. Einsam ist es hier jedoch auch nicht. In manchen der Buchten wie am so genannten "Pappas Beach" sind Liegestühle aufgestellt, und sogar eine Sommertaverne ist in Betrieb.

Umgebung von Iraíon

Pírgos Sarakínis: Etwas östlich der Straße, die Iraíon mit der Hauptstraße Pythagório–Pagóndas verbindet, steht auf Höhe einer Kaserne ein alter, dreigeschossiger Wehrturm. Errichtet wurde der wuchtige Bau 1577 von Nikólaos Sarakínis, einem aus Pátmos stammenden Seemann, der sich unter türkischer Herrschaft um die Wiederbesiedelung von Sámos verdient gemacht hatte und deshalb vom türkischen Admiral mit ausgedehnten Ländereien bedacht wurde. Diese vererbte er seinem Sohn mit der Auflage, sie dem Johanneskloster von Pátmos zu hinterlassen, falls er ohne Erben bliebe – was auch geschah. So ist heute noch das Kloster auf Pátmos Besitzer des umliegenden Landes, des Turmes und des weiß gekalkten Doppelkirchleins, das dem Hl. Johannes (rechts, 1577 erbaut) und dem Hl. Georg (links, 1615) gewidmet ist.

Míli

Das Dorf liegt zwei Kilometer nördlich der Hauptstraße, die Pythagório mit Pagóndas verbindet, etwa elf Asphalt-Kilometer von Pythagório entfernt. Míli war eines der ersten Dörfer, die nach der Wiederbesiedelung der Insel angelegt wurden, und trug damals einen türkischen Namen. Die heutige Bezeichnung erinnert an die Wassermühlen, die hier früher am Fluss Imbrásos in Betrieb waren. In der Ebene östlich des Dorfes erstreckt sich eine wasserreiche, fruchtbare Gartenlandschaft, die vor Orangenplantagen geradezu strotzt. Auch Quitten und andere Fruchtbäume wachsen hier – ein wunderbares Revier für Spaziergänge, obwohl das große Feuer von 2000 auch hier seine Spuren hinterlassen hat.

> **Unser Tipp: Die Tavernen von Míli**
> Míli wäre nicht mehr als ein unscheinbares kleines Dorf mit einigen hübschen Gassen, gäbe es da nicht diese wunderschöne, urgemütliche Platía, beschattet von einem dichten Blätterdach zweier Bäume. Gleich drei Tavernen haben ihre bunten Tische und Stühle auf den Platz gestellt – die Auswahl fällt schwer und gleichzeitig leicht, denn alle drei bieten gutes Essen zu akzeptablen Preisen, die teilweise deutlich unter denen von Pythagório liegen. Das hat sich dort natürlich herumgesprochen, weshalb immer mehr Urlauber den Weg nach Míli finden. Doch solange Sie auf der Platía auch noch Griechen essen sehen, können Sie sich unbesorgt niederlassen ...

Von Míli führt eine breite, mittlerweile asphaltierte Straße vorbei am Kloster Megális Panagías nach Koumaradéi an der Hauptroute in den Westen; Näheres zu Kloster und Dorf im Text weiter unten.

Westwärts nach Pírgos

Jenseits der Schwemmlandebene um Pythagório erstrecken sich die Höhenzüge und Ausläufer des über 700 Meter hohen Berges *Vourniás*, die im letzten Jahrzehnt leider gleich mehrfach Opfer verheerender Brände wurden. Das große Feuer von 2000 hat hier teilweise besonders erschreckende Spuren hinterlassen. Dennoch bleibt das Gebiet ein hervorragendes Revier für Ausflüge; die Busverbindungen allerdings sind mäßig, weshalb ein Fahrzeug von Vorteil ist. Unterwegs kann man sich auch gleich mit Souvenirs eindecken: In verschiedenen Dörfern werden Kräuter und einheimischer Honig verkauft, und in Koumaradéi gibt es mehrere Werkstätten mit teilweise recht originellem Angebot.

Über Pagóndas nach Pírgos

Die Alternative zur Inlandsroute verläuft mit schöner Aussicht weit oberhalb der Küste. Eine Tankstelle allerdings gab es bis zuletzt unterwegs nicht.

▶ **Pagóndas**: Das große Bergdorf besetzt einen Osthang des Vourniás, etwa zwölf Kilometer von Pythagório entfernt. Wie das nahe Míli schon bald nach der Wiederbesiedelung im 16. Jh. gegründet, lebt Pagóndas in erster Linie vom Olivenanbau – und das nicht schlecht, nach den großen Herrenhäusern und der Zahl der hiesigen Kirchen zu schließen: Eine ganze Reihe blauer Kuppeln ragt in und um das Dorf in den Himmel. Die ansehnliche Platía macht einen sehr dörflichen Eindruck.

• *Veranstaltungen* Im Sommer finden auf der großen Platía gelegentlich (zuletzt nur unregelmäßig) "Griechische Abende" mit Essen und Musik statt. Gäste sind in erster Linie Reisegruppen, doch sollen die Abende auch bei griechischen Familien beliebt sein. Infos in den Agenturen von Pythagório.

Hinter Pagóndas steigt die Strecke zunächst nach Südosten an, durchquert dabei immer wieder Waldbrandgebiete. Betroffen waren auch die wertvollen Bestände der hochstämmigen Schwarzkiefer, deren Holz beim Bootsbau sehr gesucht ist. Von den Flammen eines älteren gerade noch verschont blieb das Kloster *Moní Evangelístrias* unterhalb der Straße, das nicht mit dem gleichnamigen Kloster bei Votsalákia zu verwechseln ist. An der Küste tief unterhalb erstreckt sich der Strand von *Tsópela*, nur auf einem nahezu unbefahrbaren Weg zu erreichen. Ganz so menschenleer wie man deshalb meinen sollte, ist der Strand jedoch nicht, bildet er doch das Ziel sommerlicher Bootstouren ab Pythagório.

Im weiteren Verlauf der Route bieten sich immer wieder weite Ausblicke auf das vorgelagerte Inselchen *Samiopoúla*, im Sommer ebenfalls ein beliebtes Ziel von Bootsausflügen, und auf die Westküste, bei entsprechendem Wetter bis zu den Inseln Foúrni, Ikaría und Pátmos.

▶ **Spatharéi**: Auch um dieses verschlafene Bergdörfchen am Westhang des Vourniás sind die Spuren der Brandkatastrophen vergangener Jahre deutlich sichtbar. Der Legende zufolge soll Spatharéi von einem Priester namens Pappapetros o Spathas gegründet worden sein, der es auf die beachtliche Zahl von 18 Nachkommen brachte. Das Dorf lebt vor allem von der Landwirtschaft, wie

Verschlafenes Bergdorf: Spatharéi

die terrassierten, steil zum Meer abfallenden Hänge deutlich zeigen; weit reicht von hier der Blick übers Meer. Fischfang wird nur am Rande betrieben; die Boote liegen in der winzigen Küstensiedlung *Limnonáki*, die nur über kleine Wege zu erreichen ist. Von Spatharéi sind es noch etwa fünf Kilometer Asphaltstraße bis Pírgos.

Veranstaltungen **Fest des Kadis**, am letzten Sonntag des Karnevals; eine spöttische Zeremonie, die an die Rechtssprechung der Türkenzeit erinnern soll.
Panijíri, Kirchweihfest am 27. Juli.

Über Koumaradéi nach Pírgos

Die Standardroute, ebenfalls durchgehend asphaltiert, flotter befahrbar und kürzer als die Variante über Pagóndas und Spatharéi.

Moní Timíou Stavroú

Etwa einen Kilometer oberhalb der Hauptstraße steht dieses sehr sehenswerte Kloster (Di–So 9–12, 18–20 Uhr) aus dem späten 16. Jahrhundert. Der Abzweig aus Richtung Chóra, an einer ansteigenden Geraden etwa drei Kilometer hinter dem Ort, ist leicht zu übersehen; Busreisende können den Fahrer bitten, sie hier aussteigen zu lassen.

1592 wurde das Kloster zum Heiligen Kreuz durch den Mönch Neílos gegründet; ein Traumgesicht, so heißt es, habe ihm den Platz gewiesen, an dem er dann eine uralte Ikone vergraben fand. Die heutige Klosteranlage stammt allerdings aus dem 19. Jh.; ehemals ein Geviert, brannte ihr Südflügel 1950 ab. Hübsch ist die Lage mit weiter Aussicht auf die Ebene, ebenso der blumengeschmückte Innenhof, in dessen Brunnen beruhigend das Wasser plätschert.

Das Hauptinteresse gilt jedoch der zentralen Kirche: Im Inneren der dreischiffigen Kuppelbasilika ist eine wundervoll gearbeitete *Ikonostase* zu sehen, die Mitte des 19. Jh. von zwei Holzschnitzern aus Chíos gefertigt wurde und wertvolle Ikonen des 17.–19 Jh. bewahrt. Sehenswert sind weiterhin das Triptychon (17. Jh.) im Altarraum und die leider nur an wenigen Stellen erhaltenen Fresken, die einst das gesamte Innere der Kirche bedeckten.

Besonders reizvoll gestaltet sich ein Besuch des Klosters am 14. September und seinem Vorabend, wenn die jährliche Kirchweih abgehalten wird, zu der Pilger von der ganzen Insel anreisen.

▶ **Mavratzéi** liegt knapp zwei Kilometer oberhalb des Klosters am Rand einer Schlucht und kann auf einem Schlenker Richtung Koumaradéi besucht werden. Das kleine Dorf, früher durch seine Töpfereien bekannt, lebt heute vor allem von der Landwirtschaft, produziert unter anderem Rosinen und Olivenöl. Die Straße, die kurz vor dem Ort nach Norden abzweigt, führt zwar Richtung Mytilíni, verwandelt sich aber bald in eine Piste.

Koumaradéi

Die hübsche Ortschaft liegt in über 300 Meter Höhe an einem Hang mit weiter Aussicht über den Kámpos. Da die Hauptstraße in den Westen der Insel mitten durch den Ort führt, entwickelte sich Koumaradéi im Lauf der Jahre zu einem beliebten Ausflugsziel.

Maßgeblichen Anteil daran haben die verschiedenen Geschäfte des Dorfes, die sich entlang der Durchgangsstraße reihen. Sie offerieren einen Querschnitt traditioneller Handwerkserzeugnisse, darunter insbesondere Keramik und Webwaren, aber auch Kräuter und Honig. Erstaunlich dabei, dass die Besitzer der einzelnen Läden kaum Konkurrenzneid zu kennen scheinen. Ganz im Gegenteil verstehen sich die Dorfbewohner als große Familie, haben vor Jahren auch schon mal einen gemeinsamen Prospekt drucken lassen.

Dikéa Koúpa: Dieses Tongefäß ist eine besondere Spezialität der hiesigen Töpfereien: Der "gerechte Becher" läuft über, wenn eine bestimmte Füllhöhe überschritten wird. An halbfertigen Exemplaren lässt sich gut studieren, wie das funktioniert: Der Hohlraum in der Mitte füllt sich wie der Becher selbst; ist erst einmal die Höhe einer im Inneren angebrachten Röhre überschritten, saugt diese das Gefäß in einem Zug leer. Erfinder des gerechten Bechers soll der Mathematiker und Philosoph Pythágoras gewesen sein, der auf diese Weise seinen Schülern die Lehre des richtigen Maßes demonstrieren wollte.

Ein Stopp lohnt sich auch bei den Kräuter- und Honighandlungen am Ortsausgang Richtung Pírgos: Wohl nirgends auf Sámos ist die Auswahl an örtlichen Gewürz- und Heilkräutern so groß, der Duft so betörend.

• *Verbindungen* **Bus**: Koumaradéi liegt an der Linie von Sámos-Stadt via Pythagório nach Karlóvassi. Verbindungen (Sommerfahrplan) aber nur Mo–Fr 1- bis 2-mal täglich; Sa/So kein Busverkehr.

• *Essen/Übernachten* An der Durchgangsstraße einige Kafenía.

Taverne Balkoni, ein Neubau am Ortsrand unterhalb der Straße nach Míli. Auf der Terrasse mit ihrem Prachtpanorama, das über Kámpos und Meer bis zur Türkei reicht, sitzt es sich wesentlich netter als im Ort: ein echter Logenplatz, von dem man auch prima die landenden Flugzeuge beobachten kann. Deutsche Pächter, deutsch-griechische Küche, Spezialitäten sind u. a. das

Hübsches Dorf, bekannt durch seine Handwerksläden: Koumaradéi

"Feta-Brot" (ein Käse-Oliven-Brot) und selbstgeräucherter Fisch; auch der Römertopf kommt hier zu Ehren.
Studios Klio, am Ortsrand bei der Kräuterhandlung, vermietet einige Zimmer, das DZ preiswerte 15–20 €. Man spricht Englisch. ✆ 22730 41044.
• *Einkaufen* **Hydria**, das erste Geschäft linker Hand am Ortseingang. Spezialität dieser Töpferei ist die sog. "Raku"-Keramik, die Kupfer- und Silberelemente einbezieht und auf spezielle Weise gebrannt wird.
Der Webstuhl, etwas hügelwärts, ebenfalls auf der linken Seite. Die freundliche, kommunikative Besitzerin Eva Elftheriou hat zwei Jahre in Berlin gelebt und spricht perfekt Deutsch. Breites Angebot an Kunsthandwerk: Teppiche, Stickereien, Pullover, Töpferwaren etc., vieles im Ort oder in den Bergdörfern der Umgebung produziert. Mittlerweile wird Eva von Beate unterstützt, die ursprünglich aus Wuppertal stammt, heute aber in Pagóndas lebt.
Klio Klironomou, rechter Hand am Ortsausgang Richtung Pírgos. Hier findet sich wohl die breiteste Auswahl an Kräutern, daneben aber auch hoch konzentrierte ätherische Öle für kulinarische und medizinische Zwecke, die in einer eigenen Destillieranlage hergestellt werden.
• *Feste* **Panijíria**, Kirchweihfeste, am 7. Juli und 27. Juli.

Von Koumaradéi windet sich die schmaler werdende Asphaltstraße ins vier Kilometer entfernte Pírgos. Unterwegs gibt es auch eine *Tankstelle*, eine Seltenheit in dieser Gegend. Vor der Fahrt nach Pírgos lohnt sich jedoch ein Abstecher zu dem Kloster Megális Panagías; alternativ kann man von dort auch über Míli (s. o.) mit seinen hübschen Tavernen nach Pythagório zurückkehren.

Moní Megális Panagías

Am Ortsausgang von Koumaradéi zweigt links die Asphaltstraße nach Míli ab; etwa einen Kilometer weiter steht unterhalb der Strecke das schöne Kloster der Großen Allheiligen (Öffnungszeiten Mi–So 10–13, 17.30–20 Uhr). Heute ist es fast verlassen. Nur am 23. August, der jährlichen Kirchweih, kommen Besucher zuhauf.

Wie Timíou Stavroú wurde auch dieses Kloster Ende des 16. Jh. von Neílos gegründet, hier allerdings zusammen mit dem Mönch Dionísos. Dieser war es auch, der der Legende zufolge nach einer Lichterscheinung eine vergrabene Marienikone entdeckte. An der Fundstelle, die nach Meinung von Historikern in Wahrheit wohl ein uraltes Heiligtum der Artemis war, errichteten die beiden Mönche zunächst ein kleines Kirchlein, später das Kloster. Bald schon zählte es zu den reichsten der Insel: Nach einem Brand sollen, so erzählt man sich zumindest, ganze Bäche aus flüssigem Gold und Silber talwärts geströmt sein. Ein Brand war es auch, der im 18. Jh. die legendenumwobene Ikone zerstörte.

Die im Geviert angelegten Nutzgebäude beschützen einen schönen Innenhof; aus einem Brunnen fließt Wasser, das als wundertätig gilt. Die Kreuzkuppelkirche im Zentrum stammt noch von 1593, also aus den Anfängen des Klosters, und ist völlig mit gut erhaltenen *Fresken* ausgemalt. Bereits im Vorraum erkennt man das Jüngste Gericht und andere Motive; auch Gemeinde- und Altarraum sind über und über mit Malereien geschmückt. Dargestellt werden u. a. das Leben Christi und der Gottesmutter, das Heilige Abendmahl, Apostel und Propheten, in der Kuppel schließlich Christus als Pantokrator (Weltenherrscher). Ebenfalls beachtenswert sind die Kanzel und der Bischofsthron, beide geschnitzt und vergoldet, vor allem aber die fantastisch detailliert gearbeitete *Ikonostase* von 1740. Nicht versäumen sollte man auch, jenes kleine Kirchlein neben der Hauptkirche zu besuchen, das die beiden Mönche noch vor Gründung des Klosters den Aposteln Petrus und Paulus weihten; auch sein Inneres ist komplett mit Fresken ausgemalt.

Von wehrhaften Mauern umgeben: Kloster Megális Panagías

Friedlich: die Platía von Pírgos

Pírgos

In einer außergewöhnlich fruchtbaren Umgebung gelegen, in der sich Olivenhaine mit Weinfeldern, Gemüsegärten mit Obstplantagen abwechseln, lebt das Dorf naturgemäß überwiegend von der Landwirtschaft, aber auch von der Imkerei: Eine ganze Reihe von Geschäften bieten neben Kräutern auch den örtlichen Honig an.

Abseits der Hauptstraßen erweist sich Pírgos als schmuckes Örtchen, das zum gemütlichen Spaziergang einlädt. Die engen Gassen sind noch nach der Breite eines beladenen Maulesels angelegt, der platanenbestandenen Platía verleihen die Ruinen einer alten Kirche einen Hauch von Romantik.

- *Verbindungen* **Bus**: Busse der Linie von Sámos-Stadt via Pythagório nach Karlóvassi stoppen auch in Pírgos; Verbindungen (Sommerfahrplan) aber nur Mo–Fr 1- bis 2-mal täglich; Sa/So kein Busverkehr.
- *Essen* Mehrere Tavernen an der Kreuzung der Hauptstrecke mit der Nebenstraße nach Mesógi/Pándroso.
Taverne O Tassos, etwas versteckt östlich der Straße nach Spatharéi. Hübsch und ruhig in einem Gartenbaugebiet gelegen, aber nur zur Saison geöffnet.
- *Feste* **Panijíri**, Kirchweihfest am 27. Juli.

▸ **Mesógi und Pándroso**: Die beiden hübschen Öl- und Weinbaudörfer liegen oberhalb von Pírgos am Hang des Ámpelos-Massivs und werden bislang von Fremden nur selten besucht. In Pándroso gibt es ein kleines Kafeníon. Kurz vor dem Ort beginnt eine Jeep-Piste, die sich später mehrfach gabelt und über die Höhen des Ámpelos-Gebirgszugs zum Kloster Moní Vrontá sowie nach Manolátes und Stavrinídes führt.

Auf den Profítis Ilías: Der Profítis Ilías, nicht zu verwechseln mit dem viel kleineren Gipfel bei Sámos-Stadt, bildet mit 1153 Metern den höchsten Punkt des

Ámpelos-Gebirgszugs und ist wegen der guten Sichtverhältnisse auch ein Tipp für Hobbyastronomen. Mit dem Jeep oder einer Enduro ist der Gipfelsturm leicht zu schaffen; natürlich könnte man auch zu Fuß über den breiten, knapp sechs Kilometer langen und gut beschilderten Fahrweg laufen, doch ist die Strecke als Wanderroute wegen der Waldbrandschäden nicht sonderlich attraktiv. Die Piste zweigt, zunächst als Betonweg, kurz vor Pándroso bei einer Kapelle so hart nach links ab, dass Autofahrer eventuell erst ein Stück weiter wenden und dann rechts aufwärts fahren müssen. Nach etwa vier Kilometern hält man sich an einer Gabelung links (rechts geht es zum Kloster Moni Vrontá und nach Vourliótes), etwa 600 Meter weiter muss man auf einer Art Sattel dann rechts hoch (geradeaus käme man nach Manolátes und Stavrinídes). Nun sind es nur noch wenige hundert Meter bis zur kargen, steinigen Hochfläche des Gipfels, dessen höchsten Punkt ein kleines, blau-weißes Kirchlein markiert. Lohn der Auffahrt ist eine fulminate Aussicht, die über den gesamten Inselosten bis in die Türkei reicht. Im Nordosten erkennt man die markante "Nase" des 1025 Meter hohen Lázarus, und im Westen erhebt sich das wuchtige und viel höher erscheinende Massiv des Kérkis, begleitet von den Nachbarinseln Foúrni und Ikaría.

▸ **Westlich von Pírgos** wird das Bild dramatischer, öffnet sich gar eine große Schlucht. Kurvig schlängelt sich die Straße aus dem Waldbrandgebiet hinaus, zwei hübsche Ausflugstavernen bieten Gelegenheit zum erfrischenden Stopp. Dann weitet sich die Landschaft zum Blick auf die sanft geschwungene Bucht von Marathókampos. Wichtig zu wissen für Reisende, die in die Strandsiedlungen der Bucht möchten: Die direkte Verbindung über Kouméika nach Órmos Marathokámpou erspart einen erheblichen Umweg landeinwärts und ist mittlerweile komplett ausgebaut.

1153 Meter hoch gelegen: das Kirchlein auf dem Profítis Ilías

Vorbei an schroffem Fels: Bootspartie im Südwesten

Der Südwesten

+++ Viel Platz: Siedlungen klein, Strände lang +++ Wenig Tourismus: für den organisierten Fremdenverkehr (noch) zu abgelegen +++ Reichlich Höhe: Der Berg Kérkis +++

Der Südwesten von Sámos unterscheidet sich deutlich vom Rest der Insel. Die Vegetation sprießt hier nicht überall so üppig, dafür locken ausgedehnte Strände. Wuchernde Hotelkomplexe und Raum greifende Bungalowsiedlungen gibt es bislang kaum.

Beherrschendes Landschaftsmerkmal im Südwesten ist das wuchtige *Kérkis-Massiv*, das im Gipfel *Vígla* bis auf 1433 Meter ansteigt und somit zu den höchsten Bergen der Ägäis zählt. Im Westen fallen die Hänge steil, fast dramatisch zur Küste hin ab. Die beiden einzigen Dörfer hier, *Kallithéa* und *Drakéi*, lagen lange fernab aller Verkehrswege. Nach Süden hin gibt sich das wilde Gebirge sanfter. Hier öffnet sich ein weit geschwungener, lichter Ausläufer, der in der *Bucht von Marathókampos* in einem Meer von Olivenbäumen die Küste erreicht. Im Windschatten der Berge ist das Klima in der "Fenchel-Ebene", so die Übersetzung von Marathókampos, trockener und wärmer als in jeder anderen Region der Insel, die Vegetation mithin spärlicher. Was den Badegast freut, ist des Landwirts Last, zumal sich die Niederschläge nach der Beobachtung Einheimischer in den letzten zwanzig Jahren zusätzlich um rund ein Fünftel reduziert haben sollen.

172 Der Südwesten

Lange Jahrhunderte war der Westen entlegenes, schwer zugängliches Gebiet, mit seinen vielen Höhlen und Grotten Geburtsort zahlreicher Mythen und gleichzeitig ein idealer Schlupfwinkel für Verfolgte. In dem schluchtenreichen Bergland soll sich schon Pythágoras vor den Schergen des Polykrates versteckt gehalten gehaben, im Zweiten Weltkrieg tauchten hier Partisanen unter. Bis heute hat sich an der Abgeschiedenheit im Grunde nicht viel geändert. Kaum zweitausend Einwohner leben in der größten Siedlung, dem Bergdorf *Marathókampos*. Die übrigen Dörfer zählen ihre Einwohner nach Hunderten, oft nur nach Dutzenden. Die Busverbindungen sind spärlich bis inexistent, weshalb Reisende, die sich dieses Gebiet als Urlaubsziel wählen, einen Mietwagen ins Budget einkalkulieren sollten.

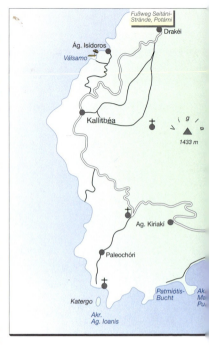

Zwar hat der Pauschaltourismus auch im Westen mittlerweile Fuß gefasst, die Gästezahlen liegen jedoch immer noch deutlich unter denen des Ostens. Dabei zählen die Kies- und Sandstrände westlich der Hafensiedlung *Órmos Marathokámpou* zu den besten der Insel: In *Votsalákia*, *Psilí Ámmos* (nicht zu verwechseln mit dem gleichnamigen Strand im Osten) und in *Limniónas* finden Badelustige hervorragende Möglichkeiten, zumal auch das Meer hier meist viel ruhiger ist als z. B. an der Nordküste. Im östlichen Bereich der Bucht sind die Strände nicht ganz so gut, die winzigen Küstendörfer wie *Bállos* und *Péfkos* vielleicht deshalb nur wenig besucht: Ein Gebiet, in dem sich noch Entdeckungen machen lassen. Nicht mehr unbekannt, aber sehr reizvoll ist das Bergdorf *Plátanos* mit seiner schönen Platía.

Deutlich verbessert wurden die Verkehrsverbindungen der Region. Die in Küstennähe ostwärts von Órmos Marathokámpou verlaufende Straße ist mittlerweile komplett asphaltiert. Aus Richtung Pythagório oder Sámos-Stadt ist die Anfahrt über die Straße nach Kouméika nun die kürzeste Option, um in die Küstenorte zu gelangen, der Umweg über Marathókampos unnötig geworden.

Achtung, Auto- und Motorradfahrer: Tankstellen sind rar. Sprit gibt es nur an den Stationen bei Ágii Theódori (Kreuzung der Hauptstraße Pythagório–Karlóvassi mit der Straße nach Marathókampos) und an der Verbindung von Marathókampos nach Órmos Marathokámpou sowie ein kleines Stück weiter kurz vor Votsalákia. Ebenfalls wichtig: Die auf manchen Karten eingezeichnete Verbindungsstraße von Drakéi nach Karlóvassi **existiert nicht** – Drakéi ist für Fahrzeuge Sackgasse.

Marathókampos

Das ausgedehnte Bergdorf bildet das bescheidene lokale Zentrum des Südwestens; der Tourismus spielt hier oben, gut vier Kilometer von der Küste entfernt, jedoch keine Rolle. Marathókampos bezieht seinen Wohlstand, wie schon seit der Gründung im 16. Jh., immer noch vorwiegend vom Ölbaum und seinen Produkten Olivenöl und Olivenseife sowie aus den Erträgen der Küstensiedlung Órmos Marathokámpou. Unterkünfte gibt es nicht, Tavernen nur wenige.

Eben wegen der Abwesenheit des Fremdenverkehrs ist das stille, wie ein antikes Theater am Hang klebende Dorf weitgehend ursprünglich geblieben. Es macht Spaß, die versteckten Schönheiten des Ortes zu entdecken, gemächlich durch die engen Treppengassen und Torbögen zu schlendern, an einem der schattigen kleinen Plätze zu verweilen oder in einem der wenigen Kafenía einzukehren. Vielleicht versteht man dann, weshalb Marathókampos manchem als das reizvollste Dorf der Insel gilt.

• *Verbindungen* **Bus**: Von/nach Sámos-Stadt via Karlóvassi Mo–Fr 2- bis 3-mal, nach Kallitheá 2-mal (Mo & Fr) wöchentlich und weiter nach Drakéi 1- bis 2-mal wöchentlich.
Taxi: Warteplatz bei der Abzweigung der Hauptstraße zur Platía nahe der großen Kirche, ✆ 22730 31000.

• *Essen* **Taverne I Luga**, an einem schönen kleinen Platanenplatz, Abstieg von der Hauptstraße über einen Stufenweg, ein paar hundert Meter östlich der Post – der mächtige Baum ist von mehreren Stellen der Hauptstraße gut zu sehen. In der Regel nur abends geöffnet.

• *Feste* **"Osterschlacht"** – auf den Hängen um das Dorf findet ein großes Feuerwerk statt, dessen kriegerischer Hintergrund deutlich hörbar ist.

Umgebung von Marathókampos

▸ **Kastanéa**: Einige Kilometer nordöstlich von Marathókampos zweigt von der Hauptstraße eine inzwischen asphaltierte Straße nordwärts ab, die am Dorf Kastanéa vorbeiführt und über Léka schließlich Karlóvassi erreicht. Kastanéa war im Zweiten Weltkrieg Schauplatz einer scheußlichen "Vergeltungsaktion" der italienischen Besatzer, die eine ganze Reihe Gefangener ermordeten; eine viel besuchte Gedenkfeier am 30. August, dem Jahrestag der Gräueltat, erinnert noch heute an das Massaker. Von jenem Gedenktag abgesehen, zeigt sich Kastanéa von einer sehr ruhigen Seite, wird aufgrund seiner abgeschiedenen Lage kaum von Fremden besucht. Eine riesige Platane beschattet die zentrale Platía mit dem großen, erst vor wenigen Jahren erbauten Waschhaus. Im Umfeld des Dorfes begann 1993 ein verheerender Waldbrand, der riesige Flächen bis in das Gebiet um Marathókampos zerstörte. Weiter nördlich zeigt sich Sámos dann von seiner grünsten Seite.

▸ **Pan. Sarantaskaliótissa/Pythágoras-Höhle**: Von Marathókampos führt eine Piste westwärts, über die man nach einer guten Stunde Fußweg zwei Kirchlein und mehrere Höhlen an den Hängen des Kérkis-Massivs erreicht. Nach etwa fünf Kilometern in leichtem Auf und Ab trifft man auf die steile Schlucht Kakopérato Farági. Auf ihrer nordwestlichen Seite stehen die beiden Kirchlein *Agía Triáda* und *Panagía Sarantaskaliótissa*. Letztere ist, wie auch der Name sagt, über vierzig steil ansteigende Treppenstufen zu erreichen. Gleich bei der kleinen, halb in den Fels gebauten Kirche öffnen sich zwei Eingänge zu einem Höhlensystem, das bislang erst teilweise erforscht ist. Gemeinhin gilt eine der beiden als *Spiliá Pythagóra*, also als die Höhle, in der der Überlieferung zufolge Pythágoras Zuflucht nahm, als er sich vor der Ungnade des Polykrates verbergen musste. Einheimische versichern allerdings, die echte Pythagoras-Höhle sei eine andere und verstecke sich schwer zugänglich am Hang rechts des Kirchleins. Doch selbst unter der Annahme, die Geschichte sei tatsächlich so passiert, dürfte die Lokalisierung der "wahren" Höhle in dem von zahlreichen Grot-

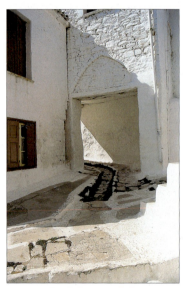

Eng: Durchgang in Marathókampos

tensystemen durchzogenen Gebiet keine leichte Aufgabe darstellen. Unterhalb der Höhlenkirchen eröffnete vor wenigen Jahren eine Bar namens "Pythágoras Cave", deren dreieckige Form natürlich an das Pythágoras-Dreieck erinnern soll.

• *Anfahrt* Die Route beginnt im unteren Bereich der Durchgangsstraße, etwa auf Höhe der großen Kirche. Hier zweigt halbrechts eine ansteigende Piste ab, die zunächst südwestlich führt, im weiteren Verlauf aber die Richtung mehrfach ändert. Lassen Sie sich nicht verleiten, die Höhlen auf eigene Faust zu erforschen: Mehrere Menschen verschwanden hier schon spurlos! Hinter der Barriere des linken Eingangs fällt der Grund sofort äußerst steil und tief ab, am rechten Eingang ist ein Geländer angebracht, dem man etwa 15 m weit ins Innere folgen kann – und dabei sollte man es dann auch belassen. Als Rückwegsalternative können Fußgänger der durch die Schlucht führenden Piste meerwärts folgen und gelangen so in etwa einer Wegstunde nach Votsalákia.

Órmos Marathokámpou

Die kleine Küstensiedlung, vier Asphaltkilometer vom Hauptort entfernt und seit einigen Jahren dank einer neuen Umgehungsstraße noch ruhiger als früher, wird überall nur kurz Órmos genannt.

Das Dorf war einst besonders für die Werften *Tarsánades* bekannt, die aus dem hochwertigen Holz der heimischen Schwarzkiefer große, zwei- und dreimastige Kaíkia zimmerten. Heute werden in Órmos nur mehr Fischerboote repariert. Der Hafengegend sieht man an, dass sie nicht für den Fremdenverkehr herausgeputzt wurde: Boote, Winden, Holzstapel und Maschinen bilden ein buntes Sammelsurium. Auch abseits des Hafens ist, zumal in der Nebensaison, griechischer Alltag spürbar. So wird in der Fabrik am östlichen Ortsrand immer noch Olivenseife hergestellt. Internationalen Tourismus gibt es in Órmos allerdings durchaus, wenn auch in erfreulich bescheidenem Rahmen – fast scheint es, als sei die einsetzende Entwicklung durch den Aufschwung der weiter westlich gelegenen Siedlungen gebremst worden. Diese nämlich verfügen über deutlich bessere Bademöglichkeiten als Órmos mit seinem groben Kieselstrand. Als Standquartier ist der Ort trotzdem gut geeignet, zumal er doch mehr Atmosphäre besitzt als die reinen Strandsiedlungen im Westen.

• *Verbindungen* **Bus**: Verbindungen nach Sámos-Stadt via Karlóvassi Mo–Fr 2- bis 3-mal, nach Kallitheá 2-mal (Mo & Fr) wöchentlich und weiter nach Drakéi 1- bis 2-mal wöchentlich.

Mietfahrzeuge: Mirtó, an der Durchgangsstraße; ✆ 22730 37135.

Schiffe starten zur Saison 2-mal/Woche nach Pátmos (Hin- und Rückfahrt ca. 35 €) und nach Kuşadası (Hin- und Rückfahrt 65 €) in der Türkei. Der Archipel Foúrni wird zur Saison ebenfalls 2-mal/Woche bedient, Hin- und Rückfahrt etwa 20 €. Infos jeweils im Hotel Kérkis Bay.

Ausflugsboote: Im Sommer gibt es mehrmals pro Woche Badeausflüge zum Inselchen Samiopoúla (siehe Kapitel Pythagório), inklusive Essen p. P. 35 €.

• *Übernachten* Die Preise in Órmos liegen z. T. deutlich unter denen von Votsalákia.

Hotel Kérkis Bay (B), hauptsächlich über Veranstalter gebuchtes Haus in Hafennähe, Zimmer und Balkone jedoch ohne direkten Meerblick. Davon abgesehen, ist das freundlich und familiär geführte Hotel durchaus hübsch, das angeschlossene Restaurant am Hafen beliebt. Geöffnet April–Oktober; DZ/F nach Saison 45–55 €, Kühlschrank sowie im Hochsommer Klimaanlage inbegriffen. ✆ 22730 37202, ✆ 22730 37372.

Studios Kleopatra, hinter der Taverne "Pizza Cave" an der Uferfront, Anfragen ebendort, die Besitzer John and Jimmy sprechen beide gut Englisch. Ordentliche, innen zweistöckige Studios mit kleinem

Balkon oder Terrasse, geöffnet etwa April–Oktober. Zwei Personen nach Saison etwa 20–30 €. ✆ 22730 37443.
Studios Kleopatra II, ein paar hundert Meter westlich, Anfragen wie oben. Neu und modern mit AC und TV ausgestattet, Platz für bis zu sechs Personen. Ganzjährig, Preis bei Zweier-Belegung etwa 30–45 €.
Studios Makis, an der Uferfront westlich der Taverne "Pizza Cave", kenntlich am blauen Balkon. Nur wenige Studios, diejenigen zum Meer durch die Music-Bar im Erdgeschoss akustisch beeinträchtigt, sonst durchaus o. k. Preise etwa wie Studios Kleopatra, ✆ 22730 37472.

● *Essen* **Taverne Leftakis**, das letzte Lokal im östlichen Bereich der eigentlichen Uferpromenade, zu erkennen an der blauen Pergola. Fisch, Fleisch und Mezédes gut und günstig, gern von Einheimischen besucht. Ganzjährig geöffnet, eine Seltenheit in dieser Region und ein Indiz für hohe Qualität.
The Pizza Cave, ebenfalls an der Promenade. Pizzas im amerikanischen Stil in sehr unterschiedlichen Größen, ein beliebter Treffpunkt.

Die Dörfer im Osten der Bucht

Die Siedlungen im Osten der Bucht von Marathókampos sind klein und bisher nur in geringem Maße auf den Fremdenverkehr eingestellt. Umso mehr Platz bieten die Strände, die hier vor allem aus Kies bestehen.

Kouméika und Ballós

Das hübsche, traditionelle Inlandsdörfchen **Kouméika** besitzt eine reizvolle, von einer riesigen Platane beschattete Platía mit einigen Kafenía, in denen es sich angenehm rasten lässt. Und wer schon hier ist, sollte auch dem sehenswerten alten Brunnen des Hauptplatzes einen Blick gönnen. Darüber hinaus ist Kouméika nur als Durchgangsstation von Belang, denn Quartiere gibt es nicht.

Bállos dagegen, in vielen Karten als Órmos Kouméikon eingezeichnet, verdient einen Abstecher. Die Zufahrt, ein enges Sträßchen von Kouméika, führt in gewagten Serpentinen durch heitere, lichte Landschaft. Das kleine Dorf hat sich völlig dem Meer zugewandt. Entlang der Uferstraße steht Haus an Haus, bereits eine Reihe hinter der Küste ist aber Schluss mit der Bebauung. Der Strand hier ist durchaus ansehnlich und schwingt sich in einer Bucht von mehreren hundert Meter Länge am glasklaren Meer entlang; überwiegend besteht er aus flachen Kieseln von etwa Faustgröße, doch finden sich besonders nach Osten hin auch sandige Abschnitte. Wer Ruhe vertragen kann, ist in Bállos wohl auch für längere Zeit gut aufgehoben. Die entspannte Atmosphäre des Dörfchens scheint zwar Jahr für Jahr mehr Reisende anzuziehen, doch sind die Besucherzahlen insgesamt immer noch recht gering.

Kurz vor dem Ortseingang von Bállos beginnt linker Hand ein holpriger, steiniger Feldweg, auf dem Fußgänger, Moutainbiker und Endurofahrer den Küstenweiler Péfkos (siehe unten) erreichen können; für Pkw ist diese Strecke aber wohl nicht geeignet.

● *Verbindungen* Keine Busverbindung. Dafür gibt es im Sommer einen Mopedverleih, zu suchen an der Ortseinfahrt, ✆ 22730 36386.

● *Übernachten* Zwar sind in den letzten Jahren einige neue Unterkünfte entstanden, doch ist immer noch ein Teil der Betten von Spezialreiseveranstaltern belegt.

Fein gearbeitet: Brunnen in Kouméika

Studios Princess Tia, östlich schon etwas außerhalb der eigentlichen Siedlung, praktisch direkt am Strand. Gepflegte Anlage mit Pool und Bar, von mehreren Lesern gelobt; Studio für zwei Personen je nach Saison ca. 35–45 €. Anfahrt über die Uferstraße, dann weiter über den Sandweg. Geöffnet etwa Mai bis Oktober, ☎ 22730 36331, www.princesstia.gr.

Studios Enalion, direkt im Zentrum von Bállos, im Besitz der nahen Taverne Akrogiali (siehe unten). 2003 erbaute Anlage mit je drei Apartments und Maisonettes, komplett ausgestattet mit Küche, Aircondition etc. Geöffnet etwa Mai bis Mitte, Ende Oktober; Preis für zwei Personen 35–40 €, für vier Personen 45–50 €. ☎ 22730 36444, georgarosd@internet.gr.

Studios Sophia, ein kleines Stück westlich, gegenüber der Schiffsanlegestelle mit kleinem Leuchtturm. Zwei Gebäude, ein neues weißes Haus mit blauen Fensterläden vorne am Meer sowie ein etwas älteres, aber schön kühles Hinterhaus mit überwachsener Veranda. Besitzer Nick Efstathiou spricht gut Englisch. Geöffnet Mai–Oktober, zwei Personen zahlen nach Saison etwa 30–35 €. ☎/℡ 22730 36328.

Pension O Bállos, etwas zurückversetzt am westlichen Ortsrand, vom Ende der Zufahrtsstraße rechts. Einfache Zimmer mit etwas älterer Einrichtung, aber mit Aircondition, manche auch mit Balkon und Meerblick. Geöffnet Mai bis Oktober, DZ/Bad/F etwa 25–35 €. ☎/℡ 22730 36339.

• *Essen* **Taverne Akrogiali**, beim Ende der Zufahrtsstraße am Meer, sozusagen das Ortszentrum von Bállos. Gemütliche Atmosphäre, gute und traditionelle Küche und sehr freundlicher, effizienter Service; Extrawünsche werden gerne erfüllt. Preisgünstig.

Küstenweiler bei Skouréika

Abgeschiedener als Skouréika, das auf einem allerdings sehr schmalen, steilen und kurvigen Betonsträßchen auch über *Neochóri* zu erreichen ist, liegen nur wenige Dörfer auf Sámos. In der Umgebung, die überwiegend nur durch schmale Betonpisten (nicht alle für Pkw geeignet!) und Erdwege erschlossen ist, kann man Stunden verbringen, ohne einen Menschen zu sehen – ein reizvolles Wandergebiet der Olivenhaine, Kiefernwälder, Weingärten und kleiner

Quellplätze unter Platanen. Ähnlich entlegen und einsam zeigen sich die winzigen Hafensiedlungen unterhalb von Skouréika.

▸ **Péfkos**, auf kaum einer Karte eingezeichnet, ist der nördlichste dieser Küstenweiler und mittlerweile auch über ein teilweise asphaltiertes Sträßchen zu erreichen, das von Kouméika kommend noch vor Skouréika meerwärts abzweigt. Bislang steht gerade mal ein halbes Dutzend Häuser im Umfeld des kleinen Kieselstrandes, doch sind zur Saison immerhin schon zwei Tavernen in Betrieb, die auch Quartier anbieten.

• *Übernachten/Essen* **Ouzerí Bar Bella Vista**, tatsächlich in jener Traumlage über dem Meer, der der Name lässt. Freundliche Besitzer, angenehme Atmosphäre, gute Mezédes und Fischgerichte. Geöffnet etwa von Mai bis Oktober, Studio für zwei Personen ca. 30–35 €, Vierpersonen-Apartment 65–70 €. ☏ 22730 31730 o. 22730 31731.

▸ **Kámpos**, die nächste der Küstensiedlungen, ist nur über einen Umweg landeinwärts zu erreichen, noch kleiner und deutlich einsamer als Péfkos, der hiesige Kiesstrand allerdings wenig ansprechend.

▸ **Pérri** schließlich, die südöstlichste der drei kleinen Siedlungen, besitzt immerhin ein gutes Dutzend Sommerhäuser, bislang aber ebenfalls keine Taverne. Von Kámpos kommend, führt kurz vor dem Ort ein Feldweg zu einem netten Kieselstrand. Pérri ist Endstation entlang der Küste, und auch ins Hinterland führen von hier nur noch Feldwege.

Plátanos

Steil aufwärts windet sich ein Serpentinensträßchen von der Hauptstraße Pythagório–Karlóvassi in das drei Kilometer entfernte Bergdorf, das in erster Linie vom Weinanbau lebt. Der kurvige Abstecher lohnt sich. Auf 520 Meter eines der höchstgelegenen Dörfer der Insel, bildet Plátanos geradezu den Balkon von Sámos. Von hier reicht der Blick nicht nur über die gefältelte Bucht von Marathókampos im Süden, auch gen Norden sieht man bis zur Küste von Karlóvassi. Die fruchtbare, von Weingärten geprägte Landschaft um das Dorf lädt zu Spaziergängen und Wanderungen ein, von denen man sich anschließend aufs Feinste erholen kann: Die urgemütliche Platía, deren drei schattige Platanen dem Ort den Namen gaben, zählt zu den schönsten der Insel. Hier haben sich gleich drei Tavernen angesiedelt, mit denen Leser allerdings unterschiedliche und nicht immer gute Erfahrungen gemacht haben.

• *Verbindungen* Bushaltestelle an der Kreuzung mit der Hauptstraße; die restlichen drei Kilometer geht es allerdings nur noch zu Fuß weiter.

• *Feste* **Ágios Geórgios**, am 23. April, mit traditionellem Tanz auf der Platía. Weitere Festtermine in Plátanos sind der 27. Juli und 15. August.

Kondéika: Ein schmales Asphaltsträßchen führt von Plátanos nordwärts in das drei Kilometer entfernte, entlegene Weinbauerndorf Kondéika, auf dessen kleiner Platía Ortsfremde noch sehr neugierig, aber freundlich beäugt werden. Von dort könnte man bis Karlóvassi weiterfahren und unterwegs das Elias-Kloster (siehe "Umgebung von Karlóvassi") besuchen.

Eines der am höchsten gelegenen Dörfer der Insel: Plátanos

Westlich von Órmos Marathokámpou

Strandparadiese, wildromantische Berglandschaft und nahezu einsame, kaum erschlossene Dörfer – was will man mehr.

Votsalákia (Kámpos)

Offiziell heißt die größte Feriensiedlung des Südwestens gar nicht Votsalákia: Agrilionas ("Wilder Ölbaum") war ihr alter Name, Kámpos ("Ebene") ist ihr heutiger.

Die Bezeichnung Votsalákia ("Kleiner Kiesel") ist nämlich gewissermaßen Privateigentum des gleichnamigen Hotels und eine Erfindung des Vaters des heutigen Besitzers, der bereits 1960 hier eine Taverne eben dieses Namens errichtete. Wir bleiben dennoch beim gebräuchlichen Votsalákia, das seinen Weg bis auf die Busfahrpläne gefunden hat.

Am kilometerlangen Strand aus Sand und feinem Kies, der gleich westlich eines kleinen Kaps hinter Órmos beginnt, standen früher nur einige Sommerhäuser. Mit dem Hotel Votsalákia als Ausgangspunkt begann dann die touristische Erschließung, die noch längst nicht abgeschlossen scheint. Ganz im Gegenteil entstehen immer neue Häuser, Hotels und Geschäfte, die Siedlung wächst und wächst. Immerhin lockern Felder und kleine Olivenhaine zwischen den einzelnen Bauten das Gesamtbild angenehm auf. Zumindest außerhalb der Hochsaison hält sich der Rummel in engen Grenzen – wer ausgedehntes Nachtleben à la Pythagório sucht, ist in Votsalákia immer noch an der falschen Adresse, auch wenn in den letzten Jahren einige Music-Bars eröffnet

Der Südwesten
Karte siehe S. 172/173

haben. Wohlfühlen dürften sich hingegen Freunde ausgedehnter Strände. Ruhesuchende sind ebenfalls gut bedient, gibt es doch kaum Durchgangsverkehr. Und wer schöne Landschaften liebt, wird mit der Lage zu Füßen des imposanten Kérkis-Massivs mehr als zufrieden sein ...

Das Zentrum der lang gestreckten Siedlung, wenn man es denn als solches bezeichen will, liegt um das Hotel Votsalákia, an dem auch die Busse halten. Im Umfeld findet sich alles Nötige: Tavernen, kleine Supermärkte, mehrere Reiseagenturen und Fahrzeugvermieter, mittlerweile auch schon Boutiquen und Schmuckgeschäfte. Natürlich wird auch der Strand hier am stärksten frequentiert. Geht man aber nur wenige hundert Meter weiter, findet man wieder reichlich Platz.

Information/Verbindungen

• *Information/Reisebüro* **Rhenia Tours/ Hertz**, in Ermangelung einer offiziellen Auskunftsstelle eine mögliche Anlaufstelle. Infos über Fähr- und Flugverbindungen, Ausflugstipps, Fahrzeugverleih etc. Das Büro liegt wenige hundert Meter westlich des Hotels Votsalákia und ist etwa von Mitte April bis Ende Oktober geöffnet; ✆ 22730 37440. Ebenfalls an der Hauptstraße noch weitere Agenturen mit ähnlichem Angebot.
• *Verbindungen* **Bus**: Verbindungen nach Sámos-Stadt via Karlóvassi Mo–Fr 2- bis 3-mal, nach Kallitheá 2-mal (Mo & Fr) wöchentlich und weiter nach Drakéi 1- bis 2-mal wöchentlich.
Taxi: Standplatz an der Hauptstraße, ✆ 22730 37600. Preisbeispiele: Marathókampos 8 €, Strand Psilí Ámmos 6 €.
Mietfahrzeuge: Mittlerweile recht breites Angebot. Zwei Beispiele: Sun Car, Autos und Zweiräder, vor dem Hotel Votsalákia, ✆ 22730 37419; Mirto, ebenfalls Autos und Zweiräder, nahe Cambos Village, ✆ 22730 37226.
Bootsausflüge: Abfahrten in Órmos Marathokámpou (siehe dort), Transfer per Bus ohne Aufpreis; Infos z. B. bei Rhenia Tours.

Übernachten

In den unteren Kategorien relativ hohes Preisniveau. Zur Hochsaison können die immer noch nicht allzu zahlreichen hiesigen Hotels schon mal ausgebucht sein.

Cambos Village (B/C), etwa 300 m westlich des Hotels Votsalákia. Ein architektonisch recht gelungenes Feriendorf aus kleineren, reihenhausähnlichen Wohneinheiten, zusammengesetzt aus den drei offiziell eigenständigen Hotels Orpheus, Poseidon und Anthemis. Gemeinsame Rezeption, mehrere Pools, Bars und Restaurants. Fast ausschließlich pauschal gebucht, Individualreisende sollten für ein DZ oder Zwei-Personen-Studio mit Frühstück etwa 55–70 € rechnen, bei viel Platz geht´s auch mal günstiger. ✆ 22730 37185, 37383, ✆ auch 22730 37101.
Hotel Votsalákia (D), bereits 1970 eröffnet, 1998 renoviert und weit besser, als die Einstufung vermuten lässt. Mehrere schön eingegrünte Gebäude unterschiedlicher Zimmerausstattung, teilweise mit Balkon zum Meer, besonders schön und ruhig aber im hinteren Bereich mit Blick aufs Bergland. Pool. Das angeschlossene Restaurant liegt sehr hübsch über dem Meer und bietet durchaus ordentliche Qualität. Geöffnet April bis Oktober, DZ/F nach Saison etwa 35–50 €. ✆ 22730 37432 o. 37355, ✆ 22730 37189; www.votsalakiahotel.gr.
Pension Koala, etwa 300 Meter vor dem Hotel Votsalákia, mittlerweile ein kleines Imperium mit Supermarkt ("Tourist Center") und Fahrradverleih. Ein Vorzug sind die ausgesprochen geräumigen Zimmer; ordentliche Ausstattung mit AC, TV und Kühlschrank. Der Besitzer lebte lange Jahre in Australien und spricht Englisch. Restaurant nach Wunsch geplant. DZ/Bad nach Saison etwa 35–45 €; auch Apartments. ✆ 22730 37255, ✆ 22730 37698.
• *Studios* sind die in Votsalákia absolut vorherrschende Form der Privatvermietung – den Vorteilen des eigenen Herds stehen dann die ausgesprochen satten Preise der hiesigen Supermärkte entgegen. Viele der Studios sind schon durch Reiseveranstalter komplett vorgebucht. Wer die Lauferei ent-

Votsalákia 181

lang der Küstenstraße vermeiden möchte, kann sich auch an die hiesigen Agenturen wenden, was zur HS ohnehin ratsam ist. Die Preise sind stark abhängig von der Nachfrage, ungefährer Richtwert für zwei Personen zur NS etwa 25–30 €, zur HS etwa 30–40 €.

Apartments Agrilionas Beach, kurz vor dem Hotel Votsalákia, im Gebiet oberhalb des Taxistands und der Bushaltestelle. Große Anlage mit mehr als 30 Studios, Apartments und Maisonettes, z. T. durch Reiseveranstalter geblockt, oft aber auch freie Kapazitäten; Pool. Zwei Personen zahlen nach Saison etwa 30–40 €, Aircondition inklusive. ✆ 22730 37379, ✆ 22730 37096.

Studios-Apartments Tiki, im westlichen Ortsbereich, etwa 500 Meter hinter dem Hotel Votsalákia und gleich hinter der Abzweigung zum Kloster Evangelístrias und der Pythagoras-Höhle. Neun sehr ordentliche Apartments und ein Haus mit zwei Schlafzimmern, teilweise erst 2003 von der Familie der freundlichen Besitzerin Elisabeth errichtet. Keine Veranstalterbindung, aber relativ viele Stammgäste. Geöffnet April–Oktober, Preis für zwei Personen etwa 30–35 €. ✆ 22730 37140 und 22730 37423, pariskal@otenet.gr.

Studios Popi, etwa 100 Meter westlich der Zufahrt zum Hotel Cambos Village, etwas inseleinwärts der Straße. Hübscher Garten, neun relativ schlicht ausgestattete Studios für zwei bis vier Personen. Popi spricht gut Englisch. Geöffnet Mai bis Oktober. Zuletzt war noch unklar, ob die Veranstalterbindung erhalten bleibt; zu den Randzeiten Mai und Oktober ist aber fast immer etwas frei. Zwei Personen nach Saison etwa 25–35 €. ✆ 22730 37071, ad_kia@hotmail.com.

Studios Gardenia, weit im Osten der Siedlung, rund 1,2 Kilometer vor dem Hotel Votsalákia und etwa 300 Meter landeinwärts der Straße. Ruhige, etwas abgeschiedene Lage also, von einem schönen Garten umgeben; Studios z. T. mit Aircondition. Zwei Personen zahlen saisonunabhängig etwa 30 €, drei bis vier Personen 35 €. Besser vorab anrufen, die Besitzer sind nicht immer zuhause: ✆ 22730 31440 und 22730 31509.

*E*ssen/*K*neipen & *N*achtleben

• *Essen* **Taverne Loukoulous**, am westlichen Ortsende Richtung Strand Psilí Ámmos, linker Hand der Straße. Hübsch und geschmackvoll gestaltetes Lokal in schöner Lage, solide Küche zu gehobenen Preisen, viele inländische Gäste. Die Familie vermietet auch Studios und Apartments, ✆ 22730 37147, 22730 37434.

Taverne Evinos, wenige hundert Meter östlich des Hotels Votsalákia, direkt an der Straße. Relativ klein und optisch eher unscheinbar, jedoch mit einer breiten Auswahl auch etwas ungewöhnlicherer Gerichte. Leicht gehobenes Preisniveau, meist gut besucht.

Taverne Muses, ebenfalls in diesem Gebiet, etwa 400 Meter vor dem Hotel Votsalákia. Etwas versteckt gelegen und deshalb oft übersehen, die Küche ist jedoch gut. Landeinwärts der Hauptstraße, die Abzweigung ist den Betonweg ist beschildert.

Taverne Akrogiali, auch im östlichen Bereich der Zufahrtsstraße, jedoch schon fast einen Kilometer vom "Zentrum" entfernt. Hierher kommt man vor allem wegen der guten Pizzas, die es in 20 Sorten gibt. Oft voll besetzt.

Taverne Ostria, ein Tipp am Strand nahe der Agentur Rhenia. Überdachte Terrasse zum Meer, auf der man recht nett sitzt. Gutes und preiswertes Essen, das man sich auch aus der Vitrine wählen kann, freundliche Besitzer, familiäre Atmosphäre; mehrere Leser waren ausgesprochen zufrieden.

Taverne Agelos (an der Straße mit "Angelos" beschildert), in ähnlicher Strandlage im östlichen Ortsbereich, etwa 800 Meter vor dem Hotel Votsalákia. Netter Familienbetrieb, reelles Essen in ordentlichen Portionen, günstige Preise.

• *Kneipen & Nachtleben* **Kalivi**, ein auch nachts sehr beliebtes Strandcafé etwa 300 Meter östlich des Hotels Votsalákia, gegenüber dem zugehörigen, mit Cocktailbar und Minigolfplatz versehenen "Holiday-Park". Gemütliches, leicht orientalisch angehauchtes Outfit; gute Musik, Bücherwand, Spiele und Sat-TV. Das multinationale Team Jürg, Michaela, Sandra und Vangelio aus der Schweiz, Österreich, Holland und Griechenland hält viele Tipps bereit, und wer nicht weiß, ob er das "Wagnis Kérkis-Besteigung" auf eigene Faust angehen soll, ist bei Jürg an der richtigen Adresse. Liegen und Schirme am Strand gibt es auch. Geöffnet bis 3.30 Uhr, am Wochenende open end; nachts finden gelegentlich Shows mit "Feuerspielen" statt. Sehenswerte Website: www.votsalakia.com. Hier auch **Internet-Zugang**.

Der Südwesten Karte siehe S. 172/173

New Center of Campos, Music-Bar an der Hauptstraße unweit östlich des Hotels Votsalákia. Die Musik hier ist mitunter Geschmackssache; laut ist sie auf jeden Fall. Gegenüber auf der Strandseite liegt die ganz ähnlich gestrickte Bar **Flavour**.

Nemesis, einzige echte Disco im Ortsbereich, am Strand etwa 150 Meter westlich der Zufahrt zum Hotel Cambos Village. Highlife herrscht hier freilich längst nicht immer. Spott eines Ortsansässigen über die Besucherstruktur zur Nebensaison: "fünfzig griechische Jungs und zwei Touristinnen". Weitere Discos finden sich außerhalb in Richtung Órmos und in Órmos selbst.

Baden: Über mehrere Kilometer erstreckt sich ein breiter, flach abfallender Strand in östliche Richtung. Er besteht überwiegend aus Sand, an einigen Stellen aus feinem Kies. Liegen und Sonnenschirme gibt es im Umfeld des Hotels Votsalákia zu mieten, zur Saison auch Kanus und Tretboote.

Wanderung 5:
Zum Moní Evangelístrias (und auf den Kérkis)

Route: Votsalákia – Kloster Moní Evangelístrias (– Profítis Ilías – Kérkis-Gipfel Vígla) und zurück; **reine Wanderzeit**: ca. 3,5–4 Stunden (mit Auf- und Abstieg zum Kérkis ca. 7–8 Stunden); **Einkehr**: nur in Votsalákia, unterwegs keine Möglichkeiten. Reichlich Wasservorrat mitnehmen!

Charakteristik: Bereits der Aufstieg zum Frauenkloster Evangelístrias, das in fast 700 m Höhe an den Hängen des Kérkis klebt, gibt eine schöne, wenn auch anstrengende Wanderung ab und lohnt mit einer fantastischen Aussicht die Mühen des Wegs. Die Nonnen zeigen sich korrekt gekleideten Besuchern gegenüber gastfreundlich. Etwas Vorrat an Kleingeld für eine Spende ist nützlich, doch freuen sich die Nonnen angesichts der abgeschiedenen Lage auch über kleine Mitbringsel wie Kekse oder ein Päckchen griechischen Kaffee.

Durch die Felswüste: der Weg zum Kérkis

Wanderung 5

Wanderung 5
Zum Moní Evangelístrias (und auf den Kérkis)

Vom Kloster aus ist die Besteigung des höchsten Bergs der Insel möglich, des 1433 m hohen Kérkis-Gipfels Vígla. Vom "Wächter", so benannt, weil in türkischer Zeit hier ein Ausguck stationiert war, reicht der Blick bei klarem Wetter leicht bis Pátmos und Chíos. Doch darf man den Berg nicht unterschätzen. Zwar muss nirgends geklettert werden, doch sind Wandererfahrung und Trittsicherheit unabdinglich, und die Anforderungen an die Kondition sind hoch. Die Strecke ist mit roten Rauten relativ gut markiert. Wer jedoch unterwegs nicht völlig sicher ist, sich auf der richtigen Route zu befinden, sollte unbedingt (!) umkehren und den Rückweg antreten, da man sich in den Steinwüsten leicht verläuft und die zahlreichen Schluchten zu einer Falle ohne Ausweg werden können. Immer wieder verschwinden am Kérkis Menschen spurlos!

Achtung: Der Vígla-Gipfel ist eine alpine Tour, kein Spaziergang – nehmen Sie die Gefahren der Berge also ernst. Einige Tipps:
- Unverzichtbar sind bergtaugliches Schuhwerk, Sonnenschutz, Proviant, warme Kleidung (auch im Sommer) und reichlich Wasservorrat; für Notfälle eine Taschenlampe.
- Gehen Sie niemals allein! Starten Sie nur bei klarem, beständigem Wetter. Die Gefahr, im Nebel die Orientierung zu verlieren, ist äußerst groß.
- Starten Sie möglichst früh, am besten in der Morgendämmerung – auf den nackten Geröllhängen oberhalb des Klosters brennt die Sonne erbarmungslos. Mit Pausen dauert die gesamte Tour etwa zehn Stunden.
- Und: Hinterlassen Sie im Hotel unbedingt eine Nachricht, wohin Sie gehen.

Hinauf zum Kloster Moní Evangelístrias: Während der ersten Wegstunde folgt die Wanderung einer zunächst ebenen, dann ansteigenden und zuletzt ausgesprochen steilen Piste. Geübte Lenker von Mopeds oder Enduros könnten diese ein Stück weit befahren und sich so ein paar Kilometer sparen. Der letzte der insgesamt viereinhalb Kilometer allerdings ist wegen des sehr

In Traumlage: Kloster Moní Evangelístrias

steilen Anstiegs und des Untergrunds aus großen Steinen wohl nur sehr versierten Fahrern oder Jeep-Besitzern zu empfehlen.

Die Wanderung beginnt an der Hauptstraße im westlichen Ortsbereich von Votsalákia, etwa 500 Meter hinter dem Hotel Votsalákia. Hier zweigt ein Asphaltsträßchen inseleinwärts ab, dessen Schild "Spiliá Pythágora" auf den anfangs identischen Weg zur Pythágoras-Höhle verweist; es gibt jedoch auch eine griechische Inschrift "Evangelístria". Zunächst fast eben, führt dieses Sträßchen, später eine Piste, durch ausgedehnte Olivenhaine auf den Berg zu, bis sie nach etwa 20 min. bei einer Häusergruppe deutlicher anzusteigen beginnt. An einer unbeschilderten Gabelung geht es links aufwärts; 200 Meter weiter folgt eine beschilderte Abzweigung: rechts geht es zur Pythágoras-Höhle, links zum Kloster. Letzterem Weg folgend, erreicht man gut 30 Minuten später eine weitere Gabelung, an der man sich rechts aufwärts hält. Nun geht es noch einmal kurz, aber steil bergauf, bis der Fahrweg in einem kleinen Parkplatz endet. Hier beginnt, etwa fünf Meter vor einem blau-weißen Bildstock, ein nach links ansteigender und später mit roten Rauten markierter Fußpfad. Er führt etwa 40 min. lang steil aufwärts, erreicht durch schönen Bergwald schließlich das Kloster. Unterwegs bieten sich immer wieder schöne Ausblicke auf den zerklüfteten Archipel Foúrni und die wilde Nachbarinsel Ikaría.

Das Kloster ist jung, entstand erst nach dem Zweiten Weltkrieg aus einer Einsiedelei, in der sich während des Krieges Partisanen versteckt hatten. Besondere Kunstschätze hat Evangelístrias also nicht aufzuweisen, dafür jedoch eine wahrhaft grandiose Aussicht und eine Quelle mit herrlich erfrischendem Wasser. Die Nonnen, die sich hier oben fast autark von Landwirtschaft und Tierhaltung ernähren, heißen den klostergemäß gekleideten Wanderer willkommen und nehmen Spenden gerne entgegen. Nach dem Besuch der Klosterkirche

Wanderung 5   185

kann man auf demselben Weg nach Votsalákia zurückkehren oder den Aufstieg zur Vígla unter die Füße nehmen.

Weiter zum Kérkis-Gipfel Vígla: Vor dem Aufstieg bietet die Klosterquelle eine willkommene Gelegenheit, die Wasservorräte aufzufüllen. Der mit roten Rauten markierte Weg hinauf zum Gipfel beginnt bei einem Türchen in der Nordostecke des Klosters, nahe der kleinen Brunnenterrasse mit den beiden Glocken. Aus dem Tor tretend, hält man sich hart links aufwärts in den Wald hinein und erkennt schon nach etwa 50 Metern die erste Markierung. Im folgenden Wegabschnitt ist der Pfad nicht ganz leicht zu verfolgen, doch sind die Markierungen und Steinpyramiden eine wertvolle Hilfe. Etwa 30 min. hinter dem Kloster lichtet sich der Wald und gibt einen weiten Blick auf die Südwestküste und die Nachbarinseln frei. Die Vegetation wird allmählich spärlicher und stachliger, über weite Strecken führt der Weg nur mehr durch Geröll und blanken Fels. Dankbar registriert man die wegweisenden Markierungen und Steinhaufen – falls mehrere Minuten lang keine Markierungen auftauchen sollten, ist man vom Weg abgekommen und muss unbedingt umkehren! Übrigens ist die Route auch in der Gegenrichtung in ähnlicher Weise markiert; dennoch ist es gerade in diesen Geröllwüsten dringend ratsam, sich besonders markante Punkte für den Rückweg einzuprägen. Gut 60 min. hinter dem Kloster kommt die kleine, rund 1100 m hoch gelegene Kapelle *Profítis Ilías* in Sicht, in deren Schatten es sich kurze Zeit später schön rasten lässt. Das Nebengebäude kann bei einem Wetterumsturz Unterschlupf bieten, der Wasserhahn hier liegt jedoch je nach Jahreszeit wahrscheinlich trocken. Im äußersten Notfall findet sich vielleicht jedoch in dem Kunststoff-Fass bei der Quelle noch etwas Wasser; es liegt etwa zehn Minuten entfernt am anderen Ende der nordwärts führenden Plastikleitung.

> Am **20. Juli** wird bei der Kapelle des Profítis Ilías der Jahrestag des Heiligen gefeiert – sicher ein Erlebnis.

Am Ziel: die Gipfelsäule auf dem "Wächter"

Nach der Rast folgt man dem Weg, der links an der Längsseite des Gebäudes entlang nach Norden und bis zur Quelle immer etwa parallel zu der Wasserleitung verläuft. Teilweise markiert und zunächst fast eben, führt er oberhalb einer Art Hochtal und durch eine einzeln stehende Baumgruppe hindurch auf einen Sattel zu. Von dort ist die Gipfelkette des Kérkis im Westen gut zu sehen – das Ziel ist der südlichste der Gipfel, leicht zu erkennen an der kleinen Säule ganz oben. Am Sattel hält man sich links, läuft in Richtung einer kleinen blauen Kapelle bzw. eines Bildstocks und rechts an diesem vorbei. Bald weisen rote Markierungen und Steinpyramiden schräg einen steinigen, steilen Hang hinauf und halblinks um einen Vorgipfel herum, auf einen weiteren Sattel zu, dessen fast vegetationslose Umgebung einer Mondlandschaft ähnelt. Allmählich kommt die Nordküste von Sámos in Sicht. Etwa 30 min. hinter der Kapelle Profítis Ilías ist der zweite Sattel erreicht, von dem aus der letzte Anstieg beginnt. Fast weglos, führt er in knapp 15 min. über einen steilen Geröllhang hinauf zum Gipfel. Das Panorama ist fantastisch, reicht über ganz Sámos, die umgebenden Inseln und über das Ámpelos-Gebirge hinweg bis weit in die Türkei, bei klarer Sicht bis Pátmos und Chíos.

Zurück geht es auf demselben Weg, aber Vorsicht: Gerade beim Abstieg kann man sich besonders leicht verirren. Auch auf dem Weg hinab empfiehlt es sich deshalb, auf die Markierungen zu achten, um z. B. nicht rechts am letzten Sattel vorbeizulaufen. Bis zum Kloster Evangelístria benötigt man rund 90 min., für den Abstieg hinunter nach Votsalákia etwa noch einmal dieselbe Zeit.

Psilí Ámmos

Etwa drei Kilometer westlich von Votsalákia liegt dieser Strand, der nicht mit dem gleichnamigen "Feinen Sand" im Osten zu verwechseln ist – manche Inselbewohner nennen ihn deshalb auch *Chríssi Ámmos*, "Goldener Sand". Zwar haben sich an der etwa 800 Meter langen Bucht einige Unterkünfte und Tavernen etabliert, die Besucherzahlen blieben bislang aber noch gering. Per Bus ist Psilí Ámmos, wie auch die Strände und Siedlungen weiter westlich, mit der Linie nach Kallithéa bzw. Drakéi zu erreichen, Autofahrer sollten ihr Gefährt oben an der Straße parken.

• *Übernachten/Essen* **Golden Sand Studios**, architektonisch zurückhaltende, gut eingegrünte und komfortable Anlage im Besitz des Hotels Votsalákia, Infos bei Bedarf dort. Komplett ausgestattet mit Küche und Bad; Studio für zwei Personen etwa 35–50 €. Geöffnet April–Oktober, ✆ 22730 37355 o. 22730 37432. **Studios Blue Horizon**, mit schönem Blick oberhalb der Straße gelegen, ein bescheidener "Minimarkt" ist angeschlossen, Tavernen in der Nähe. Freundliche Vermieter, insgesamt nur acht Studios unterschiedlicher Größe, von Juni bis September meist durch Veranstalter belegt. Geöffnet April–Oktober, zwei Personen nach Saison ca. 30–35 €, vier Personen 45–50 €; Aircondition inklusive. ✆ 22730 37520, 37264.
Taverne Psilí Ámmos, etwa 400 m vom Strand Richtung Votsalákia, in schöner Panoramalage neben der Straße und hoch über dem Meer. Gute und nicht teure Küche, eine empfehlenswerte Adresse.

Limniónas

Weitere zweieinhalb Kilometer westlich erstreckt sich diese bildhübsch anzusehende Bucht, an die sich südlich eine Halbinsel anschließt. Auch hier hält sich der Andrang zumindest zur Nebensaison in recht engen Grenzen. Zwar entstehen im Olivenhain über dem Strand mehr und mehr neue Häuser; das

Geschützte Bucht mit gutem Strand: Limniónas

Silbergrün der Ölbäume wird aber wohl noch für eine ganze Weile die Szenerie bestimmen. Der Sand- und Kiesstrand (Vorsicht: teilweise auch Felsplatten mit Seeigeln) misst etwa fünfhundert Meter; leider verschwindet die Sonne im Herbst schon relativ früh am Nachmittag. Zur Saison werden hier Sonnenschirme und Boote vermietet, die Felsen am Rand sind ein ideales Schnorchelrevier.

• *Übernachten/Essen* Fast jährlich wächst die Zahl der Privatvermieter, die z. T. aber an Reiseveranstalter gebunden sind. Angeboten werden meist Studios mit Küche, entsprechende Einkaufsmöglichkeiten sind vorhanden.

Apts. Limnionas Bay, an der Zufahrt zum Strand. Recht ausgedehnte, freundlich geführte Anlage gehobenen Standards, mit Pool und Platz für rund 130 Personen. Trotz Veranstalterbindung meist freie Kapazitäten. Im Angebot: Studios, Apartments, Maisonettes, Suiten und sogar eine Villa, alle von sehr guter Qualität und viele mit schönem Blick. Geöffnet Mai–Oktober, 2er-Studio nach Saison etwa 40–60 €, man kann aber auch deutlich mehr ausgeben. ✆ 22730 37057, 📠 22730 37220; Details auch unter www.samoshotels.de.

Limnionas Village, schräg gegenüber und längst nicht so groß. Ein richtiges kleines "Dorf" aus acht verwinkelten Bungalows, die jeweils Platz für bis zu fünf Personen bieten; zwar im Programm eines Reiseveranstalters, gelegentlich aber auch mit Kapazitäten für Individualreisende. Viele Stammgäste. Die Besitzer stammen aus Deutschland und leben in Wien. Geöffnet ist etwa von April bis Mitte November, Vermietung i.d.R. nur wochenweise, bei zwei Personen etwa 460–560 €. ✆ 22730 37274, 📠 22730 31740, in Österreich: ✆ 0043 1 2929761, 📠 0043 1 2949292; limnionas@polites.tv.

Taverne Galini, im oberen Bereich des Olivenhügels. Stolz ist der Wirt auf seinen traditionellen Holzofen, in dem er noch manche der Gerichte zubereitet. Sieben Studios hat er anzubieten, für zwei Personen nach Saison etwa 35–40 €. Geöffnet ist Mai bis etwa Mitte/Ende Oktober, ✆ 22730 37483.

Limniónas, weiterer Privatvermieter in sehr schöner Lage am Rand der Bucht. Unterkunft in zwei verschiedenen Häusern, Preis für zwei Personen nach Saison etwa 35–50 €; in etwas größeren Räumen, die z. B. für ein Paar mit Kind geeignet sind, 45–60 €. ✆ 22730 31294, 22730 37341.

Studios Katina, wenige hundert Meter westlich der Bucht, von dort über eine zunächst ansteigende Schotterpiste zu erreichen.

Korrekte Lagebeschreibung: "Taverna at the End of the World"

Ein herzliches Dankeschön an Leser Gerd Wörner, der uns auf dieses Haus aufmerksam gemacht hat: traumhafte Lage über dem Meer, prima Aussicht, unterhalb ein kleiner, fast privater Strand. Freundliche, englischsprachige Vermieter Dimitris und Tamara Kondogiannis, viele Stammgäste, keine Veranstalterbindung. Insgesamt acht Studios/Apartments, zwei Personen nach Saison etwa 30–35 €. Ganzjährig geöffnet, ✆/@ 22730 31735.

Taverna at the End of the World, ein wunderschönes Plätzchen hoch über der Patmiótis-Bucht, etwa drei Pisten-Kilometer von Limnionas entfernt. Man erreicht sie über das steile Sträßchen, das vom Strand westlich bergan steigt, vorbei an den Studios Katina und einer ersten Bucht. Die Taverne liegt über der folgenden Bucht und ist schon weithin sichtbar. "Zu Fuß eineinhalb Wanderstunden, für sichere Autofahrer ein kleines Abenteuer" (Leser Armin Tanner). Gute Küche, sehr preiswert; Wirt Andreas spricht prima Englisch, seine Gästebücher sind voll begeisterter Kommentare. Unterhalb der Taverne gibt es einen kleinen Kiesstrand, an dem es sich wunderbar schnorcheln lässt; manchmal sind Delfine zu sehen. Sogar Seehunde sollen hier in der Bucht leben. Geöffnet ist etwa Mai/Juni bis Ende Oktober, zu den Randzeiten ist vorheriger Anruf ratsam: Mobil-✆ 6977 664437. www.kohili.com.

Taverne O Limniónas, angenehmes Lokal direkt am Strand von Limniónas selbst. Hübsche Terrasse, schmackhaftes Essen, das man sich aus dem Warmhaltebüffet auswählt; zivile Preise.

Westlich von Limniónas

Einsam und landschaftlich großartig präsentiert sich der äußerste Inselwesten an den bewaldeten Hängen des Kérkis. Jenseits von Limniónas entfernt sich die Straße zunächst vom Meer, passiert den winzigen, etwas abseits liegenden Weiler *Ágios Kiriakí* und windet sich dann in Serpentinen aufwärts. Etwa sechs Kilometer westlich von Limniónas steht an exponierter Stelle eine kleine Kapelle mit toller Aussicht auf Ikaría und den Küstensaum.

Paleochóri: Das halb verlassene Dorf ist über einen Feldweg zu erreichen, der bei der Kapelle abzweigt; im Sommer ist hier eine Taverne in Betrieb. Wer dem

Weg weiter folgt, gelangt zu zwei kleinen Kiesbuchten mit vorgelagerter Felsinsel und Blick auf Foúrni. Etwas abseits steht einsam das kleine Kloster *Ágios Ioánnis*.

Die Hauptstraße wendet sich an der Kapelle nordwärts und steigt mit fantastischen Ausblicken bis auf mehrere hundert Meter über dem Meer an. Unterwegs zweigt noch einmal ein allerdings schwer zu befahrender Feldweg küstenwärts ab, der zu der entlegenen und deshalb kaum besuchten Kiesbucht von *Plaka* führt.

Kallithéa

Etwa sieben Kilometer nördlich der oben beschriebenen Kapelle erreicht die Straße das alte Dorf Kallithéa. Zur Zeit der türkischen Besetzung wurde der Ort Kalabachtas genannt, "Steinerner Ausguck". Und auch der jetzige Name verweist auf die balkonähnliche Lage hoch über dem Meer: Kallithéa heißt nichts anderes als "Schöne Aussicht". Tatsächlich sind die hiesigen Sonnenuntergänge legendär. Den Ortskern, der oberhalb der Hauptstraße liegt, durchziehen enge Gassen, die man mit dem Auto besser meidet. Es gibt einige Kafenía, in denen man im Sommer auch etwas zu essen bekommt, sowie die von Lesern empfohlene "Kallithéa International Tavern".

▸ **Höhlenkirche Panagía Makriní**: Hoch über dem Ort, etwa eineinhalb Wanderstunden von Kallithéa entfernt, versteckt sich das Kirchlein an den geheimnisumwitterten Westhängen des Kérkis, von denen in nebligen Nächten unheimliche Lichterscheinungen ausgehen sollen. Erreichen lässt es sich über eine Piste, die am Ortsanfang rechts am Friedhof von Kallithéa vorbeiführt; im weiteren Verlauf erschwert laut einer Leserzuschrift leider mittlerweile eine Reihe neuer, zur Brandbekämpfung angelegter und mit sehr scharfkantigem Schotter versehener Pisten die Orientierung. Nach einer knappen Stunde Aufstieg muss man bei einer Kapelle und einer von drei Platanen beschatteten Quelle auf einen Fußpfad abbiegen, der hinter der Quelle halbrechts ansteigt. Von hier ist es noch eine knappe halbe Stunde hinauf zu dem versteckt in eine Höhle verlegten Kirchlein, von dessen Vorplatz sich eine herrliche Aussicht bietet. Wegen ihrer Fresken des 14. Jh. ist Panagía Makriní die berühmteste der uralten Kirchen, von denen es im Umfeld von Kallithéa gleich mehrere gibt. Der örtlichen Überlieferung zufolge hat sich hier der Heilige Johannes aufgehalten, bevor er auf Pátmos die Apokalypse schrieb. Am 15. August findet bei der Höhlenkirche eine Feier statt, die schon am Vorabend als großes Fest beginnt. Noch etwas höher steht die Höhlenkapelle *Agía Triada*. Für gut ausgerüstete Bergwanderer wäre von hier auch der Aufstieg zum Kérkis-Gipfel möglich, doch ist diese Variante ohne alpine Erfahrung gefährlich und deshalb nicht ratsam.

Válsamo-Bucht und Ágios Isídoros

Válsamo-Bucht: Ein kurzes Stück nördlich von Kallithéa zweigt eine in vielen Kurven steil abfallende Piste ab, die hinunter in den Weiler Ágios Isídoros führt. Folgt man dem beschilderten Fahrweg, der von dieser Piste später linker Hand abzweigt, so ist nach insgesamt rund 3,5 Kilometern die ruhige kleine Bucht von Válsamo erreicht. Wegen der beschwerlichen Anfahrt ist der hübsche Kieselstrand hier meist nur wenig besucht. Zur Saison ist eine Snack-Bar in Betrieb, die sogar bescheidene Übernachtungsmöglichkeiten bietet.

- *Übernachten* **Snack-Bar Balsamos**, für Einsamkeitsfanatiker sicher eine gute Wahl. Geführt von vier weiblichen Generationen, von der Urgroßmutter bis zur Urenkelin. Gerade mal vier einfache Zimmer, DZ/Bad saisonunabhängig etwa 25 €. Geöffnet von April bis Oktober, angesichts der Lage ist vorheriger Anruf ratsam: ✆ 22730 37847.

Ágios Isídoros liegt eine Bucht weiter. Heute noch ist in dem kleinen Weiler eine Werft in Betrieb, die Kaíkia fabriziert – oft sind die orangefarbenen Schiffsskelette bei der Anfahrt schon von weitem sichtbar. In den 60er-Jahren war der winzige Hafen noch bedeutender: Damals bildete er die einzige richtige Verkehrsanbindung von Kallithéa und Drakéi, die auf dem Landweg seinerzeit nur über Eselspfade zu erreichen waren.

Drakéi

In dem hübschen, entrückten Bergdorf ist nun wirklich das Ende der Welt erreicht, zumindest für Fahrzeugbesitzer. Wanderer können jedoch über die beiden schönen Seitáni-Buchten zum Strand von Potámi bei Karlóvassi laufen; der Weg ist in Wanderung 10 in der Gegenrichtung beschrieben. Vorher empfiehlt sich vielleicht noch eine Stärkung in einer der hiesigen Sommertavernen. Etwas unterhalb von Drakéi bewahrt das Friedhofskirchlein *Ágios Geórgios*, einst die Kirche eines aufgegebenen Klosters, Fresken unbekannten Datums.

- *Essen* **Taverne Kostas**, eine von insgesamt drei Tavernen vor Ort, von mehreren Lesern empfohlen. Täglich wechselnde Gerichte, Gemüse aus eigenem Garten und Wein aus eigenem Anbau; größtes Plus ist die Aussichtsterrasse, von der sich ein wirklich weiter Blick bietet, besonders reizvoll bei Sonnenuntergang. Wirt Kostas, ein Schild vermerkt es stolz, spricht Deutsch. **Taverne Omonia**, schön begrünt, aber deutlich weniger besucht. "Hier gibt es auch zwei Zimmer und ein Apartment zu mieten; ich habe bestens gewohnt" (Leserbrief von Werner Stettmeier). Etwas weiter hinten im Ort als Kostas, rechter Hand. ✆ 22730 37111.

Abgeschiedene Werft für Kaíkia: Ágios Isídoros

Schönster Ferienort des Nordens: Kokkári

Die Nordküste

+++ *Wanderpfade und Winzerdörfer* +++ *Der Meltémi bringt frischen Wind* +++ *Nachtigallen singen im Platanental* +++

Die Nordküste ist das Weinbauzentrum der Insel: Auf ihren steilen, terrassierten Hängen wachsen die meist weißen Trauben, aus denen die viel gerühmten Tröpfchen von Sámos gewonnen werden.

Der wasserreiche Norden, mit häufigeren und stärkeren Niederschlägen gesegnet als der Süden, ist eine Symphonie in Grün. Dies gilt auch noch nach dem großen Waldbrand, der zwar im Gebiet inseleinwärts von Kokkári und vor allem um das Kloster Moni Vrontá erhebliche Schäden anrichtete, die weiter westlich gelegenen Gebiete sowie die Küstenzonen jedoch größtenteils verschonte.

An den steil zum Meer abfallenden Ausläufern des *Ámpelos-Massivs* (Ámpelos = Weinberg), mit 1153 Metern zweithöchster Berg der Insel, wächst nicht nur der berühmte Wein. Prachtvoll gedeihen in dieser alten Kulturlandschaft auch Obstbäume, Zypressen, Pappeln, lichte Olivenhaine und ganze Platanenwälder. Hoch oben an den Hängen ragen Kiefern und Eichen in den Himmel. Ein Geflecht enger Fußpfade verbindet die kleinen Bauerndörfer untereinander und mit ihren Hafensiedlungen an der Küste. Für Wanderungen also ein ideales Gebiet, zumal viele der Wege markiert sind, was auf griechischen Inseln eine Seltenheit darstellt. Zu heiß wird es trotz des steil ansteigenden Geländes auch im Hochsommer kaum: Oft sorgen die kühlen Nordwinde *Meltémia* für Erfrischung.

Die Nordküste
Karte siehe S. 192/193

Die Nordküste

Was den Wanderer und den Surfer freut, kann dem Badegast zum Graus werden. Ist schon das Meer im Norden meist kühler als im Süden, so senken die Meltémia auch die Lufttemperaturen, werfen zudem hohe Wellen auf, die an den offenen Kiesstränden nicht unbedingt ein Vergnügen sind. Von dieser zeitweisen Beeinträchtigung abgesehen, finden Liebhaber des geruhsamen Strandlebens jedoch recht gute Möglichkeiten, besonders um Kokkári und am Potámi-Strand.

Letzterer liegt westlich von *Karlóvassi*, der zweitgrößten Stadt der Insel. Die sehr weitläufige Siedlung zählt zwar auch zu den Favoriten der Reiseveranstalter, ist aber – trotz eines gewissen "griechischen" Flairs – nicht gerade der reizvollste Ort der Nordküste. Dieses Attribut gebührt ganz sicher *Kokkári*, das sich eben deshalb zum Hauptziel des Nordens entwickelt hat. Zwischen beiden Städtchen liegen nur kleinere Siedlungen, in denen, wie beispielsweise im sympathischen *Ágios Konstantínos*, der Tourismus allmählich auch in bescheidenem Maß Einzug gehalten hat. Erschlossen sind sie durch die komplett asphaltierte Küstenstraße, die immer in Meeresnähe verläuft. Unbedingt zu einem Besuch des Nordens gehören Abstecher in die Bergdörfer: Vor allem *Vourliótes*, mit der schönsten Platía in weitem Umkreis, und *Manolátes*, das am Hang hoch über dem Platanenwald des "Nachtigallentals" schwebt, sollte man keinesfalls auslassen.

Von Sámos-Stadt bis Kokkári

Herausragende Attraktionen werden auf den zehn Kilometern zwischen der Hauptstadt und dem wichtigsten Ferienort der Nordküste nicht geboten. Für Freunde des samischen Weins lohnt sich eventuell ein Stopp bei der Kellerei der Winzergenossenschaft. Badelustige finden einige passable und immerhin meist nur recht wenig frequentierte Möglichkeiten, doch liegen die eindeutig schöneren Strände hinter Kokkári.

▸ **Malagári:** Am Rand der Hauptstadt bleibt die vom Zentrum kommende neue Straße zunächst auf Küstenniveau, trifft dann bei Malagári auf die Zufahrt aus Richtung Vathí und Pythagório. Der Name "Malagári" steht in erster Linie für

den ausgedehnten Kellerei-Komplex der samischen Winzergenossenschaft E.O.S, der direkt vor dem Kreisverkehr liegt, an dem sich beide Straßen vereinigen. Im Herbst warten hier oft Dutzende schwer mit Trauben beladene Pickups vor den Waagen. Den Kellereianlagen angeschlossen ist ein preiswerter Supermarkt der Genossenschaft, der für jedermann zugänglich ist und neben vielen anderen Produkten natürlich auch samische Weine offeriert.

▶ **Kédros** liegt etwa auf halbem Weg zwischen Sámos-Stadt und Kokkári. Die kleine Streusiedlung am Kiesstrand besteht nur aus dem Hotel gleichen Namens und einigen wenigen Häusern; im Sommer öffnet hier eine Strandtaverne. In der Umgebung sind an verschiedenen Stellen Reste frühchristlicher Gotteshäuser zu finden, beispielsweise nahe der modernen Kirche Agía Paraskeví, die auf einem kleinen Hügel im Osten des Strandes steht.

Kokkári

Sicher eine der schönsten Siedlungen der Insel. Aber auch dank der guten Strände und der vielfältigen Ausflugsmöglichkeiten in der Umgebung bildet Kokkári ein ideales Standquartier für die Erkundung des Nordens.

Kokkári ist eine junge Siedlung, wurde erst in der zweiten Hälfte des 19. Jh. gegründet. Heute noch eher Dorf als Städtchen, merkt man Kokkári an, wie bescheiden die Dimensionen früher hier gewesen sein müssen: Die Platía kurz vor dem Meer ist kaum als solche zu erkennen, hat gerade mal die Größe eines besseren Wohnzimmers. Auch die sich anschließende Hafenpromenade, der eine ganze Reihe von Terrassentavernen mediterranes Flair verleiht, misst nicht mehr als vielleicht zweihundert Meter. Klein sind die Häuser, die Gassen eng. Tatsächlich vermerkt die letzte Volkszählung weniger als tausend ständige Bewohner. Deren Zahl allerdings nimmt zu, in deutlichem Gegensatz zu vielen anderen Orten auf Sámos.

Kein Wunder, hat sich Kokkári doch zum dritten bedeutenden Urlaubsort der Insel entwickelt. Mittlerweile lebt das Dorf praktisch ausschließlich vom Fremdenverkehr. Ohne Folgen blieb diese Entwicklung natürlich nicht. Landeinwärts

Von oben betrachtet: Blick über die Dächer auf den Hafen

und westlich des Ortskerns entstanden und entstehen neue Häuser. Immer mehr Auto- und Mopedvermieter, Bars, Reiseagenturen und Hotels bieten ihre Dienste an. Leicht über dreitausend Fremdenbetten werden mittlerweile geschätzt. Die "Steckzwiebel", so die Übersetzung von Kokkári, wächst rasant. Erfreulicherweise hat der touristische Aufschwung die Attraktivität des Ortskerns selbst bislang kaum beeinträchtigt, sind architektonische Entgleisungen die Ausnahme geblieben. Die viel fotografierte Visitenkarte Kokkáris, seine reizvoll zwischen zwei felsigen Halbinseln geschwungene Hafenbucht, ist immer noch so hübsch anzusehen wie vor zehn oder zwanzig Jahren.

Orientierung: Eine Umgehungsstraße entlastet das Zentrum vom Durchgangsverkehr. Die Abzweigung aus Richtung Sámos-Stadt führt direkt ins Zentrum um die Kirche *Ágios Nikoláos*, mit ihrer prächtigen Innenausstattung die einzige Sehenswürdigkeit des Ortes. Aus Richtung Karlóvassi kommend, verläuft die Zufahrt zunächst entlang des westlichen Strandbereichs, um dann nach einem Knick nach rechts ebenfalls auf die Kirche zu treffen. In deren Umfeld finden sich alle wichtigen Einrichtungen, darunter das Fremdenverkehrsamt, die Bushaltestelle und der Taxistand. Meerwärts erstreckt sich der alte Ortskern.

*I*nformation

Community Tourist Office, städtisches Informationsbüro an der Hauptstraße, ein Stück östlich der Kirche und der Bushaltestelle. Sehr hilfreich geführt von der freundlichen Popi; im Angebot Stadtpläne, Busfahrpläne, Zimmervermittlung etc. Zuletzt geöffnet Ende Mai bis Oktober, Mo–Sa 9–13 Uhr, Mo/Mi/Sa auch 19–21 Uhr. ✆/✉ 22730 92333.

Kokkári

Verbindungen

• *Bus/Taxi* Dank des recht dichten Busverkehrs lässt sich die Nordküste mit öffentlichen Verkehrsmitteln gut bereisen; auch deshalb ist Kokkári ein empfehlenswerter Standort. Die Bergdörfer allerdings werden nur selten oder gar nicht bedient.

Bus: Zentrale Haltestelle gleich östlich der Kirche; ein weiterer Haltepunkt liegt an der westlichen Strandstraße. Verbindungen (Sommerfahrplan) auf der Linie von Sámos-Stadt über Kokkári zum Tsamadoú-Strand etwa alle ein bis zwei Stunden; weiter entlang der Nordküste nach Karlóvassi fahren die Busse Mo–Fr 7-mal, Sa/So 5-mal täglich. Verbindung mit Vourliótes nur an drei Wochentagen (Mo, Mi, Fr), nach dem letzten Fahrplan ist am selben Tag jedoch keine Rückfahrt mehr möglich – vielleicht ändert sich dies ja wieder.

Taxiplatz schräg gegenüber der Kirche, ☏ 22730 92585.

• *Mietfahrzeuge* Auto- und Zweiradvermieter sind in breitem Angebot vorhanden, hier nur einige Beispiele – Preisvergleich lohnt. Die meisten Büros liegen entlang der westlichen Strandstraße.

Aramis/Sixt, an der Hauptstraße Nähe Kirche, ☏ 22730 92385.
Duck Bikes, Nähe Infostelle, recht günstige Zweiräder, ☏ 22730 92519.
Savvas, westl. Strandstraße, ☏ 22730 92107.
Ikarus, westl. Strandstr., ☏ 22730 92240.

• *Adressen* **Internet-Zugang**: Im Café Cavos, siehe "Kneipen & Nachtleben".
Waschsalon: "Lavomathique", in einem kleinen Gässchen schräg gegenüber der Infostelle.

Übernachten

Im Sommer kann es für Individualreisende trotz des eigentlich breiten Angebots schwer werden, ein freies Bett zu finden – die Konkurrenz vor allem durch Reiseveranstalter ist groß. Dabei liegen die Preise alles andere als niedrig. Ärgerlich zudem: In vielen Häusern sind schon im Mai und noch im September Hochsaisonpreise zu zahlen. Pauschalurlauber sollten auf den Standort ihres Quartiers achten, wenn sie nicht für jeden Hafenbummel weite Märsche zurücklegen wollen: Viele Hotels und Pensionen liegen eine ganze Ecke vom Ortskern entfernt.

• *Hotels* **Hotel Arion** (A), erstes Haus am Platz, überwiegend pauschal gebucht. Architektonisch angenehmes, auf mehrere Gebäude verteiltes Hotel in schöner Aussichtslage am Hang hoch über dem Ort. Komfortable Zimmer, Süßwasserpool, zahlreiche Sportmöglichkeiten. Zum Zentrum knapp 2 km, Hotelbusverbindung. DZ/F offiziell etwa 115–135 €. Geöffnet Mai–Oktober; ☏ 22730 92020, ✆ 22730 92006, www.arion-hotel.gr.

Hotel Armonia Bay (B), ein 1992 eröffnetes, elegantes und modern gestaltetes Haus mit teilweise herrlichem Blick über die Tsamadoú-Bucht. Zum Strand dort sind es nur wenige Meter, nach Kokkári allerdings zwei Kilometer. Geöffnet April bis Oktober, DZ/F 60–80 €; es gibt auch Superior-Zimmer und Suiten. ☏ 22730 92279, ✆ 22730 92583, www.armoniabay.gr.

Hotel Lemos (C), am Anfang des westlichen Stadtstrands, nicht weit von der Halbinsel, also ausgesprochen zentral. Geschmackvoll errichtete und gut geführte Anlage, alle Zimmer mit Balkon zum Meer. Geöffnet April–Oktober, DZ nach Saison etwa 50–65 €, auch Apartments. ☏ 22730 92250, ✆ 22730 92334.

Hotel Olympia Beach, an der westlichen Strandstraße, ein Lesertipp von Manfred Bartnick: "Das Hotel ist (2003) gerade renoviert, die Matratzen sind fest; freundliche, deutschsprachige Leitung. DZ etwa 50–60 €, zuzügl. 7,50 € für das Frühstück, ein stolzer Preis." ☏ 22730 92353, ✆ 22730 92457.

Hotel Long Beach, ausgesprochen zentral und trotzdem ruhig an der westlichen Strandstraße, noch vor deren Zusammentreffen mit der Hauptstraße. Sehr empfehlenswertes, gemütliches kleines Haus direkt am Strand, geführt vom freundlichen und weit gereisten Charlie Paraskeva. Fast alle Zimmer zum Meer, die Bar- und Frühstücksterrasse ebenfalls. Viele Stammgäste. Geöffnet etwa April–Oktober, DZ rund 40–45 €, Frühstück geht extra. ☏/✆ 22730 92150, www.samos-longbeach.com.

• *Pensionen* **Pension Corali-Beach** (A), im Zentrumsbereich am westlichen Stadtstrand. Ordentliche Ausstattung mit Airconditioning,

Die Nordküste — Karte siehe S. 192/193

Eines der Wahrzeichen von Kokkári: die kleine Halbinsel östlich des Ortes

Buchung bzw. Infos über den Belegungsstand etc. auch bei der Weinhandlung "Cava Kokkári", die praktischerweise direkt gegenüber der Bushaltestelle liegt. DZ/Bad je nach Lage und Saison etwa 25/30–30/35; ☎ 22730 92316, 📠 22730 92672.

Pension Cristina (A), eine der recht zahlreichen Pensionen an der westlichen Strandstraße, schon fast in der Nähe der Kreuzung mit der Umgehungsstraße. Gute Zimmer, z. T. mit Balkon zum Meer, Küchenbenutzung möglich. Preise etwa wie oben. Falls belegt, hat der Besitzer noch weitere Quartiere im Ort anzubieten. ☎ 22730 92532.

Pension Eleni (A), zu erreichen von der westlichen Strandstraße, ein Stück landeinwärts versetzt, Nähe "Club Cabana" und damit relativ zentral; Infos auch in der nahen Bäckerei. Ordentliche Pension mit Kochmöglichkeit und Kühlschrankbenutzung, DZ/Bad etwa 30–35 €. Es gibt auch Studios. ☎ 22730 92317.

Pension Stella Bay (A), ein Lesertipp von Ulrich Orschel und Beate Kuhlbusch-Orschel: "Ruhige, leicht erhöhte, ideale Lage, von der Straße getrennt durch ein Weinfeld, zehn Gehminuten zum Lemonakia-Beach oder zur westlichen Strandstraße. Alle zehn Zimmer mit Balkon/Terrasse und Meerblick, innen und außen sehr gepflegt." Die Preise liegen allerdings etwas höher als in den oben genannten Quartieren. Zu suchen außerhalb von Kokkári nahe der Straße Richtung Karlóvassi, hinter dem unten beschriebenen Restaurant Marina; ☎ 22730 92289.

Pension Odysseas, frei stehendes, blauweißes Haus im Gebiet zwischen der Ortsumgehungsstraße und der westlichen Strandstraße; Zugang von dort durch das Hotel Athena (vorbei am Pool), Autozufahrt über den Parkplatz bei der Kirche. Solide Zimmer mit Aircondition, keine Veranstalterbindung. Besonderer Clou: Die Hausgäste dürfen den schicken großen Pool des Hotels Athena benützen. DZ/Bad/F 30–35 €. ☎ 22730 92374, 📠 22730 28815, Mobil-☎ 693 7095271.

Pension Elena (B), ein Preistipp in der Nähe der Infostelle, von dort in die Gasse schräg gegenüber, dann rechts. Eher einfache, aber saubere Pension, geführt von der freundlichen, deutschsprachigen Elena. Jedes Zimmer mit Dusche oder Bad, die teilweise allerdings außerhalb der Zimmer liegen; Terrasse, Kühlschrank und Küche zur allgemeinen Nutzung. Geöffnet Mai–Oktober, DZ je nach Saison, Nachfrage und Aufenthaltsdauer 20–30 €. ☎ 22730 92164.

Pension Blue Sky, vom Taxistand Richtung Platía, dann links. Ehemalige Veranstalterpension, die jetzt nur noch mit Privatgästen

Kokkári 197

arbeitet; Mobiliar auch hier schon etwas älter, aber in Schuss. Der Besitzer spricht Englisch und wartet oft schon bei der Ankunft der Busse auf potenzielle Gäste. Geöffnet Mai bis Oktober, Preisniveau etwa wie oben, auch drei Studios. ✆ 22730 92387 oder 22730 92650.

• *Privatzimmer, Studios, Apartments* Zur Hochsaison lässt man sich am besten beim städtischen Touristenbüro beraten, das eine täglich aktualisierte Liste freier Räume besitzt. Wer auf eigene Faust loszieht, findet vor allem entlang der westlichen Strandstraße viele Privatquartiere, oft mit Balkons direkt zum Meer. Preisgünstiger als die Pensionen sind sie aber nur in seltenen Fällen: Richtwerte je nach Ausstattung und Saison für Privatzimmer etwa 20–30 €, für Studios etwa 30–40 € aufwärts, jeweils für zwei Personen.

Green Hill Studios, auf dem Dorfhügel, nur etwa 200 Meter östlich des Ortskerns. Studios und Apartments mit Aircondition in zwei Gebäuden, eines davon ganz frisch errichtet. Zwar mit Veranstalterbindung, dennoch gibt es häufig auch Platz für Individualgäste; zwei Personen zahlen je nach Saison, Größe und Ausstattung 25–50 €. Und auch wenn hier alles belegt ist, weiß der englischsprachige Eigentümer George Michelios fast immer noch eine Möglichkeit anderswo. Vorheriger Anruf ratsam, George holt dann z. B. am Bus ab: ✆ 22730 92456, ✆ 22730 92059, Mobil-✆ 6977 913064.

Manos Bar an der Platía kann ebenfalls bei der Suche helfen. Der Besitzer gebietet über ein stattliches Kontingent an Privatzimmern aller Kategorien, die auf den Ortsbereich verteilt sind. Da die Bar auch ein nächtlicher In-Spot ist, sind diejenigen Zimmer, die direkt darüber liegen, nur Nachtschwärmern zu empfehlen.

*E*ssen

Am Hafen reichlich Tavernen, in denen es sich auch sehr schön sitzt. Die Mieten sind allerdings hoch, der Konkurrenzdruck lässt entsprechende Preise jedoch nicht immer zu – da kann schon mal die Qualität leiden.

Rest. Basilico, an der nördlichen Hafenmole mit Blick auf die Restaurantzeile und gut geschützt bei Nordwind. Angenehmes Ambiente; italienische Küche inklusive Pizza, Pasta und einer guten Salatauswahl, als kulinarische Abwechslung sehr gefragt. Die Preise liegen leider ähnlich wie in Italien.

Taverne-Pizzeria Apocalypse, unweit der zentralen Platía in Richtung der westlichen Halbinsel. Gutes und beliebtes Lokal, das vor allem wegen seiner Pizzas besucht wird. Einem Leserbrief zufolge scheint allerdings die Küchenleistung gewissen Schwankungen ausgesetzt.

Taverne Ámmos Plaz, unweit der Kreuzung der zentralen Hauptstraße mit der westlichen Uferstraße, von den vielen Stammgästen schlicht "Bei Maria" genannt. Kleine Veranda zum Meer, die durch verschiebbare Glaswände vor der Wut des Meltémi geschützt werden kann, authentische griechische Küche, Spezialität Lamm. Oft voll belegt, deshalb besser etwas vor oder nach den üblichen Essenszeiten kommen.

Taverne Méltemi, ein Stück westlich Nähe Club Cabana. Auf der Strandseite mit verglaster Front zum Meer, von mehreren Lesern wegen der Küche und der relativ günstigen Preise gelobt. Guter Service.

Taverne Mythos, ebenfalls in diesem Gebiet, landeinwärts der Strandstraße. Großes, gepflegtes Gartenlokal mit engagierter Küche und umfangreicher Speisenauswahl; der Schwerpunkt liegt auf Fleischgerichten, doch gibt es auch einige vegetarische Optionen.

Taverne Samia, von mehreren Lesern empfohlen. Einfache Einrichtung, freundliche Bedienung und gute, vielfältige Küche; Terrasse zum Meer. An der westlichen Strandstraße, Nähe Pension Cristina.

Taverne Akrogiali, ein Lesertipp von Sabine Marquardt: "Direkt am westlichen Strand idyllisch mit einem Schatten spendenden Baum gelegen. Die Brüder Nikos und Stamatis bekochen und bewirten ihre Gäste seit 20 Jahren persönlich; ihre Mama rollt die gefüllten Weinblätter selbst. Salat und Gemüse stammen aus dem eigenen Garten, Fisch- und Fleischgerichte sind frisch. Sehr gutes Preis-Leistungs-Verhältnis."

Taverne-Ouzerí I Bira ("The Beer"), bei der Bushaltestelle. Eine authentische alte Taverne, bereits 1925 gegründet und das erste Lokal Kokkáris, das Bier ausschenkte. Sehr beliebt und oft besetzt; einfache, gute und preiswerte Tavernenküche, prima Mezédes. Freundlicher junger Chef.

Taverne Marina, in etwas ungünstiger Lage westlich außerhalb des Zentrums an der Straße Richtung Karlóvassi, noch hinter der Kreuzung mit der Strandstraße. Die Küche ist jedoch gut, die Speisekarte vielfältig; Spezialitäten sind Ziege, Lamm und Huhn aus dem großen Ofen, der natürlich nur bei entsprechender Nachfrage in Betrieb ist. Mehrere Leser waren sehr angetan.

Kneipen/Nachtleben

Die Verwaltung wünscht ein "ruhiges" Kokkári. Ab Mitternacht müssten deshalb eigentlich alle Außenlautsprecher im Ort auf Kammerton gestellt werden – mancher Wirt scheint diese Anordnung jedoch eher als gut gemeinten Vorschlag zu betrachten.

Beach Café Club Cabana, an der westlichen Strandstraße und das einzige Lokal vor Ort, das Ähnlichkeit mit einer Disco aufweist. Edles Interieur, Dachterrasse mit Meerblick; ein Restaurant ist angeschlossen. Zur Saison bis in den Morgen geöffnet.

Manos Bar, an der kleinen Platía. Zusammen mit den umliegenden Bars trotz des offiziellen nächtlichen Musikverbots ein Fixpunkt des Nachtlebens.

Café-Bar C.U., ganz in der Nähe gelegene Cocktailbar mit reizvoller Aussicht. Ein paar Schritte weiter und mit lauter Musik: **Cook**.

Café Cavos, im nordwestlichen Hafenbereich. Beliebter, deutsch-griechisch geführter Treffpunkt; neben Cocktails und anderen Getränken gibt es hier auch kleine Gerichte und hausgebackenen Kuchen. Hier auch **Internetzugang**.

Wandern/Einkaufen/Feste

• *Wandern* Dank der guten Busverbindungen und der zahlreichen Pfade und Wege im nahen Bergland (und trotz der in der Umgebung stellenweise immer noch unübersehbaren Brandschäden) bildet Kokkári ein sehr gutes Standquartier für Wanderungen.

The Kokkári Walker's Map von Lance Chilton ist eine ausgezeichnete, immer wieder aktualisierte Wanderkarte für das Gebiet zwischen Kokkári und Ágios Konstantínos; Preis etwa 5 €.

Sámos zu Fuß entdecken, deutschsprachiger und ebenfalls regelmäßig aktualisierter Wanderführer, als Einzelblattsammlung mit 29 Wandervorschlägen und Karte, von Lesern empfohlen, Preis etwa 11 €.

• *Einkaufen* **Pinocchio**, gegenüber der Kirche, führt beide genannten Karten bzw. Führer, daneben aufwändiges Kunsthandwerk aus Olivenholz und andere schöne Souvenirs. Freundliche deutsch-griechische Leitung von Astrid und Alekos Koumalatsos.

• *Sport* **Kokkári Windsurfing Center**, etwas außerhalb des Ortes kurz hinter der Kreuzung der Strandstraße; Zufahrt schräg gegenüber Restaurant Marina. Wiesengelände mit Schirmen, Liegen und kleinem Kiesstrand; an die 30 F2 Boards und 50 Neill Pryde Riggs aus der aktuellen Saison (Board ca. 35 €/Tag); diverse Kurse. Außerdem Verleih von Schnorchelausrüstung, Kajaks und MTBs. Deutsch-griechische Leitung. Geöffnet April–Oktober; ✆ 22730 92102, ✆ 22730 92762, im Netz unter fun-system.com.

• *Feste* **Ágios Panteleimon**, am 26. und 27. Juli. Gefeiert wird jeweils abends mit Musik, Kostümen und Tanz bei freiem Wein. Am 27. morgens findet bei der Kapelle des Heiligen ein Festgottesdienst statt.

▸ **Baden**: Überall um Kokkári bestehen die in der Regel gut gepflegten Strände aus hellen kleinen Kieseln. Das Wasser ist klar, störend kann nur der gelegentlich starke Wind werden, der wiederum die Surfer freut.

Ortsstrände: Gleich östlich der Promenade erstreckt sich eine reizvolle, zur Saison allerdings oft überfüllte kleine Bucht mit hübsch gelegener Bar etwas oberhalb. Am langen Strand westlich des Zentrums ist mehr Platz.

Lemonákia-Strand: Etwa 1,5 Kilometer westlich des Ortes, tief unterhalb der Straße nach Karlóvassi. Gute Busverbindung, Sonnenschirme und Liegen, Bar. Etwas weniger besucht als der Strand Tsamadoú.

- *Essen* **Taverne Andreas´ Place**, am westlichen Strandende, Terrasse fast direkt am Meer, von einigen Tischen schöner Blick auf Kokkári. Breite Auswahl, gute Küche, zu empfehlen besonders die Fischgerichte. Nicht teuer.

Tsamadoú-Strand: Nochmals einen halben Kilometer westlich und ebenfalls in lärmmindernder Entfernung von der Küstenstraße. Endpunkt der Strandbuslinie ab Sámos-Stadt via Kokkári. Sehr hübsch von Olivenbäumen und Weinhängen umgeben, eines der beliebtesten Motive des Fremdenverkehrsamts. Bars, Sonnenschirm-, Liegen- und Surfbrettvermieter sind vorhanden, teilweise ist FKK üblich.

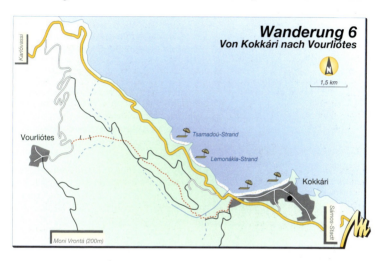

Wanderung 6: Von Kokkári nach Vourliótes

Route: Kokkári – Vourliótes; **reine Wanderzeit**: ca. 2 bis 2,5 Stunden; **Einkehr**: in Kokkári und Vourliótes

Charakteristik: Eine beliebte "Verbindungswanderung" zum hübschen Bergdorf Vourliótes, die schon allein wegen der sehr mäßigen Busanbindung des Ortes Sinn macht. Sie eignet sich auch als Baustein einer größeren Tour, z. B. als Einstieg der Wanderung hinüber nach Manolátes, siehe Wanderung 8. Der Aufstieg von Meeresniveau auf über 300 Meter Höhe fordert natürlich gewisse Kondition. Ein Teilstück der streckenweise mit roten Rauten markierten Route führt durch ein ehemaliges Waldbrandgebiet des großen Feuers von 2000. Hier müssen gelegentlich umgestürzte Bäume überklettert oder umgangen werden, doch keimt am Boden schon längst wieder frisches Grün.

Verlauf: Die Wanderung beginnt am westlichen Ortsrand, an der Stelle, an der die Strandstraße auf die Umgehungsstraße Richtung Karlóvassi stößt. Hier folgt man dem schmalen, ansteigenden Asphaltsträßchen neben dem Hotel "Milos Beach" inseleinwärts. Nach etwa 200 m verwandelt sich der Asphalt in Beton; an der Gabelung hier geht es geradeaus. Kurz darauf erreicht man eine größere Gabelung. Links weist ein gelbes Schild in griechischer Schrift den Weg nach Mytilíni, wir halten uns jedoch rechts. Nach 30 Metern

Die Nordküste

Rote Raute: Hier ist man richtig

Nun führt der felsige Weg in ein ehemaliges Waldbrandgebiet hinein, in dem bald die ersten umgestürzten Bäume überstiegen oder umgangen werden müssen. Die Bodenvegetation hat sich allerdings bereits wieder soweit erholt, dass der Laie ohne die umgefallenen Stämme kaum Anzeichen eines Feuers bemerken würde. Knapp 30 Minuten hinter der ersten gequerten Piste erreicht der Pfad eine zweite Piste, setzt sich jedoch genau gegenüber wieder fort; 5 Minuten weiter geht es nochmals über eine Piste hinweg. Der Weg steigt nun wieder deutlicher an, verwandelt sich streckenweise in einen schönen alten Pflasterpfad und überquert ein meist trockenes Bachbett, hinter dem es durch reizvolle Landschaft noch steiler aufwärts geht.

Etwa 15 Minuten hinter dem Bachbett gilt es, etwas aufzupassen, da der Pfad hier eine ältere, teilweise schon überwucherte Piste nach schräg rechts quert. Kurz darauf folgt man den Treppen nach rechts oben auf einen gepflasterten Abschnitt einer weiteren Piste; hier links und nach etwa zehn Metern am Ende des Pflasters die Piste schräg rechts hinauf auf den alten Steinpfad verlassen. Nun ist man schon im Bereich der Ölgärten und Weinfelder von Vourlióteo und erreicht auch bald, kaum zehn Minuten hinter der überwucherten Piste, über einen neu gepflasterten Abschnitt (später eine Betonpiste) die Hauptstraße. Hält man sich dort links, sind es nochmals etwa zehn Minuten bis Vourlióteo, siehe hierzu weiter unten.

Einstieg ab Vourlióteo Man verlässt Vourlióteo auf der Asphaltstraße hinab in Richtung der Hauptstraße Kokkári–Karlóvassi. Kaum einen Kilometer hinter dem Ort zweigt rechter Hand ein Betonweg ab, beschildert "Kokkári 4 km (Pavement)" – Autofahrer sollten sich nicht irritieren lassen, es handelt sich um einen Fußweg. Hier geht es hinein und etwa 200 m weiter an der Gabelung rechts abwärts, dem neu gepflasterten Weg folgend.

geht der Beton in Schotter über. Die Piste senkt sich nun etwas und verläuft oberhalb einer Reihe von Gewächshäusern (hier auf dem linken Weg bleiben), dann unter einer Art Torbogen hindurch und weiter geradeaus, vorbei an zwei jeweils durch Drahttore gesicherten Anwesen, bis sie schließlich auf ein erstes, im Sommer trockenes Bachbett trifft. Hier geht es, zunächst praktisch im Bachbett selbst, nach rechts. Man folgt der Linkskurve, die der schmale Pfad beschreibt, und erreicht bald einen größeren, fast immer Wasser führenden Bach, den man überquert. Auf der anderen Seite geht es zunächst links, nach etwa 20 Metern hinter einem Baum mit roter Markierung jedoch hart nach rechts vom Bach weg und nach kaum 10 Metern wieder links. Der hier gut mit Steinpyramiden und roten Rauten markierte Pfad steigt jetzt an und erreicht bald eine erste Piste, setzt sich schräg links auf deren gegenüber liegender Seite jedoch aufsteigend fort.

Zwischen Kokkári und Karlóvassi

An der Küstenstraße zwischen den beiden Städtchen liegen überwiegend kleine und kleinste Siedlungen, die in der Regel nur bescheidene Strände aufzuweisen haben.

Reizvoller als die manchmal recht verbauten Küstenorte sind die traditionellen Weindörfer an den Hängen im Hinterland. Auf Besucher ist man hier gut eingestellt, Tavernen finden sich in fast jedem Örtchen. Dies nicht nur wegen der Urlauber von Kokkári: Auch die Einheimischen besuchen am Wochenende gern die hübschen, oft in herrlicher Landschaft gelegenen Gasthäuser.

▸ **Avlákia**, etwa zweieinhalb Kilometer westlich des Abzweigs zum Tsamadoú-Strand, ist das Kokkári am nächsten gelegene der kleinen Küstennester. Kaum zwei Dutzend Häuser säumen die Durchgangsstraße und den schmalen Kiesstrand. Weit bessere Bademöglichkeiten bietet der nahe Tsábou-Strand.

• *Übernachten/Essen* **Hotel Avlákia** (C), meerwärts der Durchgangsstraße gelegen, eine der wenigen Möglichkeiten vor Ort. Geöffnet ist Mai–Oktober, das DZ/Bad kostet je nach Saison etwa 25–30 €; ✆/📧 22730 94230.

Taverne Dolphin, in schöner Lage unten am Meer, Zugang von der Hauptstraße. Terrasse mit Blick auf Kokkári und Sámos-Stadt; Spezialität sind Fischgerichte, z. B. die frittierten, "Gónos" genannten kleinen Fischchen. Normale Preise.

▸ **Tsábou-Strand**: Einen knappen Kilometer hinter Avlákia und noch vor dem Abzweig nach Vourliótes, unterhalb der Straße; Busse der Linie von und nach Karlóvassi halten bei Bedarf. Der etwa 300 Meter lange Kieselstrand mit Sommertaverne, gerahmt von hohen Felsen, ist durchaus eine Konkurrenz zu den Stränden bei Kokkári. "Velentza" war sein alter Name, "Tsábou" ist sein heutiger. Der Strandpächter, der einen großen Parkplatz angelegt hat, vermittelt auf Schildern den Eindruck, wer hier parke, müsse gleich Schirme und Liegen mit anmieten, doch gibt er sich auf Nachfrage meist auch mit einer (moderaten) Parkgebühr zufrieden. Der Zugang zum Strand steht natürlich ohnehin jedermann frei.

▸ **Kámpos Vourliotón**: Westlich des Tsábou-Strandes, bereits hinter der Abzweigung hinauf nach Vourliótes, durchquert die Hauptstraße Richtung Karlóvassi die ausgedehnte, fruchtbare "Ebene von Vourliótes", wie das Gebiet offiziell heißt. Die Häuser der Siedlung liegen weit verstreut, ein echtes Zentrum ist nicht erkennbar. Weiter westlich führt die Hauptstraße durch das teilweise verfallene Siedlungsgebiet von *Sodóma* und erreicht dann *Platanákia* am Eingang zum Nachtigallental.

Sválas-Strand: Der lange, schmale Grobkieselstrand ist über ein kleines Sträßchen zu erreichen, das schräg gegenüber dem Einstieg zur Wanderung 7 von der Straße Richtung Karlóvassi abzweigt. Er wird nur wenig besucht und ist an windigen Tagen der Wut des Méltemi ausgesetzt. Im Sommer öffnet hier eine hübsche Taverne, siehe unten.

• *Übernachten/Essen* **Amphithéa**, empfehlenswerte Privatpension in ruhiger, reizvoll ländlicher Umgebung, geführt von der freundlichen, deutschsprachigen Winzerfamilie Kamnioti, die viele Tipps auf Lager hat, besonders auch für Wanderer. Viele Stammgäste. 13 Zimmer und 4 Studios, DZ/Bad/F etwa 30 €, 2er-Studio 35 €, Verkauf von Öl und verschiedenen Weinsorten, auf Vorbestellung gibt es auch traditionelles Essen aus dem Backofen. Zufahrt von Kokkári kommend Richtung Karlóvassi, etwa

202 Die Nordküste

1,2 km hinter der Kreuzung nach Vourliótes, kurz hinter einer rechter Hand bei einem Baum gelegenen Kapelle und bei einer kleinen Brücke dem Schild "Amphithea" folgend landeinwärts (links) in den schmalen Weg abbiegen, noch ein paar hundert Meter, vorbei an einer weiteren Privatpension. Ganzjährig geöffnet, ✆ 22730 94374, ✆ 22730 94550.

Villa Kámpos, von Kokkári kommend 50 m vor der Abzweigung zu Amphithéa, linker Hand der Straße, ein Lesertipp von Evelyn Köder und Rolf Kilchert: "Sehr ansprechendes Haus, das mehrere Zimmer sowie ein Vier-Personen-Apartment bietet. Die Besitzer Alda Vink (Anmerkung: aus den Niederlanden) und Jorgo Giavassis sind sehr gast- und tierfreundlich." DZ/F (mit Aircondition) 35–40 €; ✆ 22730 94570, ✆ 22730 94571.

Taverne Svala, ganz hinten am östlichen Ende des Sválas-Strands. Urige Strandtaverne, geführt von der Berlinerin Marisa und Kiriakos, einem Sohn der "Amphithéa"-Besitzer. Ein hübsches Plätzchen, das auch Liegen und Schirme vermietet; die Preise liegen günstig.

Fantasievoll: Fresken im Kirchlein Agía Matróna

Wanderung 7: Über die Pnakas-Quelle nach Vourliótes

Route: Kámpos Vourliotón – Paleochóri – Quelloase Pnakas – Vourliótes und zurück; **reine Wanderzeit**: ca. 1,5–2 Std.; **Einkehr**: bei der Pnakas-Quelle und in Vourliótes

Charakteristik: Von der Distanz her eher ein Spaziergang als eine Wanderung, wegen des steilen Aufstiegs auf immerhin über 300 Meter Höhe aber durchaus anstrengend. Der schöne, teilweise blau markierte Weg führt durch intensiv bewirtschaftete, dank des Wasserreichtums der Gegend sattgrüne Felder und Weingärten und verläuft, vom etwas unangenehmen ersten Kilometer abgesehen (siehe aber unten), abseits aller Straßen. Wie Wanderung 6 bietet sich diese Route als "Baustein" einer größeren Tour an, doch bereitet auch der Aufstieg nur bis Vourliótes viel Vergnügen.

Verlauf: Die Anfahrt erfolgt am zweckmäßigsten mit einem der recht häufigen Busse Richtung Karlóvassi. Wenn man dem Schaffner rechtzeitig Bescheid gibt, hält der Bus an der Abzweigung der Straße hinauf nach Vourliótes, evtl. auch erst an der Abzweigung zum Strand (nach dem "Svális-Beach" fragen, siehe unten) und damit am eigentlichen Einstieg zur Wanderung. Im ersten Fall folgt man zunächst etwa 10 min. lang der Hauptstraße Richtung Karlóvassi. Noch vor den Häusern von Kámpos selbst und kurz vor einer Linkskurve nimmt man den links aufsteigenden Betonweg. Schräg gegenüber der Abzweigung führt ein Seitensträßchen meerwärts zum Svális-Strand; eine Leserin ließ sich vom Bus gleich bis hierher chauffieren – ausprobieren, ob´s klappt. Bald sind die Häuser des kleinen Weilers Paleochóri erreicht, wenig später führt ein Seitenweg zur hübschen kleinen Kirche *Agía Matróna*, die innen mit sehr sehenswerten Fresken geschmückt ist. Wieder zurück, folgt man weiter dem betonierten Hauptweg und hält sich an einer Gabelung links; der rechte Weg ist ohnehin versperrt. Bei einer Kapelle verwandelt sich der Betonweg in einen schmalen Fußpfad, dem man weiter aufwärts folgt, auf den ersten Metern noch entlang des kleinen Wasserlaufs, der einen schon eine Weile begleitet hat. Wenig später hält man sich nach einer Brücke links und gelangt, entlang der Front eines Hauses, zur *Quelloase Pnakas*, die man insgesamt etwa 30–40 min. nach Beginn der Wanderung erreicht hat. Ein sehr romantisches Fleckchen: Im Schutz einer kleinen Kapelle plätschert das Wasser aus mehreren Quellen, hohe Platanen spenden Schatten und eine hübsche Taverne lädt zur Rast.

Weiter nach Vourliótes folgt man dem Betonweg bei der Taverne steil aufwärts. An der nächsten Gabelung hält man sich ebenfalls bergauf und bleibt weiterhin auf dem Betonsträßchen, das sich in vielen Kehren in die Höhe windet; man kann auch versuchen, den alten Fußpfaden zu folgen, die durch die

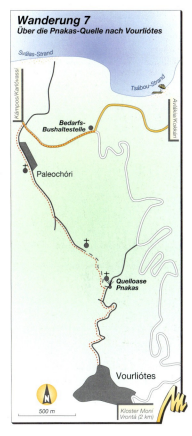

Anlage des Fahrwegs zerschnitten wurden, läuft dann jedoch Gefahr, in Sackgassen zu geraten. Nach etwa 20 min. Aufstieg erreicht man bei einem kleinen Platz und einer Schule den unteren, nördlichen Dorfrand von *Vourliótes*. Hält man sich hier schräg links und weiter aufwärts, gelangt man ins Ortszentrum um die Platía. Zurück geht es auf demselben Weg, wahlweise auch auf der in Wanderung 6 beschriebenen Route nach Kokkári oder mit Wanderung 8 nach Platanákia. Wer die Wanderung 7 nur in der Gegenrichtung laufen möchte, könnte Schwierigkeiten

Vor dem Umbau: die Platía von Vourliótes

haben, den Einstieg zu finden. Die Schilder zur Pension Mary's House führen anfangs schon ziemlich in die Nähe, am besten fragt man jedoch die Dorfbewohner nach dem *monopáti* (Fußpfad) nach Kámpos.

Vourliótes

Schon die Anfahrt macht Laune: Vier steile Kilometer schlängelt sich das Serpentinensträßchen durch fruchtbare, von Weingärten, Zypressen und Obstbäumen geprägte Hänge hinauf zu dem urwüchsigen Bergdorf.

Oben angekommen, müssen Autos und Zweiräder am Ortsrand parken. Mit ihrer schönen Platía, den guten Tavernen, erkergeschmückten Steinhäusern, malerischen Gassen und dem nahen Kloster Vrontá avancierte die erst zu Anfang des 17. Jh. gegründete Ortschaft zum viel besuchten Ausflugsziel. Umso erfreulicher, dass der sommerliche Andrang weder dem Dorf noch der Freundlichkeit seiner Bewohner geschadet hat, die gerne und geduldig Auskunft geben über die zahlreichen Wandermöglichkeiten in der Umgebung. Vielleicht ist die Ursache ja in der wirtschaftlichen Unabhängigkeit des Dorfes zu suchen, das auf den Tourismus nicht angewiesen ist: Hier, auf rund 320 Meter Höhe, liegt nicht nur das Zentrum des samischen Weinbaus, auch die üppigen Obstplantagen der Umgebung sorgen für Wohlstand.

• *Verbindungen* **Busse** von/nach Sámos-Stadt via Kokkári nur an 3 Wochentagen (Mo, Mi, Fr); zuletzt gab es allerdings am selben Tag keine Rückfahrtmöglichkeit mehr. Vourliótes ist jedoch auch auf den oben beschriebenen Wanderungen 6 und 7 zu erreichen.

• *Übernachten* **Pension Mary's House**, am meerseitigen Ortsrand, ab der Platía gut markiert. Inmitten grüner Felder, krähender Hähne und gelangweilter Esel hat das Ehepaar Maria und Markos in seinem Bungalow einige geräumige und modern ausgestattete Gästezimmer eingerichtet. An Gastfreundlichkeit sind die beiden wirklich kaum zu überbieten. DZ kosten je nach Größe und Saison etwa 35–40 €; es gibt auch einige wenige Apartments. Geöffnet ist Ende März bis in den Oktober. Mittlerweile ist das Quartier auch von einem Reiseveranstalter entdeckt worden, Anruf deshalb ratsam: ☎ 22730 93291. Autofahrer seien übrigens davor gewarnt, dem Hinweisschild an der Auffahrt nach Vourliótes folgen zu wollen, denn der Weg wird bald arg eng und steil.

• *Feste* **Panijíria** (Kirchweihfeste) am 26./27. Juli, 15. August und 7./8. September.

> **Unser Tipp: Die Tavernen von Vourliótes**
>
> Allein für ein Essen hier würde sich der Weg lohnen. Da wäre zunächst einmal die schöne, gepflasterte Platía, die trotz eines kleinen Umbaus nichts von ihrem Charme verloren hat. Völlig von hübschen Steinhäusern umschlossen, ist der gepflegte kleine Platz Wohnzimmer und Visitenkarte des Dorfes. Ein Genuss, sich an lauen Sommerabenden von den umliegenden Tavernen verwöhnen zu lassen ... Anhand der verschiedenfarbigen Stühle kann der Gast wählen, in welchem Lokal er sich niederlässt – eine der Tavernen, von mehreren Lesern gelobt, nennt sich sinnigerweise auch gleich "Blue Chairs". Die Spezialitäten hingegen sind überall gleich: diverse Omeletts sowie Revithokeftédes, frittierte Frikadellen oder Bällchen aus Kichererbsenmehl, die es auch in Varianten aus Spinat, Zucchini oder Tomaten gibt. Danach schmeckt ein Glas vom Muskateller Moskáto, der wegen seiner extremen Süße hier gern mit Soda verdünnt getrunken wird. Von Lesern als freundlich empfohlen wurde auch die Taverne "Galazio Pigadi", die unter einem Weinblätterdach etwa 50 Meter hinter der Platía liegt.
>
> Ein **Tipp** ist auch die Taverne "Pera Vrissi" kurz vor dem Ortseingang. Unter schattigen Platanenbäumen und bei einer kleinen Quelle mit bestem Trinkwasser (der Kellner bringt es gerne im Krug an den Tisch) werden auf der Terrasse selbstgekelterte Weine und ländliche Gerichte serviert; schmackhaft auch hier besonders die Revithokeftédes. Von der Lage her noch reizvoller ist die romantische Taverne "I Pnaka" bei der Quelloase unterhalb von Vourliótes (siehe Wanderung 7), die auch über eine beschilderte Abzweigung der zum Ort hinauf führenden Asphaltstraße zu erreichen ist und ebenfalls gute Küche bietet. Leider ist hier gelegentlich mit Stechmücken zu rechnen.

Moní Vrontá

Etwa zwei Kilometer südwestlich von Vourliótes, auf mehr als 450 Meter Höhe und über ein schmales Betonsträßchen bergwärts zu erreichen, steht das Kloster Vrontá, auch *Moní Vrontiáni* genannt. Leider wurde das Kloster, ebenso wie seine einst waldreiche Umgebung, beim großen Brand im Sommer 2000 besonders stark in Mitleidenschaft gezogen. Restaurierungsarbeiten sind vorgesehen, dürften aber frühestens 2005 beendet sein, wenn nicht noch deutlich später. Zuletzt war das Kloster nicht mehr zugänglich, der letzte, schon sehr alte Priester in die Inselhauptstadt gezogen. Bitte erkundigen Sie sich deshalb vor Ort, z. B. in der Touristeninformation von Kokkári, über den aktuellen Stand der Dinge.

Moni Vrontá wurde 1566 fertiggestellt und ist damit das älteste Kloster der Insel. Ihren Namen "Kloster des Donners" verdankt die Anlage wahrscheinlich dem starken Echo, das bei Gewittern von dem nahen Berg Lazarus zurückgeworfen wird. Die Klosterkirche in Form einer Kuppelbasilika birgt noch die Reste von Fresken, mit denen sie einst vollständig ausgemalt war, darunter im

Altarraum eine Darstellung von Christi Himmelfahrt. Ein wertvolles Stück ist das fein gearbeitete Holzschnitztémplon mit Szenen des Alten und Neuen Testaments; beachtenswert auch die Ikonen, die aus dem 18. und 19. Jh. stammen. Eine Besonderheit versteckt sich im ersten Geschoss des Klosters: Die kleine Kapelle in der Südostecke stammt vermutlich bereits aus dem 11. Jh. und besitzt eine sehr schön geschnitzte Altarwand. Ein großer Feiertag ist das Jahresfest, das am 7./8. September stattfindet.

Wanderung 8:
Von Vourliótes nach Manolátes und Platanákia

Route: Vourliótes – Manolátes – Nachtigallental – Platanákia; **reine Wanderzeit**: ca. 2–2,5 Std.; **Einkehr**: in Vourliótes, Manolátes, je nach Saison evtl. auch in den Tavernen im Nachtigallental und in Platanákia

Charakteristik: Eine Wanderung von hohem landschaftlichen Reiz, durch sonnige Weingärten und schattige Platanentäler. Unterwegs bieten sich herrliche Ausblicke, und die besuchten Bergdörfer zählen zu den schönsten der Insel. Die Orientierung fällt allerdings trotz der gelegentlichen roten Markierungen nicht ganz leicht. Der Ausgangspunkt, das hübsche Weinbauerndorf Vourliótes, ist von Kokkári aus entweder per Bus, per Taxi, oder mit Wanderung 6 oder Wanderung 7 zu erreichen; zurück geht es ab Platanákia mit einem der Busse der Linie Karlóvassi–Kokkári. Sie verkehren zwar relativ häufig, dennoch sollte man sich natürlich vorab über die Zeiten informieren.

Verlauf: Von der Platía in Vourliótes wendet man sich in westlicher Richtung. Nach etwa 100 m weist bei einer Wasserstelle ein blaues Schild den Weg rechts bergab in Richtung Manolátes. Nach 50 m hält man sich am Ende dieses Wegs links, kommt wenig später rechts am kleinen Friedhof von Vourliótes vorbei. Der Betonweg verwandelt sich in einen schmalen Pflasterpfad, der sich aber bald wieder zu einer Gabelung verbreitert, an der es links aufwärts geht. Man folgt diesem breiten, neu geschobenen Weg etwa 5 Minuten lang, bis er sich allmählich wieder senkt, vorbei an einer links steil aufwärts führenden Abzweigung und um eine Abwärts-Serpentine nach rechts herum; im Ausgang der Serpentine (kurz danach endete die Piste zuletzt auch) zweigt unser Pfad nach links ab, meist mit einer Steinpyramide markiert. Dieser schöne alte Pflasterpfad, teilweise mit roten Punkten und Rauten versehen, bringt uns in etwa 5 Minuten zu einer Art kleiner Lichtung mit einer Gabelung und einigen Felsen, auf die mit roter Farbe die Wegweisung "Manol." für Manolates aufgemalt ist. Rechts ginge es nach Platanákia; Richtung Manolátes jedoch hält man sich der Wegweisung folgend links aufwärts und trifft nach 30 Meter auf eine kleine *Kirche* in herrlicher Aussichtslage, die einen wunderbaren Rastplatz abgibt.

Im Umfeld der Kirche treffen sich mehrere Wege. Für den Abstieg wählt man den Fußpfad, der nach rechts um die Kirche herumführt, sich direkt unterhalb ihrer Talseite fortsetzt und mit "A 2" sowie mit roten Punkten und Rauten markiert ist. Etwa 15 min. benötigt man auf dem schönen alten Pfad für den Weg bergab, dann ist der plätschernde Bach in der schattigen Talsohle erreicht. Bereits beim Abstieg erkennt man auf der gegenüberliegenden Bachseite, etwa zehn Meter bachabwärts der Stelle, an der man herauskommt, eine rote Raute auf einem Felsen.

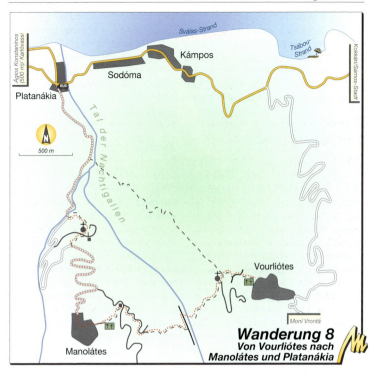

Wanderung 8
Von Vourliótes nach Manolátes und Platanákia

Auf diese Markierung zusteuernd, überquert man den Wasserlauf und hält diese Richtung weiter, entfernt sich also (bachabwärts gesehen) nach schräg links vom Bach weg und ungefähr nach Nordwesten. Bald kommt eine weitere Raute in Sicht und man erreicht, kaum 30 Meter Luftlinie hinter der ersten Raute, eine Piste. Hier geht es links. Nun gilt es, etwas aufzupassen. Knapp hundert Meter hinter dem Einstieg in die Piste ist links auf einem Stein eine rote Markierung zu erkennen; ganz in der Nähe steht ein völlig überwuchertes altes Häuschen. Nur zehn Meter weiter, an einer Stelle, an der der Fahrweg sich wieder etwas senkt (und noch bevor er in den Wald eintaucht), muss man die Piste nach schräg rechts aufwärts verlassen; die Stelle ist meist mit einer Steinpyramide markiert. Nun steigt man auf dem alten, steilen und engen, aber im Verlauf gut erkennbaren und weitgehend schattigen Fußweg wieder aus dem Tal auf, vorbei an Olivenhainen. An der Gabelung hinter einem leer stehenden Haus geht es rechts, wenige Minuten weiter an der nächsten, unscheinbaren Gabelung links aufwärts und an einem Weingarten entlang. Nun verwandelt sich der Pfad in einen Schotterweg, der weiter aufwärts führt. Kurz darauf stößt man auf einen noch etwas breiteren Fahrweg, an dem man sich links aufwärts hält.

Für knapp 10 min. folgt man nun diesem Fahrweg, an einem hart links abzweigenden Weg geradeaus vorbei; dann geht es an einer Kreuzung bei einem neu erbauten Haus nach links auf den Betonweg (wer hier abkürzen möchte, hält sich rechts, lässt dadurch Manolátes aus und stößt unterhalb des Ortes bei der Taverne "Panorama" auf die Straße). Knapp 100 m hinter dieser Kreuzung biegt man entlang einer Mauer zu einem Weingarten nach rechts auf einen schmaleren, markierten Pfad ab, hält sich an dessen Ende am Betonweg rechts, geht an einer Abzweigung nach links vorbei und vor dem Friedhof erneut rechts. Dieser Betonweg führt in wenigen Minuten nach *Manolátes*, das weiter unten näher beschrieben ist.

Der letzte Abschnitt der Wanderung beginnt an der Quelle, die mit der benachbarten Taverne praktisch das Zentrum von Manolátes markiert. Von hier geht es in nördlicher Richtung bergab aus dem Ort hinaus und auf der Asphaltstraße in Richtung Küste, vorbei an der Taverne "Panorama", die ihrem Namen wirklich Ehre macht. Etwa vier Kurven und gut 5 min. hinter dieser Taverne gilt es, vor einer Linkskurve auf einige blau und rot-orange markierte Treppenstufen zu achten, die von der Straße bergab führen. Dem anschließenden alten Pfad abwärts folgend, trifft man nach etwa 5 min. auf einen Feldweg, an dem man sich rechts hält. Binnen weniger Minuten erreicht der Weg ein einzeln stehendes Haus. Hier biegt man hart links auf einen etwas schmaleren Weg ein, der bergab führt und vor einer Kapelle eine Rechtskurve beschreibt. Schon im Auslauf dieser Rechtskurve, etwa 20 m hinter der Kapelle, verlässt man den Weg wieder und steigt auf einem schmalen Pfad erneut links bergab. In einer Reihe von Serpentinen geht es auf dem schönen alten Fußweg, bald begleitet von einem Wasserkanal, nun talwärts bis zur wenig befahrenen Hauptstraße, die man direkt vor einer Flussbrücke erreicht. Von hier sind es rechter Hand noch etwa 15 min. durch das schattige "Tal der Nachtigallen" bis zur Bushaltestelle bei der Kreuzung von Platanákia.

Platanákia und das Tal der Nachtigallen

Hinter Kámpos und der anschließenden, küstennahen Siedlung Sodóma wendet sich die Hauptstraße von Kokkári nach Karlóvassi wieder etwas landeinwärts und erreicht bei einem Platanenwäldchen schließlich eine Kreuzung mit Bushaltestelle.

Platanákia heißt dieser auch auf manchen Karten verzeichnete Weiler, der praktisch unmittelbar an die größere Siedlung von Ágios Konstantínos (s. u.) angrenzt. Hier nämlich beginnt der Platanenwald des Nachtigallentals, der sich inseleinwärts bis zu den Hängen von Manolátes erstreckt. Zwei gut besuchte Freilufttavernen nutzen den lauschigen Platz und die verkehrsgünstige Lage.

- *Verbindungen* Die **Busse** der recht gut bedienten Linie Sámos–Kokkári–Karlóvassi stoppen bei Bedarf an der Kreuzung.
- *Übernachten* **Hotel Daphne** (C), mit schöner Aussicht am Hang oberhalb von Platanákia. Schön und ruhig gelegenes Quartier, das vom Besitzer, einem Hotelier aus Leidenschaft, selbst gestaltet wurde. 35 ordentliche Zimmer mit Aircondition, Pool mit Blick; Restaurant. Geöffnet Ende April bis Mitte Oktober, DZ/F nach Saison etwa 65–70 €. ✆ 22730 94003, ✆ 22730 94594, www.daphne-hotel.gr.
- *Essen* **Taverne Paradisos**, direkt an der Kreuzung zum Nachtigallental, aus Richtung Sámos-Stadt kommend die linke der beiden Tavernen. Großes Lokal unter schattigen Platanen, von mehreren Lesern gelobt;

Lichtes Grün, ein plätschernder Bach: im Nachtigallental

gut und günstig z. B. der gemischte Vorspeisenteller "Pikília". Ein bis zweimal wöchentlich (NS: Sa, HS: Mi/Sa) finden hier "Griechische Abende" mit Musik statt, die auch bei Einheimischen sehr beliebt sind.

Taverne Aidonia, die hintere der beiden Tavernen direkt im Nachtigallental, rechts der Zufahrt nach Manolátes gelegen (das vordere, links der Straße gelegene und im Besitz der Gemeinde befindliche Lokal war zuletzt geschlossen, ein neuer Wirt wurde jedoch gesucht). Zwar häufig von Reisebussen besucht, dennoch ein lauschiges Plätzchen.

▶ **Tal der Nachtigallen**: Direkt bei den Tavernen von Platanákia zweigt die Stichstraße nach Manolátes ab. Sie durchquert auf mehreren Kilometern eine wahre Oase aus oleanderbestandenen, murmelnden Bächen und einem riesigen, hochstämmigen Platanenwald. Im Frühjahr hört man die Nachtigallen hier bereits am frühen Nachmittag schlagen. Dann ist auch der Weg unter den duftenden Platanen eine besondere Freude. Schade, dass da und dort Bauschutt und herumliegender Müll den Genuss trüben. Zwei (zuletzt nur noch eine, siehe aber oben) Ausflugstavernen, von Reisebussen wie von griechischen Familien besucht, laden zu schattiger Rast. Wer durch das Tal hinauf nach Manolátes wandern möchte, geht die erste Viertelstunde entlang der Straße, biegt direkt hinter einer Flussbrücke jedoch nach links von ihr ab und folgt dann in Gegenrichtung der Wanderung 8.

Manolátes

Am Ende des Nachtigallentales schwingt sich die Straße in vielen Serpentinen hinauf in ein Bergdörfchen wie aus dem Bilderbuch. Auf 350 Meter Höhe gelegen, lebt Manolátes vom Wein und besonders vom Apfelanbau, allmählich aber auch von den recht zahlreich strömenden Besuchern, die im Sommer die hiesigen Tavernen bevölkern. Etwas herausgeputzt mag einem das kleine Dorf

Hübsch herausgeputzt: kleiner Laden in Manolátes

mit seinem reichen Blumenschmuck, den blitzsauberen, geweißelten Pflastergassen und originellen Häusern schon erscheinen – bildhübsch ist es allemal. Sehenswert ist auch die Dorfkirche, die zwar erst aus dem 19. Jh. stammt, deren Ikonostase aber zahlreiche ältere Ikonen birgt.

- *Übernachten/Essen* **Studios Angela,** am östlichen Ortsrand nahe der Kirche. Wunderbare Lage mit herrlicher Aussicht, zwar im Programm eines Reiseveranstalters, zur NS aber meist Platz. Geöffnet Mai bis Mitte November, Studio für zwei Personen etwa 30 €. ✆ 22730 94478.
Taverne Lukas, ein Stück oberhalb des Ortes, der Zugang ist mehr als ausführlich beschildert. Tolle Lage mit herrlicher Aussicht, das Essen fand zuletzt aber nicht mehr den Beifall aller Leser.
Taverne AAA ("Triple A"), im Ort neben der Kirche. Hübsche kleine Taverne, von mehreren Lesern gelobt. Dorothea, die Schwiegertochter der Besitzerin, kommt aus Deutschland und hilft hier oft aus. Selbst hergestellte Weine und Olivenöle, auch viele Küchenzutaten stammen aus eigener Produktion. Erfreulich günstiges Preisniveau.

Ágios Konstantínos

Die lang gestreckte Küstensiedlung, etwa zehn Kilometer westlich von Kokkári gelegen, lebt nur zu einem geringen Teil vom Fremdenverkehr und ist deshalb noch ziemlich ursprünglich geblieben.

Dass der internationale Tourismus nur allmählich in Ágios Konstantínos einzieht, hat seine Gründe. Der Grobkieselstrand östlich des Ortes wirkt wenig reizvoll, und die Hafenpromenade ist der Wucht der sommerlichen Meltémia fast völlig ausgesetzt. Die Mehrzahl der rund 300 Einwohner ernährt sich deshalb immer noch von der Landwirtschaft, in geringerem Maße auch vom Fischfang. Der Fremdenverkehr bietet nur ein Zubrot. Für Individualreisende hat die Zurückhaltung der großen Touristikkonzerne durchaus ihre Vorzüge. So kann man Ágios Konstantínos zugute halten, dass die Atmosphäre hier noch vergleichsweise authentisch, der Rummel gering und das Preisniveau niedriger ist als beispielsweise in Kokkári. Für Liebhaber weitgehend "griechisch" gebliebener Orte und als Standquartier für Wanderungen gibt das Dorf deshalb eine gute Adresse ab.

- *Information/Reisebüro* Ein offizielles Fremdenverkehrsamt existiert bisher nicht.
Mini Market Ámbelos, an der Uferstraße nahe dem Restaurant Akrogiali, kann aushelfen. Ein echtes Reisebüro: gute Informationen, Autoverleih, Vermittlung von Privatzimmern, Studios und Apartments etc. ✆ 22730 94442, ✆ 22730 94114, folas@otenet.gr.
- *Verbindungen* **Busse** auf der Linie von Sámos-Stadt via Kokkári nach Karlóvassi und zurück Mo–Fr 7-mal, Sa/So 5-mal täglich.
- *Übernachten/Essen* Vgl. auch die Tipps zu Platanákia (siehe weiter oben), das ja direkt an Ágios Konstantinos angrenzt. Im Ort selbst mehrere Hotels und zahlreiche Studios, die aber z. T. durch Veranstalter vorgebucht sind. Ein guter Ansprechpartner für Quartiersuchende ist der Mini Market Ámbelos.
Hotel Apts. Villa Ágios, hundert Meter landeinwärts der Uferstraße, Richtung Platanákia. Hübsche Anlage mit großzügig geschnittenen Studios, Apartments und Maisonettes für bis zu 6/7 Personen; kleiner Pool. Geöffnet April bis Oktober; 2er-Studios kosten etwa 25–35 €, die Maisonettes 45–65 €. 22730 94000, ✆ 22730 94002, hotagios@otenet.gr.
Studios Apollonia Bay, landeinwärts neben der Durchgangsstraße, der Verkehr hält sich nachts jedoch in Grenzen. Freundliche Leitung, besonders zur NS viele Stammgäste, im Hochsommer bestehen bessere Chancen. Zwölf eher einfach ausgestattete, aber recht geräumige Studios à etwa 25–30 €, es gibt auch Apartments und zweigeschossige Maisonettes. Netter kleiner Pool. Hunde erlaubt. ✆ 22730 94444, ✆ 22730 94090.

Die Nordküste Karte siehe S. 192/193

Beschaulich: der kleine Hafen von Ágios Konstantinos

Pension Coral, am westlichen Ortsrand im Gebiet oberhalb der Uferstraße. Kleine Pension mit nur fünf Zimmern, von einer österreichisch-griechischen Familie geführt und gut in Schuss gehalten; Zimmer mit Kühlschrank. Geöffnet April bis Oktober, DZ mit gutem Frühstück 30 €. ☎ 22730 94390, Mobil-☎ 6945 105225. Angeschlossen ein **Zweiradverleih**.

Taverne To Kyma, an der Uferpromenade. Wohl das beste Lokal von Ágios Konstantínos, auch von den Einheimischen viel besucht. Hier speiste auch schon (kein Scherz!) Bill Clinton, als er einen Freund in Manolátes besuchte. Breites Angebot, zu empfehlen sind besonders der stets frische Fisch und die Grillgerichte – "das beste Souvláki der Insel", so eine Einheimische. Preisgünstig, und wer mag, darf hier auch noch in die Küche schauen.

Taverne Aeolos, am kleinen Hafen des Ortes, mit Tischen auf der Mole oder, noch schöner, direkt am Kiesstrand. Gute Küche, Spezialitäten sind Fisch und Meeresfrüchte.

Café Bolero, an der Uferpromenade unweit des "To Kyma", griechisch-deutsche Leitung. Ein hübscher Platz für Getränke oder ein paar Happen; nicht teuer.

● *Wanderführer* Sehr empfehlenswert ist das blaue Wanderbüchlein von Peter Gläser, in dem viele Routen im Gebiet um Ágios Konstantinos beschrieben sind. Erhältlich ist es in Geschäften vor Ort.

▶ **Áno Ágios Konstantínos**: Der kleine Weiler, in schöner, fruchtbarer Landschaft etwas inseleinwärts der Hauptstraße versteckt, bildet das Mutterdorf von Ágios Konstantínos. Erst im 19. Jh. zogen die Menschen von hier herunter an die Küste. Áno Ágios, wesentlich kleiner als die Siedlung am Meer, besitzt schöne alte Häuser und ein weiß gekalktes Kirchlein, das auf vielen Prospekten und Reiseführern abgebildet ist. Ein Kafenion oder gar eine Taverne gibt es hier allerdings nicht mehr.

Ámpelos und Stavrinídes

Die beiden abgelegenen Bergdörfer sind über eine steile (bis zu 18 % Steigung), sehr kurvenreiche Nebenstraße zu erreichen, die kurz hinter dem westlichen Ortsrand von Ágios Konstantínos abzweigt. Die Hänge hier fallen unglaublich

Am Steilhang hoch über dem Meer: Ámpelos

steil zum Meer hin ab; besonders Ámpelos, in wunderbarer Aussichtslage hoch über der Küste errichtet, klebt geradezu am Berg. Beide Dörfer sind vom Weinbau geprägt (Ámpelos = Weinberg) und mehr als ruhig; Leben zieht nur zu den Jahresfesten der Kirchen ein, die in Ámpelos am 23. September, in Stavrinídes am 20. Juli stattfinden.

Essen **Taverne Irida**, in Stavrinídes, von Ámpelos kommend das erste Lokal des kleinen Dörfchens, rechter Hand. Eigentlich eher ein Kafeníon im alten Stil als eine Taverne, das Essen (sehr lecker: die hausgemachten Dolmadákia) ist gut und ausgesprochen günstig.

Kurunteri: An der Straße von Ágios Konstantinos in Richtung Karlóvassi liegt die winzige Siedlung Kurunteri, die praktisch nur aus zwei Straßentavernen besteht. Vor dem Essen kann man sich am kleinen Kieselstrand direkt neben der Straße Appetit holen. Hier gibt es auch Duschen.

Ágios Dimítrios und Umgebung

Die Streusiedlung, knapp zwanzig Kilometer westlich von Kokkári und noch etwa fünf Kilometer vor Karlóvassi gelegen, ist an sich wenig interessant. Im Umfeld, auch an der hier stark gegliederten Küste, bietet sich jedoch die Gelegenheit zu kurzen Abstechern.

▶ **Ágios Nikoláos**: Nur über steile Betonpisten zu erreichen ist diese ehemalige Fischersiedlung am Meer unterhalb von Ágios Dimítrios. Einige Fußminuten östlich des Örtchens findet sich ein ganz passabler Badestrand, ansonsten zeigt sich die Küstenlinie hier von der eher felsigen Seite. Zwar werden seit einigen Jahren verstärkt Ferienhäuser und Studios gebaut, doch ist deren Zahl insgesamt gesehen immer noch sehr gering. Wer es ausgesprochen

Meerverbunden: die kleine Küstensiedlung Ágios Nikoláos

ruhig liebt, dürfte hier an der richtigen Adresse sein, sollte aber wohl besser ein Mietfahrzeug ins Budget einplanen. Ein weiterer Grund für einen Besuch in Ágios Nikoláos sind die hiesigen Fischrestaurants.

- *Übernachten* **Studios Alkioni**, von Kokkári kommend über die erste oder die mittlere der drei Zufahrten zu erreichen und bereits von der Betonstraße aus zu erkennen. Schöne Lage, die freundlichen Besitzer sind Lehrer und sprechen gut Englisch. Im Programm eines Veranstalters, für Individualreisende ist jedoch meist auch Platz; viele Stammgäste. Die Studios liegen alle zur Meerseite, am reizvollsten Nr. 7 und 11. Bestellung von Mietwagen möglich. Geöffnet Mai–Oktober, evtl. auch außerhalb dieser Zeit; Studio für zwei Personen etwa 25–30 €. ✆/📠 22730 34317, im Winter ✆/📠 22730 33576.

- *Essen* **Psarotaberna I Psarades**, eine von mehreren Tavernen hier unten, aus Richtung Kokkári kommend am besten über die letzte, die westliche Zufahrt zu erreichen. "Die Fischer" liegen reizvoll direkt am Meer, mit einer Terrasse, die schöne Aussicht auf die bizarr geformten Felsen der Umgebung gewährt. Bei den Griechen aus Karlóvassi ist das rustikale Restaurant aber vor allem der exquisiten Fischgerichte wegen berühmt, die hier fangfrisch zubereitet werden – entsprechend voll wird es an Wochenenden.

▸ **Kondakéika**, in den Bergen oberhalb der Küste, ist ebenfalls von Ágios Dimítrios aus zu erreichen. Ein Besuch des Bauerndorfs lohnt sich in erster Linie am 9. November, dem Jahrestag des hiesigen Heiligen Ágios Nektários. Kondakéika besitzt jedoch auch eine reizvoll gelegene Platía, an der sich mehrere Kafenía finden. Von Lesern empfohlen wurde das "Sunrise Café".

▸ **Ydroúsa**: Erst kurz vor Karlóvassi, am Ostrand des Ortsteils Órmos, zweigt die Stichstraße in dieses abgelegene Bergdorf ab. Ydroúsa liegt etwa fünf Kilometer weit im Inselinneren, auf einer Anhöhe über einem Flüsschen. Hübsch sind die Häuser des Dörfchens, traditionell die Kafenía, die Atmosphäre ist ruhig bis verschlafen.

Karlóvassi

Mit knapp fünftausend Einwohnern ist Karlóvassi die zweitgrößte Stadt der Insel. Der erste Eindruck mag abschreckend wirken, denn ein geschlossenes Ortsbild kann man der flächengreifenden Siedlung beim besten Willen nicht attestieren. Der zweite Blick registriert erfreut eine gewisse Authentizität.

Bezeichnend für den Aufbau des Städtchens ist die von den Einwohnern verwendete Pluralform *Ta Karlovássia*: "Die Karlovássis" nennen sie ihre Heimat, und das mit gutem Grund. Karlóvassi ist aus fünf grundverschiedenen Ortsteilen zusammengesetzt, die sich zum Verdruss der Fremden über ein ausgedehntes Gebiet verteilen und von Feldern und Brachflächen getrennt werden. Angesichts dieses insgesamt nicht unbedingt attraktiven Erscheinungsbildes mag es verwundern, dass die Stadt überhaupt in den Katalogen der Reiseveranstalter auftaucht. Die Mehrzahl der Hotels liegt im Hafenviertel, das durchaus reizvoll, dabei aber doch recht klein und weitgehend auf den Fremdenverkehr zugeschnitten ist. Für den, der etwas Abwechslung sucht, wird Karlóvassi schnell zum Ferienort der langen Wege. Ähnliches gilt für die Strände: Der Kiesstrand neben dem Hafen mag für einen schnellen Sprung ins Wasser allemal ausreichen, doch bis zum nächsten wirklich schönen Strand, nämlich dem von Potámi, sind es rund zwei Kilometer. Wer Karlóvassi als Urlaubsort wählt, sollte sich mithin überlegen, zumindest für einen Teil der Reisezeit ein Mietfahrzeug einzukalkulieren, auch wenn die Busverbindungen ab Néo Karlóvassi durchaus zufriedenstellend sind.

Zugute halten kann man Karlóvassi auf jeden Fall eine gewisse, vom Tourismus wenig beeinflusste Unschuld. Abgesehen vom Hafenviertel überwiegt in allen Ortsteilen griechisches Alltagsleben, da die Stadt ihre Bedeutung vor allem aus der Funktion als lokales Versorgungszentrum des Inselwestens bezieht. Auch die relativ günstige Lage spricht für Karlóvassi, da von hier aus sowohl die Highlights der Nordküste als auch der Südwesten gut zu erreichen sind.

Die Ortsteile im einzelnen   (siehe auch die Karte auf S. 192/193)

Néo Karlóvassi markiert das heutige Zentrum, in dem alle wichtigen Versorgungseinrichtungen inklusive der Banken und der Busstation zu finden sind. Es gibt sogar eine Zweigstelle der Ägäischen Universität: Durchaus passend für die Insel des Pythágoras ist hier die Mathematische Fakultät untergebracht, außerdem werden Studiengänge in Kommunikation und Informatik angeboten. Das recht lebendige Viertel liegt um die große, moderne *Platía Valaskátsi*, an die sich westlich eine kleinere und freundlichere Platía anschließt. Gar so neu wie der Name suggeriert, ist Néo Karlóvassi übrigens auch wieder nicht, besitzt ganz im Gegenteil einen gewissen altmodischen Charme und wirkt in abgelegeneren Sträßchen auf sympathische Weise fast dörflich. An Geschäften herrscht kein Mangel; allerdings orientieren sie sich ganz überwiegend am Bedarf der Einheimischen, weshalb Souvenirjäger nur begrenzt auf ihre Kosten kommen.

Die Nordküste

Bunt: Agía Triada in Paléo Karlóvassi

Órmos erstreckt sich am Meer nördlich von Néo Karlóvassi. Verbunden sind die beiden Ortsteile durch ein locker bebautes Gebiet, dessen teilweise verfallende Villen noch den Glanz der Vergangenheit ahnen lassen. Erwirtschaftet wurde der damalige Reichtum in den Gerbereien am Meer, deren von ärmlichen Wohnvierteln flankierte Ruinen aus der Ferne pittoresk erscheinen mögen, sich aus der Nähe jedoch oft genug als stinkende Müllhalden entpuppen. Kein Gebiet, in dem man sich länger aufhalten möchte, zumindest vorläufig noch nicht – die Einrichtung einiger Discobars in den alten Gemäuern lässt vielleicht auf eine künftige Renaissance des Viertels hoffen. Ehrgeizigere Pläne sehen vor, einige der Gerbereien zu Kulturzentren umzubauen, doch dürfte es bis dahin noch eine Weile hin sein.

Meséo Karlóvassi liegt weiter westlich. Zwar reicht die Bebauung von "Mittel-Karlóvassi" bis an die Küste, doch ist der eigentliche Kern des Viertels etwas landeinwärts zu suchen, um eine reizvoll ländlich wirkende Platía. Überhaupt hat Meséo Karlóvassi trotz einiger repräsentativer Bauten etwas Dörfliches an sich. Die Siedlung macht einen selbstständigen Eindruck und verfügt über Tavernen, Bäckereien und Lebensmittelgeschäfte.

Limáni nennt sich der Hafen noch weiter westlich, auch er ein eigenständiges Viertel, in dem noch eine kleine Kaíkia-Werft in Betrieb ist. Erst 1871 entstand der auf das offene Meer weisende, der Wucht des Meltémi voll ausgesetzte Hafen, in dem heute auch große Fährschiffe anlegen und der gegenwärtig weiter ausgebaut wird. Nachdem seit Anfang der Neunziger mehr und mehr Hotels errichtet wurden, hat sich auch das Umfeld nach Kräften herausgeputzt. Eine ganze Reihe von Terrassenrestaurants flankiert das Hafenbecken, und am Abend entwickelt sich Limáni zum Haupttreffpunkt der städtischen Jugend.

Paléo Karlóvassi, auf einem Hügel im Hinterland des Hafens und auch von Meséo Karlóvassi über eine Straße zu erreichen, wirkt dagegen fast ausgestorben. Der älteste Ortsteil von Karlóvassi, zu Anfang des 17. Jh. gegründet, wird heute fast nur noch von alten Leuten bewohnt. Nostalgie prägt das hübsche, in sich geschlossene Viertel unterhalb der weithin sichtbaren Dreifaltigkeitskirche. Trotz des steilen Aufstiegs ist "Alt-Karlóvassi" einen Abstecher wert.

Karlóvassi

Geschichte

Ausgangspunkt der Besiedelung war gegen Anfang des 17. Jh. der Hügel von Paléo Karlóvassi. Familien aus Chíos, Ikaría, Kreta, Náxos, Euböa und vom Peloponnes gründeten im 18. Jh. das Dorf Neochóri, das später zu Néo Karlóvassi wurde. Ein Jahrhundert später, inzwischen hatte man sich auch an die Küste gewagt, nahm Karlóvassi einen immensen Aufschwung, wurde zur mächtigen Konkurrentin von Sámos-Stadt, dem damaligen Vathí: Allein fünfzig Ledergerbereien arbeiteten im Órmos-Viertel, hinzu kamen Tabakfabriken, Weinkeller und Ölmühlen. Die ungewöhnlich großen Kirchen von Karlóvassi zeigen, welcher Wohlstand seinerzeit hier herrschte. Der immense Reichtum der Fabrikbesitzer manifestierte sich im Bau jener schicken, neoklassizistischen Villen, die heute teilweise dem Verfall preisgegeben, immer häufiger jedoch auch aufwändig renoviert sind. Die Zeit nach dem Zweiten Weltkrieg brachte ein Ende der Herrlichkeit: Die Gerbereien waren nicht mehr konkurrenzfähig und verfielen, der Tabakanbau verlagerte sich. Bis heute konnte der bescheidene Aufschwung, den Karlóvassi mittlerweile wieder verzeichnet, die Wunden der Vergangenheit nicht überdecken.

Information/Adressen

• *Information/Reisebüro* Eine offizielle Auskunftsstelle der E.O.T. existiert bislang nicht. **Anthemis-Tours**, an der Hauptstraße im Hafenviertel, bucht Ausflüge, vermittelt Hotels und Pensionen in Ort und Umgebung und hat auch sonst gute Tipps auf Lager. Geöffnet ist April bis etwa Mitte Oktober, ✆ 22730 33513. Weitere Agenturen in der Nachbarschaft.

• *Adressen* **Post**: Etwas außerhalb von Néo Karlóvassi, an der Straße von der Hauptplatía zum Ortsteil Órmos; Öffnungszeiten: Mo–Fr 7.30–14 Uhr.
Internet-Zugang: "Café On the Rocks", siehe unten im Kapitel "Kneipen und Nachtleben", außerdem im "Café Royal" am Hafen und im "Beach Front Café" beim Hotel Samaina Inn.

Verbindungen

Schiff: Im Hafen von Karlóvassi stoppen alle Fähren der Linien zwischen Sámos-Stadt (siehe dort) und Foúrni/Ikaría/Piräus sowie zwischen Sámos-Stadt und den Kykladen; auch die meisten Fähren nach Chíos legen in Karlóvassi an. Gute Infos bietet das Büro von "By Ship Travel", ✆ 22730 35252. Bei Ankunft der Fähren steht oft ein Bus nach Sámos-Stadt bereit.
Bootsausflüge: Die "Alexander The Great" fährt zur Saison 1- bis 2-mal täglich zum Strand Mégalo Seitáni, Preis hin und zurück etwa 10 €. Falls der Kapitän allerdings einen besser bezahlten Job gefunden hat, fallen die Fahrten auch schon mal eine komplette Saison lang aus; Infos beim Liegeplatz im Hafen.
Bus: Zentrale Haltestelle an der Hauptplatía Valaskátsi; Verbindungen (Sommerfahrplan) von/nach Sámos-Stadt via Nordküste und Kokkári Mo–Fr 7-mal, Sa/So 5-mal täglich; via Pírgos und Pythagório nur Mo–Fr 1- bis 2-mal täglich. Auch die Busse von Sámos-Stadt nach Marathókampos, Votsalákia und den Dörfern weiter westlich nehmen den Weg über Karlóvassi.
Stadtbusse, die auch die umliegenden Dörfer bedienen, verkehren sporadisch ab der Platía, allerdings nur während des Sommerfahrplans, der etwa vom zweiten Junidrittel bis zum ersten Septemberdrittel in Kraft ist. Die wichtigste Linie führt von Néo Karlóvassi über den Hafen bis Potámi.
Taxi: Standplatz an der kleineren Platía von Néo Karlóvassi, ✆ 22730 30777. Die Fahrt nach Sámos-Stadt kostet rund 20 €, nach Drakéi 30 €, zum Potámi-Strand 3,50 €.
Mietfahrzeuge: Mehrere Vermieter im Bereich Limáni/Meséo Karlóvassi. Auch über die Agenturen, z. B. Anthemis, sind Mietfahrzeuge erhältlich.

Die Nordküste Karte siehe S. 192/193

218 Die Nordküste

Übernachten

Insbesondere in und um das Hafenviertel Limáni viele Hotels oberer Kategorien, die vor allem über Reiseveranstalter gebucht werden. Preiswerte einfachere Adressen sind dagegen Mangelware, Privatzimmer selten.

Hotel Samaina Inn (A), das nobelste Haus der Samaina-Kette, deren vier Hotels alle in Karlóvassi liegen. 1994 in recht angenehmer Architektur erbaut – seine 300 Betten sieht man ihm nicht an. Eines der besten Hotels der Insel, Swimmingpool und Klimaanlage sind selbstverständlich. Überwiegend pauschal gebucht, DZ/F für Individualreisende etwa 60–90 €. Geöffnet Mai–Oktober. An der Küstenstraße Richtung Limáni (die wenigen Zimmer dort hinaus sind laut), ein paar hundert Meter vor dem Hafen, ✆ 22730 35445–35447, ✉ 22730 34471.

Hotel Merope (B), in Néo Karlóvassi, unweit der Post. Die Kategorie übertreibt: Einrichtung nicht mehr die jüngste, Ausstattung etwas altmodisch wirkend, aber gepflegt. Pluspunkte sind die relative Nähe zum Stadtzentrum, der Pool, die freundliche Führung und die recht langen Öffnungszeiten von April bis Mitte November. Der Preis liegt für das Gebotene etwas hoch: DZ knapp 35–40 €. ✆ 22730 32510, ✉ 22730 32652.

Hotel Erato (C), an der Küstenstraße etwa 500 Meter östlich des Hafens. Hübsches und angenehmes, 1993 errichtetes Hotel; Dachgarten mit Blick. Im Sommer darf man sich über Airconditon im Zimmer (die zur Straße sind laut) freuen. Geöffnet Mai–Oktober, DZ je nach Saison etwa 30–50 €. ✆ 22730 35370, ✉ 22730 35180.

Hotel Samaina Port (C), kleineres Hotel direkt am Hafen, zur Hochsaison deshalb vielleicht nicht immer ganz ruhig, dabei jedoch ein sehr geschmackvoll gestaltetes Haus. Geöffnet Mai–Oktober, nur 20 Zimmer, DZ etwa 30–50 €. Geöffnet Mai–Oktober, ✆ 22730 34527, ✉ 22730 34471.

Hotel Astir (D), ein freundlicher Familienbetrieb meerwärts des Zentrums von Meséo Karlóvassi, noch in passabler Fußentfernung (1,5 km) vom Hafen; von dort entlang der Küstenstraße, vor der Ouzerí Kyma rechts in die Odós 08. Maiou, später links in die Sackgasse. Das zartblaue, zweistöckige Gebäude liegt schön ruhig, Juniorchef Theo kennt sich in und um Karlóvassi bestens aus. Die Zimmer (alle mit Balkon) sind eher einfach, aber sauber und besitzen teilweise auch Kühlschrank und Aircondition; es gibt sogar einen gepflegten, recht großen Pool. Angesichts des Preises und der örtlichen Situation eine sehr empfehlenswerte Adresse: DZ/Bad nach Saison etwa 25–40 €. Geöffnet April–Oktober, ✆ 22730 33150, ✉ 22730 34074, www.astirofsamos.com.

Essen/Nachtleben/Feste

● **Essen** Gute Restaurantauswahl an der Hafenpromenade von Limáni, in Néo Karlóvassi ist das Angebot dagegen sehr beschränkt.

Taverne Platía, eine der Tavernen bzw. Kafenía an der Platía von Meséo Karlóvassi, in der Nähe der großen Kirche des Viertels. Der schattige und ruhige Platz ist der wohl stimmungsvollste Ort, um in Karlóvassi zu essen, und die Taverne Platía, zu erkennen an ihren blauen Stühlen, genießt besonders guten Ruf. Breite Auswahl, viele einheimische Gäste.

Taverne Dionyssos, früher in Néo Karlóvassi ansässig, eröffnete kürzlich unter demselben Namen an der Platía von Meséo Karlóvassi. Wenn der Wirt die Qualität von früher halten kann, dann dürfte das Lokal künftig eine echte Konkurrenz zur oben genannten Adresse darstellen.

Pizzeria El Greco, an der Zufahrtsstraße zum Hafen. Üppig dimensionierte Pizze aus dem Holzofen, nach griechischer Art dick mit Käse belegt, allerdings nicht ganz billig. Gute Salate. Windgeschützt, an manchen Abenden ein gutes Argument für einen Besuch; viel einheimische Kundschaft.

Ouzerí Kyma, an der Uferstraße auf der Höhe von Meséo Karlóvassi, direkt an der Kreuzung mit der von dort kommenden Straße. Trotz ihres unscheinbaren Äußeren bietet die "Welle" eine gute Auswahl an Leckereien und eine schöne Aussicht aufs Meer. Nur zur Saison geöffnet.

Taverne Remenzo, ein Beispiel für die nicht sehr unterschiedlichen Tavernen an der Hafenpromenade von Limáni. Im Angebot Mezédes und traditionelle Gerichte, nicht übertreuert.

Karlóvassi 219

Lokales Zentrum des Fremdenverkehrs: Limáni Karlóvassi

Taverne New Port, etwas östlich im Bereich der zuletzt in Ausbau befindlichen neuen Marina; gegenüber des Hotels Samaina Bay führt ein schmaler Durchgang hierher. Hiesige Spezialität sind Grillgerichte in breiter Auswahl, die Holzterrasse ist oft bis auf den letzten Platz belegt.

Kafenion Kerkethes, in Néo Karlovassi, an der Hauptstraße nahe des Ethnologischen Museums. Herrlich altmodisches Lokal, seit über hundert Jahren in Betrieb. Einfache und schmackhafte Gerichte, günstig, nach hinten sehr schöne Aussicht. Vom Angebot her ähnlich und an der kleineren Platía von Néo Karlovassi: **Kafenion O Kleanthis**.

• *Kneipen & Nachtleben* Eine Reihe von Music-Bars findet sich im Hafengebiet und entlang der Küstenstraße Richtung Kokkári. Das Angebot orientiert sich weniger an den Touristen, zielt vielmehr auf die studentische Klientel.

Sámos Paradiso, eine Freiluftdisco in bestechender Lage direkt am Meer kurz vor dem Potámi-Strand. Natürlich nur zur Sommersaison geöffnet, dann aber bis in den Morgen.

Garage und **Popcorn**, zwei ebenfalls recht beliebte Indoor-Discos, die beide im Hafenviertel liegen.

Cuba, eine weitere, recht kleine Disco, untergebracht in einem schönen alten Haus an der Uferstraße östlich des Hafengebiets. Gelegentlich Live-Musik, auf Plakatanschläge achten.

Café del Mundo, im Hinterland des Potámi-Strands, direkt neben der Zufahrtsstraße. Musik-Café mit relaxter Atmosphäre, vor allem von der einheimischen Jugend besucht.

Café On the Rocks, an der Uferstraße, etwa 200 Meter westlich der Ouzerí To Kyma und der Abzweigung nach Meséo Karlóvassi. Ein weiteres Musik-Café, beliebt sowohl bei den Einheimischen als auch bei Urlaubern. Hier auch Internet-Zugang.

Einkaufen/Feste

• *Einkaufen* **ENOSI-Supermarkt**, an der Uferstraße einige hundert Meter vor dem Hafen. Der Supermarkt der Winzerkooperative E.O.S. bietet günstige Preise und ein breites Angebot (nicht nur) der vor Ort produzierten Weine. Zugänglich ist er für jedermann.

Cava, der Direktverkauf der E.O.S.-Kellerei, liegt nur ein paar Schritte weiter Richtung Hafen. Hier kann man die Weine vor dem Kauf auch probieren. Nur im Sommer geöffnet, und auch dann ist es nicht immer leicht, einen Verantwortlichen zu finden.

"Pottery Work Shop", ein Keramikgeschäft, das sehr hübsche, fantasievoll gestaltete Töpferwaren anbietet. Stamatias Laden liegt in Néo Karlóvassi, stadtauswärts des Zentrums rechter Hand der Straße Richtung Marathókampos und Pythagório, kurz vor dem Ortsende.

• *Feste* **Ostersonntag**, feierliche Zeremonie in Paléo Karlóvassi, bei der unter anderem die feuerwerksbestückte Strohpuppe des "Judas" verbrannt wird.
Fest des Propheten Elias, 20. Juli, beim Kloster des Heiligen.
Marienfest am 14./15. August. Am 14. Abendgottesdienst in Néo Karlóvassi, am 15. Tanz am Hafen.

Baden: Der städtische Strand östlich des Hafens besteht aus Kies, im Wasser jedoch aus Sand, und zählt nicht unbedingt zu den besten der Insel, ist jedoch für Kinder vergleichsweise gut geeignet. Für einen richtig schönen Strandtag begibt man sich allerdings besser gleich zum zwei Kilometer entfernten Kieselstrand von Potámi (siehe unter "Umgebung"), der durch den schnell abfallenden Grund leider wenig kinderfreundlich ist. Noch weiter entfernt liegen die Seitáni-Strände, die nur mit dem Schiff oder zu Fuß zu erreichen sind (siehe oben bzw. unter Wanderung 10) und deshalb relativ wenig besucht sind.

Sehenswertes

▶ **Néo Karlóvassi:** Die Kirchen des Ortes, auch die große, künstlerisch wertvoll ausgestattete Bischofskirche *Mitrópolis* (15./19. Jh.) südlich oberhalb der kleineren Platía, sind nur schwer zu besichtigen, da meist verschlossen. Verwehrt bleibt auch der Zugang zu der hübschen *Muttergotteskapelle* meerwärts der großen Platía, die im 19. Jh. von einer wohlhabenden Familie errichtet wurde.

Ethnologisches Museum: Im südlichen Ortsbereich wartet seit einigen Jahren ein kleines Volkskundemuseum auf neugierige Besucher. Die sympathische und sehr interessante Ausstellung zeigt alte Trachten, Dokumente, landwirtschaftliche Geräte etc. aus Karlóvassis Glanzzeiten; eine englischsprachige Broschüre ist als Fotokopie erhältlich. Auf einer der zahlreichen Fotografien ist auch die pferdebetriebene Straßenbahn zu sehen, die damals im Halbkreis Néo Karlóvassi und Órmos verband und für eine Fuhre nicht mehr als 20 Minuten benötigte.

Lage und Öffnungszeiten Von der kleineren Platía (Büro der Olympic Airways) hält man sich südlich, vorbei an der großen Kirche, bei einem Park dann links; kenntlich an der Flagge. Geöffnet ist Mo–Sa 8.30–14.30 Uhr. Eintritt frei.

▶ **Paléo Karlóvassi:** Sehenswert ist hier vor allem das Ortsbild an sich, die engen Gassen, traditionellen Häuser und kleinen Kirchen. Die Dreifaltigkeitskirche *Agía Triáda* thront unübersehbar hoch über dem alten Dorf und dem Hafen. Besondere Kunstschätze hat der 1904 errichtete Bau nicht aufzuweisen, doch lohnt sich der Aufstieg schon allein der Aussicht wegen.

Moní Ágios Ioánnis: Etwa eine Viertelstunde Fußweg südlich von Paléo Karlóvassi liegt dieses Nonnenkloster. Der Treppenweg dorthin beginnt rechter Hand des schattigen Sommer-Kafeníons Paléo (siehe Wanderung 9). Auch hier ist es vor allem die Schönheit der umgebenden Landschaft, die zu dem Abstecher lockt; die 1823 errichtete Klosterkirche selbst ist kunsthistorisch kaum interessant.

Umgebung von Karlóvassi

▸ **Moní Profitís Ilías**: Knapp vier Kilometer südöstlich von Néo Karlóvassi steht nahe der Nebenstraße nach Kondéika und Plátanos das aufgegebene Kloster des Propheten Elias. Es ist heute in Militärbesitz, eine Besichtigung für Individualreisende jedoch möglich. Die Klosterkirche des 18. Jh. besitzt eine schön geschnitzte Ikonostase, an manchen Stellen der Wände sind noch Reste einstiger Fresken erkennbar. Am 20. Juli wird hier der Jahrestag des Propheten begangen.

▸ **Über Léka nach Marathókampos**: Am westlichen Ortsrand von Meséo Karlóvassi beginnt ein Nebensträßchen, das nach Süden Richtung Kastanéa führt und schließlich kurz vor Marathókampos auf die Hauptstraße zu diesem großen Bergdorf trifft. Früher streckenweise nur ein besserer Feldweg, ist heute die gesamte Strecke asphaltiert, aber immer noch wenig befahren.

Das Wahrzeichen von Nikoloúdes: die uralte Platane

▸ **Léka**: Das ursprüngliche Dorf liegt in grüner Hügellandschaft etwa drei Kilometer südlich des Hafens von Karlóvassi. Léka besitzt eine erstaunlich große Kirche und eine hübsche, schattige Platía mit toller Aussicht und einigen traditionellen Kafenía. Wer selbst Léka für noch zu betriebsam hält, der findet etwa zwei Kilometer nordwestlich den winzigen, fast unbewohnten Weiler **Tsourléi**.

• *Essen* **Taverne Panorama**, in Léka oberhalb der Platía, nahe der großen Kirche, ausgeschildert. Der Neubau ist zwar nicht gerade hübsch, die Aussicht von der Terrasse macht dem Namen jedoch alle Ehre. **Kafeníon I Drosia**, an der Platía von Leka, ein Lesertipp von Martin Fahrnbauer: "Nikos ist ein gemütlicher und freundlicher Wirt, die schattigen Platanen spenden wirklich angenehme Kühle (I Drosia = "Die Kühle"), und man hat eine herrliche Aussicht auf Karlóvassi und das Meer. **To Kafe Sas** in Tsourléi, ein weiterer Lesertipp von Martin Fahrnbauer: "Am südwestlichen Ortseingang (Wanderung vom Potámi-Strand nach Léka) liegt die Taverne des überaus freundlichen Dimitrios Stamatakis. Das Wasser eines Waschhauses läuft in einer Rinne durch den von Platanen beschatteten Tavernengarten; die Mezédes und der Soúma schmeckten hervorragend."

Nikoloúdes: Eine westliche Abzweigung des Nebensträßchens Richtung Kastanéa führt nach vier Kilometern und vielen Kurven zu dem verschlafenen Dörfchen Nikoloúdes, dessen große Platane die älteste der Insel sein soll. Der kleine Ort besitzt eine einzige Taverne, die jedoch nicht immer geöffnet ist. Wer hier etwas zu essen bestellt, sollte einer Leserzuschrift zufolge den Preis besser vorab klären.

Kosmadéi, ein freundliches Bergdorf in reizvoller Aussichtslage, liegt weitere drei Kilometer und viele Serpentinen oberhalb von Nikoloúdes. Für Fahrzeuglenker, die Asphalt unter den Rädern bevorzugen, ist hier Endstation – weiter zum Kloster *Panagía Kakopérato* und Richtung Marathókampos geht es nur noch über eine nicht gerade einladende Piste. Der Ort besitzt zwei Kafenía, in denen man auch etwas zu essen bekommen kann.

Wanderung 9: Zur Höhlenkirche Ágios Antónios und zum Potámi-Strand

Route: Limáni – Paléo Karlóvassi – Höhlenkirche Ágios Antónios – Potámi-Strand – Limáni; **reine Wanderzeit**: ca. 1,5–2 Std.; **Einkehr**: in Limáni und Paléo Karlóvassi (nicht immer geöffnet), zur Saison auch am Potámi-Strand.

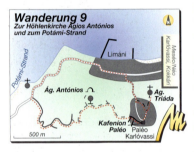

Charakteristik: Eine wenig anstrengende Kurzwanderung mit schönen Ausblicken. Für die Besichtigung der Höhlenkirche empfiehlt sich die Mitnahme einer Taschenlampe, und da die Tour zum schönen Potámi-Strand führt, sollte man auch die Badesachen nicht vergessen. Wer "nur" wandern möchte, dem sei die Zeit des späten Nachmittags empfohlen, in der das Licht besonders reizvoll ist.

Verlauf: Von der Hauptstraße des Limáni-Viertels folgt man dem Sträßchen nach Paléo, das zwischen einer kleinen "Kapelle" und einem Minimarkt inseleinwärts abzweigt; kurz darauf geht es vorbei an einer blau-weißen Kirche. Diesem Sträßchen könnte man nun bis zum Sommer-Kafeníon "Paléo" folgen, oder aber vorher einen Abstecher zur herrlich gelegenen Kirche Agía Triáda einlegen. Dazu biegt man in einer Rechtskurve zwischen Platanen hindurch nach links auf die andere Seite des Bachbetts ab, steigt den alten Pflasterpfad hoch ins Dorfzentrum von Paléo und hält sich an der kleinen Platía links hinauf zur Kirche. Von dort nimmt man zunächst denselben Weg zurück, überquert die Platía geradeaus und geht das nach dem Tyrannen Polykrates benannte Sträßchen hinauf, erreicht so ebenfalls das lauschige Sommer-Kafeníon "Paléo".

Bei dem Kafeníon folgt man dem Schild "St. Anthony's Cave" auf einen hart rechts ansteigenden Betonweg. Nach kaum 100 m hält man sich an der Gabelung kurz hinter einer Kirche rechts aufwärts. Das Betonsträßchen windet sich durch den Ort hügelan und wendet sich bei einer Kapelle mit Kinderspielplatz und schönem Blick auf den Hafen nach links; hier muss man jedoch geradeaus, direkt an der Kapelle vorbei. Wenige Meter weiter verwandelt sich der Betonweg in einen Pflasterpfad, dem man aufwärts folgt, an einer Gabelung links, durch mit Macchia bewachsenes, felsengespicktes Gelände hindurch und vorbei an einer weiteren, diesmal linker Hand im Schutz einer Felswand gelegenen Kapelle. Knapp 10 min. hinter dieser Kapelle erreicht man eine kleine Lichtung mit einem Bildstock. Der hier nach ganz links außen

Schön geschwungen: der Potámi-Strand

abzweigende Pfad wird für den Weiterweg benützt. Zunächst geht man jedoch geradeaus, links direkt an dem Bildstock vorbei, folgt dann den roten und blauen Punkten und Pfeilen und erreicht so in etwa 2 min. die *Höhlenkirche Ágios Antónios*. Das Innere dieser hoch über dem Meer gelegenen, sicher einmal von Eremiten bewohnten heiligen Stätte unbestimmbaren Alters ist stockdunkel – nützlich, wenn man eine Taschenlampe mit sich führt, doch liegen am Eingang meist auch Kerzen.

Von der Kirche geht es zurück zum Bildstock und hier rechts auf den oben erwähnten Pfad, durch einen terrassierten Olivenhain hindurch. Etwa 3 min. weiter lässt sich über einige nach rechts unten führende Stufen ein weiterer kurzer Abstecher zu einer Kapelle einlegen, die mit einer schattigen Platane einen schönen Picknickplatz abgibt. Der Hauptweg hingegen führt nach einem kurzen Anstieg nahezu eben weiter, immer entlang der Mauern und Terrassen eines linker Hand gelegenen Olivenhains. Bei einem unscheinbaren Bachbett (im Sommer stets trocken) endet der Olivenhain schließlich; hier hält man sich rechts auf einen dschungelartig überwucherten, dann bald abwärts führenden und blau markierten Pfad. In einem ehemaligen Waldbrandgebiet verläuft sich der Pfad etwas, wird dann aber wieder besser erkennbar. Nach etwa 5 min. kurvenreichem Abstieg durch den Wald trifft man auf einen breiteren Weg; hier geht es links. Einige hundert Meter weiter erreicht man einen Betonweg, an dem man sich rechts hält. Unterwegs könnte man nach einigen Kurven bei einer schwarzgrauen Mauer linker Hand küstenwärts ein wenig abkürzen, doch führt auch der Hauptweg in insgesamt kaum 10 min. zur futuristischen Kirche oberhalb des *Potámi-Strandes*. Hält man sich hier rechts, sind es entlang der Asphaltstraße nochmals rund 20 min. bis zum Hafenviertel *Limáni*.

Potámi-Strand

Etwa zwei Kilometer südwestlich des Hafens von Karlóvassi, vorbei an der kleinen, futuristisch geschwungenen Kapelle *Ágios Nikoláos*, beginnt einer der besten Strände der Nordküste. Für kleine Kinder ist der etwa einen Kilometer lange Strand, eine Mischung aus Sand und Kieseln, allerdings weniger geeignet, da er recht steil ins Wasser abfällt. Im Sommer finden sich hier mehrere Tavernen sowie Liegen- und Sonnenschirmverleiher; Duschen sucht man leider vergebens. Das Hinterland, durchzogen von jenem Flüsschen, dem der Strand seinen Namen verdankt (Potámi = Fluss), präsentiert sich dicht bewachsen, fast dschungelartig.

Achtung, Auto- und Zweiradfahrer Am Potámi-Strand, bzw. noch ein wenig südwestlich am Ende einer Piste, endet der befahrbare Bereich – die auf manchen Karten eingezeichnete Verbindungsstraße nach Drakéi **existiert nicht!** Dafür beginnt hier eine schöne Wanderung, siehe unten.

Panagía Toú Potamíou (Metamórfosis): An der Zufahrtstraße zu den Strandparkplätzen signalisieren große Schilder die Wasserfälle von Potámi (siehe unten). Sie weisen auf einen landeinwärts führenden Fahrweg, über den man nach wenigen Fußminuten die älteste byzantinische Kirche der Insel erreicht. Der heutige Bau in Form einer eingeschriebenen, viersäuligen Kreuzkuppelkirche stammt aus dem 11. Jh., doch gehen Teile des Gebäudes noch auf einen Vorläufer des 6. Jh. zurück. Die Umgebung der "Muttergottes des Flusses" ist ein romantischer Picknickplatz.

Byzantinische Festung: Etwas oberhalb der alten Kirche liegen versteckt die Ruinen einer byzantinischen Festung, von der es heißt, sie sei durch unterirdische Gänge mit der Kirche verbunden. Der schmale, sehr steile Pfad dorthin beginnt an der Apsis und ist am leichtesten zu finden, wenn man vom kleinen Gärtchen hinter dem Gotteshaus rechts an dessen Rückseite vorbeiläuft. Außer einer Zisterne und den Grundmauern eines Turms und einer Kirche ist oben zwar wenig zu entdecken, die Aussicht ist jedoch sehr schön und die Atmosphäre besonders gegen Abend sehr reizvoll.

Potámi-Wasserfälle: Wieder unten angelangt, kann man von der Kirche noch ein ganzes Stück dem schattigen Flusstal landeinwärts folgen. Der Fußweg, der mehrfach die Uferseiten wechselt, wurde zwar mittlerweile mit Brücken versehen, gutes Schuhwerk kann dennoch nicht schaden. Der Weg endet bei einem Wasserbecken vor einer ausgewaschenen Schlucht (hier auch ein Wanderschild nach Tsourléi), an der es nur mehr schwimmend weiter geht: Trotz des sehr kalten Wassers ein tolles Erlebnis, mit ein wenig Glück sieht man Krebse und unterarmlange Aale; Vorsicht jedoch vor den Felsen im Wasser. Bald ist ein erster Wasserfall erreicht, den nicht ganz ungefährlichen Aufstieg zu den folgenden zwei Wasserfällen schaffen aber wohl höchstens geübte Kletterer.

Achtung: Dokumente und Wertsachen lässt man vorher besser im Hotel oder an einem anderen sicheren Platz – die Parkplätze am Potámi-Strand zählen nicht dazu, zumindest zur Hochsaison kam es hier gelegentlich zu Autoaufbrüchen.

Wer lieber trocken bleibt, hat die Möglichkeit, links vor der ausgewaschenen Schlucht auf einer abenteuerlichen Treppenkonstruktion den Hang hinauf zu

Idyllisch besonders am Abend: byzantinisches Kastell oberhalb der alten Kirche

klettern und auf der anderen Seite, hinter den auf dieser Route unsichtbaren Wasserfällen, wieder zum Flüsschen hinab zu steigen, sollte dabei jedoch mit festem Schuhwerk ausgerüstet, unbedingt trittsicher und schwindelfrei sein.

Wanderung 10:
Zu den Seitáni-Stränden und nach Drakéi

Route: Potámi-Strand – Míkro Seitáni – Megálo Seitáni – Drakéi; **reine Wanderzeit**: ca. 3,5–4 Std.; **Einkehr**: zur Saison am Potámi-Strand, sonst nur in Drakéi;

Charakteristik: Eine der landschaftlich reizvollsten Wanderungen der Insel. Sie führt in das bergige, fast menschenleere und nur über schmale Pfade erschlossene Gebiet zwischen Potámi und Drakéi, dem entlegensten Dorf des Südwestens. Der Aufstieg nach Drakéi ist anstrengend, die Rückfahrt von dort erfolgt per Bus. Doch lohnt die Schönheit der Route ebenso den ebenfalls etwa dreieinhalbstündigen Hin- und Rückweg "nur" zu den Seitáni-Stränden. Natürlich kann man bei entsprechend guter Kondition auch nach Drakéi und zurück wandern, sollte dann aber sehr früh am Morgen starten.

• *Verkehrsverbindungen ab Drakéi* Sehr empfehlenswert, sich vor der Wanderung genau zu erkundigen. Die Busse von Drakéi via Votsalákia nach Karlóvassi (Fahrzeit ab Drakéi 1¾ Stunden!) und weiter nach Sámos-Stadt fuhren zuletzt je nach Saison 1-mal (Fr) bis 2-mal (Mo/Fr) pro Woche, die Angaben im Sommerfahrplan ("Mo–Fr" statt Mo/Fr) sind oft etwas irreführend. Und: "Pünktlichkeit, eher noch 15 min. früher, ist notwendig; wenn niemand an der Bushaltestelle steht, fährt der Fahrer gleich zurück" (Leserbrief von P. Mitschke). Wer den Bus verpasst, steht hier am "Ende der Welt" recht dumm da und muss hoffen, dass sich ein Taxifahrer aus Votsalákia (25 km entfernt, Stand nicht immer besetzt) oder Marathókampos (gut 30 km entfernt) erbarmt und auf den Weg macht.

Verlauf: Die Wanderung beginnt am hinteren Ende des Potámi-Strands, dort, wo die Asphaltstraße vom Limáni-Viertel aufhört. Hier folgt man zunächst der anfangs noch betonierten Piste nach Südwesten. An der Stelle, an der dieser Fahrweg links aufwärts in Richtung Inselinneres abknickt (Wanderschild: "Tsourléi, Léka") hält man sich geradeaus an den etwa parallel zur Küste verlaufenden Betonweg, der sich bald in eine Sandpiste verwandelt. Nach etwa 300 Metern kommt eine Abzweigung nach rechts, die jedoch gleich wieder endet und manchmal als Parkplatz genutzt wird. Nun heißt es aufzupassen und die weiteren Abzweigungen rechter Hand zu zählen, die in kurzem Abstand aufeinander folgen. Die zweite ist in der Regel durch eine Kette versperrt, bei der dritten (hier zuletzt Baumaßnahmen), etwa 15 min. nach Beginn der Wanderung und meist durch eine Steinpyramide markiert, verlässt man die Piste nach schräg rechts und nimmt den Pfad, der am oberen Rand eines Olivenhains entlang führt (gelben Pfeil nach unten ignorieren) und anfangs etwa parallel zur Küste verläuft. Gelegentlich mit roten Pfeilen und Punkten markiert, führt er vorbei an einer Miniaturkirche und oberhalb eines Hauses entlang, wendet sich dann abwärts, überquert ein Tal und steigt wieder etwas an. Dann geht es wieder abwärts. Knapp 45 min. nach Beginn der Wanderung ist die wunderschöne, felsgefasste Strandbucht *Míkro Seitáni* erreicht. Beim Baden in der Bucht des "Kleinen Teufels" sollte man wegen der im Wasser verborgenen Felsen allerdings Vorsicht walten lassen.

Am anderen Ende der Bucht steigt man über eine Rampe hoch zu dem zunächst ansteigenden Pfad. Mal rot, mal blau markiert, führt er durch Macchia im-

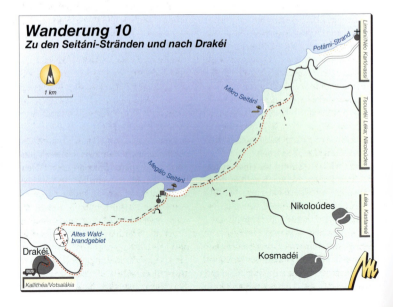

Wanderung 10   227

Der Strand des "Großen Teufels": Megálo Seitáni

mer etwa parallel zur Küste nach Südwesten, an einem linker Hand bergwärts abzweigenden Pfad geradeaus vorbei, bietet dabei immer wieder schöne Ausblicke. Rund 40 min. nach der Bucht von Míkro Seitáni ist der wesentlich längere Sandstrand von *Megálo Seitáni* erreicht, an dessen hinterem Ende eine kleine, sicher illegal errichtete Siedlung aus Bungalows steht. Im Umfeld der Bucht des "Großen Teufels", am Ausgang der wilden, landeinwärts völlig unzugänglichen Kakopérato-Schlucht gelegen, sollen noch einige der seltenen und vom Aussterben bedrohten Mittelmeer-Mönchsrobben leben.

Zwar lockt der Strand zu einer ausgedehnten Badepause, doch sollten diejenigen, die von Drakéi aus mit dem Bus zurück möchten, für den restlichen Weg ein großzügiges Zeitpolster reservieren, da der Weg nicht immer eindeutig ist und man für die Orientierung eventuell länger braucht als erwartet. Am hinteren Ende des Strands steigt man den blauen Kreuzen folgend links von den beiden Gebäuden aufwärts, nimmt dann auf einer der höher gelegenen Terrassen einen Pfad nach schräg links, entlang eines überwucherten Zauns und durch den Weiler hindurch. Wegen der vielen Wege hier fällt es nicht ganz leicht, sich zurechtzufinden, doch sobald man, noch im Bereich der Siedlung, einen weißen Bildstock bzw. eine Art tischförmige Miniaturkapelle erreicht hat, ist man auf der richtigen Spur. Links an dem Stock vorbeigehend, nimmt man zunächst den inseleinwärts führenden, ansteigenden Geröllpfad, der in einiger Entfernung nochmals zwischen zwei Häusern hindurch und später links an einem Neubau vorbei führt; wenn man genau hinsieht, entdeckt man ab und zu auch einen roten Punkt. Kaum 5 min. hinter dem Schrein wendet sich der Pfad bergab. Linker Hand liegen einige höhlenartige Vertiefungen im Fels, ein weiterer wichtiger Orientierungspunkt. Von nun an wird es wieder leichter, den steinigen Pfad zu verfolgen, der im weiteren

Die Nordküste
Karte siehe S. 192/193

übersteigen muss. Dann verbreitert er sich zum Fahrsträßchen – hier ist der höchste Punkt der Route erreicht. Das Sträßchen umgeht in einem weiten Bogen ein Tal, beschreibt an dessen Kopf eine scharfe Rechtskurve und führt dann, leicht ansteigend, in den Wald hinein – wer es sich zutraut, kann das Tal auf einem teilweise markierten Pfad auch direkt durchqueren; fraglich allerdings, ob dieser Weg wirklich eine Abkürzung darstellt. Kurz bevor sich das Schottersträßchen wieder meerwärts absenkt, gilt es, auf einen linker Hand schräg aufwärts abzweigenden Pfad zu achten, auf dem man nach wenigen Minuten, insgesamt etwa 1,5–2 Stunden hinter der Bucht von Megálo Seitáni, das Dörfchen *Drakéi* erreicht.

In der Gegenrichtung findet man den Beginn der Wanderung, indem man der Hauptstraße von Drakéi nordwärts folgt und etwa 50 m hinter der rechter Hand gelegenen Taverne "Omonia" nach rechts in den steilen Betonweg abbiegt, der sich nach etwa 100 m nach links wendet und wieder etwas abwärts führt. Rechts an einem Bildstock vorbei geht es aufwärts. Hier verwandelt sich der Betonweg in eine Schotterpiste, die zwischen Mauern und Zäunen hindurch ansteigt. An einer Gabelung hält man sich rechts auf den schmalen Pfad und erreicht, vorbei an einem weiteren Bildstock, das oben erwähnte Schottersträßchen, dem man nach rechts folgt – vorher schon war das alte Waldbrandgebiet auf der anderen Seite des Tals sichtbar, das es später zu durchqueren gilt. Später folgt man dem Pfad allmählich abwärts bis Megálo Seitáni. Dort geht es, wie oben in der Gegenrichtung beschrieben, immer etwa parallel zur Küste, zunächst bis zur Bucht Míkro Seitáni, dann weiter nach Potámi. Bis zum Hafen Limáni sind es dann noch knapp 30 min. Fußweg.

Verlauf teilweise mit roten Punkten oder auch Steinpyramiden markiert ist. Er führt hinab in das schluchtartige, dicht bewachsene Tal, das ganz in der Nähe ins Meer mündet, auf der anderen Seite wieder aufwärts, durch ein ehemaliges Waldbrandgebiet und dann, allmählich immer weiter ansteigend, fast ständig etwa parallel zur Küste.

Etwa 15 min. hinter den Höhlen muss man sich an einer unauffälligen Gabelung, die man zunächst leicht übersieht, links aufwärts halten; geradeaus käme man allerdings nicht weit, denn der Pfad verliert sich rasch. Während des nun sehr kräftigen und kurvenreichen Anstiegs öffnet sich allmählich ein immer weiterer Blick auf die Küste, aber auch auf die nahen Berge. Nach einem langen und anstrengenden Aufstieg wendet sich der Pfad schließlich inseleinwärts und erklettert ein ausgedehntes älteres Waldbrandgebiet, in dem man gelegentlich umgestürzte Bäume

Abstecher rund um Sámos

Wer längere Zeit auf Sámos unterwegs war, verspürt vielleicht trotz der Schönheit der Insel Lust auf ein Kontrastprogramm. Was läge da näher als ein Abstecher auf eine Nachbarinsel oder hinüber in die nahe Türkei?

Tagesausflüge zur türkischen Ausgrabungsstätte Ephesus zählen ebenso zu den häufig gebuchten Standards wie Schiffstouren nach Pátmos. Etwas exotischer sind Fahrten zum kleinen Archipel Foúrni. Und für Kurzreisen zur wilden Insel Ikaría sollte man schon einige Tage einplanen.

Hier nur eine kurze Darstellung der Möglichkeiten, die natürlich keinen kompletten Reiseführer über das jeweilige Gebiet ersetzen kann. Soviel jedoch gilt generell: Legen Sie Ihren Ausflug nicht auf den oder die letzten Tage Ihres Aufenthalts! Schiffsreisen in der Ägäis sind voller Unwägbarkeiten. Und wer will schon seinen Rückflug verpassen?

Türkeiausflüge

Im Sommer verkehren von mehreren Häfen (Sámos-Stadt, Pythagório, Órmos Marathokámpou) Ausflugsschiffe zum türkischen Hafen Kuşadası. Ein besonders günstiges Vergnügen sind diese Ausflüge nicht, da die hohen Hafentaxen den Preis für Hin- und Rückfahrt auf rund 65 € treiben. Kuşadası ist vor allem Ausgangspunkt für Besichtigungstouren zu der berühmten antiken Griechenstadt Ephesus beim heutigen Selçuk, das per Bus, Minibus oder Sammeltaxi (Dolmus) relativ günstig zu erreichen ist. Die meisten Besucher buchen jedoch gegen Aufpreis eine organisierte Tour. Ein Vorteil dabei ist der reibungslose Transfer nebst Erläuterungen des weitläufigen Ausgrabungsgeländes, Nachteil der fast obligatorische Aufenthalt in einem Teppichgeschäft oder ähnlichem: Die Veranstalter sind natürlich am Erlös beteiligt.

Kuşadası

Der größte Urlaubsort der türkischen Ägäisküste. Bis zu 800.000 Menschen bevölkern im Sommer das Küstenstädtchen und die angrenzenden Badebuchten. Ihren Gästen, die aus aller Herren Länder stammen, bietet die Ferienmetropole Tourismus pur: den größten Yachthafen der Ägäis, Sportmöglichkeiten en masse, reichlich Restaurants, vornehme Geschäfte und turbulentes Nachtleben. Wenn abends alle Urlauber unterwegs sind, ist ganz schön was los in Kuşadası.

- *Information* am İskele Meydanı, dem Platz vor dem Hafen. Auskünfte auf Englisch und Deutsch. In der HS tägl. 8–19 Uhr geöffnet, in der NS Mo–Fr 8–12 Uhr und 13–17.30 Uhr. ✆ 6141103, ✆ 6146295.
- *Telefonvorwahl Kuşadası* 0256
- *Internationale Telefonvorwahl Türkei* 0090, dann die 0 der Regionalvorwahl weglassen.
- *Reiseagenturen* **Meander Travel** in der Nähe der Tourist-Info. Aus dem Angebot: Ephesus ganzer Tag 35 €, halber Tag 30 €; Priene-Milet-Didyma mit Lunch 26 €; Pamukkale mit Lunch 26 €. Kıbrıs Cad. 4, ✆ 6143859, www.meandertravel.com.
- *Verbindungen* **Busbahnhof** 2 km außerhalb an der Straße Richtung Söke; viel regionaler und überregionaler Betrieb.

Minibus (**Dolmuş**): Dolmuşe nach Selçuk (Ephesus) starten am Adnan Menderes Bulvarı, einer vom Hafengebiet landeinwärts führenden Hauptstraße.

230 Abstecher rund um Sámos

• *Übernachten* **Hotel İlayda**, in vorderster Front am Atatürk Bulvarı, der Uferstraße nördlich des Fährhafens. Unter deutscher Leitung und mit allen Annehmlichkeiten gehobener Klasse: 40 Zimmer mit Minibar, Klima, Fön und TV. Bar, Restaurant, Dachterrasse und Lobby mit Promenadenblick. DZ mit Frühstück ab etwa 45 €. Atatürk Bul. 46, ✆ 6143807, ✉ 6146766.

Bahar Pension, im Zentrum unweit des Barbaros H. Bulvarı. Gehobenes Niveau mit sehr gutem Preis/Leistungsverhältnis. Alles blitzsauber, ruhige Lage, Terrasse mit Meerblick. In den Zimmern Ventilator, auf Wunsch kann die Aircondition angeworfen werden. DZ mit Frühstück 25 €. Cephane Sok. 12, ✆ 6141191.

Liman Hotel, zentral am Fischerhafen. Gehobenere Travellerherberge. 13 Zimmer unterschiedlichen Standards, auch Mehrbettzimmer, z.T mit Balkon und schöner Aussicht. Alle mit Klimaanlage. Laundryservice. Luftige Dachterrasse mit herrlichem Blick auf die Taubeninsel. Freundlicher Service. DZ mit Frühstück 20 €. Buyral Sok. 4, ✆ 6147770, hasandegirmenci@usa.net.

• *Essen* **Ali Baba Restaurant**, gepflegtes Restaurant am Fischerhafen. Große Auswahl an Fisch und Meeresfrüchten, köstlich zubereitet, tadellos serviert und im behaglichen Ambiente verzehrt. Ein Abendessen mit Wein kostet pro Person ab 15 € aufwärts. Balıkçı Limanı.

Paşa Restaurant, in der Cephane Sok., einer Parallelgasse zum Atatürk Bul. Schön begrünter, liebevoll dekorierter Innenhof eines alten osmanischen Hauses. Gute klassisch-türkische Küche, Meze und diverse feine Kebabs.

• *Einkaufen* Die ganze Innenstadt steht im Dienst des Warengeschäfts, das im Basar

Abstecher rund um Sámo

im Zentrum des Ortes seinen Höhepunkt erreicht. Am Atatürk Bulvarı eine Reihe guter Geschäfte. Die meisten Souvenir-Shops haben bis 24 Uhr geöffnet. Viel Neon, wenig Echtes, oft zu teuer.

Ephesus

Ephesus war schon eine Weltstadt, als Athen noch tiefste Provinz und Rom noch nicht einmal gegründet war. In ihren besten Zeiten zählte die antike Metropole eine Viertelmillion Einwohner, für damalige Verhältnisse eine schier unvorstellbare Zahl. Ephesus war die reichste Stadt Kleinasiens, der große Hafen das Tor zu den Reichtümern Anatoliens und Persiens. Aber nicht nur auf Geldgeschäfte verstanden sich die Epheser: Ihre Stadt galt als das Zentrum der Artemisverehrung und damit als Wallfahrtsort ersten Ranges. Das *Artemision*, der riesige Artemistempel, wurde zu den Sieben Weltwundern gezählt. Doch wehe, Ruhm und Prunk sind vergänglich, auch im prachtvollen Ephesus. Der Ort verödete und der *Kaystros* mit seinen Schwemmablagerungen tat ein Übriges, um die Spuren von Glanz und Reichtum zu verwischen. Die Ausgrabun-

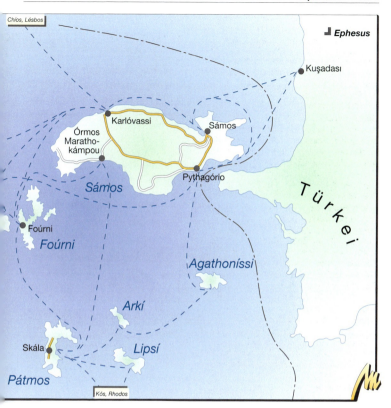

gen zwischen 1866 und 1922 jedoch brachten Ephesus ans Licht zurück. Vieles ist zerstört, doch vieles auch erfreulich gut erhalten. Nirgendwo sonst in Kleinasien und nur an wenigen anderen Orten der Welt konnte eine so intakte Stadtanlage ausgegraben werden. Kommerz und Frömmigkeit, Ruinen und Wallfahrtsstätten bringen Ephesus wieder volle Kassen. In Spitzenzeiten besuchen täglich bis zu 15.000 Touristen die Ausgrabungen und viele hundert weitere den Wallfahrtsort.

▶ **Geschichte**: Die älteste Ansiedlung von Lelegern und Karern geht bis in das 3. Jahrtausend v. Chr. zurück; sie liegt auf dem Zitadellenhügel von Selçuk, nordöstlich des heutigen Grabungsgeländes. Am Westhang des Hügels stand einst ein uraltes Heiligtum der anatolischen Erdgöttin Kybele. Im 11. Jh. v. Chr. fallen ionische Siedler in die Gegend ein, schließen sich mit den Ureinwohnern zum Schutz des Kybele-Heiligtums zusammen, legen eine Siedlung an und nennen sich nach ihr Epheser. Der griechische Artemiskult verschmilzt mit der archaischen Verehrung der Kybele zum eigentümlichen Kult der Artemis der Epheser. Die Stadt entwickelt sich dank ihrer Verbindung zu mehreren wichtigen Handelsstraßen und ihres Hafens an der Mündung des Kaystros prächtig. Ephesus ist schon im 6. Jh. v. Chr. reich genug, an den Bau des riesigen Artemistempels zu gehen. Als um 550 v. Chr. der Lydier Krösus angreift, schont er den noch unfertigen Tempel und plündert nur die Stadt. Die Bewohner siedelt er in der Ebene rund um den Artemistempel an. Ohne Mauern und Truppen wird Ephesus zum Spielball von Persien, Athen und Sparta. Als Alexander 334 v. Chr. eintrifft, ist es gerade wieder persisch. Kurz zuvor, 356 v. Chr., hat Herostrates den gerade fertig gestellten Artemistempel angezündet, um seinen Namen unsterblich zu machen – was ihm bis jetzt auch gelang. Lysimachos, einer der Feldherren Alexanders und Regent von Pergamon, verlegt 271 v. Chr. das Stadtgebiet an den heutigen Standort. Er lässt einen neuen Hafen ausheben, außerdem sichert er Ephesus mit einer Schutzmauer von 9 km Länge. Um 200 v. Chr. fällt die Stadt an Pergamon, 133 v. Chr. an Rom. Sie wird Hauptstadt der Provinz Asia und gedeiht mit etwa 250.000 Einwohnern erneut prächtig. Die meisten heute noch sichtbaren Gebäude stammen aus dieser römischen Blütezeit. 262 n. Chr. zerstören die Goten Stadt und Tempel. Der Wiederaufbau erfolgt in bescheidenem Rahmen, der Hafen versandet, andere Handelsplätze treten an die Stelle von Ephesus. Im Verlauf der Arabereinfälle wird unter Kaiser Justinian die Siedlung aufgegeben. 1866 entdeckt der Engländer J. T. Wood das *Artemision* und beginnt zu graben. Seit 1896 gräbt das Österreichische Archäologische Institut in den Trümmern des antiken Ephesus.

• *Öffnungszeiten* im Sommer tägl. 8.30–19 Uhr, im Winter tägl. 6.30–17.30 Uhr. Eintritt 7 €. Ein Besuch der Hanghäuser kostet weitere 7 € (Tickets im Grabungsgelände am Eingang zu den Häusern). Es lohnt sich, früh da zu sein, das Gros der Ausflugsbusse trifft nicht vor 9.30 Uhr ein.

• *Touristenfalle* Das Grabungsgelände besitzt neben dem Haupteingang nahe der Straße nach Kuşadası einen zweiten Zugang an der Straße nach Meryemana. Findige Geschäftsleute sind auf die Idee gekommen, Touristen an einem der Zugänge freundlich anzubieten, sie am anderen abzuholen, sodass diese sich den Weg zurück durchs Ausgrabungsgelände (er dauert gerade 15 Min.) sparen können. Willigen Sie ein, landen Sie garantiert bei einem Bruder oder einem sonstigen Anverwandten des Wohltäters, der zufällig einen Teppichhandel betreibt ...

Rundgang durch das (kostenpflichtige) Grabungsgelände

Im Abseits, etwas versteckt, stehen die Ruinen der *Marienkirche*, einer einst dreischiffigen Basilika. Man vermutet, dass sie im 4. Jh. aus einer Markthalle entstand. 431 fand darin das III. Ökumenische Konzil statt. Außer ein paar Mauerresten, Säulen und einem Taufbecken ist nicht mehr viel zu sehen. Wer sich davon überzeugen will, zweigt hinter dem Kassenhäuschen nach rechts auf einen schmalen Pfad ab.

Ansonsten folgt man der schattigen Allee, die vom Eingang direkt zur Arkadiane und dem Großen Theater führt. Rechts von ihr liegt der bislang noch nicht vollständig ausgegrabene *Verulansplatz*, ein 200 x 240 m großer Hof mit umlaufenden Arkadengängen; linker Hand tauchen nach wenigen Metern die Reste des *Theatergymnasions* auf.

Arkadiane: Die mehr als 500 m lange Prunkstraße führte vom Theater zum Hafen, heute endet sie im Dickicht. Unter Kaiser Arcadius wurde sie 400 n. Chr. renoviert und war dann auf ihrer ganzen Länge beidseitig von Säulen und Arkadenhallen umgeben, mit Marmor ausgelegt und als erste Straße der

Ephesus 233

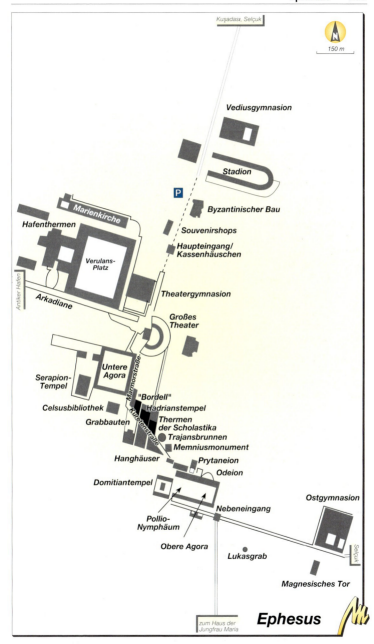

Abstecher rund um Sámos
Karte siehe S. 230/231

Welt nachts beleuchtet. Sie befindet sich in hervorragendem Zustand. Der Belag wurde rekonstruiert, viele Säulen wurden wieder aufgestellt. Um sie vor den Massen zu schützen, darf auf der Arkadiane allerdings nicht mehr gelustwandelt werden.

Großes Theater: Effektvoll an den Hang gebaut, bot das Theater 24.000 Zuschauern Platz. Im Sommer finden hier oft Pop- und Klassikkonzerte statt. Ursprünglich ein hellenistischer Bau aus der Zeit um 270 v. Chr., verdankt es sein heutiges Aussehen den Umbaumaßnahmen unter den römischen Kaisern Claudius und Trajan. Der Durchmesser des Theaters beträgt 130 m, seine Höhe 38 m, die 66 Sitzreihen sind in drei Ränge unterteilt. Vom ursprünglich dreistöckigen Bühnengebäude (18 m) stehen noch die Mauern des ersten Stockwerks, davor der Säulenwald der Orchestra. Besonders beeindruckend sind die Akustik und der Blick auf die Arkadiane bis zum verlandeten Hafen.

Marmorstraße: Die einstige Arkadenallee (ähnlich wie die Arkadiane) verläuft vom Theater bis zur Celsusbibliothek (s. u.). Ihren Namen verdankt sie dem Belag aus schweren Marmorplatten.

Untere Agora: Der allseitig von Kolonnaden umgebene Marktplatz liegt rechts der Marmorstraße und misst 110 x 110 m. Phantastisch erhalten ist das *Südtor* der Agora, das nach seinen Stiftern, zwei dankbaren freigelassenen Sklaven, auch *Mazeus- und Mithridatestor* genannt wird. Wen diese mochten und wen nicht, erfährt man aus der zweisprachigen Stiftungsinschrift: In der lateinischen Version erwähnen sie die römischen Herren, in der griechischen sparen sie diese aus.

Celsusbibliothek: Sie wurde 135 n. Chr. am Ende der Marmorstraße von einem gewissen C. Aquila zum Gedenken an seinen Vater Celsus, einst Statthalter der Provinz Asia, erbaut. Die zweistöckige Bibliothek hatte in der oberen Etage eine umlaufende Galerie, von der aus man in den unteren Lesesaal sehen konnte. Da die österreichischen Archäologen nicht weniger als 850 Originalbausteine fanden, gelang ihnen ab 1970 in acht Jahren Bauzeit eine vollständige Rekonstruktion der Fassade; sogar die Statuen stehen wieder an ihren ursprünglichen Plätzen. Sie verkörpern von links nach rechts Bildung, Rechtschaffenheit, Tugend und Weisheit. Im Inneren der Bibliothek finden sich informative Schautafeln. Schriften gibt es übrigens nicht mehr: Sie wurden von den Goten zum Heizen der Thermen verwendet.

Serapeion: Seine spärlichen Reste liegen hinter der Agora. Der Tempel aus dem 2. Jh. n. Chr. muss gewaltige Ausmaße gehabt haben. Über eine Freitreppe kam man in eine Säulenvorhalle, die von acht 14 m hohen korinthischen Säulen getragen wurde. Jede einzelne Säule war aus einem Stück und wog mehrere Tonnen. Das eiserne Tor zur Cella war so schwer, dass es auf Rollen lief. Die Becken und großen Nischen in der Cella dienten rituellen Waschungen.

Kuretenstraße: Von der Celsusbibliothek führt die Kuretenstraße zur oberen Agora (s. u.). Arkaden säumten sie, Mosaike glänzten vor den angrenzenden öffentlichen Bauten. Unter der Straße befand sich ein Kanalisationssystem. Gleich zu Beginn linker Hand glaubten Archäologen lange Zeit, ein *Bordell* entdeckt zu haben, da hier eine Figur des Gottes Priapos (ausgestattet mit einem üppig proportionierten Penis) sowie das Bild einer abgetakelten Matrone gefunden wurden. Gegenüber befinden sich drei *Grabbauten*.

Ephesus: vor der Celsusbibliothek

Hadrianstempel und Thermen der Scholastika: Es folgt linker Hand der imposante, weitgehend rekonstruierte Hadrianstempel (130 n. Chr.). Der Schlussstein des Architravs zeigt die Göttin Tyche, sie stand für das Glück der Stadt. Neben dem Tempel führt eine Treppe zu einer gut erhaltenen Latrine.

Über dem Hadrianstempel befinden sich die Ruinen der mehrgeschossigen Thermen der Scholastika. Die Statue der Stifterin ist bis auf den Kopf erhalten. Von den Thermen konnte man durch Glasfenster das Treiben auf der Straße beobachten. Gegenüber am Hang markiert ein futuristisches Schutzdach die sog. Hanghäuser.

Hanghäuser: Die neueste Attraktion von Ephesus wurde in einer mehrjährigen Grabungskampagne freigelegt, in deren Verlauf erstaunlich gut erhaltene Fresken und Mosaikböden gefunden wurden. Ein Besuch schlägt noch einmal extra zu Buche, ist aber spektakulär. Der Rundgang vermittelt hautnah, wie sich in der Antike die Oberen Zehntausend ihre Anwesen einrichteten, Fußbodenheizung, Thermalbad und fließend Wasser inklusive.

Trajansbrunnen und Memmiusmonument: Weiter aufwärts, ebenfalls an der Kuretenstraße linker Hand, liegt der gut erhaltene Trajansbrunnen, ein prächtiges Nymphäum, das 114 n. Chr. dem Kaiser Trajan gewidmet wurde. In den Nischen standen einst 12 Statuen und eine große des Kaisers darüber, ein Fuß erinnert noch an ihn. Es folgt ebenfalls linker Hand das Memmiusmonument, das später in einen Springbrunnen verwandelt wurde. Es war Gaius Memmius gewidmet, einem Enkel des römischen Feldherrn und Diktators Sulla, der die Stadt 84 v. Chr. zur Strafe für die Ephesische Vesper gebrandschatzt hatte.

Domitiantempel: Vorbei am *Pollio-Nymphäum*, das einst wie der Trajansbrunnen ebenfalls reich mit Statuen geschmückt war, gelangt man zum mächtigen Unterbau des Domitiantempels. In ihm fanden Archäologen das Haupt einer Monumentalstatue des im Jahre 96 ermordeten Kaisers Domitian. In die Geschichte ging er als Christenhasser ein. Er war es übrigens auch, der den Limes anlegen ließ. Im Keller befindet sich heute ein Inschriftenmuseum. Jeder gefundenen Steinplatte werden der lateinische Originaltext und die englische Übersetzung gegenüber gestellt.

Staatsagora, Prytaneion und "Odeion": Der 160 x 58 m große Platz war der politische Mittelpunkt der Stadt. Etwas nördlich davon stand das Prytaneion, ein Versammlungshaus. Hier brannte das ewige Feuer der Stadt, von Kureten (Priestern) und Vestalinnen (priesterliche Jungfrauen) gehütet. In diesem Gebäude fand man die überlebensgroße Artemisstatue, die heute im Museum in Selçuk steht. Durch einen Bogengang geht es hinüber zu einem Bau, in dem das Bouleuterion vermutet wird, das Rathaus. Seiner Form nach wird es "Odeion" genannt. Die Sitzreihen sind ausgezeichnet erhalten, auf 27 Rängen konnten etwa 1.400 Zuschauer die Ratsversammlungen verfolgen. Zwischen Rathaus und Staatsagora stehen die Säulenstümpfe der 160 m langen, nach ihren eigenartigen Kapitellen benannten *Stierkopfhalle*.

Außerhalb des (kostenpflichtigen) Grabungsgeländes

Was rund um Ephesus keinen Eintritt kostet, lohnt auch nicht unbedingt den Besuch. Hinter dem oberen Ausgang des Grabungsgeländes liegt rechter Hand der Straße das **Lukasgrab**, das Rundmausoleum eines unbekannten Toten aus dem 1. Jh., das in christlicher Zeit zu einer Kirche umfunktioniert wurde. Eine Zeit lang glaubte man, der Evangelist Lukas sei hier bestattet worden. Etwas weiter steht das **Magnesische Tor**, nordwestlich davon die spärlichen Überreste des **Ostgymnasions**, das nach den hier gefundenen Mädchenstatuen auch Mädchengymnasion genannt wird.

Nahe dem Parkplatz vor dem unteren Eingang stehen die Ruinen eines **byzantinischen Baus**, vermutlich ein Palast oder eine Bäderanlage, insgesamt wenig spannend. Auf dem Hügel über dem Parkplatz lag zudem das unter Kaiser Nero erbaute **Stadion** mit der klassischen Länge von 192 m. Erhalten ist nur noch ein monumentales *Eingangstor*. Alle Steintribünen wurden abgetragen und zum Bau des Kastells auf dem Zitadellenhügel verwendet. 100 m weiter, östlich der Zufahrtsstraße zum Grabungsgelände, befinden sich zudem die von einem Zaun umgebenen Trümmer des **Vediusgymnasions**, gestiftet von Publius Vedius Antonius, einem reichen Bürger der Stadt. Es besaß u. a. ein Bad mit Fußbodenheizung.

Höhle der Siebenschläfer: Von den Zufahrtsstraßen zum oberen und unteren Eingang mit "Grotto of the Seven Sleepers" ausgeschildert. Während der Christenverfolgungen sollen sich sieben Jünglinge in diese Höhle geflüchtet haben. Römische Soldaten, die dies bemerkten, vermauerten den Eingang. Darauf versanken die Flüchtlinge in einen 200 Jahre währenden Schlaf. Als sie durch ein Erdbeben erwachten, war das Christentum längst Staatsreligion geworden, die Verfolgungen Vergangenheit. Kaiser Theodosius II. soll später die Leichname der Jünglinge hier beigesetzt und darüber eine Wallfahrtskirche errichtet haben. Zum Zeitpunkt der Recherche war das Betreten der Höhle wegen Einsturzgefahr verboten, ohnehin sind nicht mehr als ein paar in den Fels gehauene Gräber zu sehen.

Artemision: Das einst so berühmte Artemision liegt auf halbem Weg an der Straße von Ephesus nach Selçuk. Antipatros notiert in seiner Abhandlung über die Sieben Weltwunder der Antike hingerissen: "Doch als ich dann endlich den Tempel der Artemis erblickte, der in die Wolken sich hebt, verblasste das andere. Ich sagte: Hat Helios' Auge außer dem hohen Olymp je etwas Gleiches gesehen?" Heute sieht Helios, der Sonnengott, zwar immer noch den Olymp, aber anstatt auf das Artemision blickt er nur noch auf eine kümmerliche Ruine. Die Überreste des Weltwunders sollen rekonstruiert werden, doch seit Jahren ragt nur eine einzige Säule einsam in den Himmel – nur für speziell Interessierte sehenswert.

Öffnungszeiten Das Gelände ist frei zugänglich. Gelegentlich wird Eintritt verlangt.

Selçuk

Die Nachfolgesiedlung der antiken Weltstadt Ephesus zehrt von ihrer Vergangenheit. Heute ist das freundliche Landstädtchen, gekrönt von der byzantinischen Zitadelle auf dem Hügel, ein angenehmer Stützpunkt für nichtorganisierte Ephesusbesucher, zumal der Ort auch über ein herausragendes Archäologisches Museum verfügt.

- *Information* Gegenüber dem Museum. Je nach Besetzung freundlich, kompetent und hilfsbereit – Auskünfte in Englisch (gut) und Deutsch (mittel). Literatur zu Ephesus gibt es hier günstiger als am Grabungsgelände. Tägl. 8.30–17.30 Uhr. Efes Müzesi Karşısı 23, ✆ 8926328, ✉ 8926945.
- *Telefonvorwahl* 0232.
- *Verbindungen* **Busse** und **Minibusse** (Dolmuş) fahren etwa halbstündlich vom Busbahnhof nach Kuşadası.

> **Von und nach Ephesus:** Drei Kilometer oder gut 30 Gehminuten trennen Selçuk von Ephesus. Von der Kreuzung bei der Tourist Information folgt man dem Dr. Sabri Yayla Bul., der Zufahrtsstraße nach Ephesus; parallel verläuft ein schattiger Gehweg. Ewa halbstündl. verkehren auch **Minibusse** zum Grabungsgelände. Eine Fahrt mit dem **Taxi** sollte einfach nicht mehr als 2 € kosten.

- *Übernachten* Tipp: Wer weiß, wo er hin will, kann reservieren oder vom Busbahnhof aus anrufen: Fast alle Quartiere betreiben einen kostenlosen Abholservice.

Hotel Nilya, eine der schönsten Unterkünfte der Stadt. 11 liebevoll ausgestattete Zimmer um einen begrünten, schattigen Innenhof. Von der Veranda der zweiten Etage schöner Blick. Familiäre Atmosphäre, sehr freundlich. DZ 50 €, mit Klimaanlage 10 % mehr. 1051 Sok. 7, etwas versteckt nordwestlich des Zentrums gelegen, ab der Johannesbasilika beschildert. ✆ 8929081, ✉ 8929080.

Hotel Akay, ebenfalls in diesem Gebiet, gepflegtes Haus in ruhiger Lage gleich bei der İsa-Bey-Moschee. 16 Zimmer mit Bad um einen kleinen Innenhof, vorzügliches Dachrestaurant, Internetzugang. Der hilfsbereite Besitzer Etem Akay spricht Deutsch und bietet Transportservice vom/zum Busbahnhof und nach Ephesus. DZ knapp 30 €. Serin Sok. 3, ✆ 8918585, ✉ 8923142.

Barım Pension, in Museumsnähe, ein altes Haus aus dem 18. Jh. Die Brüder Barım führen die saubere Pension diskret, freundlich und englischsprachig. 12 Zimmer, die meisten mit Du/WC, gruppieren sich um den reich bepflanzten Innenhof. Entspannte internationale Atmosphäre. Pro Person 6 €. Turgutreis Sok. 34, ✆ 8926923.

Pension Amazon, einfach (nur Etagenbäder), aber gepflegt und stilvoll. Großer, lauschiger Garten, ruhige Lage. Herr Büyükkolançı ist Archäologe, arbeitet im Museum und hat selbst schon einiges über Ephesus

Artemis von Ephesus

veröffentlicht. Von Lesern empfohlen. Pro Person 6 €. Atatürk Mah. Serin Sok. 8, in der Nähe des Hotels Akay, ✆ 8923215.

● *Essen* **Restaurant Akay**, das Dachrestaurant des gleichnamigen Hotels. Gediegen essen im Schatten der İsa-Bey-Moschee, abseits des Getriebes der Innenstadt. Angenehme ruhige Atmosphäre, keine Riesenauswahl, aber ausreichend. Empfehlenswert der Fischspieß – butterweich auf den Punkt gebraten. Preislich Mittelklasse.

Okumuş Restaurant, im Zentrum bei der Post. Sehr freundlich und sehr gut. Erfrischender Hühnchensalat, exzellente Kalamares und ebensolche Lammkoteletts. Ein Menü mit Getränken kommt auf 7–10 €.

● *Einkaufen* Verglichen mit Kuşadası kochen Selçuks Souvenirhändler auf Sparflamme. Dazu sind ihre Waren, bevorzugt Teppiche, billiger als im Kreuzfahrerhafen. Samstag großer Wochenmarkt.

Archäologisches Museum: Eines der besten in der Türkei, in themenbezogenen Sälen wird eine Auswahl der schönsten Funde des Grabungsgeländes aufbewahrt. Erster Höhepunkt ist der *Saal der Funde aus den Hanghäusern*, darunter ausgezeichnet erhaltener Krimskrams aus römischen Upperclass-Haushalten. Im *Saal der Monumentalbrunnen* fällt vor allem die Figurengruppe Polyphem und Odysseus auf (Pollio-Brunnen). Der *Saal der Grabobjekte* widmet sich der antiken Sterbekultur. Schönster Saal ist der *Artemissaal*: Neben einer Artemis ohne Kopf und den Fragmenten eines Pferdes werden stimmungsvoll zwei römische Marmorkopien des uralten Artemiskultbildes präsentiert. Das Brustgehänge der Artemis ist ein Fruchtbarkeitssymbol, wobei sich die Experten nicht einig sind, ob es Stierhoden, Brüste oder Eier darstellen soll. Auch die *Ethnologische Abteilung* ist mehr als einen Blick wert: im Innenhof wurde eine Art kleines Marktviertel nachgebaut, darunter ein Berber-Salon, eine Rosenwassermanufaktur und ein Hamam.

Adresse/Öffnungszeiten Im Zentrum schräg gegenüber der Tourist Information. Tägl. (außer Mo) 8.30–18 Uhr. Eintritt 3 €.

İsa-Bey-Moschee: 1375 unter dem seldschukischen Sultan İsa Bey I. am Südwesthang des Zitadellenhügels errichtet, vertritt die Moschee architektonisch den syrischen Typ, der in der Türkei selten vorkommt. Die Minarette sind zerstört. Besonders bemerkenswert die Granitsäulen, die die Kuppeln tragen (aus den Hafenthermen von Ephesus), der marmorne Mimber und das wunderbare Stalaktitenportal.

Johannesbasilika: Die Basilika auf dem Ayasoluk-Hügel zählte mit 110 m Länge und 40 m Breite zu den größten byzantinischen Kirchen. Kaiser Justinian ließ sie im 6. Jh. über dem angeblichen Grab des Apostel Johannes errichten. Um 1330 wurde sie in eine Moschee umgewandelt, später in eine Markthalle, bevor sie einem Erdbeben zum Opfer fiel. Bei einer Teilrenovierung wurden einige schöne Säulen und die südliche Langhausarkade wieder aufgerichtet. Der Zugang erfolgt durch ein wehrhaftes Tor, aus antikem Baumaterial hochgezogen und wegen seines Reliefs über dem Torbogen *Tor der Verfolgung* genannt.

Öffnungszeiten tägl. 8–18.30. Eintritt 2 €. Mit "St. Jean" ausgeschildert.

▸ **Wohn- und Sterbehaus der Jungfrau Maria (Meryemana):** Mitte des 19. Jh. wurden Aufzeichnungen der deutschen Nonne Katharina Emmerich (1774–1824) veröffentlicht, die Lage und Aussehen des Wohn- und Sterbehauses der Maria genau beschrieben, obwohl sie nachweislich niemals dort gewesen sein konnte. Auf Grund ihrer Beschreibung entdeckten 1891 Lazaristen aus İzmir auf dem *Aladaf*, 7 km südlich von Selçuk, das Marienhaus, das schon einmal eine Pilgerstätte gewesen war. Sie können von der Angelegenheit halten, was Sie möchten, heute ist das Marienhaus in *Panayu Kapulu* Ziel von gläubigen Marienpilgern aus aller Welt und beliebtes Ausflugsziel für Neugierige.

- *Anfahrt* Vom Ortszentrum von Selçuk die Straße nach Aydın nehmen, nach etwa 2 km rechts ab, mit Meryemana ausgeschildert. Von dort schlängelt sich die Straße noch etwa 6 km bis zum Haus.
- *Öffnungszeiten* Täglich geöffnet, keine festen Zeiten. Eintritt 3,50 €.

Pátmos

Die "Insel der Apokalypse", rund 45 Kilometer südwestlich von Pythagório gelegen, zählt zu den beliebtesten Ausflugszielen ab Sámos.

Pátmos gilt als eine der schönsten Inseln der Dodékanes-Gruppe und glänzt mit reizvollen Stränden, versteckten Buchten, gemütlichen Tavernen und hübschen Gassen. An der Wespentaille der Insel liegt an einer tiefen Bucht der angenehme Hafenort *Skála*. Hoch über ihm thront die nachts beleuchtete Altstadt *Chóra* mit dem berühmten, bereits im 11. Jh. gegründeten *Johanneskloster*. Auf Pátmos nämlich soll dem Evangelisten Johannes in einer Höhle die Apokalypse offenbart worden sein – heute weiß man jedoch, dass es sich bei dem Verfasser des letzten Buchs der Bibel um einen anderen Johannes gehandelt haben muss, der deshalb "Johannes der Theologe" genannt wird. Seit 1999 sind die Altstadt, das Johanneskloster und die Höhle der Apokalypse von der Unesco als Weltkulturerbe ausgewiesen.

Tagesausflügler, darunter viele Kreuzfahrttouristen, strömen reichlich nach Pátmos. Da die Insel keinen Flughafen besitzt, hält sich der Rummel aber letztlich doch in Grenzen. Dies gilt natürlich erst recht für den Abend, wenn Pátmos ein ganz anderes Gesicht zeigt – wer die Möglichkeit hat, sollte in Erwägung ziehen, hier zu übernachten.

Skála ("Hafen")

Das Hafendorf von Pátmos zeigt sich von der gemütlichen, dabei dennoch lebendigen Seite. Hier legen Fähren, Tragflügelboote und Ausflugsschiffe an, flaniert ein internationales Publikum durch die autofreien Gassen oder sitzt in den Cafés der Uferpromenade und lässt flanieren. Auffälligstes Gebäude ist das palastartige *Zollamt* mit seinem wuchtigen Turm, das während der italienischen Besatzungszeit errichtet wurde.

Pátmos in Kürze

Schiffsverbindungen mit Sámos: Tagesausflüge sind zur Saison kein Problem. Autofähren von/nach Sámos-Stadt und Pythagório im Sommer 2- bzw. 3-mal/Woche, Preis 7 € bzw. 6 € p.P, Fahrzeit je nach Zahl der Stopps auf anderen Inseln sehr unterschiedlich, ab Pythagório bis über 4 Stunden. Zur Saison außerdem Tragflügelboote ("Flying Dolphins") 2-mal täglich ab Pythagório; Fahrzeit 1–2,5 Std., ca. 13 €, sowie recht häufige Ausflugsschiffe. Ab Órmos Marathokámpou im Südwesten 2-mal wöchentlich Ausflugsschiffe, Hin- und Rückfahrt etwa 35 €. Achtung, besonders die kleineren Ausflugsschiffe schaukeln bei hohem Seegang beträchtlich – Kleinkinder, Schwangere und Kranke sollten bei starkem Wind auf die Seereisen verzichten.

Größe: 35 Quadratkilometer, Länge 12 km, Breite bis zu 5 km; Küstenlänge 63 km.
Bevölkerung: Etwa 2700 Einwohner.
Geographie: Eigentlich besteht Pátmos aus drei Inseln, die nur durch schmale Landzungen miteinander verbunden sind. Höchste Erhebung ist mit 269 m der Profítis Ilías.
Wichtige Orte: die Hafensiedlung Skála; die Altstadt Chóra mit dem wuchtigen Kloster; die Bucht Grikós mit zahlreichen Hotels.
Verkehrsmittel: Gutes Straßennetz, drei Buslinien. Mietfahrzeuge und Tankstelle in Skála. Ausflugsboote fahren zu Stränden wie Psilí Ámmos.
Feste: Johannesfest am 7./8. Mai, das Hauptfest der Insel.

● *Information* **Tourist Office**, im Gebäude des Zollamts, ✆ 22470 31666. Hier auch Infos zu den Busabfahrtszeiten.
● *Verbindungen* **Bus**: Abfahrt gegenüber des Zollamts. Drei Linien führen nach Chóra, Kámpos und Grikós, eine weitere von Chóra nach Grikós. **Taxis**: Ebenfalls beim Zollamt, ✆ 22470 31225.
Mietfahrzeuge, überwiegend Mofas und Mopeds, sind ausreichend vorhanden und relativ preiswert.
● *Übernachten* Vermieter von Privatquartieren kommen bei Ankunft der Schiffe zum Fährenleger.
Hotel Romeos (B), am Ortsrand, etwa 500 Meter von der Hafenpromenade. Gehobene Mittelklasse mit Pool, ruhig gelegen. DZ offiziell etwa 70–90 €, meist kommt man jedoch günstiger davon. ✆ 22470 1962, ✉ 22470 31070.
Hotel Delfini (C), am Ufer südlich des Hafens. Ordentliche DZ mit Balkon und schönem Blick zur Altstadt kosten offiziell etwa 45–70 €, doch gibt es sie auch hier in der Regel günstiger. ✆ 22470 32060, ✉ 22470 32061.
Hotel Summer (C), ein Lesertipp von Hugo Kofler: "Wärmstens zu empfehlen. Nahe dem Zentrum, ruhig gelegen, sehr gutes Frühstück auf einer wunderschönen Terrasse. DZ ab 35 €." ✆ 22470 31769, ✉ 22470 31170.
Hotel Australis, in Richtung Campingplatz Meloi, Hinweistafel beachten, da nicht direkt an der Straße. Empfehlenswertes Quartier mit geräumigen Zimmern und großer Terrasse, freundlich. Mittleres Preisniveau. ✆ 22470 31576.
Hotel Rodon, in einer ruhigen Seitengasse, nahe des internationalen Zeitungskiosks. Zimmer mit und ohne Bad, recht günstige Preise. Keine Fremdsprachen. ✆ 22470 31371.
● *Essen* **O Grigoris**, südöstlich der Anlegestelle, ein sehr beliebtes Dachterrassenrestaurant mit feiner Küche.

Arion, an der Hafenpromenade. Das "In-Café" von Pátmos, hübsch dekoriert, gute Cocktails und Sandwiches.

• *Baden* Beim Ort nicht ratsam. Nächste Gelegenheit in der Bucht Meloi, siehe unten. Vormittags fahren kleine Boote vom Hafen zu den Stränden.

Heilige Höhle der Apokalypse: Etwa auf halber Höhe zwischen Skála und Chóra, zu erreichen per Treppenweg oder Straße. In dieser Grotte, um die später ein Kloster angelegt wurde, soll Johannes die Offenbarung erhalten und niedergeschrieben haben. Im Altarraum sind Wandmalereien des 12. Jh. zu sehen, die Szenen aus seinem Leben zeigen. Eintritt frei, die Öffnungszeiten wechseln häufig; am besten, man erkundigt sich vorab in der Touristeninformation. Achtung, die Abzweigung von der Straße ist leicht zu übersehen.

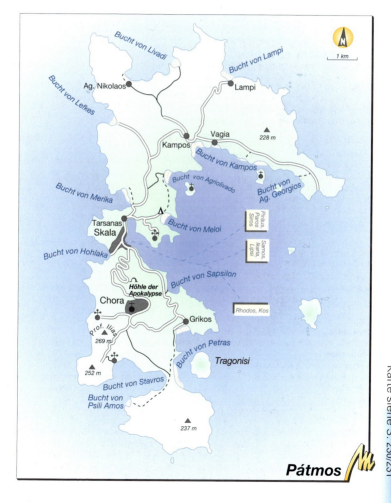

Chóra ("Stadt")

Zu einer Fahrt nach Pátmos gehört ein Besuch der Altstadt, vom Hafenort knapp vier Kilometer entfernt. Tipp: per Bus hoch, zu Fuß in etwa einer Dreiviertelstunde hinunter. Der freundliche Ort glänzt mit sauberen Gassen, schönen Ausblicken und blitzweiß gekalkten Häusern, die unverkennbaren Wohlstand ausstrahlen. Höhepunkt ist natürlich ein Besuch im Johanneskloster.

▸ **Johanneskloster:** Das wehrhafte, in 260 Meter Höhe die Insel beherrschende Kloster des Heiligen Johannes (Ág. Ioánnis) steht an Stelle eines uralten Artemis-Tempels. Es wurde bereits 1088 von Abt Christodoulos gegründet, doch gehen Teile der Wehrmauern, Innenhöfe, Arkaden, Kapellen, Treppengänge und Dachterrassen auch erst auf das 17. Jh. zurück. Wichtigste Sehenswürdigkeit ist das *Museum* (Eintrittsgebühr 6 €), in dem wertvolle Kirchengewänder, fein gearbeitete Ikonen und andere kirchliche Kunst der Kloster-Schatzkammer gut dokumentiert zu sehen sind. Seinen Ruf als Hort äußerst hochrangiger Kunstschätze verdankt das Kloster jedoch in erster Linie den hier ausgestellten uralten Büchern und Manuskripten, die, wie eine Handschrift des Buches Hiob, aus dem 8. Jh. und z. T. sogar aus noch früherer Zeit stammen. Sie bilden nur einen kleinen Teil der berühmten, tausende wertvoller Dokumente umfassenden Klosterbibliothek, die jedoch dem Laien nicht zugänglich ist.

- *Öffnungszeiten* Wechseln häufig; an einigen Tagen ist nur vormittags geöffnet, an anderen auch nachmittags. Um Enttäuschungen zu vermeiden, erkundigen Sie sich bitte im Tourist Office. Ratsam auch, das Kloster nicht unbedingt zusammen mit einer Kreuzfahrtgruppe zu besuchen, da es dann arg eng wird. Der Eintritt ist mit Ausnahme des erwähnten Museums frei. Wer sich näher für das Kloster interessiert, sei das Buch "Das Kloster Johannes des Theologos" empfohlen, das in vielen Geschäften verkauft wird.

Der Inselnorden

Einzige echte Ortschaft hier ist Kámpos, ein ruhiges Dorf mit zwei Tavernen. Viel besucht ist die *Bucht von Meloi* mit einer sehr hübschen Taverne. Sie ist von Skála aus leicht zu Fuß zu erreichen, indem man der Hafenstraße bis zur Abzweigung zum Meloi-Camping folgt. Weitere empfehlenswerte Strände gibt es an der Bucht von Agriolivádi (Taverne) und der Bucht von Ágios Geórgios (Bar) mit ihrem vorgelagerten Kircheninselchen.

Der Inselsüden

In der halbrunden, touristisch voll erschlossenen Bucht von Grikos reihen sich Tavernen, Hotels und Apartmentanlagen, nach Süden hin wird es jedoch ruhiger. Über die Straße Richtung Chóra, kurz vor dem Ort dann zweimal links abzweigend, gelangt man auf einer Piste zur Bucht von Stavros, an der für Fahrzeuge Endstation ist. Von hier führt ein Fußpfad in südwestlicher Richtung in gut einer halben Stunde zur beliebten Bucht *Psilí Ámmos* (Taverne), deren Namen "feiner Sand" man auch auf Pátmos wörtlich nehmen kann. Wer sich den Marsch sparen will, kann auch mit einem der Ausflugsboote kommen, die zur Saison gegen zehn Uhr morgens im Hafen von Skála abfahren.

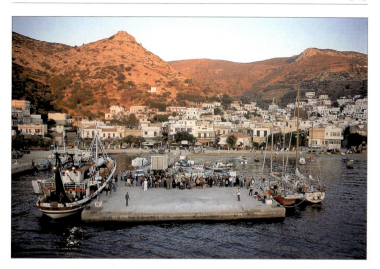

Gepflegter Hauptort des kleinen Archipels: Foúrni

Foúrni

Die Schiffsverbindungen sind mäßig, die Übernachtungsmöglichkeiten spärlich. Vielleicht ist gerade seine Abgeschiedenheit das Schönste am Archipel Foúrni.

Den Besucher erwartet eine sehr meerverbundene Inselwelt, die bisher vom Tourismus weitgehend unbeeindruckt blieb, auch wenn mittlerweile gelegentlich Ausflugsfahrten von Sámos hierher stattfinden. Mit etwas Initiative ist es ohne weiteres möglich, einen einsamen Strand nur für sich zu entdecken. Schwieriger kann es da schon werden, im Hochsommer eine Unterkunft aufzutreiben: Die wenigen Betten sind dann meist von Emigranten auf Heimatbesuch und griechischen Urlaubsgästen belegt. Insgesamt 21 kleine Inseln und Inselchen bilden den weltentrückten Archipel, der während des Mittelalters jahrhundertelang nur von Piraten behaust war – bis heute hält man auf den Nachbarinseln die Einwohner allesamt für Nachkommen von Korsaren.

Vegetation sprießt auf Foúrni nur spärlich; Macchia und stachlige Phrygana bilden das karge Weideland für Schafe und Ziegen. Der bescheidene Ackerbau deckt kaum den Eigenbedarf. Sehr bedeutend ist dagegen der Fischfang, der die Haupteinnahmequelle der Insulaner ausmacht: Rund zweihundert Boote und Schiffe mit bis zu 50 Bruttoregistertonnen sorgen für Wohlstand. Besiedelt sind nur die Hauptinsel *Foúrni* und weiter westlich die Insel *Thymaina*. Die großen Fähren legen im Hafen des Hauptorts Foúrni an, die Versorgung des winzigen, etwa 15 Kilometer nördlich gelegenen Weilers Chrysomiliá und des kleinen Dorfes Thymaina, einzige Siedlung der gleichnamigen Insel, wird von kleineren Booten übernommen.

Foúrni in Kürze

Schiffsverbindungen mit Sámos: Tagesausflüge sind im Hochsommer je nach den Fahrplänen eventuell möglich. Achtung, auf Foúrni kann man besonders zur NS leicht hängen bleiben! Autofähren ab Sámos-Stadt (p. P. 7 €) und Karlóvassi (p. P. 5 €) stoppen auf der Fahrt nach Ikaría/Piräus im Sommer 3- bis 4-mal/Woche; Fahrzeit ab Sámos-Stadt gut 2 Std., ab Karlóvassi 1 Std. Zur Saison außerdem 2-mal wöchentlich Tragflügelboote (p. P. 14 €) ab Pythagório. Ab Órmos Marathokámpou fährt zur Saison 2-mal wöchentlich ein Ausflugsschiff, Hin- und Rückfahrt etwa 20 €.
Größe: 46 Quadratkilometer (Hauptinsel 30 Quadratkilometer); 126 Kilometer Küstenlänge!
Internet-Info: www.fourni.de.

Bevölkerung: Etwa 1350 Einwohner, davon gut 1200 auf der Hauptinsel Foúrni, knapp 150 auf Thymaina.
Geographie: Die Küsten von Foúrni sind ungewöhnlich stark zerklüftet, gegliedert durch eine Vielzahl kleiner Buchten und felsiger Kaps. Höchste Erhebung ist mit immerhin 514 m der Korakas ("Rabe") im Norden der Hauptinsel.
Hauptort: Foúrni, gleichzeitig der Fährhafen.
Verkehrsmittel: wenig Asphalt, vorwiegend Pisten und viele schmale Fußpfade. Keine Busse. Ein Taxi und ein Fahrzeugverleih (Mopeds) sind vorhanden. Boote sind das wichtigste Verkehrsmittel zwischen den wenigen Ortschaften.
Feste: Marienfest am 15. August, das Hauptfest der Inseln.

Foúrni-Ort

Der Hafen bildet das Herz des gepflegten, hübschen Ortes: Tamarisken spenden Schatten, eine Handvoll Tavernen und Kafenía lädt zur Rast mit Aussicht. Die Platía von Foúrni, von zwei uralten Platanen beschattet, versteckt sich ein Stück landeinwärts, am Ende einer kurzen Pflastergasse, die mit den wichtigsten Einrichtungen und einer Reihe von Geschäften gewissermaßen als die "Hauptstraße" des Örtchens fungiert.

• *Übernachten* Einige einfache Pensionen und mehrere Privatvermieter verfügen zusammen über einige Dutzend Zimmer. Die Vermieter kommen bei Ankunft zur Fähre. Im Sommer werden auch bei der Kampí-Bucht einige Studios angeboten.
Pension Toula, eine der besten Adressen vor Ort. Vom Fähranleger kommend rechts halten; gute DZ mit TV und Aircondition kosten je nach Saison etwa 25–35 €. ✆ 22750 51114, ✆ 22750 51332.
Domátia Manolis Markakis, Privatvermieter mit schönen und neuen Zimmern, DZ etwa 35–50 €. Manolis betreibt das moderne Kafeníon mit den Tamarisken vor dem Haus, in der Mitte des kleinen Hafenplatzes. Man kann dort auch gut frühstücken. ✆ 22750 51268 u. 22750 51355.
• *Essen* Foúrni ist eine Fischerinsel; Fischspezialitäten sind in den Hafentavernen deshalb, verglichen mit den meisten anderen ägäischen Inseln, erfreulich günstig.
• *Baden* Die windgeschützte **Kampí-Bucht** liegt etwa eine Viertelstunde Fußweg von Foúrni entfernt, zu erreichen über die Windmühlenhügel im Südwesten des Ortes. Zwei Strände aus Sand und Kies lohnen die kleine Mühe, Tamarisken sorgen für etwas Schatten und Tavernen für das leibliche Wohl. Wassersportverleih.

Ausflüge vom Hauptort aus

▸ **Chrysomiliá**: Etwa fünfzehn Kilometer nördlich von Foúrni gelegen, ist das kleine Dorf entweder mit einem der im Sommer fast täglich verkehrenden Boote oder aber über eine schlechte Piste zu erreichen, die mit fantastischer Aussicht hoch oberhalb der Küstenlinie entlangführt. Chrysomiliá teilt sich in das hoch am Hang gelegene Dorf und, verbunden durch einen Treppenpfad,

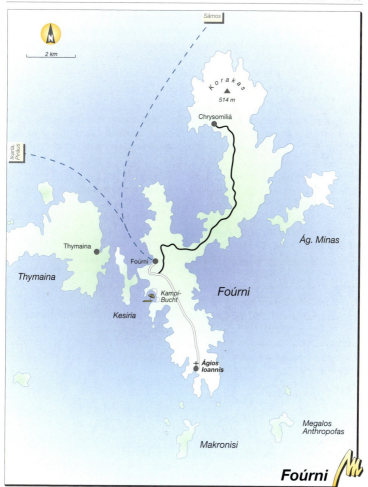

die Sommersiedlung *Kampí* an der Küste. Hier finden sich sogar einige Kafenía, in denen es mit etwas Glück auch etwas zu essen gibt; einige Fußminuten südlich liegt ein kleiner Strand.

▸ **Ágios Ioánnis**: Die winzige, nur im Sommer bewohnte Häuseransammlung erstreckt sich im Süden der Insel um eine Kirche, die mit Quelle und schattigen Bäumen zur Rast lädt. Eine Bucht weiter südlich wartet ein kleiner, einsamer Strand. Zu erreichen ist der Heilige Johannes in etwa eineinhalb Stunden über ein Asphaltsträßchen; im Sommer gibt es gelegentlich auch Bootsausflüge hierher.

▸ **Thymaina**: Was über die Weltabgeschiedenheit von Foúrni gesagt wurde, trifft auf Thymaina noch verstärkt zu. Die etwa zehn Quadratkilometer große, aber immerhin bis auf fast 500 Meter Höhe aufragende Insel beherbergt nur ein einziges Dorf gleichen Namens. Von Foúrni aus besteht bei normaler Wetterlage tägliche Bootsverbindung, Anfagen im "To Meltémi" an der Promenade. Übernachtungsmöglichkeiten gibt es bislang höchstens bei Privatleuten, und die Kafenía sind nicht immer auf hungrige Besucher eingerichtet.

Ikaría

Eine wilde, schroffe, auf den ersten Blick sehr abweisende, bei näherer Bekanntschaft aber ungemein reizvolle Insel. Lange Jahre kannte Ikaría kaum Tourismus. Der vor einigen Jahren eröffnete Flughafen ändert diese Situation nur allmählich.

Wer Ikaría als Abstecher von Sámos aus besuchen will, sollte schon ein paar Tage Zeit mitbringen. Zum einen ist Ikaría immerhin etwa halb so groß wie Sámos und aufgrund des bergigen Profils zeitraubend zu bereisen; zum anderen offenbart die Insel ihre landschaftlichen Reize erst bei näherer Bekanntschaft. Der über 1000 m hohe Gebirgszug des Oros Atheras durchzieht das schmale Eiland fast auf voller Länge und stürzt nach Süden steil ins Meer ab. Tiefe Schluchten und Risse durchschneiden den steinernen Wall, an dessen Höhen sich kaum ein Busch klammert. Ausgedehnte Wälder bedecken die Hänge der nördlichen Küste, an der sich auch die schönsten Strände befinden. Hier liegen auch die bescheidenen Fremdenverkehrszentren *Évdilos*, *Armenistís* und *Nás*. Die Inselhauptstadt *Ágios Kírikos* bleibt für die meisten Reisenden höchstens Durchgangsstation.

Ikaría in Kürze

Schiffverbindungen mit Sámos: Tagesausflüge, so überhaupt möglich, lohnen sich nicht. Achtung, auf Ikaría kann man fast ebenso leicht hängen bleiben wie auf Foúrni! Im Sommer tägliche Autofähren von/nach Sámos-Stadt (p. P. 8 €) und Karlóvassi (p. P. 6 €). Auf Ikaría angefahren werden entweder Ágios Kírikos oder Évdilos (für die Nordküste günstiger), Fahrzeit 1,5–3 Std. Tragflügelboote ab Pythagório (p. P. 14 €) nach Ágios Kírikos verkehren zur Saison 2-mal wöchentlich.

Größe: 255 qkm, Länge 40 km, größte Breite 9 km, Küstenlänge 102 km.

Bevölkerung: 5.700 Einwohner, davon etwa 2.000 in der Hauptstadt.

Geographie: Der Gebirgszug Atheras durchzieht fast ganz Ikaria. Höchste Erhebungen sind die Gipfel Fardi (1037 m) im Osten und Melissa (1033 m) im Südwesten.

Wichtige Orte: Ágios Kírikos, die Hauptstadt; Évdilos, Fährhafen der Nordküste; Armenistís, wichtigster Ferienort.

Verkehrsmittel: Die Hauptstraße von Ag. Kírikos bis Armenistís ist asphaltiert; die Mehrzahl der anderen Straßen sind unbefestigte Pisten. Busse auf der Hauptroute fahren offiziell 1- bis 2-mal täglich, verlassen kann man sich darauf (sehr zur Freude der Taxifahrer) aber leider überhaupt nicht. Mietfahrzeuge in Ágios Kírikos, Évdilos, Gialiskari und Armenistís, beste Wahl sind Jeeps bzw. Enduros. Ortsschilder sind selten. Das Tankstellennetz ist dünn, immer auf den Spritvorrat achten. Entfernungen ab Ag. Kírikos: Évdilos 41 km, Armenistís 58 km.

Ágios Kírikos

Eine genügsame kleine Hauptstadt von unaufdringlichem Charme. Auf dem zum Meer geöffneten Hauptplatz und in den angrenzenden, überwiegend sehr traditionellen Kafenía trifft sich abends die halbe Einwohnerschaft zum Schwatz.

Ikaría 247

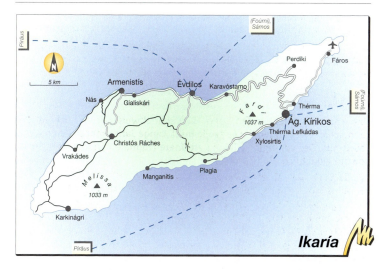

Fremde lassen sich zumindest in der Nebensaison an den Fingern abzählen, denn Sehenswürdigkeiten fehlen ebenso wie gute Strände.

• *Information* in den Agenturen **Icariada-Travel** (℡ 22750 23322) und **Dolichi-Tours** (℡ 22750 23230). Dort auch Tickets, Auto- und Zweiradverleih, Zimmerreservierung sowie Vermittlung von Taxifahrten.

• *Verbindungen* **Bus**: Die Linie Ágios Kírikos–Évdilos–Armenistís wird nur im Hochsommer wirklich zuverlässig bedient. Sonst sind Abfahrten eher Glückssache.

• *Übernachten* Zur HS überall Engpässe. **Hotel Kastro** (C), komfortables, ruhiges Hotel östlich oberhalb des Hauptplatzes, erste Wahl in Ágios Kírikos. Der Besitzer ist inoffizieller Tourismusmanager der Insel. DZ/Bad nach Saison etwa 50–75 €, gelegentlich auch mal günstiger. ℡ 22750 23480, ℡ 22750 23770.

Pension Maria Elena, inseleinwärts im Gebiet oberhalb des Hafens: die Straße in der Verlängerung des Fähranlegers hinauf, dann links, beschildert. Ordentliche Pension in ruhiger Lage, sauber. DZ etwa 35–50 €. ℡ 22750 22835, ℡ 22750 22223.

• *Baden* Nicht überwältigend. Richtung Thérma einzelne kleine Kiesbuchten; im Südwesten, Richtung Thérma Lefkádas, entlang der Küstenstraße einige Kies- und Kieselstrände.

▸ **Thérma**: Der Kurort, dessen heiße und radioaktive Quellen bereits in der Antike genutzt wurden, liegt an der Mündung eines engen Flusstals, etwa zwei Kilometer nordöstlich von Ágios Kírikos. Mit eleganter Kurbad-Atmosphäre kann Thérma nicht aufwarten, die Gäste, vor allem ältere Griechen, lassen sich's dennoch wohl sein. Die Badeanlagen (Saison nur im Sommer) sind äußerst schlicht.

Von Ágios Kírikos nach Armenistís

▸ **Évdilos**: Die Fahrt von der Hauptstadt nach Évdilos führt über eine grandiose Strecke mit fantastischen Panoramen. Der Fährhafen selbst ist mit ganzen 500 Einwohnern zwar die zweitgrößte Siedlung der Insel, dabei aber doch eher Dorf denn Städtchen, obwohl alle wichtigen Einrichtungen vorhanden sind. Westlich von Évdilos liegen die Strandparadiese der Insel.

Abstecher rund um Sámos

• *Übernachten* **Hotel Evdoxia** (C), 153 schweißtreibende Stufen oberhalb des Hafens. Modern; gut ausgestattete, etwas kleine Zimmer, tolle Aussicht. Ganzjährig geöffnet, DZ etwa 60 €. ✆ 22750 31502. www.evdoxia.gr.
Hotel Atheras (C), im Ort, nur etwa 200 Meter vom Hafen. Ordentliche Zimmer mit Klimaanlage und Kühlschrank; etwas preisgünstiger als das "Evdoxia". Kleiner Meerwasserpool. ✆ 22750 31434.

• *Übernachten außerhalb* **Pension Dionysos**, einfach und sauber, im drei Kilometer entfernten Dorf Kampos. Von Évdilos kommend im ersten Minimarkt rechter Hand fragen oder in der nächsten Linkskurve dem beschilderten Schotterweg folgen. Der stets gut aufgelegte Eigentümer Dionysos Vassilis unternimmt viel mit seinen Gästen. Nicht teuer. ✆ 22750 31300. Geöffnet April–Oktober.

• *Baden* Ein kleiner Kiesstrand liegt östlich des Hafens. Schöner ist die drei Kilometer westlich gelegene Strandbucht von Kampos (Sand und Kies).

▸ **Gialiskari:** Ein winziger Küstenweiler aus verstreuten Häusern. Westlich angrenzend, reihen sich bis nach Armenistís die besten Strände der Insel. Wohl deshalb haben sich gleich mehrere, teilweise hübsch zum Meer gelegene Tavernen etabliert, bieten Privatvermieter (Tipp: "The Old Garden", ✆ 22750 71214) und im Sommer sogar ein kleiner Fahrzeugverleih ihre Dienste an. Die reizvoll am Meer gelegene Kirche zählt zu den beliebtesten Fotomotiven der Insel.

Abgestürzt

Ikaria, so will es die Sage, trägt seinen Namen nach dem Jüngling Ikaros, der hier begraben wurde. Hätte er nur auf seinen Vater Dädalos gehört ... Dädalos ist die eigentliche Hauptperson des Mythos, ein technisches Universalgenie. In Diensten des Kreterkönigs Minos geriet er mit diesem aneinander, als er mit einem Trick der königlichen Gattin die reichlich kuriose Vereinigung mit einem Stier ermöglichte. Da half es nichts, dass Dädalos das monströse Ergebnis dieser Liebesnacht, den Minotauros, in Schach hielt, indem er das berühmte Labyrinth als Gefängnis konstruierte – der König blieb verärgert und sperrte Dädalos in dessen eigene Erfindung. Nicht genug, den trickreichen Genius zu halten. Zusammen mit Ikaros bastelte er sich Flügel aus Federn und Bienenwachs, ermahnte seinen Sohn aber, nicht zu hoch zu fliegen. Der folgte zunächst auch dem väterlichen Rat, wurde dann aber doch in jugendlicher Begeisterung vom Höhenrausch gepackt. Es kam, wie es kommen musste: Die Sonne schmolz das Wachs, Ikaros stürzte ab und fand den Tod. Sein Vater begrub ihn auf der nächstliegenden Insel, die fortan den Namen des allzu kühnen Fliegers tragen sollte – Ikaría.

Armenistís

Wer sich länger auf Ikaria aufhält, landet irgendwann in dem sympathischen kleinen Hafendorf – und bleibt. Jahr für Jahr nehmen die Besucherzahlen zu, die Bautätigkeit leider auch. Noch hat der Pauschaltourismus jedoch nicht Fuß gefasst, bilden fast nur Individualreisende das bunt gemischte Publikum. Abends treffen sich Urlauber wie Einheimische auf der lauschigen Taverneterrasse über dem Meer; der Tag gehört dem Strandleben und Erkundungen der reizvollen Umgebung.

• *Information* **Marabou-Travel**, Tickets, Zimmervermittlung, Telefon, Vermietung von Autos und Mountainbikes etc. ✆/📠 22750 71460/71325.

• *Übernachten* An fast jedem zweiten Haus offeriert ein Schild "Rooms". Dennoch ist zur HS oft jedes Bett belegt.
Hotel Cavos Bay (C), großes Hotel in halb-

wegs zurückhaltender Architektur. Schöne Lage über der Felsküste, gute Zimmer, Meerwasserpool. Geöffnet Mitte April bis Oktober; DZ offiziell ca. 65–105 €, in der Regel jedoch deutlich günstiger – Nachfrage lohnt. ✆ 22750 71381/82.

Villa Dimitri, ein Tipp für einen längeren Aufenthalt. Maximal 14 Personen kann Dimitri Joanidopoulos, der perfekt Deutsch spricht, in den verschiedenen Apartments seines fantastisch gelegenen, wellenförmig zum Meer hinabfließenden Hauses unterbringen. Dimitri, einer der besten Kenner der Insel und ihrer alten Fußwege, versteht sich als Botschafter der Landschaft und Kultur Ikarías, die er seinen Gästen auf Wanderungen, bei der Weinlese oder auch einem gemeinsam zubereiteten Zickleinbraten nahebringt. Er stellt allerdings auch Ansprüche an seine Besucher: neugierig auf die Insel sollten sie schon sein, kommunikativ und wanderlustig auch. Zweier-Studios kosten je nach Saison etwa 40–60 €, Mindestaufenthalt etwa eine Woche. Geöffnet Mitte Februar bis Mitte November, viele Stammgäste, Reservierung fast unabdinglich. Zu suchen an der Strecke Richtung Nás, 300 m hinter dem Ortsschild; ✆/📧 22750 71310. Vorbuchung in Deutschland unter ✆/📧 (089) 6901097. www.villa-dimitri.de.

Pension Dolichi (A), solides Quartier am Hang des Dorfhügels, der immer mehr zugebaut wird. Alles in einem: Zimmer (DZ 30–50 €), Zweier-Studios (35–55 €) und Apartments (45–65 €) für drei bis vier Personen. ✆ 22750 71450, 📧 22750 71451.

Pension Ikaros (B), direkt im Ort, am Hafen beschildert. Idyllischer Garten, freundliche Besitzer, einfache Zimmer. Ganzjährig, DZ nach Ausstattung (ohne/mit Bad) und Saison 15–30 €. ✆ 22750 71238.

Zur Mittagszeit noch sehr verschlafen: Christós Ráches

• *Essen* **Taverne Pashalia**, kurz vor dem Hafen. Erste Adresse für Fischgerichte, die Besitzer fahren selbst aufs Meer hinaus.
Taverne Symbosio, auf der Tavernenterrasse über dem Hafen. Seit vielen Jahren ein beliebter Treffpunkt.

• *Baden* Zwei schön geschwungene Strände gleich östlich, durch eine Felshalbinsel getrennt – *Livadi* und *Mesachti*. Im Umfeld mehrere Tavernen, Schatten ist allerdings Mangelware. Vorsicht bei hohem Seegang: gefährliche Strömungen! Es gab schon Tote.

Umgebung von Armenistís

▶ **Nás**: Gut drei Kilometer westlich von Armenistís mündet das Flüsschen Chalaris in eine entzückende kleine Strandbucht. Das dschungelgleich bewachsene Flusstal ist ein Refugium seltener Tierarten und gleichzeitig ein uraltes Heiligtum: Reste eines Tempels erinnern an den sagenumwobenen Kult der Artemis Tauropolos, der "Stiergöttin". Oben am Hang liegen einige Tavernen, die alljährlich mehr Gäste anlocken. Der kleinen Oase unterhalb gereicht der Andrang nicht zum Vorteil; jeder Besucher bleibt deshalb aufgerufen, die Schönheiten dieses paradiesischen Fleckchens zu achten und zu bewahren.

• *Übernachten* **Taverne Artemis**, einfache Zimmer, fast alle ohne eigenes Bad, sonst aber o. k. Geöffnet Mitte April bis Mitte Oktober, DZ etwa 20–30 €. Es gibt auch Apartments, die etwa 30–55 € kosten. ✆ 22750 71485.
Thea's Restaurant and Rooms, quasi am "Ortseingang" von Nás. Fünf Zimmer, alle zur Meerseite, jeweils mit Bad und Kühlschrank;

die Preise liegen etwas höher als bei der Taverne Artemis. Auch die Küche ist zu empfehlen. ✆ 22750 71419.
• *Baden* Bei hohem Seegang ist dringend geraten, darauf zu verzichten! In der engen Bucht entwickeln sich dann lebensgefährliche Strömungen, die schon mehrere Opfer gefordert haben.

▶ **Christós Ráches**: Das Hauptdorf des Ráches-Gebietes im bergigen, wald- und schluchtenreichen Inselinneren bildet das lokale Zentrum des Westens. Traditionelle Kafenía, herrlich altmodische Geschäfte, der hübsche Hauptplatz und nicht zuletzt die schöne Umgebung lohnen den Ausflug nach Ráches, wie das Dorf kurz genannt wird. Ungewöhnlich an dem Ort ist sein ganz eigenartiger Lebensrhythmus: Vor der Mittagszeit sieht man nur wenige Menschen, und ab 14.30 schließt praktisch das gesamte Dorf völlig, um erst gegen 21 Uhr wieder allmählich zum Leben zu erwachen. Bis um drei Uhr, im Sommer sogar bis gegen fünf Uhr morgens gehen die Einwohner nun ihrem Alltag nach, kaufen ein und sitzen in den Kafenía. Seltsames, glückliches Ráches!

Glossar

Agía/Ágios: Heilige/Heiliger

Ágii: Heilige (Plural)

Agora: Markt- und Versammlungsplatz antiker griechischer Städte

Akropolis: Oberstadt oder Burgberg antiker griechischer Städte

Amphitheater: Rundum geschlossener, ellipsenförmiger Theaterbau (ursprünglich römischer Herkunft)

Apsis: halbrunder, zum Hauptraum geöffneter Nischenraum

Archontikó: Herrenhaus

Basilika: Drei- oder fünfschiffiger, durch Säulenreihen geteilter Bau mit erhöhtem Mittelschiff

Cavea: Zuschauerraum eines Theaters

Cella: Hauptraum antiker Tempel

Devotionalien: Artikel der Volksfrömmigkeit (Kreuze, Heiligenbilder etc.)

Dipteros: Tempel mit zwei umlaufenden Säulenreihen

Exonarthex: Äußere Vorhalle einer Kirche

Fresko: Wandmalerei, die auf den noch feuchten Putz aufgetragen wird

Ikonostase: Bilderwand zwischen Gemeinde- und Altarraum der grch.-orth. Kirche

Kaíki: Griechischer Schiffstyp

Kapitell: Oberer Säulen- oder Pfeilerabschluss

Katholikon: Hauptkirche eines grch.-orth. Klosters

Kore: Mädchenstatue der Antike (immer bekleidet)

Kouros: Jünglingsstatue der Antike (immer nackt)

Kreuzkuppelkirche: Kirche mit Grundriss in Form eines griechischen Kreuzes (Kreuz mit vier gleich langen Armen)

Krypta: Raum unter einer Kirche, meist eine Begräbnisstätte

Meltémi: Starker Nordwind in der Ägäis

Mitrópolis: Grch.-orth. Bischofskirche

Moní: Kloster

Naos: Gemeinderaum eines grch.-orth. Kirchenbaus

Narthex: Vorhalle eines grch.-orth. Kirchenbaus

Panagía: Die Gottesmutter Maria

Pantokrator: Christus als Weltenherrscher

Platía: Platz

Pírgos: Turm

Skála: Hafen- oder Küstensiedlung eines Binnendorfes (auch: Liménas, Órmos)

Spolien: wiederverwendetes Architekturfragment älterer Gebäude

Taxiarchen: Erzengel

Templon: siehe Ikonostase

Vierung: Raum im Schnittpunkt von Langhaus und Querschiff, meist bei Kirchenbauten

Vólta: abendlicher Spaziergang im Familien- oder Freundeskreis

Wir möchten Sie gern kennen lernen ...

... um unsere Reisehandbücher noch besser auf Ihre Bedürfnisse abstimmen zu können. Deshalb auf dieser Doppelseite ein kurzer Fragebogen zu Ihrer letzten Reise mit einem unserer Handbücher.

Als Belohnung winken ...

... natürlich Reisehandbücher. Jeweils zum Jahresende verlost der Michael Müller Verlag unter allen Einsendern des Fragebogens 50-mal je ein Reisehandbuch Ihrer Wahl aus unserem Programm.
(Der Rechtsweg ist ausgeschlossen)

Es bleibt natürlich alles unter uns ...

... Selbstverständlich garantieren wir absoluten Datenschutz und geben keine Adressen weiter. Versprochen!
Vielen Dank für ihre Mitarbeit und ... viel Glück!

Fragebogen

Ihre Reise

1) Mit welchem unserer Bücher waren Sie unterwegs? ....
   Und wann (Monat/Jahr)? ....
2) Mit wie vielen Personen reisten Sie? Bitte kreuzen Sie an: ....
   ☐ allein   ☐ zu zweit   ☐ drei Personen oder mehr ....
   Mit Kindern?   ☐ Nein   ☐ Ja (Alter? .... Jahre)
4) Wie lange dauerte Ihre Reise?
   ☐ bis 1 Woche ☐ bis 2 Wochen ☐ bis 3 Wochen ☐ über 3 Wochen
5) Hatten Sie Unterkunft und Anreise als Kombination bereits vorgebucht?
   ☐ Ja ☐ Nein
6) Welche/s Verkehrsmittel benutzten Sie zur Anreise? (Mehrfachnennungen möglich)
   ☐ Bahn ☐ Bus ☐ Flug ☐ Auto/Motorrad ☐ Fähre
   ☐ Sonstiges, nämlich
7) Mit welchem(n) Verkehrsmittel(n) waren Sie im Zielgebiet überwiegend unterwegs (Mehrfachnennungen möglich)?
   ☐ Bahn   ☐ Bus   ☐ eigenes Auto/Motorrad   ☐ Mietfahrzeug ☐ Fähre
   ☐ anderes Verkehrsmittel, nämlich ....
   ☐ gar nicht, blieb an einem Ort
8) Wo übernachteten Sie vorwiegend?
   ☐ Gehobene Hotels   ☐ Mittelklassehotels ☐ Landestypische Pensionen
   ☐ Privatzimmer ☐ Camping   ☐ andere Unterkunft, nämlich ....
9) War es Ihre einzige Urlaubsreise in diesem Jahr?
   ☐ Ja   ☐ Nein, ich verreise öfter mal für 1 Woche oder mehr, nämlich pro Jahr:
   ☐ 2x   ☐ 3x   ☐ 4x oder mehr;
   und dann meist ins: ☐ Inland   ☐ Ausland

Ihr Reisehandbuch vom Michael Müller Verlag

1) Sind Sie das erste Mal mit einem unserer Reisehandbücher unterwegs gewesen?
   ....
   ☐ Ja ☐ Nein, vorher schon (Titel): ....
2) Wie lernten Sie unseren Verlag kennen?
   ☐ Empfehlung vom Buchhändler ☐ Empfehlung von Bekannten
   ☐ Habe das Buch zufällig im Buchhändlerregal entdeckt
   ☐ Über eine Anzeige in .... ☐ anders, nämlich ....
3) Insgesamt gesehen, waren Sie mit diesem Reisehandbuch
   ☐ nicht zufrieden ☐ zufrieden
4) Wir würden gerne wissen, wo wir in unseren Reisehandbüchern etwas verbessern können. Bitte geben sie deshalb den einzelnen Komponenten dieses Buches "Schulnoten" von 1 bis 6 und begründen Sie bitte Ihre Benotung.

	Note	Grund
Prakt. Informationen vor der Reise		
Geschichte		
Landeskundliches		
Orte und Regionen		
Sehenswürdigkeiten		
Prakt. Informationen unterwegs		

5) Was hat Ihnen an diesem Reisehandbuch besonders gefallen?
   ☐ Nichts Spezielles ☐ Doch, und zwar..............................
6) Und was hat Sie am meisten gestört?
   ☐ Nichts Spezielles ☐ Doch, und zwar..............................
7) Worüber hätten Sie gern mehr erfahren?
   ☐ Über..............................
   ☐ Alle Informationen waren ausreichend
8) Unser Verlagsprogramm finden Sie auf den nächsten Seiten. Welche(s) Ziel(e) innerhalb Europas und des Mittelmeerraumes fehlt bzw. fehlen Ihnen in diesem Programm?
   ☐ Kein Ziel ☐ Doch, nämlich..............................
9) Welches Reisehandbuch aus unserem Programm möchten Sie gewinnen?

   Nun würden wir Ihnen gerne noch einige Fragen zu Ihren persönlichen Daten stellen (Datenschutz ist selbstverständlich gewährleistet)
   Alter: .... Jahre
   Familienstand: ☐ ledig ☐ verheiratet ☐ Kinder
   Schulabschluss: ☐ Hauptschule ☐ Realschule ☐ Abitur
   ☐ Studium ☐ Beruf:..............................

Fragebogen ausschneiden und an unsere Verlagsanschrift schicken (siehe unten). Bitte vergessen Sie nicht, für die Gewinnbenachrichtigung Ihren Namen und Adresse zu notieren.

Name:..............................
Straße:..............................
PLZ/Ort:..............................

Michael Müller Verlag GmbH, Gerberei 19, 91054 Erlangen, Fax: 09131/207541

Vielen Dank thank you merci efcharistó gracias grazie tesekkür dekuji köszönöm

Verlagsprogramm

Unsere Reisehandbücher im Überblick

Deutschland
- Allgäu
- Altmühltal
- Berlin & Umgebung
- *MM-City* Berlin
- Bodensee
- Franken
- Fränkische Schweiz
- Mainfranken
- Nürnberg, Fürth, Erlangen
- Ostseeküste – von Lübeck bis Kiel
- Schwäbische Alb

Niederlande
- *MM-City* Amsterdam
- Niederlande
- Nordholland – Küste, IJsselmeer, Amsterdam

Nord(west)europa
- England
- Südengland
- *MM-City* London
- Schottland
- Irland
- Island
- Norwegen
- Südnorwegen
- Südschweden

Osteuropa
- Baltische Länder
- Polen
- Polnische Ostseeküste
- *MM-City* Prag
- Westböhmen & Bäderdreieck
- Ungarn

Balkan
- Mittel- und Süddalmatien
- Kroatische Inseln & Küste
- Nordkroatien – Kvarner Bucht
- Slowenien & Istrien

Griechenland
- Amorgos & Kleine Ostkykladen
- Athen & Attika
- Chalkidiki
- Griechenland
- Griechische Inseln
- Karpathos
- Kefalonia & Ithaka
- Korfu
- Kos
- Kreta
- Kreta – der Osten
- Kreta – der Westen
- Kykladen
- Lesbos
- Naxos
- Nord- u. Mittelgriechenland
- Paros/Antiparos
- Peloponnes
- Rhodos
- Samos
- Santorini
- Skiathos, Skopelos, Alonnisos, Skyros – Nördl. Sporaden
- Thassos, Samothraki
- Zakynthos

Türkei
- *MM-City* Istanbul
- Türkei – gesamt
- Türkei – Mittelmeerküste
- Türkei – Südküste
- Türkei – Westküste
- Türkische Riviera – Kappadokien

Frankreich
- Bretagne
- Côte d'Azur
- Elsass
- Haute-Provence
- Korsika
- Languedoc-Roussillon
- *MM-City* Paris
- Provence & Côte d'Azur
- Südfrankreich
- Südwestfrankreich

Italien
- Apulien
- Chianti – Florenz, Siena
- Dolomiten – Südtirol Ost
- Elba
- Gardasee
- Golf von Neapel
- Italien
- Italienische Riviera & Cinque Terre
- Kalabrien & Basilikata
- Liparische Inseln
- Marken
- Oberitalien
- Oberitalienische Seen
- *MM-City* Rom
- Rom & Latium
- Sardinien
- Sizilien
- Südtirol
- Südtoscana
- Toscana
- Umbrien
- *MM-City* Venedig
- Venetien & Friaul

Nordafrika u. Vorderer Orient
- Sinai & Rotes Meer
- Tunesien

Spanien
- Andalusien
- *MM-City* Barcelona
- Costa Brava
- Costa de la Luz
- Ibiza
- Katalonien
- Madrid & Umgebung
- Mallorca
- Nordspanien
- Spanien

Kanarische Inseln
- Gomera
- Gran Canaria
- *MM-Touring* Gran Canaria
- Lanzarote
- La Palma
- *MM-Touring* La Palma
- Teneriffa
- *MM-Touring* Teneriffa

Portugal
- Algarve
- Azoren
- Madeira
- *MM-City* Lissabon
- Lissabon & Umgebung
- Portugal

Lateinamerika
- Dominikanische Republik
- Ecuador

Österreich
- *MM-City* Wien

Schweiz
- Genfer-See-Region
- Tessin

Malta
- Malta, Gozo, Comino

Zypern
- Zypern

Aktuelle Informationen zu allen Reiseführern finden Sie im Internet unter www.michael-mueller-verlag.de

Gerne schicken wir Ihnen auch das aktuelle Verlagsprogramm zu.

Michael Müller Verlag GmbH, Gerberei 19, 91054 Erlangen, Tel. 0 91 31 / 81 28 08-0; Fax 0 91 31 / 20 75 41; E-Mail: mmv@michael-mueller-verlag.de

Sach- und Personenregister

Aigaíon Pélagos 19
Akropolis 65
Ankaios 39
Anreise mit der Bahn 53
Anreise mit dem eigenen Fahrzeug 52
Anreise mit dem Flugzeug 49
Antipatros 237
Antiquitäten 93
Antonius 44
Apartments 82
Apotheken 94
Archäologisches Nationalmuseum/Athen 67
Aristarchos 40
Ärztliche Versorgung 93
Augustus 44
Ausflüge 77

Baden 94
Bäume 24
Bauwirtschaft 30
Bootssport 105
Botschaften 94f.
Busse 70

Camping 84
Charterflüge 50
Cicero 160

Dikéa Koúpa 166
Domitian 236
Drogen 96

E.O.T 99
Einkaufen 96
Emigration 34
Epikur 40
Ermäßigungen 96
Essen 85
Eupalinos-Tunnel 149

Fahrrad 77
Fahrrad, Mitnahme im Charterflugzeug 50
Fährtipps 69
Fährverbindungen Italien-Griechenland 53

Familie 33
Feiertage 97
Feste 97
Filoxenía 34
Fischerei 30
Fischgerichte 88
FKK 94
Fleischgerichte 87
Flüchtlinge 47
Foto 97
Fremdenverkehrsamt 99
Frühstück 86

G.Z.F 100
Gastfreundschaft 34
Geld 98
Geldautomaten 98
Gemüse 88
Geographie 19
Gesellschaft 33
Getränke 91
Giustiniani 44
Griechische Zentrale für Fremdenverkehr 99
Großfamilie 33

Haustiere 99
Heirat 33
Hera 157
Heraíon 157
Hochsaison 81
Hotels 81
Hunde 99

Ibykos 42
Ikonostassia 32
Individualreise 48
Industrie 30
Innergriechische Flugverbindungen 51
Information 99
Internet 100

Kafeníon 86
Kaffee 92
Käse 89
Kioske 101

Kirche 31. 101f.
Kleidung 102
Kleinasiatische Katastrophe 37
Kleopatra 44
Klima 102
Klöster 101
Köhlerei 30
Kolaios 40
Konsulate 95
Kreditkarten 99
Kriminalität 33
Kulturpflanzen 25

Landkarten 103
Landwirtschaft 29
Last Minute 50
Limonaden 92
Linienflüge 50
Logothétis, Likoúrgos 45
Londoner Protokoll 45
Lukas 236

Macchia 25
Meeresfrüchte 88
Meltémia 103
Mietfahrzeuge 73
Mietwagen 76
Müll 21

Natur 21
Nachspeisen 89
Nebensaison 81

Obst 90
Öffnungszeiten 104
Ölbaum 26
Osterfest 97
Oúzo 92

Papiere 104
Pauschalurlaub 48
Pensionen 82
Personaldokumente 104
Pflanzenwelt 23
Phrygana 25
Plaka 63

Polykrates 42, 138
Post 104
Postsparbuch 99
Postüberweisung 99
Príka 33
Privatzimmer 82
Psárotavérna 86
Psistária 86
Pythágoras 40
Pythágoras-Höhle 174

Reiseschecks 98
Reisezeit 102
Restplatzbörsen 50
Rhoikos 40

Salate 88
Schiffsbau 30
Schiller, Friedrich 43
Siebenschläfer 236
Sofoúlis, Themistoklís 45
Sondertarife 53
Sonnenschutz 95
Soúma 92

Sport 105
Sprache 106
Strände 94
Straßenkarte 103
Strom 106
Studios 84
Sylosontas 40

Tauchen 105
Tavérna 86
Telefonieren 106
Tennis 105
Theodoros 40
Theodosius II. 236
Tierwelt 27
Toiletten 107
Tourismus 23, 30
Touristenpolizei 100
Trajan 235
Türkei, Verhältnis zu 46
Türkeiausflüge 229

Übernachten 81
Umwelt 21

Vegetationstypen 24
Verres 160
Video 97
Viehzucht 30
Vólta 33
Vorwahlen 107

Waldbrände 22
Wälder 24
Wandern 78
Wasser 91
Wasserqualität 94
Weidewirtschaft 30
Windenergie 21
Windsurfen 105
Wirtschaft 29

Zeit 108
Zeitungen 108
Zoll 108
Zweiradvermietung 73

Geographisches Register

Agía Paraskeví 124
Agía Zóni, Kloster 127
Agías Triádas, Kloster 154
Ágios Dimítrios 213
Ágios Ioánnis (Foúrni) 245
Ágios Ioánnis (bei Karlóvassi) 220
Ágios Ioánnis (bei Limniónas) 189
Ágios Isídoros 189, 190
Ágios Kiriakí 188
Ágios Kírikos (Ikaría) 246
Ágios Konstantínos 211
Ágios Nikoláos 213
Ámpelos 212
Ámpelos(Berg) 191
Áno Vathí 124
Armenistís (Ikaría) 248
Asprochóri 125
Athen 55
Avlákia 201

Bállos 176

Chóra 151
Chóra (Pátmos) 242
Christos Ráches (Ikaría) 250
Chrysomiliá 244

Drakéi 190

Ephesus 230
Estiatórion 86
Evangelistrías 164, 182
Évdilos (Ikaría) 247

Foúrni 243
Foúrni(Ort) 244

Gialiskari (Ikaría) 248

Iraíon 161

Kallithéa 189
Kamára 128
Kámpos 178, 179

Kámpos Vourliotón 201
Karlóvassi 215
Kastanéa 174
Kédros 193
Kérveli 131
Klima, Strand 132
Kokkári 193
Kondakéika 214
Kondéika 178
Kosmadéi 222
Koumaradéi 166
Kouméika 176
Kurunteri 213
Kuşadası (Türkei) 229

Léka 221
Lemonákia 198
Limáni 216
Limniónas 186
Limnonáki 165
Livadi (Ikaría) 249

Geographisches Register

Malagári 192
Manolátes 210
Marathókampos 173
Mavratzéi 166
Megális Panagías 167
Megálo Seitáni 227
Meryemana 239
Mesachti (Ikaría) 249
Meséo Karlóvassi 216
Mesógi 169
Míkro Seitáni 226
Míli 163
Mourtiá 128
Mykáli 134
Mytiliní 152

Nás (Ikaría) 249
Néo Karlóvassi 215
Neochóri 177
Nikoloúdes 221

Órmos 216
Órmos Marathokámpou 175
Oros Atheras (Ikaría) 246

Pagóndas 164
Paléo Karlóvassi 216
Paleochóri 188, 203

Paleókastro 131
Panagía Sarantaskaliótissa 174
Pándroso 169
Pátmos 239
Péfkos 178
Pérri 178
Piräus 68
Pírgos 169
Pírgos Sarakínis 163
Plaka 189
Platanákia 208
Plátanos 178
Posidónio 132
Potámi 224
Potokáki 146
Profítis Ilías (Ámpelos-Gebirge) 169
Profítis Ilías (bei Sámos-Stadt) 125
Profítis Ilías, Kloster 221
Psilí Ámmos (Ost) 133
Psilí Ámmos (West) 186
Pythagório 137

Samiopoúla 164
Sámos-Stadt (Vathí) 110
Selçuk (Türkei) 237
Siderás 132

Skála (Pátmos) 240
Skouréika 177
Spatharéi 164
Spiliá Pythagóra 174
Spilianís 148
Stavrinídes 212
Sválas 201

Tal der Nachtigallen 210
Therma (Ikaría) 247
Thymaina 245
Tigániou 146
Timíou Stavroú 165
Trís Ekklisiés 131
Tsábou 201
Tsamadoú 199
Tsópela 141, 164
Tsourléi 221

Válsamo-Bucht 189
Vathí (Sámos-Stadt) 110
Vígla 183
Vlamári-Hochebene 127
Votsalákia 179
Vourliótes 204
Vrontá 205

Ydroúsa 214

Zoodóchos Pigí 128